昌耀评传

第三版

燎原 著

广西师范大学出版社
·桂林·

昌耀评传
CHANGYAO PINGZHUAN

图书在版编目（CIP）数据

昌耀评传：第三版 / 燎原著. --桂林：广西师范大学出版社，2023.4

ISBN 978-7-5598-5730-9

Ⅰ.①昌… Ⅱ.①燎… Ⅲ.①昌耀（1936-2000）—评传 Ⅳ.①K825.6

中国国家版本馆 CIP 数据核字（2023）第 014965 号

广西师范大学出版社出版发行

　广西桂林市五里店路 9 号　　邮政编码：541004

　　网址：http://www.bbtpress.com

出版人：黄轩庄

全国新华书店经销

广西民族印刷包装集团有限公司印刷

　南宁市高新区高新三路 1 号　　邮政编码：530007

开本：920 mm × 1 230 mm　1/32

印张：23　　字数：452 千

2023 年 4 月第 1 版　　2023 年 4 月第 1 次印刷

印数：0 001~5 000 册　　定价：102.00 元

如发现印装质量问题，影响阅读，请与出版社发行部门联系调换。

第三版说明

燎 原

《昌耀评传》首版本2008年由人民文学出版社出版,第二个版本《昌耀评传》(最新修订版),2016年由作家出版社出版;为了版次表达一目了然,这个增订本定名为《昌耀评传》(第三版)。

现对相关情况说明如下:

一、在此书的第二个版本中,我曾分别撰写了《修订本说明》和《修订本后记》,为避免信息繁杂,此次全部删除。对于其中的重要信息,则抽取原文移植于此。

1.《修订本后记》中的如下文字:

> 这是我继《海子评传》之后,第二部中国当代诗人的评传。但与第一部不同的是,它是我对昌耀的还愿。昌耀曾经用谦卑而清澈的光束照耀了我,现在,我要将这一光束返还回去,使他从幽暗中豁亮现身。

这段文字,援引自此书的首版本《后记》,表达了我书写这部评传的缘起与初衷,故特别保留于此。

2.《修订本说明》中涉及与此书相关的两位重要人物,这里必须再次提及。

第一位是刘启增。

《昌耀评传》出版不久,在我要将样书寄给一位重要的当事人——青海民族学院的刘启增教授时,却从其亲属处获知,他已去世。这个信息让我顿时心生惊骇和"后怕",刘启增曾与昌耀一起落难于祁连山及新哲农场等流放地,没有他陪同我采访并提供资料,昌耀漫长流放生涯中的诸多经历,都将成为谜团。那么,精神矍铄而又顽劣的刘老头,该是一位特意等待我的使者,为我进入他们那代人共同的命运腹地而带路,一旦使命完成,便倏然隐遁?这使我再次醒悟到,这个世界内部存在着一种神秘的清算机制,该受报应和该得偿还的,一定都会各得其所!正如历史把荣耀还归昌耀。

第二位为韩作荣。

在《昌耀评传》写作期间曾给我以同样重要的帮助,并为此书撰写了序言的韩作荣先生,转眼间也已成为"故人",于2013年11月离世。韩作荣是当代诗歌史上的重要诗人和编辑家,也是昌耀少有的知音和挚友。早在1979年,昌耀以无名者的身份复出诗坛之初,时任《诗刊》编辑的他，就似已看清了一个未来的昌耀，由此一路扶持陪护，直至昌耀走完自己的人生历程。而将韩作荣先生的序言重置于这个"修订本"，既是向他的致敬，更因为这篇序言的不可替代。

基于同样的原因，这个第三版仍保留了韩作荣的序言。

二、第三版的增订情况说明。此次增订的重点，是对昌耀的早期写作，亦即他在河北荣军学校时期和初到青海时期，大量写作信息的增补。包括他发表诗作的刊物、详细的作品篇目、他在《河北文艺》所召开座谈会上的发言、该刊对他的重点推介、相关人士之于他的评价等等。这些信息显示，昌耀初出茅庐便恍若一颗新星自带格局，而他最终的气象，则在此时即可找到依据。但这些信息，无论在昌耀生前自己编选的诗文集，还是这部评传的前两个版本中，都仅有蛛丝马迹。

河北科技师范学院的李文钢博士，在其《昌耀与〈河北文艺〉——昌耀早期佚稿发现记》一文中，提供了这些信息。但有趣的是，据李文钢表述，他是"根据燎原先生在2008年出版的《昌耀评传》一书所提供的昌耀生平信息，利用中国国家图书馆的馆藏资源和电子文献搜索技术，又陆续发现了一些昌耀先生的早期佚稿"。现在，当我又据此进行第二版的增补时，还是想对他说声谢谢。

也正是由于插入了这些信息，原版本的相关章节便显得臃肿，所以，此番特做了局部的技术调整。诸如第三章内《蓬勃的青春渴望爱情》、第四章内《渐进中的民俗学气质与民谣风》这新增设的两节，原先都统辖在各自的上一节。此番则按相应的内容归类从中断开，另起一节。

是的，在诗歌史不动声色的大规模淘汰中，我亲眼见证了昌耀"逆袭"式的持续走高。在他去世之后，随着其若干诗歌选本的相继出版，2019年，广西师范大学出版社"纯粹"又出版了由我选编的《我从白头的巴颜喀拉走下——昌耀诗文选》。一位诗人的生命，正遵循着文学史上那类经典性作品的传递模式而延续。愿这部第三版的评传，能为读者更深入地了解昌耀而助力。

2021年4月20日
写于威海蓝波湾

在谦卑而清澈的光亮中现身（首版序言） 韩作荣

2007年3月，在昌耀逝世7周年之际，我收到了燎原历时近3年而写就的《昌耀评传》。

捧着这一摞厚厚的书稿，我的心瞬间沉重起来。睹文思人，引起我对故去的友人的伤感和怀念，同时也深感这部心血之作沉甸甸的分量。

我想起7年前的大年初三，我和小雪（雪汉青）去西宁专程探望昌耀，与其诀别的情景，那不愿让对方看到的忍不住的泪水，心的疼痛和他去世后的哀思。我也想起了在昌耀逝世之后，全国数十家报刊自发地刊发文章和专版，对这位经历了太多的冷寂、孤独和苦难，灵魂中却充满爱和良知的诗人予以纪念的日子，甚至直到今天，对他的怀念和研究仍绵延不绝。这种自发性的、带有民间意味的敬重与缅怀，在中国现当代作家和诗人中，可谓绝无仅有。这位谦卑且内心清澈的诗人，他的在天之灵该得到告慰了。

在西宁看望昌耀的那几天，我便得知在生命将尽的关头，他以超常的毅力和坚忍选定并最终修改罢《昌耀诗文总集》的所有作品，交给了责任编辑班果，并郑重地将这部《总集》序言的写作，亲自指定由他的忘年交燎原完成。正在写《海子评传》的燎原，诚挚而又凝重地接受了这一嘱托，并告之昌耀，他还要写一部《昌耀评传》。这部书，便是燎原继《昌耀诗文总集》一万八千字的序言之后，履行自己承诺的又一成果。面对这数十万字，我对燎原这满面胡须的西北汉子的一诺千金，对诗的真知灼见以及对友人的深情厚谊深深感动，并肃然起敬，因为在欲望烧红了人们眼睛的今天，这样值得敬重的人已越来越少了。

诚然，喜爱昌耀诗的人颇多，有识见的、对诗有透析能力的人也为数不少，但真正理解昌耀、熟悉其人及其生境，并与昌耀有共同地域生存体验、被昌耀信赖，又同时具备前者的人只有一个，那就是燎原，鉴于此，《昌耀评传》也只有他才能写好。

我是在繁杂的工作之余断断续续读完这部书稿的。掩卷之后，发现我原本熟悉的昌耀木讷、孤苦、衰弱的影子突然活了起来，幻化成不同时期十来个昌耀先后向我走来。他们年龄不同，面目相近，身份与情绪相异，却都血肉丰满、性格孤僻、倔强、心灵敏感、细微、清澈、无羁且自由，然而，对艺术的赤诚，对诗精微的理解与创造，命运、苦难、爱与精神的丰富，又把他们聚合为一个人。尽管他们曾分别为空城堡中胆怯尿床的幼主，朝鲜战场伤残的文艺兵，河北荣军学校的诗坛新秀，青海省文联的诗歌编辑，以诗罹祸的"右派"，因饥馑而恍惚的大山的囚徒，北国天骄的义子，土伯特女人的丈夫，峥嵘亮相的归来者，头戴便帽造访城市的诗人，首届中国诗人奖的获得者……诚然，诗人这些不同的身份和经历我大略知晓，但大都只是个空洞的概念，以及凭借诗句中的描述与感受去想象。可诗大抵无法还原成具体的生活状态，这再造的世界纵然离不开生活的实感，但和现实毕竟是两回事。是这部书弥补了我的缺憾，生动展现了诗人全部生存的命运遭际，来龙去脉、细枝末节，以及情感波澜、地域风俗史与诗人的心灵史。我知道，在不容虚构的评传作品中，这样厚重的作品将付出多少耐力与艰辛，需占有多少信息，继而提炼与选择，才能写出恰到好处的文字来。

作为评传，与传记有别，对诗的剖析与透彻理解，从作品中抽象出诗特有的精神元素，高屋建瓴般地把握诗之总体，在中外诗歌的对比中为诗人定位，由表及里，见微知著，需要批评家的慧眼，需要识见，需要广博的眼界和雄厚的理论准备，正如惠特曼所言："唯其存在着伟大的读者，伟大的诗歌才有产生的可能。"而中国的批评家，多为小说批评家，遇到诗时大都说不出话来，因而，真正能对诗有独立见解，说出奥妙者少之又少，能被诗人认可并钦佩者则更少了，我认为，燎原应当是其中的一个。

燎原告诉我们，从佃户的女儿曹娥儿教昌耀的乡间儿歌俚曲，到王家坪私塾他所学的《幼学琼林》、"四书五经"，以及其父王其桂桃源县城的书楼，其母梳妆台上木版的《梁祝》唱词，这些早期的文学启蒙，对古今中外作品的心领神会，为昌耀的写作打下了牢固的根基。继而，燎原还从中发现了昌耀家族对命名的兴致、对文墨的热衷，与诗人的写作形成的隐秘的血缘关系。而在朝鲜战场，与写下《祖国，我回来了》《把枪给我吧》这些名篇的诗人未央同处一室，朝夕相处，无疑对昌耀的写作有着深刻的影响和激励。在诗人最初写作的《人桥》中，燎原也洞悉了其避热觅冷、避同求奇、"铤而走险"所露出的最初端倪，成为昌耀独有的写作方式长期延伸的起点。

在河北荣军学校，昌耀亢奋而贪婪地进入对诗歌经典的第二次大规模吸纳、阅读。莱蒙托夫、希克梅特、聂鲁达、勃洛克……对此，燎原指出："这一时期的大规模诗歌阅读，从两个基点上确立了昌耀一生的诗歌创作基座。其一是显性的，它为昌耀延伸出一条与世界现代诗歌写作现场相连接的路径，并初步昭示了其腹地的纵深景观。这样，从诗歌理念、物像取譬、构词方式等艺术形态上，都将使他的诗歌获得一种陌生、新鲜元素的注入，由此而与同时代的诗歌写作者仅只从古典文学中建立传统，或者根本没有传统，只从同时代流行作品中仿制的那种写作，显示出了区别。其二则是隐性的，上述诗人的作品，从人民性、大地情感、自然热爱、社会平等自由等内涵上，为昌耀确立了一种诗人的共产主义乌托邦情结。这是昌耀一个极其重要的思想支点，没有注意到这一点，我们就无法理解昌耀此后诸如《哈拉库图人与钢铁》《划呀，划呀，父亲们！》《毛泽东》《一天》等社会意识形态上的诗歌思想踪迹，就无法理解他在《一个中国诗人在俄罗斯》中，那种几乎是用了一生的跋涉,终于回到'精神故乡'的大欢畅、大欣悦。"应当说,燎原对昌耀的理解是深刻的,眼光是犀利的。很多人喜欢昌耀的古奥、典雅、稚气和天真,喜爱诗人作品的诗性意义、雄奇、高邈、博大和精微,却鲜有人能看透诗人的灵魂。

对于昌耀之诗的本质把握,燎原强调了与置身异地、寄情山水的灵光一闪的即兴写作不同的"方向性写作",并强调这是诗人积累自己,强化风格,凸现个性的必由之路,终而成为其区别于其他诗歌民众的标志。而这种"方向性写作",是以诗人特殊资质禀赋的直觉、特殊的敏感,亦即对于大地的原生形态之美、本相和品格的追溯与还原为出发点的。当然,这不是外在的描摹,而是以对于事物特殊的命名能力去发现原始的真涵,使其成为具有创生品格的诗人重要的标志之一。浓郁的本土地理元素,诗歌的"民俗学"气质,被燎原称为昌耀写作手段中的"绝杀"。但这一切,人文地理、语族源流,是一种光源和能量,是打通时空屏障后,大地、古今、物我在大时空中的同怀和化合。

对于昌耀此类重要作品的写作,燎原的剖析和揭示是层层深入的。在对其"流放四部曲"尤其是《慈航》的解读中,燎原写道:"这种民俗学意义上的土著经验元素和物象,是昌耀本人的诗歌标记,也是他对于中国诗歌语言物象库廪的特殊奉献。""对于昌耀的诗歌,生命与哲学角度上的体认固然重要,但若忽略了这一元素,那么他与同时代诗人间的差异将会因之大大缩小。"同时，燎原还认为，除土著经验元素外，昌耀在艺术造型上严谨的分寸感和非凡的腕力，是他诗歌世界的另一个标记，它既是一种基本功，更是一位大诗人的重要标志。其作品的恢宏气象，皆赖于每一笔触所渗透的"雕虫"般的汗血与心力。"这里体现的，是一种宗教性的艺术情感。它代表着艺术家在艺术之途上朝圣般的诚勇和苦行，也因而使他们的作品获得了那种真金足赤的艺术含量，并进而具备了'典'的性质。"难怪这首长诗受到那么多诗人的尊崇，诗评家叶橹先生则称"《慈航》是20世纪发生在中国大地上的一幕《神曲》"。

对于昌耀作品中的语言特色、旁逸而出的不同写作方式、几种不同的笔墨、对民歌的营养吸收，以及对西部诗的理解，《昌耀评传》都有着独特的感悟和精辟的见解，以及恰到好处的阐述，这里就不一一列举了。

如果说《昌耀评传》"评"的部分切近本质，精当、深刻，独具慧眼，言人所未言，而占本书大部分篇幅的"传"的部分亦写得本色、翔实、鲜活、生动，摇曳多姿，不少段落尤为精彩。其中对地域习俗的展示、特有场景和人的生境的描绘，没有长久的生存体验者写不出来。书中对人物性格的把握、揭示，细节的捕捉，令人入脑入心，意味十足。更为难得的是充盈的感性与理性的融会，"评"与"传"的浑然一体，让这部书既有学术性，又有可读性，既色彩斑斓而又深入诗的内部与人的内心。

例如这样的书写——

"这里是一个拒绝容留生命的世界。此时的天空如果突然闯入一只飞鸟,我想它定然会在转瞬之间被高空气旋所吸没……"

"阴历四月下旬,刚刚起身的麦苗在轻风的吹拂下,从川口一路连绵波动着涌向川谷尽头。依旧是梨花覆盖下的村庄和院落,梨花之下,则是几枝探出农家宅院低矮土墙的红杏,为这个空旷的世界平添了一份寂寞而灼红的热烈……"

"草原上的云雀不仅能从地面啼鸣着直冲云霄或垂直下落,而且能微微扇动翅翼,悬置云空达数十分钟之久。那似乎是一次拼尽一生气力的绝技表演,在这样的高空悬置中,它们枉自长啼,歌声颤颤,直到力竭。就像俯偎大荒中喉头泣血的诗人……"

这些西部场景与生命的描述,饱含诗情的散文笔调,细腻、生动,看似闲笔,却与诗人的生存命运凝于一体,与一些散文佳作相比也不逊色。

燎原还用节省的笔墨,勾勒出昌耀偏执、倔强、精细,以及蔫、闷、嘎,外在拘谨、内心放纵的性格。一些生活细节,也只有昌耀和他的土伯特妻子才能做出来。昌耀给孩子买了一台小电视,怕孩子乱扭乱拧弄坏,出差时便把电视搬回书房,给机子贴上盖着自己印章的封条,然后再把书房暗锁一道、明锁一道地锁上。每个月买粮油时,他怕妻子算不清账,就事先在一张纸条上逐一写好米、面、油的价钱,然后一分不差地交给她,让她将纸条和钱交给粮站售货员。如此三番五次,连售货员都禁不住地笑道:怎么还有这样的人!刚刚把家搬到西宁的时候,昌耀教妻子一个外出回家的方法——每行走20多米时,弯下腰来用粉笔在地上画一个记号,再走20多米,再画上一次……如此持续重复。回来时,一边在地上寻找记号,一边抬头同周围的建筑物对照……这样的细节,也确是这位大诗人和其不识字的土伯特女人独有的行为方式。他们的日子清苦,却不寒酸,昌耀一直以家庭开支上的精打细算,保持着一个家庭,也保持着自己作为一个诗人的自尊。当我们读到这样的文字,再联想到诗人那坎坷的命运、苦难、孤独,倍感心酸,也为这苦寒之地竟孕育出一位当代的大诗人而庆幸,也慨叹,伟大的创造往往存在于孤苦和艰难之中。

认识昌耀,似乎有个渐进的过程。一些颇具创造力的年轻和并不年轻的诗人对他尤为推重,一大批爱诗者都喜欢他的诗。对于中国新诗而言,他是一座卓然独立的高峰,他的诗也以其自在的方式进入了新诗经典。因而,对于他的研究,这部《昌耀评传》颇为难得,它将与昌耀的作品一起留诸后世。

燎原在书的后记中说:"它是我对昌耀的还愿。他曾经用谦卑而清澈的光束照耀了我,现在,我要将这一光束返还回去,使他从幽暗中豁亮现身。"而我同样作为昌耀知心的朋友,能为这部即将出版的书写序言，是我的荣幸，能为昌耀的"现身"再做一点事儿，也是我的渴望和心愿。

2007年4月7日

写于北京潘家园寓所

目 录

一

"从小就闯入社会的孩子"   003

1. 空城堡中的幼主   003
2. 宗祠私塾的读书郎   011
3. 从县立中学到投笔从戎   017

二

朝鲜战场   020

1. 战火中的少年   020
2.《人桥》与最初的写作   027

三

河北荣军学校   033

1. 背景:王氏家族的衰败   033
2. 从桃源到北京的家族迁徙   038
3. 崭露头角的诗坛新秀   045
4. 蓬勃的青春渴望爱情   058
5. 到远方去   062

四　初到青海　067

1. "寂壁乡山"　067
2. 那时节，"我的诗运是亨通的"　076
3. 进入青海省文联　081
4. 第一部书：《花儿与少年》　085
5. 《最初的歌》与初到青海的歌　095
6. 渐进中的民俗学气质与民谣风　102

五　头戴荆冠　110

1. 以诗罹祸　110
2. 家书中的"问题少年"　125
3. 栽入"右派"罗网　145

六　流寓边关的诗人　159

1. 日月山下的放逐　159
2. 炼钢炉前无产者诗人的梦幻　170

七　大山的囚徒　185

1. 藏龙卧虎的八宝农场　185
2. 新垦地上的磨镰人　204
3. "那些日子我们因饥馑而恍惚"　216
4. "这样寒冷的夜……"　223
5. 天籁萦回的风景写生小品　233

八

申诉之路 … 247

1. 落魄青海的精英者群 … 247
2. 投向北京求助的信鸽 … 256

九

走出祁连山 … 269

1. 土伯特的女儿们 … 269
2. 八宝农场焚书的大火 … 287

十

流徙新哲农场 … 290

1. 沙尘暴统治的荒原 … 290
2. 北国天骄的义子 … 308
3. "冰河与红灯谨守着北方庭除" … 315
4. 西羌雪域的五口之家 … 323
5. 告别荒原 … 336

十一

否极泰来的1979 … 346

1. "归来者"峥嵘亮相 … 346
2. 寒春中裹着冰甲的红梅 … 359
3. 被改写的旧作 … 374
4. 流放四部曲 … 397

十二

"负荷着孩子的哭声赶路" … 410

1. 清寒之家的苦乐 … 410
2. "赞美:在新的风景线" … 417

十三

西部大时空的史记 425

1. "所思：在西部高原" 425
2. 西部，"更是一种文学气质" 432
3. "亚当型巨匠"的金字塔建造 438

十四

荒诞生存中的百年焦虑 451

1. "你的一页电报摊开，早被强意奸淫" 451
2. 诗集出版反复受挫 458
3. "昴哀窕岛冈桑" 468

十五

来自外省的致意 478

1. "读你的诗，总有神交已久的感觉" 478
2. 各地青年诗人们的造访 488
3. "太阳城"投来的光束 497

十六

听候召唤：赶路 504

1. "一个挑战的旅行者行走在上帝的沙盘" 504
2. 落日中矗立的《哈拉库图》 516

十七

婚变：日暮天际的火烧云 528

1. 夫妻关系中的裂纹 528
2. 头戴便帽从城市到城市的造访 532
3. 日暮天际的火烧云 541

十八

无家可归的大街看守 564

1. 解除婚约 564
2. "篁：我从来不曾这么爱" 572
3. H，西岭雪山诗会上的风景 583
4. 入赘穆斯林平民院落 594

十九

"地底如歌如哦三圣者" 598

1. 鲁迅《野草》的投影 598
2. 底层世界的超凡众生 605

二十

一个中国诗人在俄罗斯 617

1. 世纪末涛声中驶向深海 617
2. 在俄罗斯，灵魂与肉体的浸礼 628

二十一

生命中最后的日子 650

1. 音乐路 650
2. 身患绝症与《昌耀诗文总集》 662
3. 在桂冠与情义的潮水中 674
4. 太阳说：来，朝前走 700

二十二

补记 708

2003年10月2日，当我们一行数人从一条狭长河谷的汽车公路驶上高处的分水岭时，我的手机响了，是威海我的朋友的电话。他问我现在在哪，为什么手机老不在信号服务区？接着他说他刚驾车在海水浴场游完泳，打算约我一同去国庆节的特价书市。

而我此时正置身于一片雪原中的高大坂上，公路旁边孤零零的路标指示牌上写着：景阳岭，海拔3800米。这是青海北部祁连山支系中的一条隘口，群岭环围之中手机刚刚能接收到信号的一个海拔高度。在我下车接听完电话，再次朝着祁连山腹地八宝农场的方向回首眺望时，觉得心头蓦地怔了一下——仿佛整个世界在身后关闭了似的，我已根本看不清刚才的来路。箕形的雪原上，两侧的山脉以舞台上多重帷幕式的参差掩映，大写意般地退向远方，退向视野尽头横向堵截的山脉，退向山脉之上峥嵘的岭垛。而在岭垛的背部，似乎是北冰洋涌来的爱琴云阵遇到遏阻般的，在汹涌的反弹中徐徐弥漫、上升，直到彻底封死了天空。继而以大气环流疾驰的雾霰，在我回望的视野，笼罩出一个空蒙浑莽的太极世界。身旁的俄博上，风马旗十字形的帆索迎风凄厉。

当我的朋友在同一国度东端的海水中，海豚般快活地出入时，眼前的景象则显示，这里是一个拒绝容留生命的世界。此时的天空如果突然闯入一只飞鸟，我想它定然会在转瞬之间被高空气旋所吸没；而此时如果一定要给这片空间假设一个人，那么，与之最为吻合的，唯有雪原穹庐之下流亡的苏武。

在写下苏武这个名字时，我突然意识到，公元前50年这位被流放于冰雪大荒中的西汉使节，实际上是中国历史上一个特殊社会族类迢遥谱系的源头。这个谱系的名字，就叫作"流放者家族"。

20个世纪后的1979年8月，诗人昌耀在其长诗《大山的囚徒》题记中，写下了这样一段文字："即今，当我回望西北云空，看层峦叠嶂，有过我们流放的营地，心总是难以平静。——莫不是这天地有负于我们多情儿女如许深情的缘故？"这首500多行的长诗，写于诗人结束了21年流放生涯回到青海省会西宁约半年之后。这里所谓"我们流放的营地"，即上述空间腹地的祁连八宝农场。那时节，我们一行6人正在探访过昌耀的"流放营地"返回西宁的途中。我身边一位身材干瘦但精神顽健的73岁的老头——1951年中央戏剧学院的首届毕业生，已经退休的青海民族学院教授刘启增——当年就是那片流放营地中的一员，并且曾任昌耀同一劳教小组的组长。

《大山的囚徒》是此后成为中国20世纪大诗人的昌耀标志性的作品之一。而从某种意义上说，昌耀最终之能成为昌耀，正是从长云笼罩下的祁连山流放营地开始的。

一 "从小就闯入社会的孩子"

1. 空城堡中的幼主

昌耀在他的许多作品中，一再谈到命运对于人的捉弄。我想这其中最具捉弄意味的事情之一，就是与他度过了生命中黄金年华的流放营地相对应，他的故乡，竟然是以人间仙境桃花源而得名的湖南省桃源县——我们这个农耕民族关于美好生活范式的最高想象模型。如若陶渊明的《桃花源记》中，为"避秦时乱"而进入这一"世外桃源"的部族，就是当年秦国的民众，那么，事情就显得更加幽默：西北的秦人为避战乱而"躲进"了桃源的洞天福地，身为桃源人的昌耀却缘自对于边地异域风情的诗意憧憬，竟双脚陷入了西北的流放营地。这一方位和命运的大对转，可真合了那句以感慨系之的声调说出的小品台词：缘分呐！

并且，事情还远远不止于此，在20世纪下半叶的中国诗人中，当昌耀事实上就是苦难、坎坷、清寒、孤独等的代名词时，他身后遥远的童年，却是一幅豪门盛宴的图景。

昌耀于1936年6月27日出生于湖南常德城关大西门内育婴街17号，而其家族的老宅，则在常德下辖的桃源县三阳镇王家坪村。此时，昌耀的祖父王明皆作为三阳地区有名的地主，整个的王家坪村几乎就是王氏家族的产业之一。

关于这个家族，我们能够上溯的尽头，是昌耀的曾祖父王成九恍惚的身影。对于这位老人，我们无法获知更多的信息，但仅仅从他作为一名晚清秀才的这一身份，当可感受到他在这个家族血缘传递中的特殊性和重要性。也就是说，当我们从昌耀，以及昌耀的五叔（中科院近代史研究所研究员）为代表的父辈们身上，体察到了一条赓续的文脉而往上追溯时，首先在他的曾祖父这里，即已找到了源流。事实也的确如此，正是这位老秀才，在自己的家庭中设堂开馆，对他这支根系上成串的子子孙孙，进行私塾发蒙形式上心血与知识的亲炙。

但祖父王明皆则是这棵大树上一只变异的果实。他没有延续其父亲的文化路径，却以自己精明务实的雄心和智力，使王氏家族的家业，在自己的手中走向一个鼎盛时期。到了昌耀出生的1936年前后，王明皆这个老秀才的儿子，已经完成了传统意义上一个中国乡间地主的原始财富积累，不但大跨步地朝着现代商业资本运作的方向上挺进，并且成功地实现了经营重心从乡村向城市的转移，进而构成了一个以王家坪的老宅为基地，由三阳镇而桃源县，由桃源县而常德市的资本循环扩张网络。这一网络的核心，就是房地产业加商铺运营。

昌耀所出生的常德育婴街，在当时是一个商铺林立的商业街。这条街上的一大片房产和一部分店铺，就属于王家坪的地主王明皆。不仅如此，这条商业街上其他一些业主的店铺，还是从王明皆那里租赁而来。而在常德下辖的桃源县城，王家的产业也以同样的模式铺展开来。这样，仅桃源和常德两地的房租，就是一笔极其可观的收入，更何况这其中还有王家自己的商铺利润。

产业如此之大，王明皆显然难以悉数打理。于是便对它们进行了条块分割，分给自己的五子二女。然而，这又是一个大致的产业分割，所有的产权仍属王明皆，各条块的生意由其雇佣的人员经营，其子女的责任和权利，则是就近监督照看并提取部分利润，以此壮大各自的家资。常德育婴街这份王氏家族最大的产业，按照上述的分切方式，王明皆就把它划给了自己的次子——昌耀的父亲王其桂。

那么，为什么是划给了自己的次子而不是长子呢？因为这之前发生了一件令王明皆遗恨终生的事情。为了叙述的方便，这里先对王明皆的五子二女，按昌耀的辈分称呼做一简略介绍：

（1）大姑：名字不详。一直在桃源老家。

（2）大伯：王其梅。1931年入北平私立弘达中学读书，

1932年考入国立北平大学附属高中,同年加入反帝大同盟。1935年成为北平"一二·九"抗日救亡运动的组织者之一,时任北平学联交际股长。1943年赴延安中共中央党校学习。1949年起,先后任18军副政委、西藏昌都地区人民解放委员会主任、18军西藏先遣支队司令员兼政委、西藏军区副政委、川藏公路筑路总指挥。1955年获少将军衔,1961年后任中共西藏自治区委员会书记等职。

(3)父亲:王其桂。1934年前后入北平私立弘达中学读书,1937年在山西抗日决死队从事指导员一类的职务。之后进入延安抗日军政大学。1939年回桃源,建立中共桃源特别支部,任书记。解放初以"叛变革命罪"被判刑2年。"文革"中在东北兴凯湖农场去世。

(4)三叔:王其菜。一直在桃源老家,20世纪30年代后期因民事官司被桃源县官府处死。

(5)四叔:王其栋。20世纪40年代后期在中国人民解放军18军当文化教员,50年代在四川峨眉安家。

(6)五叔:王其榘。中华人民共和国成立初从南京大学毕业,进入南京博物院工作。不久,调往北京,任历史学家翦伯赞的私人秘书。后在北京中科院近代史研究所任研究员。

(7)七姑:王其榛。1950年曾寄居其北京五弟王其榘处,后随女儿一同居住外地。

从上面的简介中我们不难看出,王明皆的长子王其梅此后在这个家族中的分量。并且可以想见这个此后的职业革命者,青少年时代就必然具有的主见和个性，以及在自己人生道路的选择上，与其父亲不可避免的冲突。然而，这个冲突似乎出现得更早一些：1929 年，也就是王其梅在常德育婴街附近的隽新中学读二年级时，王明皆不顾时年仅 16 岁的王其梅的激烈反对，为这位长子在桃源县包办了一门亲事，并逼迫其结婚。王其梅坚决不从，但地主父亲的威严和意志不容违拗。事情发展到王其梅以吞食鸦片自杀的方式进行反抗而仍无效果时，他终而于 1930 年毅然离家出走，前往北平求学，继而走上职业革命者的道路，一去不再回头。

所以，常德育婴街的王家产业就托付给了次子王其桂。

但事情并未到此为止。1934 年，已经结婚成家的王其桂，也循着大哥的道路离开家乡到北平求学，起初几年尚还逢假回家探亲，及至 1937 年学业完成后，去山西参加了抗日决死队，便突然与老家失去了联系。

1938 年，王明皆病危，预感到来日不多的他，便派人去当时中南地区的政治文化中心武汉，在当地的报纸上刊登寻人启事，以期临终前与两个儿子见最后一面。然而，他最终并未能够如愿。作为桃源乡间一个受人仰视的成功人士，雄厚的家资给他带来了荣耀、自信，也养成了他固执、刚愎的个性。当他怀着遗恨离开人世时，不知他是否感觉到，这是他一生最大的一次失败？

1936 年，昌耀出生。这是王明皆家族的第三代中，第一个来到人世的男孩。这里之所以强调"第一个男孩"，是因为在昌耀之前，他的母亲还生有一个女婴，但由于头胎缺少生养经验，女婴窒息而死（这让我想到了诗人海子类似的身世。在海子出生之前，其母亲生育的两个女婴竟都先后夭亡。按照中国民间的说法，那就是这个男孩"命硬"，是家族中某个性命的克星）。这样一来，昌耀既成了其父母的长子，更成了祖父王明皆的长孙。对于王明皆来说，长子离家出走在他心中引发的恼怒、感伤，次子远方求学造成的落寞，第一个孙女夭折投下的心理阴影，此刻都随着昌耀的出生而得到最大程度的宽释。不知这位拥有雄厚家资的老财东，是否还曾在那么一个瞬间，想到了自己家族的旺盛香火，在这个长孙身上的传承光大？ 1955 年，五叔王其榘在给侄子昌耀的一封信中，曾做过这样确凿的见证："你幼时深得祖父的喜爱。"

能为此做出佐证的，是驻留在昌耀记忆中这样一个朦胧的镜头：他被一位妇人抱在膝头，坐在一部小汽车的后座，在一个车站接受检票。此后"我也几次听到母亲向人谈及武汉跑马厅如何如何之类"这个镜头，无疑与 1938 年王明皆派人去武汉寻找其长子与次子有关。这位夫人，自然是昌耀的母亲。也就是说，时年 2 岁的昌耀，也被祖父安排为寻人小组的成员前往武汉。这样的安排，一方面应该有祖父因疼爱昌耀，而让其借机出远门开阔眼界的意思；另一方面，也不能排除王明皆将这位长孙视作自己"特使"的更为深远的用心。

家族中威严的祖父尚且如此，那么，家族中的其他女性：昌耀的祖母、母亲及其两个姑姑呢？在昌耀的记忆中，还有这样一幅画面：

"我与一位夫人沿着一部宽敞的红漆木楼梯拾级而上，我的右手扶住旁边的护栏，夫人拽紧我的左手。我不断受到她的鼓励。而我也乐于完成这样艰难的作业。那夫人是谁？是我的母亲？是我的祖母？她那样的慈祥，那样地爱我……"

那位夫人究竟是谁呢？我想这既是他的母亲，无疑也应有他的祖母，乃至两个姑姑的身影。她们当时都会因不到两岁的昌耀而从桃源来到常德小住，并带着昌耀学步。当然，还有一个他叫"二姑儿"的远房本家姑姑，昌耀是由她和自己的母亲一起，从出生直到带大。而从那部宽敞的红漆木楼梯，我们还可以想见这座小楼大致的格局和气派。

就是在这样一座小楼里，昌耀度过了被女性长辈们悉心呵护的最初的人生时光。两年之后的1938年，已经爆发的抗日战争，使常德的这片宅居毁于日本战机的轰炸之中。昌耀遂与母亲回到桃源乡下的王家坪老宅。

关于王家坪的这座老宅，它在昌耀的笔下是以"城堡"这样一个语词来表述的。这个城堡的规模，占了整个王家坪全村建筑面积的一半。而在这个村庄另一半居住的村民，则基本上是王家的佃户。所以，这个城堡式的老宅事实上就是王家坪村的主体。而这样大的一座城堡，它的正门则常年由一根插在门道两侧洞臼中的门杠严实把关。当你朝正门纵深三进的堂屋望过去，便会看到横梁与立柱上挂着的许多楹联牌匾，正中神龛前的钟磬、香炉、烛台以及软融的红烛油和香灰——这种仪式化的设施，是由春秋时代的孔圣人传递给豪门宅第的标志性格局，但在它的空气中，似乎还能嗅到上一代主人王成九老秀才的气息。而除此之外更广大的功能性区域，则是其现时主人王明皆气息的物化——与耳门相近的东院是生活区，在这里，你可看到一片城堡中的田园：荷花掩映的巨大鱼池，以及被各种果树包围着的菜地。接下来，则是这个城堡的后勤区域，敦实可靠的谷仓群，敦实可靠的佣工、厨子，以及曾经有恩于王家祖上的老人曹老伯，邓大妈之类。

然而，如此庞大的一个城堡，在1938年之后随着它的老主人们的相继去世，年轻的男主人们的浪迹江湖，却成了只为两三个年轻女主人——昌耀的母亲、四婶——以及家丁用人们留守的空城堡。而从家族血脉的意义上说，此时这座城堡的真正主人只有一位，这就是年仅2岁的王氏家族的传人——王昌耀。

那些个日夜，当与这座老宅遥遥相对的火焰岗佛寺，飘来隔世的钟声；当铜盆大的月亮，在万籁俱寂中印入空城堡中这位懵懂幼主的心室，他于某个突然的瞬间体悟到了怎样的人生滋味？50多年后，在他面对青海高原上另外一座名为哈拉库图的空城堡时，终于发出一声长长的太息，"是这样的寂寞啊寂寞啊寂寞啊"！

2. 宗祠私塾的读书郎

1941年，5岁的昌耀进入距家四五里之遥的王家宗祠的私塾上学。

据有关资料显示，民国时期的桃源是一个教育氛围比较浓厚的地方。创建于1912年的湖南省立第二女子师范学校，其校址就在桃源县城。它的功能，是用于招收湖南省西部5府29县的考生，因此是当时湘西地区的最高学府。著名作家丁玲女士，当年便就读于这所学校。

在中国近代史上，桃源曾出现过两位著名人物，其一是民国时期的著名法学家，曾任孙中山南京临时政府法制院院长的宋教仁。其二是著名历史学家，中华人民共和国成立后出任北京大学副校长兼教授的翦伯赞。翦伯赞是出生在桃源县城附近的"枫树维吾尔族回族乡"的维吾尔族人。这支维吾尔族人源自元明时期，先是由起兵于西域的一位将军及其所部因战功在元朝为官；到明朝初年，将军的后裔又被派往南方平定叛乱，而最终定居于此地。

一位著名人物的出现，总是有着地域生成学意义上的因素；反过来，这位人物又会在特殊的历史背景中，以自己的示范效应，加重这种因素。这就如同中国历史上粤闽出商人、江浙出文人的地域群生效应一样。

而作为著名的专家学者，宋教仁、翦伯赞的地域生成因素之一，便是来自桃源乡风崇尚中发达的私塾教育。据资料记载，从清朝初期开始，私塾便是桃源县内进行初级教育的主要场所和形式。其功能大体上为两类：其一是以扫盲为目的，学生皆为穷人家的子弟，他们在读完《三字经》《杂字》《百家姓》后即结束学业；其二是以教育发蒙为目的，学生基本上是家境殷实人家的孩子。其课文先学《幼学琼林》、"四书"，再学"五经"等国故。从入学第四年起，习作八股文和试帖诗。至于私塾的场所，则相机而定，有在塾师或学生家里设馆，也有借宗祠家庙设馆。每所私塾一般有学生10名左右，实行个别教学。

昌耀的父辈们，就是在这样的学堂，接受了自己祖父王成九的私塾启蒙。

现在，又轮到了昌耀。

昌耀入学的这所王氏家祠私塾，此时只有四五位学生，年龄最小的王昌耀被独自安排在另外一张书桌上，开始了毛笔描红的写字和古文启蒙。就是在这个学堂上，昌耀见证了私塾这种古老的教育形式，并迅即迎来了它的终结。第二年，学堂有了现代教育形式上的初小班，并更名为尚忠小学。非王姓家族的子弟也可入学。于是，空城堡中长昌耀数岁的佃户的女儿曹娥儿，便成了与昌耀一同上学、回家的同学。关于这位女同学，使昌耀终生难忘的，是她教给自己诸多的乡间儿歌俚谣："牛角尖，飞上天。天又高，打把刀。刀又快，好切菜。菜又烂，好买饭。饭又软，好买碗。碗又深，好买针。针又尖，飞上天……"这种以颇为规范的"顶真"修辞方式编出的、车轱辘话式的语言游戏，不但给了童年的昌耀以嘴皮子上的快活，也给这位此后外表拘谨而内心放纵的诗人，在简约的诗歌语境中突然刻意饶舌，或在古奥的意绪氛围中，以对俚谣儿歌的改头换面来设置语言圈套，提供了私密的资源支持。

昌耀对自己初入学堂的表现感觉不错。他的举例说明是，有一次竟发现先生在黑板上书写某个字时，缺少了一画的笔误，随即以一个孩子不怕挨板子的代价，得意地向先生指出，事后竟受到了夸奖。

我们似乎由此可以感觉到昌耀童年的机灵，或者说，是从空城堡中寂寞的"蔫"与"闷"中反弹出来的"嘎"——"一次次我撑臂跃过竞技的木马／那位同龄女孩儿不断喝彩：小嘎儿跳得好！"（《一天》1993年）这应是他童年体育课上又一个得意的记忆。但第一个例子更能说明的，当是昌耀对于文字的敏感。

昌耀入学的第二年，虽然王氏宗祠的私塾改成了尚忠小学，但私塾"四书""五经"之类主要的课程设置仍在延续，古文国故仍是主体。对如他这样一个于文字有着超常敏悟力的孩子，这不但初步奠定了他文化构成中的古文底座，同时更为他指示了一条领悟中国语言文字神奇魅力的路径。若干年后一个关联性的事件便颇能说明问题。那是在"文革"初期，他已沦为囚徒的祁连山流放营地，劳教队按上级的要求收缴并焚烧"封、资、修、大、洋、古"之类的个人藏书。昌耀开始时百般搪塞，而作为劳教队小组长的刘启增不执行就没法交差，便与昌耀讨价还价：你这么多的书，总得拿出来烧一些，一本都不烧你能说得过去吗？接着从昌耀的藏书中挑出一本《文心雕龙》曰：这本书以后肯定能买到，不行的话将来我负责赔你。昌耀当时气得就差跺脚。一边气哼哼地斥责刘：你根本不懂！一边无奈地看着刘将书收去投入火中。而昌耀这部20世纪60年代的《文心雕龙》传达的一个明确信息是：从私塾时代的"四书""五经"开始，他整个文化摄取中的这一古文路径，基本上不曾中断过。进一步地说，昌耀如果没有自小就对中国古文和典籍神奇魅力的心领神会，这条路径便不可能对他形成恒久的磁力牵引。几十年后，当我们对没有接受过现今意义上高等教育的昌耀，却在他的诗作中那样娴熟地使用古汉语，乃至在中国诗坛形成了一种唯他独有的语言景观而疑惑时，答案应该就在这里。

当然，昌耀此后的人生艺术取向和儿时的文化储备，还与另外一个人有着直接的关系，那就是他的父亲王其桂。由于此后成为国家政权的专政对象，父亲王其桂的形象，在昌耀的一些自叙文字中基本上是暧昧而含混的。或者说，关于王其桂的具体人生线条，昌耀知道得并不十分清楚。譬如这位曾先后就读于北京私立弘达中学和延安抗日军政大学的青年知识分子，从政治的角度上来说，还曾有过可谓光辉的一页，并因此而进入《桃源县志》这一"史册"。1991年编纂，1995年出版的《桃源县志》，在《党派群团·共产党》这一章中，对王其桂有这样一段文字记载：1939年"3月，在延安抗日军政大学第四期学习的桃源籍学员王其桂、姚中雄等共产党员回县,建立中共桃源特别支部,王其桂任书记,有党员11名"。关于父亲的这段历史,未曾见诸昌耀的任何回忆文字,可见他直到去世时都不知道。

但综合一些相关资料来看,王其桂并不是一个合格的政治性人物,倒更像是偏重于文化人生的自由知识分子,一个有着高雅趣味,甚至是好玩的人。之所以这样说,是因为他所做过的这样三件事情给人印象特别深刻:其一是1941年,亦即从延安回来的两年之后,在王家坪距老宅约10分钟路程的一个名叫金城湾的丘陵坡地上,王其桂修建了一座格局上类似北京四合院,但又融入了洋式风格的宅院,将家人从空城堡中迁出单独居住。但饶有趣味的是,他不但给这座宅院起了一个"金城湾别宅"的名号,还竟然如同范仲淹之于《岳阳楼记》般的,写了一篇记叙宅院修建过程及周遭景色的《金城湾记》,刊刻在石碑上,立于宅院门前。

其二是20世纪40年代后期,王其桂带着家人从金城湾迁居常德,因常德时而有飞机轰炸,又从常德移居到桃源县城,借居在昌耀的七姑家里。这是一座二层楼的建筑,两家各住一半,王其桂在楼下购进了一套从纺纱到织布的全套设备,雇人开了一个织布作坊,而上面的二楼,却被他开了一个图书阅览室。除了自己阅读外,还供外人借阅。昌耀此后所说的,他20世纪40年代在父亲的书架上得以翻阅《猫城记》《阿Q正传》《夜店》《重庆客》《豆腐西施》《马凡陀的山歌》《浮士德》等文学作品，以及来自香港等地诸如《西风》《文萃》《生活周刊》《世界知识》等进步文化报刊，指的便正是这个图书阅览室。

通过这些书刊，我们无疑可以看到王其桂的性格旨趣，以及他的文化品位。这些书对于昌耀更是至关重要的，它由此为昌耀开启了一扇连接现代文学现场的大门，并潜在地诱发了他不久之后即开始的文学写作冲动。

其三，王其桂本人还真的曾经就是一位诗人。昌耀在自己1995年的一篇文章中曾有这样的记叙："我父亲喜读文史、政治、时评。我还见他整理过一本他自己的手抄本旧体诗集。"只不过，那仅是他个人一种闲情逸致式的生活方式，而不曾有过职业写作意识罢了。

但如果我们遵循"诗歌是一种命名"这一说法，那么，王其桂在"金城湾别宅"和《金城湾记》上表现出的对于命名的兴致和对于文墨的热衷，则与昌耀此后的选择诗歌写作之间，显然有着一种隐秘的血缘联系。

当然，还与昌耀的母亲相关。昌耀的母亲吴先誉，曾是常德女子职业学校的学生。一个女性拥有这样的学历，在那个时代并不太多。这是一位既有着读书女性的优雅旨趣，又有着大家族主妇的眼界见地，以及传统女性的善良和韧性的母亲。在丈夫王其桂时而做江湖之飘的许多个日月中，昌耀基本上是独自跟随着母亲成长到4岁。1940年后，昌耀的大弟王昌煜，以及再往下4个弟弟妹妹相继出生，而他们，大致上都是跟随着母亲度过童年的。

母亲是昌耀一生最热爱的人。这是一种深及骨头乃至骨灰程度的爱。2000年3月，昌耀在青海去世前立下遗嘱，若干天之后，他的骨灰千里迢迢回到故里，和睽违了整整50年的母亲安葬在一起。

而昌耀童年最早接触到的课外读物，并非父亲书架上的《阿Q正传》之类，而是母亲的梳妆台上，一册木版印刷的《梁祝》唱词。

3. 从县立中学到投笔从戎

1946年，10岁的昌耀在尚忠小学读完初小，随之告别了老家王家坪的乡间生活，随全家迁回他的出生地常德，进入常德的隽新小学读高小。而在这所学校旁边的隽新中学，他的伯父王其梅、父亲王其桂、四叔王其棣、五叔王其榘，都是从那里先后远走高飞的。1948年，昌耀从隽新小学高小毕业。但是，他并未能顺势进入父辈曾就读过的隽新中学。临近解放长沙之际的常德，部队云集，许多校舍都做了临时军营，因此无处升学。耽搁了一年后，昌耀于1949年秋考入桃源县立中学。不久，以常德一所教会院落为临时校舍的湘西军政干校招生，昌耀报考并被录取。不料，这位崭崭的军政干校生，并未能在身份突然转换的一夜之间，摆脱一个少年儿童的陋习——他因自小怕鬼不敢起夜，而仍在军政干校学生宿舍的大通铺上尿床。没过多久，他便被自己的这几泡尿，又冲回到了桃源县立中学。

昌耀自小怕鬼，但他自己却人小鬼大。一个13岁的少年考入一所县立中学，这是一个有出息的孩子所走的常规道路，但他为何要放弃这所县立中学，而报考设在常德的军政干校呢？如果将昌耀及其父辈性格中的某些共性因素抽离出来加以综合考察，我们就会发现这个家族的男人们，人生位置提早前移的共同现象。昌耀的父辈们都是在少年时代便告别了家乡，把自己置身于同代人和时代的前沿。至于昌耀，也许还有这样一种盲目的心理趋向，这就是对于远方不明缘由的向往。而此时，设在常德的这所湘西军政干校，不但为他昭示了一个比距桃源的实际距离要远得多的远方，同时，还为他朦胧地昭示了一种迥异于寂寞沉闷的旧式家族氛围，由青年学子火热的青春和简朴军装组成的富有刺激性的红色生活。对于他，这种诱惑是无法抵御的。很快的，他又迎来了一次机会，1950年4月，中国人民解放军38军114师政治部在当地吸收青年学生入伍。但这一次，却与报考湘西军政干校有着本质上的不同，它所涉及的，不是对哪所学校更好的选择，而是对于学校的彻底放弃。而年龄尚在13周岁的他要做出这种选择，父母会同意吗？昌耀本人也许更清楚这一点。于是，他干脆自作主张，瞒着家人去报考——结果，他又被录取了，并由此而成为114师文工队的一名队员。

就在部队即将开拔的前几天，已有两个多月未见到儿子的母亲几经打听，找到了部队驻扎的一座临街小阁楼，当昌耀得知这一消息想要躲藏时，母亲的脚步声已经从楼梯上传来。于是，无处逃遁的他赶紧跑回房间的床铺上，立时睡成大梦沉沉的模样，任凭憋出的一头闷汗在母亲慈爱的蒲扇下久拂不散，就是沉睡不醒……终于，母亲无声地走了，并把那把蒲扇留在了床头。她知道儿子所玩的小小的把戏，但却不愿让儿子继续难堪。她当然还知道儿子这一去就意味着什么，但她愿意听任儿子自己的选择。

当战友在身边告诉昌耀他母亲走了时，他一个鲤鱼挺身蹦了起来。在阁楼的窗口，他看见了母亲即将消失的背影——这是母亲最后的背影。由此一别，他再也不曾见到伴随自己成长到 13 岁的母亲。

关于自己的少儿时代，昌耀此后曾在一篇文章中这样写道："我在小小年纪就是一个闯入到社会的孩子。"

二　朝鲜战场

1. 战火中的少年

"1950年6月25日是一个普通的日子。中国人民解放军第38军114师342团1营原营长曹玉海这一天的上午正走在武汉市阳光灿烂的大街上。他复员后在武汉市的一所监狱任监狱长……而就有这一天,他在广播里听到一个消息:与中国接壤的朝鲜发生了战争。"

很快,曹玉海就"听说自己的老部队第38军正从南向北开进路过这里。他虽不知道邻国的战争与自己的国家有何种关系,但部队向着战争的方向开进还是使他产生出一种冲动,他能够意识到的是:国家的边境也许需要守一守,那么部队也许又需要他这个勇敢的老兵了……曹玉海真的在武汉的茫茫人海中找到了自己的老部队，这支不久后即将走向战场的部队让曹玉海再次成为1营营长"。

——这是长篇纪实文学《远东：朝鲜战争》中开头部分的一段文字。而此时，从湖南开过武汉并将继续北上的这支38军的114师中，就有少年战士王昌耀。昌耀所属的这支部队是在湘西地区结束了一个剿匪战役后，直接从桃源弃岸登船，走水路经沅江而入洞庭湖，又从岳阳驶入长江，一路浩浩荡荡，直抵湖北的武昌码头后，复又弃船登陆，进入武汉市区的。此时的昌耀当然也不知道，他所在的这支部队会与已经开打的朝鲜战争有关。38军继续北上，于7月24日抵达辽东前线的凤城，这里距中朝边境的鸭绿江仅100多千米。接着，部队又后移到辽宁的开原、铁岭一带驻扎下来。

38军是中国人民解放军一支大名鼎鼎的作战部队。它的前身可追溯到湖南人彭德怀领导的平江起义的主力武装，继而在抗日战争期间，参加了著名的平型关战役。1946年这支队伍挺进东北，组成东北联军第1纵队，在东北的解放战争中以四战四平、辽西会战、攻占沈阳等战役而战功赫赫。1948年，38军正式组建，在打完辽沈战役继而挥师关内的平津战役中，担任了主攻天津的任务。之后，继续挥师南下。在整个解放战争中，38军从国土最东端的松花江边，一直打到云南的中缅边境，纵横5000千米，转战十多个省市，解放了大半个中国。

而这支部队，应该说此前即与昌耀有着一些隐约的关联，因为就在它挥师南下途中，便参加了解放桃源和常德的湘西南战役。而在回师北上归建途中的1950年春季，38军的114师经过一路招兵买马扩编充员，又在以桃源为中心的湘西地区，打了一场剿匪歼灭战。正是由于这个原因，时年13岁的昌耀才得以着上戎装，成为38军114师的一名文艺兵。而在114师此时招买的兵马中，还有此后在朝鲜战争中写下《祖国，我回来了》这一著名诗篇的诗人未央等一干文艺人才。

在桃源的现代历史上，不仅出现了宋教仁、翦伯赞、王其梅这样的仁人志士和红色将领，也出过国民党的高级将领，曾任国民党第29军军长的刘戡。还出过一个在当地大名鼎鼎的人物——在桃源和湘西杀人如麻的土匪头子郭和尚。就是这个郭和尚，在1949年7月桃源解放后，裹胁流散在桃源周边的各支土匪残余，组成了由他自任司令的"湘西洞庭游击总队"，荼毒乡里，为祸一方。1949年末，昌耀一家在常德居住，因国民党飞机不时轰炸而回到王家坪的金城湾大院。之后，正是由于桃源乡下经常受到郭和尚手下土匪的袭扰，才又到了桃源县城，借住在七姑家中。这一时期，郭和尚指使部下袭击了桃源县第八区人民政府，杀害了包括桃源县委宣传部部长和第八区区委书记、区长在内的13人，并将区政府的物资弹药洗劫一空，制造了当时震惊湖南的"一二·七"事件。随后，郭和尚又以同样的手段，不断袭击湘西地区的县、区政府。

于是，38军114师在滇南战役后北上归建路过桃源之时，才驻留下来，奉命负责包干剿匪。由此而在此后的文学作品和影视剧中,留下了诸如电影《湘西剿匪记》、电视连续剧《乌龙山剿匪记》之类的事件原型。

直到1950年6月,随着114师在湘西地区歼灭了1400多名土匪,郭和尚才最后被抓捕。随即,114师挥师北上。

昌耀在写于1978年5月的抒情散文《海的诗情》中,曾专门写了他随部队北上时,沿途所见的难忘一幕:

> 是1950年盛夏,我作为一名军中少年,随大军光荣北上。威武的铁甲列车穿过南国人民的花海,将这支英雄劲旅,送往阔别三年之久的北方故土。一日,当列车驰过天津向山海关奔去,我忽然听到车厢一位战友的欢呼:"看哪——大海!"于是,我们一齐奔向了窗口和敞开的车门。仿佛是大海轻柔的呼吸,顿时,在被骄阳烘烤得难耐的车厢里,真的透进一股清凉的阵风——一股沁人心脾的水花的馨香。战友们挥动起手中的军帽,沸腾了。然而,我什么也没瞧见。当车头发出几声短促的鸣笛,吐出几朵浓烟,向着远方更其欢快地跃去时,我才发觉前后车皮上的炮手、骑兵及乘坐在车厢顶部的小号手们,还在那么留恋地立着身子,向着大海的方向,向着云雾朦胧中的"意中人"欢呼致意。
>
> …………
>
> 几十年过去了,那神秘的大海就与这长驰的铁甲列车、战友的欢呼、昂首的大炮、抖擞的战马和闪光的铜号,

以最感人的形象，雕塑般地生根于我的记忆，是那样威武而豪壮的一幕。

的确，在朝鲜战争中，38军是一支能使它的战士铭记荣誉感的部队。1950年10月19日黄昏，38军作为志愿军首批参战部队渡江作战，在扭转战局的第二次战役中，担任主力任务的这支部队，以其非凡的机智神勇和超出极限的顽强阻击，在整个战局最为关键的环节和部位，全面实施了志愿军指挥部的作战意图，从而使美军设想中"打完这一仗就回家过圣诞节"的结束战争的这一仗，成为一场几近全军覆没的噩梦。38军在这场战役中的特殊表现，使战斗中一直焦虑的志愿军司令员彭德怀最终大喜过望。在战后给38军签发嘉奖令时，彭德怀在嘉奖令末尾加上了"中国人民志愿军万岁！"这句口号后，仍觉得意犹未尽，又情不自禁地加上了让其他副司令员们惊愕的另一句："38军万岁！"于是，在昌耀1999年所写的《20世纪将结束》一诗中，就有了这么一行诗句："那时'万岁军'的口号在制高点是一面旗帜。"

此次战役之后，出现了两部在中国家喻户晓的文学艺术作品，其一是记述坚守松骨峰高地事迹的报告文学《谁是最可爱的人》，其二是描述志愿军某分队长途奔袭、敌后穿插、炸毁敌军后退大桥的电影《奇袭》。而这两个战事的主角，都是此次战役中38军的官兵。

昌耀是1951年春季入朝作战的，从此前的1950年7月底到此时，他与114师文工队的战友们一起，在辽宁铁岭的38军留守处政文大队学习。

1951年的这个春季是昌耀人生的一次重大转折。他是第一次由此跨出国门，从一个无忧无虑的少年读书郎，成为一名真正意义上经历了炮火洗礼的战士，进而真切地感受到战争的严酷。也是第一次，他在这里拿起了创作的笔，在他此后漫长的文学创作之路上确立了一个起点。

这样的一个画面颇具象征意味：1951年春季身着志愿军军装入朝作战的昌耀，携带的武器却是军鼓、曼陀铃和二胡。这也是他作为114师的文工队员，先后专业性地操演过的三种乐器（但奇怪的是，战争之后他再也不曾摆弄过任何乐器，并在他的生活中没有留下过与此相关的蛛丝马迹）。这样的装饰，与身边开过的隆隆战车相比，岂不显得有些浪漫？

岂止是浪漫，昌耀的文艺兵生涯，有时更称得上是烂漫——少年儿童式的烂漫。比如去部队演出时，需要一些仿真性的音响背景，这时的昌耀就会被安排在幕后，模仿鸡狗或猪羊的声音，咕咕咕、汪汪汪……一通捏着鼻子、尖着嗓子地怪叫，其中得意的开心或滑稽都不难想见。不但如此，有一次去部队演出，回去的路上昌耀突然闹肚子疼，竟被一个同队的女兵背了一程。而最烂漫的事，则是昌耀在此期间还创造了一个志愿军战士中无人可以企及的纪录：那还是演出时他在幕后为鸡狗"代言"的时候，因为是行军之后的演出，15岁的他在幕后一番鸡鸣狗吠之后就渐渐地困了，横躺在幕后的桌子上不知不觉地睡着了。睡着睡着,就梦见自己在家乡的河水中湿漉漉地嬉戏,渐渐地有了一种游泳的感觉,待他突然惊醒,才难堪地发现,自己又一次地尿床了——应该是尿桌子。但硬木桌面拒绝吸水,恣肆的液体遂为同队的战友们保留了一个长时间的谈资和笑料,也为他自己保留了一个直到进入青海省文联,仍觉得温暖的记忆。如果我们还记得1949年,他在湘西军政干校宿舍床上的那几泡尿,那么,这一次可谓故伎重演。

然而,一进入炮火连天的战争环境,少年文艺兵本有的轻松烂漫迅即为战争的艰苦卓绝所取代。下面是我综合昌耀作品中的一些信息,对他们战地生活片段一个大致性的还原:某个夜晚,朝鲜原野上的苹果园在美军B29重型轰炸机下连续爆炸。巨大的冲击波平地掀起,裹挟着炸弹碎片和泥土树枝飞屑的冲击波,野蛮地撕扯着文工队女兵的军裙。文工队队员们在飞机的轰炸中向指定的地点集结,在翻越一座山坡时,为防止暴露目标,大家必须相互拉开距离,但因为害怕掉队,他们又不得不紧张而小心地彼此呼唤。黑夜中敌后穿插的他们饥饿难耐,而食品此时已经绝尽。他们在饥饿中迷了路般地跑动。这时,朦胧月色下突然飘浮出细若游丝的甜面酱的气味,这气味在他们饥饿的嗅觉中立时成倍放大。面酱是朝鲜百姓不可或缺的食品,面酱的气味也就等于人的气味,也就意味着前面该有朝鲜百姓没有逃离的村庄,文工队队员们立时喜形于色,他们将在那里得以暂时解除饥饿和劳顿。

环境是如此险恶严酷,然而,"那时'万岁军'的口号在制高点是一面旗帜"。是的,这是被志愿军司令员称为"万岁军"的 38 军,是以《谁是最可爱的人》这篇报告文学而闻名天下的部队。所以,这个战争环境给予昌耀的,恰恰是一种置身于激沸生活前沿的荣耀感,以及他急欲投笔从戎之初所想象的,来自红色生活的刺激。这种激情的生活,以至他在若干年后成为祁连山那座"大山的囚徒"时,仍没齿难忘:

> 可还记得急行军之夜
> 人困马乏,
> 却看东方欲晓,
> 江风微拂,
> 伫立小小埠头,
> 一时无限振奋?

2.《人桥》与最初的写作

当然,这还是一个盛产英雄、战斗英雄故事层出不穷的环境。而与此同时,38 军的 114 师文工队,正活跃着以未央等人为首的一批文学青年,他们以志愿军英雄为素材的文学作品,经常出现在当时的《长江文艺》上——这是当时包括了湖南、湖北等省份的中南行政人区唯一的一份文艺刊物,自然也就成了这批湘楚子弟兵的一个重要文学阵地。在当时非常重视培养文学新人的大环境中,这些人都是当时《长江文艺》的通讯员，亦即此后文学刊物的重点作者。昌耀随后也成了这些通讯员中的一位。

1930年出生的未央，是湖南临澧人，与昌耀的桃源同属常德地区，尽管他只长昌耀6岁，但入伍之前在师范学校读书时，就已是某小报的专栏作家。此外，他还是1953年战争结束之际相继写出了《祖国，我回来了》《枪给我吧》等诗篇、志愿军战士中成长起来的最负盛名的诗人。而那些时日，昌耀与未央就住在同一宿舍，朝夕相处。

沸腾的战地生活和身边文学小环境的双重诱因，强烈地刺激着昌耀的写作欲望。当时的部队非常重视提高战士的文化素质，鼓励战士们写作。在入朝作战期间，昌耀就曾两度回国参加文化培训。就在这样的氛围中，昌耀开始了自己一生最初的写作。颇为有趣的是，写作之时，他总是喜欢向未央借用那支使其写出了文学大名的"咖啡色关勒铭"钢笔。而未央兄"总是为我百拿不厌"。

昌耀最初的写作起始于小说和战斗故事，"动辄洋洋洒洒数千言而仍舍不得煞尾"。其中一篇题名为《决斗》的战斗故事，就是取材于114师某英雄连坚守3.1416高地的事迹。把它与表现坚守松骨峰高地的《谁是最可爱的人》相联系，我们不难体察到，这正是有关志愿军题材创作的最普遍的素材。

也就是在这个时候，昌耀开始了投稿，在当时对诸多刊物信息并不十分了解的情况下，他所投稿的主要刊物是《长江文艺》《东北战士》和《人民文学》。这种投稿方向在体现了一定的针对性时，似乎还潜含着一种贸然性——给《人民文学》这一全国头牌刊物的投稿，无疑具有一种渴望奇迹和撞大运的心理。

昌耀在此后的回忆中称，他第一篇正式发表的作品是散文《人桥》，"时在1952年冬或1953年春，载于上海的《文化学习》"。从这一表述中可以看出，他此后并未能保留自己这篇第一次见诸刊物的作品。这对于昌耀来说，似乎是一个遗憾。但他自己的记忆又是否可靠呢？进一步地说，他诗文中有关自己经历的记忆是否全部准确无误？这引起了我的强烈好奇。在我对此文的查找屡屡受挫之后，2004年8月，我北京的朋友章晓明，竟奇迹般地把它查找了出来。这篇散文刊载于上海《文化学习》1953年第4本。而这本杂志，在当时是一个类似于工农兵学写作的大众文化刊物。现抄录如下：

人　桥

志愿军战士　王昌耀

有一次，志愿军归国代表团到了某地，从欢迎的行列里，跑出二十个少数民族的青年男女，在志愿军代表面前跪下了。他们手搭着手，交织成一座人桥，要志愿军代表走过去。

你想想，志愿军同志们哪能从祖国人民的身上踩过去呀！但是这群青年男女，每人都有一颗火辣辣的心，他们热爱咱们"最可爱的人"，非要志愿军同志们从人桥上走过去不可。

你也许要奇怪了，这是哪一国的礼节呀？我告诉你，这是我国一个少数民族对人最尊敬的礼节呢。

志愿军代表们看了这种情形，只好踏踏鞋上的泥土，轻轻地走了过去。他们的手臂是排得那样密啊！代表们步子迈得又宽，在走过去时免不了有没踩上的。

代表们走过去后，他们又围了上来，拉着志愿军同志的手说："同志们没踩上咱们，让咱们摸摸同志们的手也是光荣的呀！"

你体会体会这是什么样的感情啊！想想以前，看看现在，新中国成立才短短三年，我们各民族已亲密团结得像一家人一样了。

这位大诗人平生的这第一篇作品，写得实在太一般。从它的文字水准和叙述语调的稚气来看，也的确就是出自一个中学生之手，并且还是出自那个时代的中学生之手。然而，再稍微仔细体会一下我们就会感觉到，它并不是一篇中学生式的作文，而是一种创作。因为这其中的确潜含着诸多有别于作文的"技巧"：其一，它回避了大家都热衷的战斗英雄故事的正面取材，选择了一个几乎让人难以置信的特殊素材；其二，具有特殊信息意义的是，这是一个发生在少数民族身上的故事,而这个罕见的冷门故事又与时尚的志愿军题材相关联;其三,它把这样一个小故事,最终却推向一个"重大"的社会政治主题:全国民族大团结。这是中华人民共和国成立刚刚三年之后,就显现出的全国民族大团结;其四,是"人桥"这个标题,从文字的角度上说,它是这篇文章唯一的亮点。其准确的概括性,潜含的悬念感以及诗意的别致,显现着与这篇通俗文字不协调的奇崛与老辣。而作者稚嫩懵懂中的这一意外"放电",正是一个写作者最重要的创造力和根性之所在。

这篇短文还显示了另外一个重要信息,那就是与昌耀自己所说的,他刚起步时"动辄洋洋洒洒数千言而不舍得煞尾"那种纵马撒野的写作完全相反,这篇短文从选材、裁剪、立意到拔高性的主题升华,可以说完全符合当时报刊作品发表的特殊规范(这种规范至今仍有余脉延续)。这一方面表明,他当时深受周围文学师兄们关于写作技巧的点拨之惠;另一方面,还显示了他写作时在选材等方面避热觅冷、避同求奇,以至后来在文字中"铤而走险"的最初端倪。

纵观昌耀的一生,朝鲜战场上的文艺兵生涯,对于他的确是重要的。它不但使昌耀天性中的写作冲动得到了诱发和释放,更为关键的,是它为昌耀的人生调控出了文学写作的方向,并在此确立了一个可供长期延伸的起点。而这个起点,又是在新旧时代的分水岭上,由新时代主流文学价值准则所统摄,在新的现实场景、新的艺术观念、新的文体风格,乃至他本人新的写作身份中展开的。因此,这使他刚刚开始的写作,不久就能够进入时代主流文学之中，进入主流报刊。反过来说，如果同一时期的他仍是桃源县立中学的一名学生，此时会有他的文学写作吗？即便有，又是否会在一开始，就进入上海的《文化学习》这类主流刊物呢？答案自然是不难想象的。

毫无疑问，这正是昌耀人生位置不断前移的结果。

1953年7月27日上午10时，为时3年的朝鲜战争随着谈判桌上"停战协议"的签署而宣告结束。当天晚上10时，停战协议正式生效。漫长的前沿对峙线突然一片静寂。片刻之后，双方的官兵从战壕中探出头来，然后一起欢呼。

但昌耀却没能等到这一时刻的到来。就在停战前一个多月的1953年6月初，他所乘坐的军车在朝鲜元山前线又一次遭到轰炸机的空袭。许多次在弹片纷飞中毫发未损的他，这一次未能再获幸运。随着急驶的军车在炸弹中突然瘫痪，他在一瞬间被强大的惯性抛起，头颅随之朝着一个坚硬的物体撞去……

等再睁开眼睛时，他已仆倒在朝鲜农民的菜园中。此时"天仍未亮，高射炮的弹火还在天边交织着火树。我的脸庞枕垫在潮湿的泥土。我知道我耳边的血流仍在更远的地方切开潮湿的土地……我终于活了下来"（《内心激情：光与影子的剪辑》，1986年）。经过简单的包扎处理之后，他随之被送回到了国内，进入长春18陆军医院治疗。关于这次伤情，原始的诊断记录为"脑颅颞骨凹陷骨折"。在昌耀此后所持的《革命残废人员证》中，其残废等级被核定为"三等乙级"。

三　　河北荣军学校

1. 背景：王氏家族的衰败

　　1953年秋，从朝鲜战场归来的昌耀，以一个伤残文艺兵的身份，进入设在保定的河北省荣军总校。保定，是当时河北省的省会。今天看来，昌耀似乎是在无意之中，充当了一次38军先遣兵的角色：十多年之后的1966年，朝鲜战争结束后驻扎在东北的38军，奉调进入保定，从此在距北京100多千米的这个地方，成为拱卫首都的精锐之师。而昌耀当年的一批战友，几十年后的今天正在保定的38军干休所安度晚年。这些人的手中，至今保存着一份《38军文工队战友名录》。在这份名录上，就有文工队战士王昌耀的名字。而昌耀本人，却在保定生活了不到两年。

战争结束了。战场上负伤的昌耀由此也结束了军旅生涯。这似乎是他人生位置不断前移的又一个脚注:此时的昌耀只有17岁,还不到正常情况下一个青年从军入伍的年龄。而他浴火流血的军旅生涯却已结束。这确乎让人恍然若梦:在他的人生履历中,真的有过那场战争?真的有过弹火划亮的时光?

保定是昌耀人生中的一个重要驿站。荣军学校是当时有别于一般社会学校的特殊教育机构,是战后成千上万的退役复转官兵接受中等教育后,再次步入社会前的中转加力设置。官兵们虽然于此退役,但学校仍是军事化管理,学员们身着的,则是没有领章帽徽的军装。而这样的身份,仍是一种荣誉性的特殊身份。

然而,就在这位17岁的少年以退伍军人领有荣耀的红色身份的背后,曾经盛极一时的王家坪王氏家族,却彻底走向衰败。而昌耀家庭的这一支系,几可称为"家破人亡"。

最初的颓势是从其父亲王其桂开始的。前面我已介绍了王其桂北平求学,而后奔赴延安进入延安抗日军政大学,1939年又回故乡建立中共桃源特别支部,并出任支部书记等经历。这样的履历,也同样是红色的。而根据昌耀的五叔王其榘1957年前后给昌耀的一些信件中的讲述,王其桂接下来的履历则是这样的:

大约是1940年之后,王其桂又参加了一个抗日的国民党整编师,在其中从事文书工作。但仅仅一年之后的1941年,他又回到了桃源乡下,继而修建了那座"金城湾别宅",过起了旧式知识分子乡间耕读的生活。

也就是在这之后不久,昌耀的大伯王其梅去信,根据自己这位大弟的性格旨趣,建议王其桂在乡下从事办学授课的教育事业。而王其桂于1949年在桃源县城的家中开设图书阅览室,想来应该与王其梅当初的这个建议有关。

从诸种迹象来看,王其桂的确不是一个职业革命者类型的人。作为一个曾经在延安抗日军政大学受过熏陶,并且还创建了中共桃源县特别支部且任书记的知识分子,他的人生旨趣却似乎一直在"古代文人那种田园式的诗书耕读"和"一介书生感应时代脉动、渴望有所作为"这样两个区域间前后滑动。

这样,到了解放战争的1947年初,王其桂又前往豫东,进入豫皖苏边区的"豫东军分区",在军分区作战科出任作战参谋。而这一时期,王其梅这位久经战争淬砺的职业革命家,正在担任豫皖苏五分区司令员、政委兼中共地委书记。那么,王其桂的这次人生选择,是如同当年赴北平求学一样,再次对其大哥的追随呢,还是听从了大哥的召唤遵命前往?我们已无法考证。但有一点可以肯定,在诸多的兄弟姐妹中,这一对兄弟的关系走得最近。

然而,在豫东军分区的作战科仅待了半年多时间,王其桂又于1947年暑假时节"逃"回老家,亦即所谓的"背叛革命"。

王其桂为何会如此呢?在此后的交代材料中,他是这样解释的:"自己是地主,地主不能革地主的命。"

而昌耀的大弟王昌煜2004年2月就此事专门对我的解释则是：父亲（王其桂）到了豫东军分区后任作战参谋，去得晚却职务高，别人看不起，认为是沾了大伯王其梅的光。父亲一气之下便跑回老家，因此就成了叛逃革命。

1950年6月，中共中央颁布了《中华人民共和国土地改革法》，在全国农村开展了轰轰烈烈的"土改运动"。这一运动的主要宗旨，就是"没收地主的土地、耕畜、家具、多余的粮食及其在农村中多余的房屋"。而没收过程中的主要运动形式，就是由原先没有土地的农民组织成"农民协会"，对于"地主剥削阶级"进行无情批斗。首当其冲的王其桂被批斗得七窍生烟，遂于1951年初跑到了北京的五弟王其椠处避难。

身为中央直属机关干部的王其椠，政治头脑无疑是极为清醒的，他自然知道这件事情的轻重。于是，兄弟间便有了一场痛苦而严肃的长谈。王其椠的意见非常明确，逃避绝对不是办法，况且你的一个最重要的问题——脱离革命的"历史问题"——还未清理，而这件事，是无论如何也蒙混不过去的。所以目前唯一的出路，就是主动去公安机关自首，以期获得宽大处理，从而也使这一潜伏的问题得到彻底解决。而王其椠的这个意见，则无疑代表了此时担任西藏昌都地区人民解放委员会主任，并正在为进军拉萨做先遣准备，而奔波于北京和西藏之间的大哥王其梅的意见。对王氏家族成员的所有问题，作为这个家族老大的王其梅，此时都在进行着遥控处理。

就在这种情况下，王其桂于1951年初到了北京不久，便前往北京公安局自首。随之，被判了两年刑期，送往天津芦台清河农场执行劳动改造。

至此，王其桂成了新中国红色政权的专政对象。

接下来的情况是，1953年，王其桂的两年刑期已满，遂以就业人员的身份，被安排在天津的这个清河农场，并获得了公民权。1955年，又被调往黑龙江省密山县兴凯湖农场垦荒。起初是在测量队，继而又改调做统计工作。

父亲王其桂忍受不了批斗从桃源逃到北京后，接下来，就由昌耀的母亲吴先誉来替代。连男人都承受不了的压力施加在一个女人身上，又会是怎样的呢？尤其是在男人逃走后，对一个女人双重压力的施加。在无休止的抄家、批斗进而是关押中，吴先誉这位温和而富有教养的女人终于精神崩溃，遂以但求一死的心念，从家中的二楼朝外拼力一跃……但她并未能立时解脱，既而以致残的绝望之躯拖延到1951年的秋风秋雨中，才彻底告别人世。终年整40岁。

当昌耀在稍后的时间从舅父的来信中得知这一消息，立时"哇"的一声号啕大哭。当时的他已从朝鲜战场上出生入死过一回，首次回到38军的辽宁铁岭留守处轮训。

在写于1993年的《一天》中，昌耀透露了有关母亲当时的一些信息："似乎母亲已被农会关押在故乡的板仓了，／幺妹子啼哭不止。母亲时请农妇枞个善德／给女婴留一条活命的路。／三十年后我听到了这一情节。"

也就是说，他是在距母亲身亡的30年后，也就是1981

年前后,才从其他亲人口中知道了一些详尽的细节。比如母亲曾被"农会"关押在板仓;再比如,母亲在绝望之时,将昌耀最小的妹妹托付给了故乡的一个农妇——此事我将在后面做进一步的介绍。

父亲给劳改了,母亲又自杀身亡,昌耀之下的5个弟妹顿时没了爹娘。1951年,这5个弟妹中年龄最大的王昌煜,也只有11岁。

而王家坪王氏家族中,只剩下妇女儿童的昌耀的其他亲属,也同样陷入了生活无着的困境。

这便是中国那部不朽的名著《红楼梦》早已描述过的世事的盛衰兴替。王家坪王氏城堡当年的豪门气象,此时安在?

2. 从桃源到北京的家族迁徙

鉴于这样一大群妇女儿童在家乡因生计无着,而会成为社会负担,身为国家高级将领的王其梅构想了一个战略性的大手笔:将王氏家族中的所有孤儿寡母,从王家坪连根拔出,由他出钱提供生活费用,全部安置在北京王其榘的家中托管。

经过简洁的部署后,对于一个家族来说不可谓不庞大的这一"移民工程",于1953年6月1日前实施完毕。

当时被转移的这一干人众计有:

昌耀的七姑王其榛,四婶李学勤及其3个子女,昌耀的4个弟妹,一共9人。

而本来却应该是10人，或者8人。

所谓的应该是10人，与前面提到的昌耀那个"啼哭不止"的幺妹有关。她于1948年出生，就在其母亲吴先誉陷入绝境之时，把她送给了本地一葛姓夫妇，痛哭着请求葛家的农妇"给女婴留下一条活命的路"。这位女婴终于活了下来，既而随葛家改名为葛惠仙，并深得葛家夫妇的疼爱，故而在王家兄妹迁往北京前夕，王家人出面交涉意欲要回幺妹时，无奈葛氏夫妇情感上实在难以割舍而作罢，此后葛惠仙便一直留在了家乡。1980年前后，她先后同昌耀等其他兄长和姐姐取得了联系，2004年春节之后，还曾在北京的王昌煜家中小住了一段时间。葛惠仙现为桃源县三阳镇三阳村村民，2004年5月我与她通电话时，从语气上听得出，她的性格颇为开朗，而且眼下一切都还不错。

前面说的"或者8人"，是因为昌耀的二弟与其幺妹有着同样的经历，他于1950年被过继给了本家的一位堂叔，也同样被改了名字。然而，他却最终被要了回来，随同兄长们一同去了北京。如果他当时如同葛惠仙一样要不回来，那么这支"移民队伍"便应是8人。

由昌耀这两个最小的弟妹被相继送人和母亲的去世，我们更可以想见什么叫作"家破人亡"。然而，这个家庭的子女们随着伯父王其梅调度下的战略性转移，随之就在首都北京过上了少年儿童衣食无虑的日子。所以，王其梅此后在给昌耀的一封信中强调：不是我，而是新中国拯救和改造了这个家庭。显然，这是一个站在省级军政负责人的角度上，用新的国家政权观念做出的表述。

在这里，且将昌耀之下5个弟妹及其此后的人生走向，做一汇总性介绍：

大弟：王昌煜，中学毕业后在北京当工人直至退休，现居北京。

大妹：王昌淑，中学毕业后在北京当教师，2002年去世。

二妹：王瑞珍，中学毕业后在北京当工人，2003年去世。

二弟：王国君，原名王国焘，1950年过继给本家堂叔后改名；1967年在北京一中毕业后，支边到新疆乌鲁木齐工作；1991年病逝。

幺妹：葛惠仙，自小过继给家乡葛氏夫妇后，一直生活在桃源乡下至今。

而在1953年的这个时候，接纳了上述9口人众的王其榘及其家庭情况又是如何呢？

在昌耀的父辈中，五叔王其榘是唯一一位把文化之路走到底的人。他的名字，曾和桃源籍的文化名人翦伯赞连在一起。

王其榘曾是翦伯赞的学生。中华人民共和国成立之初从南京大学毕业后，进入南京博物院工作。不久，即被调往北京，做翦伯赞的私人秘书。此后，就是进入中科院近代史研究所从事研究员工作直至退休。

按当时的情况推想，初到北京不久的王其榘的住房，大致上也就是个仅有容身之地吧。而突然要一下子接纳9口人，应该是根本不可能的。关于此事，王昌煜曾向我特别介绍，他们到了北京后的住房，就是翦伯赞为五叔找的。此时，这套房子中一共生活着12人——包括王其榘及其夫人和儿子王念青一家3口。

王其榘的夫人和儿子中华人民共和国成立前也一直住在王家坪，并同昌耀的父母一样，享有从祖上继承下来的房产和地产。而正是这一点，也在王其榘的心理上，形成了一层与"地主阶级"相连带的阴影。王其榘此后一直负责对少年失怙的昌耀进行人生思想上教导的任务，而从他给昌耀的大量信件中看，与一个学者本有的敏锐与严谨同时显现的，还有这层阴影投递给他的敏感与谨慎，进而又以相反向度上的激进，随时表现出"划清界限"的姿态。

昌耀的4个弟妹，四婶的3个子女，加上五叔的儿子王念青，突然间集结在一起的8个毛头儿童，使王其榘的家中顿时成了一个大杂院。你吵了，他闹了，你欺侮他了，他要为他讨回公道了，儿童的世界似乎极少太平安宁。不单是这8个儿童，即便是脱下军装进入保定荣军学校的前志愿军战士王昌耀，在1954年暑假到了北京的五叔家里后，也与五叔的儿子王念青发生了激烈争执，继而连一个招呼都没打，便愤然离去。由此而使大为伤心的王其榘，对自己的儿子王念青一通雷霆震怒。

昌耀可以耍自己的小脾气，但五叔却大人不记小人过。就在1955年春节过后，五叔又给保定的昌耀写了一封信："过年好吗？我们今年过得还不错，他们一直没有吵架。像这样的情形，我感觉里还是第一次……"这样的感慨，真是别有一番滋味在心头。

没有吵架固然值得庆幸，但吵了架似乎也不错。因为这恰恰可以表明，昌耀的弟妹们在五叔的家中绝无寄人篱下的感觉，表明了五叔把所有的孩子都当作自己的孩子来教养的长辈气度。

而对于昌耀，五叔王其椠的态度则显然有别，在仍然把他当作侄子的同时，又在不自觉中把他当成一个同代人，一个已经达成了思想交锋的对手，从而经常以信件的形式，与昌耀做"当前的形势与我们的任务"式的谈话。然而，这种谈话在大多数时候不但并不融洽，甚至可以称得上别扭。比如此时在文学创作中已看见了新的洞天的昌耀，总有令自己激动的想法和打算，也自然渴望受到欣赏，获得鼓励，但在他哪怕是以抑制性的语气把这些想法告诉五叔时，敏锐的王其椠总能从中看到这个小文化人正在翘起的骄傲的小尾巴。随即便是敲打，便是泼出止热止烧的冷水，便是"虚心使人进步，骄傲使人落后""夹起尾巴做人"的循循善诱。

从最终的情况看，昌耀和五叔王其椠是王氏家族中，仅有的两个选择了文化道路去走的人，且在各自的领域都置身于国家范围内的前沿区域。但他们并不是一类人，五叔是一个始终以国家意识形态观照自己研究领域的"正确"学者，而昌耀则是一个以艺术为心灵对象的理想主义诗人。在这个时候，昌耀并没有也不可能意识到五叔的不时敲打之于他的意义，而五叔则从昌耀的书信中，对这个侄子的未来走向约略有了一丝不安。这自然都是后话。后话将在以后的章节中出现。

到了1954年，王其椠北京这个庞大的家庭逐渐开始"消肿"。先是这一年的4月，昌耀的七姑王其榛从这个家庭中迁出，前往自己在沈阳工作的女儿郭宛平处。郭宛平：20世纪50年代初在辽宁日报社工作，其丈夫为志愿军军官。数年之后，夫妇俩带着母亲又调到北京，郭宛平进入了北京日报社。再后来，全家又一起去了河南郑州。

接下来的1955年2月，昌耀的四婶李学勤又带着她的3个子女，迁往四川峨眉其丈夫处——此时，昌耀的四叔王其棣已从18军转业到了这个地方。

这样，只剩下昌耀的4个弟妹，在北京继续由五叔王其椠托管养育。

从以上的家族变故格局来看，13岁时自作主张选择了投笔从戎之路的昌耀，这一步走得是何等正确！那几乎是在一种不可思议因素的牵引中，使他与一个马上就要罹难的家庭脱开，进而在一个时代黑红两种社会阵营的截然分割中，成为红色的人，"最可爱的人"。

而从王氏家族的整个背景看，昌耀在他们这一支系中特殊的人生走向，几乎与伯父王其梅在上一代家庭中的人生走向完全一致，并且，这还是这个家族的两代人中，仅有的两个异端，或者是"骄子"。最终的事实是，他们两人都进入了中国当代史的史册。只不过，一个是中国革命史，一个是中国文学史。其实，就在昌耀入伍不久，伯父王其梅就已隐约感觉到了，叔侄两人在人生道路上的这种相似。所以，1956年1月，王其梅的夫人、昌耀的大伯母王先梅在给昌耀的一封信中，曾有这样的表述："你大伯一直是喜欢你的。"

  作为这一说法的佐证，在此可以举两个例子：其一，就在1951年初昌耀刚刚到了辽宁铁岭待命入朝作战时，在四川甘孜正率先遣部队进军西藏的王其梅，便在百忙中给昌耀写去了一封信，对他的参军入伍予以鼓励；其二，在1953年初昌耀从朝鲜战场上回国轮训期间，王其梅又送给了昌耀一件在当时来看是极其贵重甚至是奢侈的礼品——一块从印度走私进入西藏的瑞士手表。这其中对昌耀寄予的极重的心思和情感我们应不难想见。

  所以，尽管家庭遭逢了如此大的变故，并且它也不可能不在昌耀的心理上留下阴影，但自己所置身的激沸的红色生活，作为红色将领的伯父在他心目中飘拂的红色旗帜，包括五叔的青年学者形象，以及两人对他的关心，这所有因素综合在一起，都足以覆盖这一阴影，并使昌耀有理由相信，在经过新时代新的分化组合之后，他又获得了一个光明敞亮的家庭氛围。所以，就在1953年即将离开朝鲜战场前夕，昌耀在给五叔王其榘的一封信中这样写道："党就是我的母亲，部队就是我的家。"

也因此,进入河北荣军学校的昌耀,怀着一种饱满的人生激情。

就这样,13岁投笔从戎的他,17岁时成了这所荣军学校最年轻的学员。

3. 崭露头角的诗坛新秀

新的生活开始了。经历了战争硝烟洗礼的昌耀,在松弛的和平环境中必然显示出强势的生命能量反弹。而这种反弹此时只有一个方向,这就是将战争中开始的通讯故事式的写作,提升为文学艺术性的创作,进而把这种创作,确立为自己的人生目标。

女作家张爱玲曾有名言曰:出名要趁早呀!

那么,立志,更应趁着年少啊。

作家的人生将是怎样的人生?他们是写出作品后,被无数的民众阅读、学习的那种人。他们代表着书、知识、思想、真理。当然,还代表着非凡、荣耀。

这无疑是一个令昌耀激动的志向,而关于这个志向的确立,他不能轻飘飘地去告诉周围的人,但压抑不住的激动,又让他不能任何人都不告诉。就在这种情况下,他寄出了两张明信片。一张是寄给已在西藏昌都,做率领18军进军拉萨准备的伯父王其梅的。他在简略地谈了自己的入校情况后,节制地说出了自己下一步的打算——"想从事文学创作"。另一张是寄给近在北京的五叔王其榘的,进一步称自己愿主攻俄语,打算将来做些翻译工作。因此,现在"忙得连放屁的工夫都没有"——在极端重视知识分子思想改造并严于律己的五叔眼里,昌耀的这个"屁",暴露了小知识分子的轻浮。

而轻浮有时是从良好的自我感觉中气化出来的。昌耀此时的确进入了一种亢奋状态,首先是校图书馆的藏书,提供了一个使他惊奇并眼界大开的天地。他在这里读到了郭沫若的《女神》、莱蒙托夫诗选、希克梅特诗选、聂鲁达的诗文集、勃洛克的《十二个》等一大批中外诗集。这是他继1949年前后在父亲的图书阅览室,读到大量文学期刊和"五四"以来中国作家的作品后,又一次大规模的阅读。不同的是,这一次的阅读则偏重于诗歌,并且还有一个特点,偏重于外国诗歌,偏重于苏俄社会主义阵营体系中经典诗人的诗歌。这其中除了莱蒙托夫和勃洛克自身就是苏俄诗人外,另外的希克梅特和聂鲁达,又都分别是与苏联精神关系密切的土耳其和智利的共产党员。而聂鲁达当时更是著名的国际和平主义者。

有迹象表明,这一时期的大规模诗歌阅读,从两个基点上确立了昌耀一生的诗歌创作基座。其一是显性的,它为昌耀延伸出一条与世界现代诗歌写作现场相连接的路径,并初步昭示了其腹地的纵深景观。这样,从诗歌理念、物像取譬、构词方式等艺术形态上,都将使他的诗歌获得一种陌生、新鲜元素的注入,由此而与同时代的诗歌写作者仅只从古典文学中建立传统，或者根本没有传统，只从同时代流行作品中仿制的那种写作，显示出了区别。其二则是隐性的，上述诗人的作品，从人民性、大地情感、自然热爱、社会平等自由等内涵上，为昌耀确立了一种诗人的共产主义乌托邦情结。这是昌耀一个极其重要的思想支点，没有注意到这一点，我们就无法理解昌耀此后诸如《哈拉库图人与钢铁》《划呀，划呀，父亲们！》《毛泽东》《一天》等社会意识形态上的诗歌思想踪迹，就无法理解他在《一个中国诗人在俄罗斯》中，那种几乎是用了一生的跋涉，终于回到"精神故乡"的大欢畅、大欣悦。

在看到这一切之后，我们就会明白，此时的昌耀为什么想主攻俄语。当然，上述诗人对于昌耀的重要影响，并不是立竿见影式地产生作用，它有一个必然的潜伏期，必须经过消化、发酵的过程，逐渐显示"底肥"般的持久作用。

昌耀此时亢奋状态的根源还在于：朝鲜战场上丰厚的生活素材积累和情感积储，战争时期初步获得的写作经验在和平环境中更高的目标预期，以及"最可爱的人"的特殊写作身份，等等。这三种因素如同三股汇合的激流，以涌耸的波浪把昌耀拱出日常状态。

而亢奋状态最直接的宣泄方式便是诗歌。"我的诗创作始于1953年秋冬之际，时在河北省荣军学校……那是一个值得回味的时期，我的生活兴致极高，遒劲的青春渴望着爱情。渴望着云游与奇迹。我总是有写诗的欲念。凡所经历、凡所见闻、凡所畅想处多显示为某种诗的暗示。我当初那一卷一卷的诗稿就是蜷在宿舍床铺如此轻松草就,一觉睡醒总有所获,其得来之易于今看来几可称为是对诗神的亵渎。"这是昌耀在1987年的《艰难之思》中的一段回忆。

由此可见,这几乎是一种寝食难安、昏天黑地的高烧状态中的写作。也难怪他在河北荣军学校期间,最终未能实现于俄语方向上有所作为的宏愿。

但这"蜷在宿舍床铺如此轻松草就"的"一卷一卷的诗稿",其"成品率"又是如何?进一步地说,昌耀在河北荣军学校期间的文学表现到底如何?此前由于资料所限,我对此并不完全了解,接下来就是2021年4月的此刻,我对这部评传进行修订时,根据河北某高校李文钢博士《昌耀与〈河北文艺〉——昌耀早期佚稿发现记》一文中的资料,对相关信息的增补。

说来难以想象,仅1954年4月到1955年3月这一年时间,《河北文艺》就分别在五期刊物上,接连发表了昌耀的诗作。如此的刊发密度,显然就是给予一颗诗坛新星的待遇。

首先是1954年4月号的《河北文艺》,推出了他以朝鲜战争为题材的组诗《你为什么这般倔强——献给朝鲜人民访华代表团》。这是昌耀的诗作第一次见诸报刊,并且是组诗的规模。这组诗作共4首,每一首都不算短,共约100来行,发表时竟占了4个页码。4首诗作分别为《歌声》《你为什么这般倔强》《小溪边》《朝鲜妈妈舞蹈》。现全文转录第一首诗作如下：

歌　声

1950年冬，朝鲜民主主义人民共和国处在艰苦的境地，此诗为描写当时朝鲜人民军女战士在风雪中奔赴前线的情景。

她们的歌声像阵阵猛敲的战鼓，
像原野上烈火的呼啸，
像鸭绿江水的奔泻，
也像暴风雨前的雷鸣。

她们的脚冻得红肿，
她们的衣服还是夏日的军装，
风雪无情地扑打着她们的脸，
啊，她们真是钢铁塑成。

她们带着怒火前进！
她们蹚过冰河前进！
穿过熊熊燃烧的祖国村落前进！
踏着战友的血迹前进！
穿过妇人的眼泪和孩子的哭声前进！

北风盖不住她们的歌声,
零下五十度的严寒冻不住她们的歌声。
这歌声是一把火炬,
点燃了世界人民愤怒的心。
这歌声似风暴震动大地,
要让罪恶的侵略者在海中呻吟。

她们歌唱,
她们挺进。
朋友们哪,
她们心中埋藏了多么难解的仇恨。

比之一年前在上海《文化学习》上发表的散文《人桥》,这首诗在整体形态上简直就是突飞猛进。它通篇使用的排比修辞,不但与急行军的节奏相吻合,而且形成了一种排山倒海的前压气势。而每一段的排比格式,上下行对应语词递进性的变化,则在对于整齐统一感的强调中,尽可能地减少了单调。虽然,整首诗歌所使用的,大都是那个时代这类题材常用的流行语词,但这其中诸如"穿过妇人的眼泪和孩子的哭声前进""她们心中埋藏了多么难解的仇恨"等,这些将通俗的鲜活语词揳入书面语词的艺术手段,还是让人眼睛一亮。

这些诗歌手段,此后成了昌耀一种重要的艺术方式。在这首诗作的近30年后,当我们在他《划呀,划呀,父亲们!》那首诗歌中,读到"我们的婆母还是要腌制过冬的咸菜。/ 我们的姑娘们还是要烫一个流行的发式""今夕何夕?/ 会有那么多临盆的孩子?/ 我最不忍闻孩子的啼哭了"这样的诗句,便会确凿地感觉到这种艺术手段的遥远回声。

而这种排比修辞手段,在他此后的诗歌中更是大量出现,比如《慈航》一诗中"在不朽的荒原。/ 在荒原不朽的暗夜。/ 在暗夜浮动的旋梯——/ 那烦躁不安闪烁而过的红狐……/ 那……/ 那……/ 那……",直至"那鹿麂、/ 那磷光",原本用来制造整齐和气势的这种修辞手段,在他穷尽变异之能的演绎推进中,一时竟让人眼花缭乱。

此外,这首诗作在标题之下书写一段题记的形式,此后在很长的时间内,也成为昌耀的一种标志性方式。比如《林中试笛》《高车》《水色朦胧的黄河晨渡》,直到1979年他复出后的《大山的囚徒》《边关:24部灯》等。

当然,我们在这里又一次看到了昌耀在选材和角度上的避同求异——他在由男人们担当主角的残酷的战争场景中,却选取了朝鲜人民军女战士风雪中奔赴前线的这样一个特写镜头。

关于这组诗作,值得特别一提的,还有《河北文艺》在这一期的《编后》中,对于昌耀的重点推介:

本期发表的作品中,昌耀同志的《你为什么这般倔强》诗四首和文火同志的特写《永远前进》,是值得向读者推荐的。昌耀同志是中国人民志愿军的功臣,并在朝鲜战场上光荣地负过伤。他以亲身参加抗美援朝的火热斗争而获得的真实、深刻的感受,以澎湃热情的诗句,歌颂了朝鲜人民的刚毅英雄气概,热爱中国人民志愿军的伟大国际主义精神和气壮山河的革命乐观主义。正当我们血肉相连的邻邦朝鲜人民访华代表团来访问我们的时候,谨发表这几首诗,作为向我们友人的献礼。

一个小小的业余作者,一个小小业余作者的诗歌处女秀,甫一起步就是如此的规模,如此的风光!他不在这样的激励中亢奋地走下去,简直就没了道理。

接下来,就是他的诗作在《河北文艺》上的接连出现:

1954年6月号:《姑娘死的年轻——悼一位英勇的朝鲜女教师》。

1954年8月号:《年轻的姊妹》。

1954年12月号:《冬夜》。

1955年3月号:《不,不准》(散文诗)。

再接下来,则是这颗新星在河北文艺界受到的关注。

1955年1月,《河北文艺》召开了一个"省级和保定市有关部门部分同志关于检查《河北文艺》的座谈会",便有人在发言中提到昌耀的创作。省文化局剧目组的李庆番在发言中谈道:"《河北文艺》还注意发现和培养了几个作者,如林琦、昌耀、胡生智等同志,都写出了不坏的作品。"河北省委宣传部的刘榖也在发言中谈道:"《河北文艺》在复刊后1—11月号上确曾刊登过一些较好的作品。如:……昌耀的诗等。这些作品已在群众中收到较好的反应。遗憾的是,《河北文艺》对于上述这些作品并没有抓紧组织评介,以扩大作品的影响并帮助作者认识其现存的缺点。"(见《河北文艺》1955年第2期)

但事情还不只是如此。也是在这期间,他的两首诗作又出现在了1954年12月号的上海《文艺月报》上。《文艺月报》不同于《文化学习》的那种大众文化性质,它是由上海文联主办的著名文艺刊物,也是《上海文学》的前身,1959年改名为《上海文学》。这似乎可以视作昌耀已经步入了他设想中的"文学创作"轨道,并正在稳扎稳打前行的一个标志。

刊发在《文艺月报》上的这两首诗作,仍是朝鲜战争题材,分别为《祖国,我不回来了》和《放出的尖刀》。从《祖国,我不回来了》的标题看,昌耀已把避同求异乃至求奇的方式,当成了自己的写作法宝,进而在强化到极致时,呈现为"逆向思维"形态。对于这种方式,中国新诗史上大名鼎鼎的诗人、写出了诸多经典历史剧的郭沫若,称为"做翻案文章",并称他自己在历史剧的写作中,就"喜欢做翻案文章"。我们很快将会看到,昌耀在此后给其五叔的一封信中,表示自己"愿以郭老为榜样",但并不是就这一创作方式而言。

显然,昌耀这首《祖国,我不回来了》,是以他的诗兄未央那首著名的《祖国,我回来了》为前提,而在标题上所做的"翻案文章"。未央这首写于1953年的诗作,是朝鲜战争题材的诗歌名篇，它所书写的，是作者从朝鲜战场乘车踏上鸭绿江大桥时，既对回到祖国的迫不及待，又心系战场渴望和平的心愿。

全诗比较长，共计9段66行。第一段和最后一段如下：

车过鸭绿江，
好像飞一样。
祖国，我回来了，
祖国，我的亲娘！
我看见你正在
向你远离膝下的儿子招手。

车过鸭绿江，
好像飞一样。
祖国，我回来了，
祖国，我的亲娘！
但当我的欢喜的眼泪
滴在你怀里的时候，
我的心儿
却又飞到了朝鲜前方！

昌耀这首《祖国，我不回来了》很短，仅3段12行：

英雄屹立在纪念塔上
枪尖正指着南方
风吹向他指的地方
云涌向他指的地方

英雄永立英雄塔上
塔旁的花儿凋了又长
祖国对他望了又望
——英雄呀，回来吧

英雄立在塔上昂头挺枪
也不回头看看亲娘
——祖国，我不回来了
我要给朝鲜人民看守成熟的庄稼

显然，除了标题外，它与未央的那首名作并无多少关联。其书写对象虽仍是志愿军战士，但却是永远留在了朝鲜国土上的志愿军战士雕像。所以，从意象的这一属性看，作者并非要刻意地"反向操作"，而是的确如此的"我不回来了"。整首诗作虽谈不上特别精彩，但诸如"风吹向他指的地方／云涌向他指的地方"这类描述，却也意味十足。尤其是它的选材、角度和立意，则堪称这一题材领域的独特发现。

也正是因此，这首诗作很快就给昌耀带来了一个意外惊喜——中国青年出版社发来信函，决定将它选入由该社主编的《青年文学创作者丛书·诗选》中。以当时的出版业并不发达等因素而言，这类诗选在当时国内的影响，要远远大于20世纪90年代以来各种版本的"年度最佳诗选"。作品能进入这种诗选，不但标志着其艺术质量上的档次，还意味着其作者将在全国范围内，进入被重点关注的行列。所以，这件事做起来便特别的郑重其事，其中具有"时代特色"的重要程序之一，便是需要作者在涉及各项个人数据的表格中填表，并经所在单位审定盖章，然后完成入选。

在狂热的诗歌写作中亢奋的昌耀，亢奋地填了表，亢奋地等待着。然而，从他眼前飞起的亢奋之鸟却扑了空。事情缘起于诗人公木的一篇文章。著名的《中国人民解放军军歌》的词作者、时任中国作家协会文学讲习所副所长的公木，此时以权威的身份，撰写了一篇类似于"年度诗歌巡礼"的文章，其中特意提到《祖国，我不回来了》这首诗作，并对其做出了"国际主义与爱国主义相割裂"的点评。一个18岁的文学新人的诗作，能进入一个政治艺术权威的视野，并获得被"点评"的关照，倒也算得上一桩幸事。这正是20世纪80年代以来，中国成千上万的诗歌民众所期待的作品反响。尤其是来自名家、权威的点评——哪怕是批评，是骂。

然而，它对于当时的昌耀来说，却并不美妙。这应该是昌耀的诗作第一次受到来自政治角度的批评。但当时国家的政治氛围是清朗的，这个批评除了使昌耀因诗作落选而感到一丝沮丧外，并未留下其他阴影。而对于这个批评，昌耀则认为这绝对是公木误读的结果，他不但对此不服，并始终耿耿于怀，以至耿耿于怀了37年。他说，"1991年夏我在桂林全国诗歌座谈会期间曾向公木先生提及这一失之偏颇的权威意见"，然而，"听者（只是）颔首微笑而已"（《一份"业务自传"》，1995年12月29日）。

这可真是一切为时间所造化，一切又为时间所风化。此时的公木先生已是81岁的老人，也许早已不记得自己当年的那篇文章了。但依据自己此后所经历的无数的政治人生风波，以及自己并不顺畅的人生，他相信昌耀所言不虚。然而，毕竟已是往事如烟啊！所以，他这里的颔首微笑，除了出自一个文化老人的温和反应，是否还有对昌耀凡事较真的执拗，表示了诗人对诗人的欣赏？

但昌耀与《河北文艺》的关系，并不只限于写作，还有让人想不到的特殊表现。

早在此前的1954年12月，《河北文艺》还召开过一个"驻保定市的读者、演出者、作者座谈会"，昌耀作为代表参会，并在会上发言。在《河北文艺》随后（1955年第1期）刊发的"会议纪要"中，便有了这样一段记录：

> 青年诗作者河北荣军总校王昌耀指出《河北文艺》编辑工作缺乏一贯的坚持性。他说，如以前的几期刊物都有《编后》，对我们阅读很有帮助，很受欢迎，但后来不

知为什么又没有了。"民间文学"登了几篇,后来也没有了。又如"人民战士在农村",编辑在按语中说以后还要连续发表,但以后一篇也不见了。这都说明编辑部的坚持性不够。

由此可以看出,昌耀对刊物的阅读非常仔细,他本人似乎也是少年老成。作为一个初出茅庐的新人,他的发言非但毫不拘束,再从编辑业务的角度看,这个意见也既中肯又内行。随后,编辑部便欣然采纳了他的意见,在1955年第4期的刊物上,又恢复了《编后》的撰写。

4. 蓬勃的青春渴望爱情

纵观昌耀的一生,河北荣军学校应该是他人生的黄金时期。他在此以几近于眺望理想的姿态,为自己确立了从事创作的人生目标,而他初出茅庐便如此地一帆风顺,则使他有理由相信,自己已经进入了一个诗人的人生轨道。这样良好的感觉和心态,也必然使他充满了与外部世界交流的欲望。

昌耀在此开始了自己的文学交游——与河北文学界的交游。而这种交游在30多年后仍让他保持着深刻记忆的,则是与保定师范文学小组学子们的往来。想来中国的大中专校园一直是文学人才的生产储备基地,校园中的文学小组、文学社团,自"五四"以来就已形成了传统。但是,保定师范文学小组之所以能让昌耀如此刻骨铭心，还因为另外一个因素，另外一个极其重要的因素：这个文学小组中，有一位被昌耀称作小露的女生。"小露"，这无疑是一个被昌耀寄寓了某种情愫并浪漫化了的称谓，它让人轻易地想起了意大利民歌中美丽的桑塔露琪亚海，或者昌耀的另外一位湖南常德老乡、著名的晋察冀诗人陈辉在其诗歌《十月》中写的，"红色的光／闪耀在露西亚的草原上"这样的诗句。联系到昌耀在20世纪90年代，对他情感生活中的两位女性诸如S·Y和修篁的别称，我们可以想见，他似乎有对女性名字进行别称改造的癖好。而凡在称谓上让他如此动心思的女性，必然又是在情感上与他心思互动的女性。

从昌耀给予对方的这个称谓看，小露无疑是美的，文艺的，浪漫而小资的，甚或就是钢铁战士保尔·柯察金对面的那个冬妮娅式的。而18岁的昌耀此时既是身体经过战火浴洗，伤疤藏着生死传奇的年轻的老兵，又是诗作正在集束开花的诗坛新星，可谓身有光华，头有光环。这在当时小露视野里的同龄人中，也许是绝无仅有的。

我在前边已援引过昌耀对这段人生状态的描述："我的生活兴致极高，蓬勃的青春渴望着爱情……"而这个时日，爱情它真的就来了。尽管它可能是含混的，但却有着朦胧状态中特有的炽热和迷人。而从昌耀此后的描述来看，这无疑便是他的初恋。18岁的年龄，按今天的标准，说他早恋也可以，但在当时却算正常。河北评剧中那个著名的刘巧儿，就是在18岁上要自己做主"找婆家呀"。农村人对于年龄的概念一般是说虚岁,因此巧儿的实际年龄也只有16周岁。或许,这也正是保定师范少女小露的年龄。

从1953年秋季入校,到1955年初夏毕业,昌耀在保定河北荣军学校的生活不足两年时间。但他刚步入青春时段的人生光华,却在这里得以充分的绽放。在这期间,他既受到了河北省文联给予的"新生力量"礼遇,还与《河北文艺》的编辑丁江,以及编辑部主任刘文彬等,建立了密切的关系。而随着一系列诗作的密集发表,他还引起了河北文学界一位重要人物——远千里的注意。

远千里(1915—1968),现代诗人,河北人,1930年考入保定第二师范,两年后转入北平中华中学读书,接着为了专门从事革命活动和诗歌创作而弃学。这期间,他接触到马雅可夫斯基和勃洛克等人的诗歌,自己埋头创作;20世纪40年代,他曾在冀中任《战地报》负责人兼"前进剧社"导演;新中国成立初到1955年的这个区间,他先后任河北省文联编辑部部长兼秘书长、河北省文联副主席等职。依照当时文联主席由宣传部部长或常务副部长兼任的惯例,远千里实际上就是河北省文联的最高官员。

从这个简历看,远千里无疑是一个诗人型的文化官员。而且他之为专门从事革命活动而弃学,对外国诗人中勃洛克的喜爱,兼任"前进剧社"导演等经历,都与昌耀的履历、阅读口味(勃洛克是昌耀此后经常提及的一位诗人)有着多方面的吻合之处。而这样一位诗人官员对于昌耀的注意，也就成了情理之中的事。

很快，昌耀就开始面临毕业之后的去向选择问题。而当时可供他选择的两个去向似乎都不错。其一是报考北京的中国人民大学继续深造。中国人民大学当时的招生对象，主要是具有红色履历的青年学生，经过这所高等学府系统的政治文化熔冶后，为新政权输送干部人才。这是昌耀当时一个顺理成章的去向。其二，就是按远千里的意思，进入河北省文联。这也就意味着，昌耀由此进入了自己理想中的专业轨道。按昌耀当时的志向及潜力看，这两个去向中的任何一种，对他应该都是最好的选择。进一步地说，他没有任何拒绝的理由。

然而，他就真的拒绝了。关于这件事，昌耀在几十年后的一篇回忆文章中，终于吐露出心情复杂的后悔信息："也许我真应该将我的求学期再延长一些，因为这不仅意味着我仍可经常见到小露，还可进入大学以及什么可能的前程。但是——啊，我还提什么'但是'呢……"而这次拒绝最直接的代价，则是和小露情感关系的中止。"被我唤作小露的少女日后在我西来与我决绝的信里便宣称自己有了'留苏预备生'作新朋友，带给我的刺痛多年才脱净。"是的，关于两人当时的关系，这里使用的是"朋友"一词。在当时中国城市青年男女情感关系的表述中，这个词语义暧昧但却指向明确——这就是青年男女之间的恋人关系。同性之间的朋友是可以兼容的，而异性之间有了新朋友则必须拒绝老朋友。昌耀就在这种情感逻辑关系中，被小露明确地拒绝了。

这是昌耀的初恋，也是他春风得意时节的首次失恋。应该说，昌耀的男女情感腺系足够发达，因为他尚不到18岁时就开始了初恋。但此后发生的一切，简直就像是命运特别的讽刺——由此直到1973年初37岁的年龄上，他才在头戴荆冠的负罪岁月中，组成了一个一言难尽的家。

5. 到远方去

昌耀放弃了对于中国人民大学和河北省文联的选择后，接下来的去向我们都已清楚——他选择了遥远的青海。

关于这个选择，既有主观上的必然因素，又有客观上的偶然因素。但毫无疑问，主观因素大于客观因素。

所谓的主观因素，首先是他心灵深处根深蒂固的"远方"情结：弃家乡的桃源县立中学而报考常德的湘西军政干校；再从湖南弃学报考38军114师文工队径直奔赴东北，更由东北跨出国门进入朝鲜战场。他听凭自己内心盲目的"远方"指向离家乡越走越远。如果我们从昌耀一生的人生轨迹来考察，在河北保定的这近两年时间，只是他青春之路上一个盘马弯弓的准备期，他把自己充作这张心灵弯弓上的一支箭矢，而这支箭矢到底要射多远，大约他自己也不清楚。但总之一定要射出去，只要这张弯弓具备饱满的弹力，就要持续地射。

其次，在昌耀的心中，很早就有了一种莫名其妙的，或者是宿命性的藏区边地情结。那还是在1948年，那年暑假，当时在南京工作的五叔王其椠回到桃源王家坪探亲，而从五叔带回来的画报中，他看到了著名画家叶浅予的四川康定地区藏族民俗写生画。"那些大红大绿的服饰，那些紫糖面孔、大耳环，那些裸着脚趾蹲伏路旁摆地摊的藏族妇女，让我既感亲切又觉陌生而可畏。"虽然仅仅是第一次见到这些风情写生画，虽然当时的他仅仅只有12岁，但他却被一个宿命性的信息击中，油然生出一种神秘的向往，进而形成情结。

而就在1955年于河北荣军学校求学的此时，他又专门从保定城里买来一张与藏区边地有关的宣传画，贴在自己宿舍的床头。这是一幅题名为《把青春献给祖国》的宣传画。画面的主体，是一位侧身、正脸，肩背地质包的女勘探队员，其身后的背景则是青藏高原的崇山峻岭。昌耀后来说，画中的人物当时就是他的美神、诗神；而背景中的青藏高原，则无疑就是他的心愿之乡。

假使我们再把叶浅予的那些康区藏族风情画，与眼前的这幅《把青春献给祖国》联系起来，就会感觉到两种象征因素对于昌耀的强力牵引。一种是古老神秘的边地异域风情；另一种，则是青春与时代召唤中对边地的诗意憧憬。这两种因素的合力，对此时一直"渴望着云游与奇迹"的昌耀，几乎有着不容违拗的召唤力。需要特别强调的是第一种因素，它直接决定了昌耀此后的诗歌，醉心于表现边地异域风情的特殊面目。

而就在这时，一个偶然的因素直接促成了昌耀奔赴他命定中的青海。

——1955年6月,青海省人民政府派出由省人事局牵头的干部招聘团,到了保定的河北荣军学校,动员学校的应届毕业生前往青海,参加祖国大西北的开发建设。此时正值新中国历史上"全国人民大团结,掀起社会主义建设高潮"的第一个经济建设高潮期。而在这一高潮中,新中国的边疆建设,尤其是富含土地矿产资源的大西北的开发建设,更是成为重中之重。成千上万的农业生产建设兵团官兵、石油工人军团、地质勘探军团、铁路公路的筑路军团,相继从四面八方进入中国的大西北。一直沉默在农耕文明和游牧文明中的这个大西北,正逐渐拉开现代工业文明曙光照临的大幕。

而对于昌耀来说,干部招聘团其实无须做更美妙的青海开发前景的描述,也无须以"好男儿志在四方"来鼓动,他们只要再重复一下柴达木聚宝盆、未开垦的处女地、地质队员和篝火、长江黄河的发源地、牧民的帐篷和炊烟……就足够了。这是诗人关注角度上的图像和信息,虽然昌耀对此并不陌生,但他需要别人的重复——为自己心头的憧憬预热,也使自己通过各种信息拼贴的图像更加清晰。

从某种意义上说,这个干部招聘团的到来,给了昌耀一个偶然而又直接的契机,如果不是青海,而是新疆或者甘肃的招聘团前来,那么,昌耀也许就去了新疆或甘肃。只是在几十年后,昌耀完全与那座高原同化并以诗歌还原了那座高原时,我们才觉得他当年就应该属于青海,就像此后的西部歌王——北平人王洛宾本该属于新疆一样。

就在1955年前后的这段时间，在中国大地上的边疆、边地和大西北，诗人们的歌声正此起彼伏。在大西南的云南边地，以昆明军区部队诗人为核心的公刘、白桦、顾工等人歌唱着"撒尼人的石林"和"西盟的早晨"；蔡其矫在福建海防前线书写着大海、水兵和"南曲"。大西北此时更是一个重镇：新疆的闻捷写下了著名的《天山牧歌》，李季在甘肃玉门油田写下了以《玉门诗抄》为代表的系列石油题材诗歌，李若冰则在青海腹地写出了散文集《柴达木手记》。从某种意义上说，那个时代的人心，尤其是青年人的心灵，是由青春和热情组成的；或者说，那是新中国历史上最率真的抒情时代，一首诗，一篇散文，都有可能对一个青年学子的人生走向，产生决定性的影响。根据此后的一些回忆文章显示，20世纪60年代诸多上海知青之所以报名奔赴新疆的生产建设兵团，就是冲着闻捷的《天山牧歌》去的。

而在稍早一些的1952年，年长昌耀仅3岁，此后成为昌耀重要友人的诗人邵燕祥，就写出了在当时名噪一时的诗篇《到远方去》："我将在河西走廊送走除夕／我将在戈壁荒滩迎来新年""记住，我们要坚守誓言／谁也不许落后于时间"。由明快的抒情带出的投身时代建设洪流的自豪感，以及可作无限遐想的浪漫乌托邦空间，已足以显示远方的魅力，谁能不为之心动？

事情的确是这样，1955年6月22日，就在昌耀即将奔赴青海前夕,他在自己的日记本上写下了一首题名为《骊歌》的诗——"骊歌"者,离歌也,亦即告别的歌。诗中这样意气风发而又语词险僻地写道:"啊,大西北,我来了。我瞧见了你雪峰上的勘探姑娘,觉到地下石油悸动。从前,有人说你像巫女在荒漠留下骑者的尸体,但是谁能叫我不爱?"

对于此时的昌耀,还有一个他不愿道破,但却是极为深远的心思,这就是远方,尤其是具有浓郁藏区边地异域风情的青海这个远方,应该是一个盛产诗歌的地方。

1955年6月中旬,昌耀几乎未加思索地在青海干部招聘团报名处报了名,十多天之后,便随着西行的列车到了大西北腹地的重要工业城市兰州,然后,再转乘汽车前往青海西宁。

一个诗人的光荣与梦想,灾难与屈辱,从此将在这座古老神秘的大高原,被演绎成一个残酷的神话。

四　初到青海

1. "寂壁乡山"

从中国内地到达青海，甘肃省会兰州是必经之地。而从兰州到青海省会西宁之间的铁路，是1959年才建成通车的。也就是说，在1955年6月的这个时候，总面积72万多平方千米的青海省，尚没有一寸铁路。它当时的经济状况以及与之相应的社会文明程度，由此可见一斑。

1955年6月底，19岁的王昌耀作为一名新招聘的国家干部，一个投身大西北开发建设的热血青年，一位对自己满怀诗人期许的诗坛新秀，到了青海省会西宁。然而，他并未进入省文联、文化局或歌舞团之类的文化艺术单位，而是被分配到了青海省贸易公司——那个专门与畜牧业和农副产品，诸如牛皮、羊毛、肉食、茶叶、酥油、花椒、大蒜、铁锹、犁铧等的采购与调拨打交道的单位。但就是这样一个单位，它所涉及的，却是青海百姓的生计和社会经济的命脉。而它的经营范围，则恰切地反映了青海当时的主体经济结构状况。

有关人士如果在记忆中强行搜索，那么，他们该会记得，从1955年7月开始，青海省贸易公司的办公楼内多了一位被大家叫作"小王"的秘书。当然，在贸易公司的干部花名册上，小王秘书的名字是王昌耀。

奔着诗人理想来到青海的昌耀，怎么会进入一个专门和数字报表之类的公文打交道，却与文学艺术风马牛不相及的部门呢？莫非真有一只上帝之手，有意安排这位湖南桃源王家坪大地主王明皆的长孙，必须体味一下其祖父算盘珠子中利润滚动的人生？

但这个职业在昌耀的一生中几乎没有留下任何痕迹，倒是这段时光，加速了他在诗人道路上的进程。贸易公司秘书的工作，为昌耀提供了一个意外的便利条件——可以经常跟随领导下乡。在青海下乡的"乡"，一般为两种地理板块：一种是西宁的周边地区及青海东部农业区；另一种，则是以上地区之外广大的草原牧区。而对于诸如诗人、画家之类具有敏锐自然风情感受力的艺术家来说，这两种板块中的任何一种，都足以让他们惊奇、沉醉。

西宁周边的农业区，由贵德、循化、湟源、湟中、民和、乐都、大通、互助8个农业县组成，分别分布在由黄河、湟水河、大通河这3条河流贯穿的川水流域。而那些服饰不同、习俗各异的汉族、回族、藏族、来自北方草原上吐谷浑人的后裔土族、从中亚名城撒马尔罕迁徙而来的撒拉族等农耕者的村庄，就在这3条河流浇灌的田野和果园，升起它们疏落而温暖的炊烟。这里不仅是生产小麦、青稞、大豆、油菜、马铃薯的土地，也是出产葡萄、苹果、无皮核桃、长把梨、沙果，并以花椒、大蒜而闻名的土地。当然，这里的田野场院还盛产举世闻名的西北民歌"花儿"、酒歌"拉依"，以及藏族的锅庄舞、土族的安昭舞。

位于黄河岸边的贵德县，曾是我本人1973年到1975年之间，以知识青年的身份下乡插队的地方。2001年春季，当我从山东威海回到那个阔别了26年的县城时，满树满天雪白的梨花，将那座古朴的县城覆盖得鸦雀无声。那时节，清澈的黄河水宽敞而舒缓地流着，这段离源头不算遥远的河水，似乎还带着雪山冰岭那种冰质的清冽与纯净，以及恍然是经过草原洇染的色泽，在我的眼前呈现出令人惊异的翡翠般的绿色。一波涌流从水下碎玉般地鼓起，接着分解为无数个连环，无声地倏然滑过。大河两岸由颀长笔直的白杨、粗矮的黑刺、虬曲的垂柳组成的混交林带中，散落着零星的土屋和鸡羊。面对此情此景，我长久地不能出声。这应该就是现代都市人梦中的家园吧。如果是薄暮时分，当彤红的落日垂卧在混交丛林中的鸟巢之上，镀红阒寂的黄河大桥，作为一个孤独的外乡人，我们心头难忍的凄艳和温暖又能向谁诉说呢？

而就是黄河边上的这片川地，曾经是初到青海之后的昌耀，在两三年之内一个重要的诗歌地理场景，并与他人生的重大转折相关。这一区段的这条大河，更是长久地在他的诗歌中激流澎湃。

越过贵德县城进入河东乡的川口继续行驶约 20 千米，便是我下乡插队的东沟乡政府所在地的周屯村。一进入那条走廊般狭长的川口，我觉得自己恍然进入了一个与世隔绝的世外桃源。农历四月下旬，刚刚起身的麦苗在轻风的吹拂下，从川口一路连绵波动着涌向川谷尽头。依旧是梨花覆盖下的村庄和院落，梨花之下，则是几枝探出农家宅院低矮土墙的红杏，为这个空旷的世界平添了一份寂寞而灼红的热烈。汽车经过时，一丛麻雀从巨大的树冠上"轰"地飞起，在低空划过一个富有弹性的弧线后，又"南鸟恋旧枝"般地悄然落下，使整个川谷复归静寂。

其实我本不该有过多的惊奇，这样的景色应该是当年就有的，只是从这条川道中多次往返的我，偏偏错过了这个季节和这样的花期；或是渴望返回城市生活的我们，对这样的景色浑然不觉；更或者，是懵懂的我们尚没有感受它的能力。

在对自己的记忆进行了一番快速梳理之后，我感到这里的自然景象仿佛一直处在一个恒定的时空中，它的一切都似乎没有改变，甚至连人口的增减，都保持在一个恒定均衡的指数中。当年我们这些知青走了，此后却有一些藏传佛教僧侣来了；当年生产队时代平整梯田的红旗和喧沸没有了，藏传佛教寺庙的红墙和山头上的俄博却无声地拱起。在这个藏汉农耕者杂居的川地，我不无诧异地看着三五个红衣小僧侣，说笑着从田间小道走过，那种举手投足间洋溢的俗世生气，为这片山乡风景平添了一抹韵致。那时节，我突然有了一份疑惑：到底是这些红衣僧侣们尽是我们的去后之客呢，还是曾经的我们，尽是他们的去后之客，而他们，则是几十年后去复来？一切都在时代的背景上呈示着一种和谐，当年的我们与翻天覆地的时代在这片山乡保持着一种和谐；更早的和现今的这些红衣僧侣们，更是与这片山乡保持着一种原色性的和谐。

路边村头，有几位坐着闲聊的藏族妇女。我们从车上走下来准备向她们问事时，就一直被她们笑眯眯地盯着。"阿唠，你们好，这个村子是王屯吗？""呀（藏语：是），你们要到王屯找谁？""不，我们要去周屯，周屯还远吗？""你们有汽车就不太远，一直往里走。"

我注意到一个妇女的身边放着两瓶酒："你们还喝酒吗？小心醉了。"听出我的话里有开玩笑的意思，她们立时来了精神："不是酒，是醋，专门给你买的。"说罢，将酒瓶往前一递："来，吃醋。""算了吧，我吃完了你们咋办？""怕没有，我们不吃醋。昨晚我梦见你们家醋坛子打翻了，就专门买了两瓶，在这里等你。"说完，哗然一片放肆地大笑。

——这是我当年非常熟悉的一种对话方式。在当年生产队时代的这个时节，这条川谷所有村庄的藏族汉族妇女，都会以八九人不等的小组，在麦田中拔草——拔除麦田中拔不尽的燕麦:从麦苗出土不久即一遍一遍地轮番作业,一直拔到麦子吐穗为止。一组组一字儿排开的红头巾、绿头巾、花头巾的拔草的妇女们,由此成了这个季节最风流的风景。

屁股蛋子蹭着麦田一寸寸前移的妇女们,在单调的重复劳作中精力旺盛的青年妇女们,是多么寂寞啊!假如就在这个时候,有三两个青年男子从远处的河沟坡底一闪一闪地冒出来,走上附近的乡间公路,这边的麦田里经过短暂的窃窃私语后,那闻名于世的青海"花儿",就会突然从一张红口白牙中飞出:

> 白杨树高者三丈三,
> 风刮着栽了个倒杆。
> 青苗地里的白牡丹,
> 过路的漫上个"少年"。

如果是一个人从这里路过,男人一般不敢应战,但这次是三个,他们没有必要示弱:

> 白脖子水鸭落水滩,
> 沙雁儿落到了碱滩。
> 拔草的阿姐们一垅坎,
> 哪个是我心里的牵连(青海方言:相好)?

这边顿时骚动起来了。少顷,加重了砝码的词儿再次"漫"开:

> 清油的灯盏羊油的蜡,
> 照里么不照的照下。
> 三个十八岁的憨娃娃,
> 姐姐心疼了者都要下。

那边于是顺着竿子往上爬:

> 狼老鸹抬的灵芝草,
> 赵子龙穿的白袍。
> 尕姐姐的怀里睡一遭,
> 死了者蹇埋了撂掉。

这边则不愠不火,甚至还开渠引流:

> 草滩上的个羊群风吹光,
> 丢下个羊娃儿孽障(青海方言:可怜)。
> 没奶吃了者怀里头来,
> 尕姐姐把孽障枸上。

那边顿时哑了火,吭哧半天再也憋不出个词儿来,只好做个鬼脸匆匆走人,麦田中于是翻了醋坛子般的一片浪笑……

> 时间啊,令人困惑的魔道,
> 我觉得儿时的一天漫长如绵绵几个世纪。
> 我觉得成人的暮秋似一次未尽快意的聚饮。
> 我仿佛觉得遥远的一切尚在昨日。

这是昌耀1989年在《哈拉库图》一诗中所发出的感慨,而他的感慨也是我的感慨,虽然那是我青春时代的记忆,但一切都恍如昨日。春天的这个时节,不但高处的梨花开了,杏花开了,农家庭院中的牡丹、大丽花、美人蕉也都柱头红红的,在低处酝酿着花事。而在这两者的中部空间,则是一大丛幻影般怒放的紫丁香,它蓬松热烈的枝冠上古雅寂寞的碎花,总让人心头有不知所措的骚动和惆怅。这时节的知青,便像发情的公鹅,在晚饭后登上黏土轧碾的屋顶平台,唱"天上布满星,月牙亮晶晶",唱把"沈阳啊沈阳我的沈阳"改造成"西宁啊西宁我的西宁"的这首《知青之歌》,也唱"上去个高山者望平川,阿哥的白牡丹"。再然后,就是对着天上的星星发呆——这满天星斗中的哪一颗,对应自己的星座?

然而,我们所能听到的,则是不远处黑刺和灌木覆盖的河谷,生产队水磨那古老的回声。

啊,闭锁在中国大西北关山中的那种景象,该用怎样的语词来概括?数十年后,我在电视上见到了散落在青海的、一方西夏王朝部落首领的铜印，铜印侧面刊刻的文字翻译成汉语，叫作"寂壁乡山"。虽然我不清楚这几个字出现在这枚铜印上，有什么功能性的含义，但当第一眼看到这样一个奇特的文字组合，心头便蓦地一亮，脑海中哗然转现出青海山乡腹地，被红日照亮的山体的斜面。那些由丹砂和黄土混成的近于赤裸的山脉，当它们在晨曦或晚霞中，与其怀抱中的川地和人烟一齐被温暖的红光照亮，那种江山一揽中的阒寂辽阔之美，又怎能不摄人心魄？

我想这位西夏部族的首领应该是一位诗人——诸如《敕勒川》那种成为千古绝唱的诗篇，不正是出自西北的游牧民族吗？而他的这方铜印，应该是诸如书画家手中寄情抒怀的"闲章"。或者，他便是一位具有诗人情怀的部族首领，而跟随他的这方铜印，则是他之于自己美好家园责任与使命的提醒和铭记。

青海东部的广大农业区，在历史上曾经是西夏人的属地，而这个"寂壁乡山"中的"乡"或"乡村"，则应已脱离了"游牧"与"草原"的范畴，而与农耕者定居的"山乡"或"乡村"相关。

那么，这片大地上独特的山乡景致，在若干个世纪之前就早已有之了。并且，它自古就是一方易于激发人诗歌情怀的土地。

而从1955年初到青海，直至已作为"囚徒"转入祁连山腹地的1962年，除了个别的诗作外，昌耀的大部分诗歌，以及民间采风，尤其是他从事的另一项重要工作——青海民歌的收集与整理，都基本上是在这片地区展开的。

2. 那时节，"我的诗运是亨通的"

诸多迹象表明，初到青海担任省贸易公司秘书的昌耀，基本上没有在熟悉环境、熟悉业务、熟悉人际关系上做过多的盘桓，便径直地将自己的诗歌道路向纵深推进。大约是三四个月之后，他就写出了自己的第一批诗作，并在 1956 年相继发表。诸如组诗《高原散诗》，以及同样是组诗的《鲁沙尔灯节速写》，等等。

鲁沙尔，即鲁沙尔镇，青海 8 个农业县之一的湟中县县城所在地。举世闻名的藏传佛教圣地塔尔寺，就坐落在鲁沙尔西端一片阔大的川谷台地上。塔尔寺在中国整个藏区之所以大名鼎鼎、香火旺盛，因为它不仅曾是藏传佛教中黄教领袖宗喀巴大师的诞生之地，还是第 10 世班禅（亦即班禅额尔德尼·确吉坚赞）继位坐床的寺院。由黄琉璃瓦和赭红院墙组成的塔尔寺庞大的建筑群落，则是青海东部农耕山乡一个山坳中的世外佛国。而它在鲁沙尔镇这个现世世界，又延伸成梵音和市声交汇的宗教民俗游览胜地。每年藏历正月十五的酥油花展（以酥油面塑制作的佛教人物、佛教故事）和酥油灯展，都会引来包括甘肃、四川、西藏、内蒙古等藏传佛教覆盖区多达近 10 万香客游人的朝圣与观光。

与此前的作品题材相比，昌耀进入青海后的诗歌，呈现出一道分水岭式的截然分野。他此前所有的作品，无一例外的都是朝鲜战场题材；而仅仅是数个月后，他已完全转向置身高原的写作。我想这正是昌耀诗歌能力的一种体现。在诗歌史上，那种置身异地，寄情山水的诗篇固然不乏佳作，但大都是灵光一闪的即兴之作，一个诗歌的"单体"，而不能进入一位诗人有方向的写作序列之中。而方向性的写作则是一个诗人积累自己，强化风格，凸现个性的必由之路，并终而成为其区别于其他诗歌民众的标志。在这类诗人的写作中，方向并不是不变的，他可以有若干个转换的区段，并在这种区段性的变化和内在恒定的气息上，最终呈现自己多样而统一的风格。但这个区段，必须具有足以成为自己风格标志的长度。

但正是这种已有的风格标志，又成为这类诗人进入下一区段的障碍——题材选择的惯性、语言方式的惯性、语词系统的惯性以及难以摆脱的思维定式，都会横亘在诗人朝向下一区段转型的道路上。

而昌耀，显然是在没费多大周折的情况下，跨过了这一横杆。即便是考虑到尚在保定时，他就凭借自己对藏区边地的向往以及有关资料，对青海提前默熟于心。但他由朝鲜战场到青海边地，在这两个毫无关联的板块之间如此快速的题材切换，无论如何都显示了他不凡的才气。

1988年，昌耀在提供给一部文学辞典有关他自己的词条中，有这样一句不无自负之意的文字，从1954年诗歌处女作发表，直到1957年（被打成"右派"）为止，"我的诗运是亨通的"。

事实的确如此。在此我们还应注意到这样一个现象，从1954年诗歌处女作的发表，再到进入青海的此时，昌耀似乎没有经历过每个诗坛新人都必须经历的，诗作发表的艰难。此时他的诗歌发表不但接连不断，并不时以组诗的形式出现。这显然是他写作状态中心理重力的外现。这种心理重力，来自体内强大的气缸顶冲，由此而对诗人形成一种神经性的信息指令：你有你自己的格局，你必须以相应的体积和频率，呈现你的格局。这就意味着，昌耀在走向诗歌道路之初，便于潜意识中确立了自己的标高和格局，并亘贯在他一生的创作道路中。1979年，复出之后的他先是投石问路式的，在当年第10期的《诗刊》上，发表了一首长约110行的《致友人》，紧接着，仍然以"诗坛新人"面目出现的他，在1980年第1期的《诗刊》上，以一首长达500多行的《大山的囚徒》，把自己重重地戳在了新时期的中国诗坛上。

而在1955年的这个时代，能够发表诗歌的刊物简直是凤毛麟角。在中华人民共和国刚刚成立后的1950年，中央人民政府编制了一个新的中国行政建制：在中央人民政府之下，设置了东北、西北、华北、华东、中南、西南共6个"大行政区"，内蒙古、西藏2个"行政单位"。而在这期间，除了北京、上海外，中国的文学刊物，也只有这6大行政区作家协会各自主办的文学期刊。前边谈到的东北大区的《文学月刊》、中南大区的《长江文艺》，都是如此。而西北大区的文学期刊，则是在西安编辑出版的《西北文艺》(此后成为陕西省文学月刊《延河》)。这种"大行政区"建制1954年被撤销,但直到1956年,各省、自治区的文学月刊才开始出现。而在这个时期,中国更没有一份诗歌刊物。新中国资历最长的两份老牌诗刊——四川的《星星》和北京的《诗刊》,则是到了1957年才相继诞生。

所以,在这种情况下,能以组诗的规模相继在刊物上亮相,昌耀自然称得上"诗运亨通"。

刊发作品的刊物少,就意味着作品发表的门槛高,也同时意味着作品所受到的聚光度强,而聚光度强,便意味着一种无形的喝彩,一种激励。受到激励的昌耀,就这样在日益宽敞的诗歌道路上一路狂奔。

随即,在1956年4月,昌耀加入了中国作家协会西安分会。

中国作家协会西安分会,当然不是西安作家的协会,也不是陕西作家的协会,而是包括了陕、甘、宁、青4省以及新疆维吾尔自治区的西北大行政区的作家协会。这个时期的作家协会在入会的作品标准和数量、发表作品的刊物规格以及作家资质的考量和评估上,应该是规范而严肃的。那么,昌耀加入了作家们的协会,就意味着他可以被称为作家(诗人)了。

这一年,昌耀整整20岁,离他1953年发表处女作《人桥》约3年时间,距他初到青海的时间仅10个月。

那么,当时的昌耀与青海的文艺界,或者说同文艺界的专业机构青海省文联的关系又如何呢？我想我此后所经历的一个小小的插曲，可以显现当时的一些信息。

那是1981年，在青海省作协举办的一个改稿会期间，晚上几位朋友聚在房间正神聊昌耀的诗歌时，进来了一位大家平日都很熟悉的作协官员。大约是这一伙目中无人的神聊让官员受到了冷落，他在旁听了片刻后突然神情有些激动：昌耀，昌耀怎么了？50年代的时候，西北的诗人中昌耀根本就算不进去，当时只有我和张贤亮（的诗歌）在陕西的《延河》上常出常进。那时候，昌耀只是个贸易公司的秘书，经常拿着一个写诗的笔记本到文联给我们看……

听他这么一说，我们都愣怔了一下。之所以如此，是因为我们的确不知道，此时已写出了《绿化树》等小说的大名鼎鼎的张贤亮，当年还是一位诗人；而这位作协官员，当年居然也写诗，并在20世纪50年代竟然和张贤亮齐名。

对于自己不了解的信息，解决的办法很简单，就是查阅资料。这位官员说得没错，他当年的确是一位诗人，并在1957年的反右之后仍一直活跃。而张贤亮当年也的确是一位诗人，但却没有那么幸运，他因发表在《延河》1957年7月号上的长诗《大风歌》，而一头栽下马来，终而在宁夏当了二十来年的"牧马人"。

而这其中的另一个重要信息则是，昌耀在贸易公司当秘书时，就同青海省文联和文学艺术界人士的频繁接触。我们可以把这想象为他在保定时，与《河北文艺》那种关系的惯性延伸。这里面既有在一个新的环境里,与"组织"接通关系的意思,更有与专业人士交流乃至讨教的意思。从心理状态上来看,此时的昌耀是活跃的、热情的,甚至还透露着一种少年人的机灵。当他首先通过青海省文联的考核推荐,在来到青海仅10个月就加入了西安作协时,我们有理由相信,他同样是作为"新生力量",进入了青海省文联领导的视野。

3. 进入青海省文联

1956年6月,昌耀又迎来了自己人生中一次重大的转折,就在来到青海整整一年之时,这位一年之前本可进入河北省文联的"新生力量",在到了一个陌生的环境之后,很快地再次被看中,奉调进入青海省文联。

从1979年复出之后开始,昌耀的诗歌中一直亘贯着一个"命运"主题:命运的困厄,命运的沉重。但此时此刻的这一系列人生际遇,似乎也是命运——他命中注定要在一个省级文联的框架内,践约自己的人生理想。但此时命运呈现给他的,则是微笑和幸运。

是的,这一次的人生际遇,几乎完全是先一年在河北时的重复,看中了昌耀并将其调入青海省文联的,是时任青海省文联副主席的程秀山。在先一年召开的青海省文联代表大会之前,他的职务是青海省文联筹委会主任。这是一位与河北省文联领导远千里有着极其相似的经历、资历和职务的文化官员。

程秀山，江苏宜兴人。1938年参加八路军，1939年进入延安鲁迅艺术学院戏剧系学习，曾任陕甘宁边区抗战剧团副主任，西北野战军第1纵队宣传队长，此间为配合战斗任务创作了许多短小节目。1949年转业到青海，先后任西宁军管会文艺处社教科长、青海省文联筹委会主任、青海文联副主席、青海省文化局副局长、作协青海分会主席等职务。直到1981年之前，他长期担任青海文艺界的主要领导职务。在1978年出版的《中国文学家辞典》中，程秀山因写于20世纪四五十年代的一些秧歌剧、歌剧、话剧、电影文学剧本等，而被定位为"当代剧作家"。但事实上，在配合中华人民共和国成立以来的经济建设和所有政治运动中，他的写作涉及诗歌（包括朗诵诗）、散文、小说、文艺通讯、报告文学、编辑部社评、文艺政策阐释、文学艺术思潮批判等几乎所有的文学形式。他在青海文艺界的地位和作为，基本上与周扬在中国文艺界的地位和作为相当。

而同为省级文艺界的掌门人，程秀山与远千里的区别，也许在于他们少年时代的不同经历。程秀山"幼时家贫，只读了两年小学"就在一家布店当学徒，而后又在一家医院药房当司药；而远千里则在少年时代进入保定第二师范，并接触到了勃洛克等人的诗歌。这实际上便形成了一个非知识分子出身的文化官员，和知识分子出身的文化官员，性格类型上的区别。在行为方式和处事风格上，前者以热情体恤和严厉无情呈现着一种极端性，而后者则是温和的。

前面已经说过，1955年之前，新中国的文学期刊尚还寥寥无几，但到了1956年第二季度往后，全国各地的文学期刊却突然如雨后春笋般地冒了出来，迅即形成了每个省区文联皆有一份的格局。不仅如此，甚至一些行业机构，诸如文化局和工、青、妇等主办的《群众艺术》《工人文艺》之类的刊物也相继面世。而青海省文联主办的《青海文艺》，则以双月刊的形式，于1956年5月正式出刊。

随着昌耀1956年6月的调入，由青海省文联和《青海文艺》编辑部混成的人事班子，在程秀山的一手调度下基本搭建完毕。所属业务人员的工作不像此后那样分工明确，此时的他们既是创作员，又是编辑，创作和编辑工作双头并举。这也就意味着，中华人民共和国成立以后青海几近空白的文艺事业，将由这部专业机器全面启动。

那么，当时昌耀的基本工作生活情况又如何呢？

据当年的当事人，现今早已成了老太太的资深女编辑闫瑶莲回忆：当时除了几位稍微年长，且家在西宁的画家（也同时担任刊物的美术编辑）和总务人员外，其他一批来自全国各地的文艺青年，都住在文联的办公小院——西宁大同街紧靠古城墙的一排小平房内，过着近乎军事化的集体生活。周日休假外出，必须在晚上7点之前归队，否则以违反纪律论处。

虽然如此，但他们的工作生活在严肃紧张之外，又是愉快的。每天的晚饭时分，也是端着饭碗坐在大会议室台阶上吃饭的他们最开心的时刻。当时的这批文艺青年的确是精英荟萃。

比如出身于印尼富商家庭的中央美院油画系毕业的林敦庄，以及作品在当时被选送到世界青年联欢会展览的中央美院雕塑系毕业的孙书咏。

其中还有一位，就是撒拉族诗人韩秋夫。当时的他风度翩翩，喜欢饭后散步。散步时，他总是迈着高雅的步子，高昂着骄傲的头颅，且以大家戏称他"长着普希金式的漂亮鬓角"而自美，而更加器宇不凡。

行文至此，我的心头蓦然涌现出别样的感觉，这其中的孙书咏和韩秋夫此后都相继落难，孙书咏被调到前面谈到的贵德县文化馆，从事群众艺术和节目会演一类的工作，并学会了一口流利的藏语。而韩秋夫更是九死一生，似乎比昌耀更惨——曾被押解到刑场陪刑。他们此后都成了我的熟人。

而当年的这个时候，这群天资极高、趣味丰富、嘻嘻哈哈的精英们，可谓一派纯真烂漫。但每当大家热火朝天地争论或互不相让地逗趣时，"唯有坐在一边的诗人昌耀很少言语，他一天难得说一两句话，（心神）永远翱翔在他独自构造的诗的王国里。勤于思考，勤于耕读，小小年纪，为诗消得人憔悴！"——闫瑶莲在她的一篇文章中，这样回忆当年的这位小老弟。他们最初就住隔壁，这边敲一下墙，那边就能听见。

然而，就在这一群天上地下、没大没小地神侃之时，"我们的程主任一进门，立时鸦雀无声。对这位严肃、认真、党性极强的领导，我们既敬重又畏惧，他发起火来，莫名其妙，叫人难以忍受。有一次我到伙房打水，穿一件绿色毛衣，是我爱人刚从北京买的。不知触动了他的哪一根神经……学习会上他大发雷霆,批评我:'小资产阶级情调!'还说:'你那老公也不怎么样!怎么就偏偏选上这种颜色的毛衣!'"

这大约恰切地表现了程秀山这位领导者性格和思想的极端性。在他的意识里,这件毛衣的颜色如果是红色的,似乎才不会有问题。而在某些时候,程秀山又袒露出他性格中可亲可爱的一面:有一次,昌耀刚领到工资后就让小偷给绺了,随之一副倒霉蛋的模样,程秀山知道后,马上写了个条子,让昌耀去领他的工资。

所以,程秀山去世后,韩秋夫以诗人的坦率在自己的追忆文章中,写过这样一句至今都让我记忆犹新的话:程秀山这位领导既能关心人,又特别能整人!

4. 第一部书:《花儿与少年》

1956年,青海省文联这些编辑创作人员的工作,大体上分为两块,其一是在编辑部常规性的政治学习和刊物编辑工作;其二是常规性地下乡,在深入生活和采风中写作,搜集和整理民间民族文学艺术——包括青海的各种民歌,以及其他说唱艺术。1957年初,由《青海文艺》更名为《青海湖》的这份文学月刊,开始在专设的"民族民间文学"栏目中,相继连载由专人记录、整理、翻译的藏族史诗《格萨尔王传》。

文联领导程秀山对下乡工作尤其重视,为此,专门准备了行军床、活动帐房、活动桌椅，以及用以装放生活用品和学习资料的马褡子，以供编创人员长期下乡使用。这种军事化风格和地方特色的结合，颇似此后内蒙古草原上的"乌兰牧骑"那种意味。

这应该是昌耀的又一段黄金岁月。他是那样的热爱下乡，乡下的生活又是那样易于引发他的创作激情。而在那个时代，只要你愿意下乡，就能经常地下，并且还会受到鼓励。但到了20世纪80年代中期以后，"下乡"对于昌耀竟成了可望而不可即的事。1986年5月，青海省作协在距西宁约1000千米的柴达木和冷湖油田举办了一次笔会，就在大队人马在文联大院乘车出发时，昌耀得知了这一消息，遂在未做任何行装准备的情况下，当即要求随车前往。然而，他却被作协的带队者以这是一次报告文学笔会的理由，挡在了车门之外。但当时车上所坐的，就有不少的业余诗人，包括我本人。

是的，从1956年6月到1957年8月，这一年的时间的确是昌耀人生中的黄金时代。

就在这段时间内，除了丰硕的诗歌创作成果外，昌耀还干了一件让人不可思议的大事——选编了一部题名为《花儿与少年》的青海民歌集。

青海民歌包括了藏族的拉伊，土族的安召，藏、汉、回、土、撒拉等多个民族以叙事为主的歌谣小调：诸如劳动歌、时政歌、仪式歌、生活歌、宴席曲、历史传说歌、儿歌、情歌等主题类型。而这其中的情歌则分为：送亲人、绣荷包、五更鼓儿、春秋四季歌等小调；另外一大类型，便是花儿。

关于花儿，我大学时代的同学，后任青海师大教授的赵宗福在他的《花儿通论》一书中，为之下了这样一个定义："花儿是产生和流行于甘肃、青海、宁夏以及新疆等四省（区）部分地区一种以情歌为主的山歌，是这些地区的汉、回、土、撒拉、东乡、保安等民族以及部分裕固族和藏族群众用汉语歌唱的一种口头文学艺术形式。青海也称为'少年'。有自己独特的格律和演唱方式，演唱时即兴编词，有抒情和叙事两种，以抒情短章为多。"

这其中有这样几个关键词："以情歌为主""即兴编词""以抒情短章为多"。而正是由于"以情歌为主"的"即兴编词"，它的歌词内容会随着男女对唱时"火上浇油"式地不断加温，而在野生的调笑形态上步步升级，因此而又导致"老少不宜"，不可登堂入室，只能在山野田畴歌唱。这正像我在前边描述的那种情景。

在青海民歌中占主体位置的"青海花儿"，现今已举世闻名，它通过音乐磁带、音像光碟，更通过电视媒体上的诸多专题节目，广为流传。但在1956年的这个时期，青海花儿只具备地区影响。那种原汁原味的花儿，不是文人假借花儿的形式编制的"新民歌"，只限于在民间传唱，不能登入报纸杂志和其他出版物的"大雅之堂"。

但毫无疑问，体现了民间男女情感活力和心智活力的花儿，则是民间艺术中最富魅力的一种。关于这种形式，当我们上溯到中国诗歌艺术的源头，再次翻开《诗经》中的"国风"部分，便会强烈地感受到一种强劲脉动跨越时空的传递与赓续。同样，在青海花儿中，既有诸如《诗经·国风》中的《蒹葭》那种含蓄委婉的"雅"歌，亦有《野有死麕》中"有女怀春／吉士诱之"，"舒而脱脱兮／无感我帨兮／无使尨也吠"（温柔一些呀／不要粗暴呀／谨防狗叫呀）那种率直的"野"歌。这诸种类型的综合，就是民间百姓贮存在一方土地中所有精神生态信息的总和。

但从1973年起在青海山村下乡插队的我，置身在这花儿的海洋中，却一直觉得它与通常的文学创作没有关系。我当时观念中的文学艺术资源，则是步入了"大雅之堂"的印刷品。其实20世纪50年代中后期出生的我们这一代写作者，大多有过乡村生活经历，也大都接触过居住地域的民歌民谣，然而，在这一代人此后的诗歌作品中，却无一例外地找不到这类民间艺术的痕迹（反而是1964年出生的诗人海子，却对此表现出了超常的敏感和兴趣）。

当然，这其中也许确实存在着诸种因素的限制。比如青海花儿，由于它特殊的地方方言语词，以及与生长环境、文化血缘相关的感受力等原因，在青海从事花儿整理与研究的，基本上都是土生土长的本地籍学者和艺术家。在此后文联的下设协会中，它被列入了"民间文艺家协会"的工作范畴。

收集整理民歌，当然与程秀山主席对文联编创人员的倡导有关。

然而谁也没有想到，把这件事情做细、做透，做成一本书规模的，并不是文联的本地籍文艺家，而是刚刚来到青海一年，对当地的风土习俗和方言俚语绝对算不上熟稔，并且是文联业务人员中年龄最小的昌耀。

这是一件至今都让我觉得不可思议的事情，当时只有20岁的昌耀，又是凭什么意识到了做这件事情的价值，并且穿过方言的障碍，而做得兴味盎然呢？

没有别的解释。这只能来自一个诗人特殊资质禀赋的直觉。也就是说，他对那种大地性的原生信息物象，有着一种特殊的敏感，以及天然的亲切感。

这一点非常重要，它事实上就是昌耀此后诗歌创作的一个出发点——对于大地的原生形态之美、对于大地本相和品格的追溯与还原。

当然，在涉及这一问题时，我们还能清晰地记得儿时的昌耀，在通往王家坪尚忠小学的路上，跟着小伙伴曹娥儿，书包在屁股上一颠一颠地喊着"牛角尖，飞上天。天又高，打把刀……"这些歌谣时的快活。

昌耀对民间歌谣的兴趣，原本就是自幼有之啊。

在从事这一工作时，昌耀的确是兴味盎然，并且还有一种心灵的沉湎感。在他此后的《凶年逸稿·在饥馑的年代》这部长诗中，有着这样的记写：

　　有一个时期（那已像梦一般遥远），

我坐在黄瓜藤蔓的枝影里抄录采自民间的歌词。
我时而停下笔来揣摩落在桌布的影迹，
或有着石涛的墨韵笔意。
中午，太阳强烈地投射在这个城市上空，
烧得屋瓦的釉质层面微微颤抖。
没有云，没有风。斗拱檐角的钟铃不再摇摆。

这种情景，可以看作昌耀此时在省文联小院某个无人的节假日，独自作业的记录。但写作这首诗时，已是昌耀作为"囚徒"，困顿在祁连山流放营地的1961年。这里的描述，无疑是他人生场景中印象最深的记忆，但这显然不是指他的诗歌写作，而是"抄录采自民间的歌词"——亦即对青海民歌收集后的抄录整理。可见他对于自己这一特殊工作的珍重。

前边已经对青海民歌与花儿，做了一个概念性的介绍：青海花儿不等于青海民歌，而青海民歌则是包括了青海花儿以及各种小调的总体概念。在1956年的这个时候，这些小调中的"时政歌"等类型，已经有了浓烈的意识形态气息，即便是花儿，也开始赋予了类似此后周扬和郭沫若主编的《红旗歌谣》中的"新民歌"内容。当时一首名为《十二月》的青海民歌中这样唱道："五月里，五端阳／美国的走狗是老蒋／贼老蒋，没天良／捣乱中国时间长／人民遭了殃。"这样的意识形态时尚，此时已逐渐成了民歌中的主旋律。

而昌耀编辑这部民歌集的着眼点，显然是一种民间艺术的角度，亦即民间文化和民间情感智能生态的记录。这其中既有花儿，也有其他类型的民歌。但他却敏感地抓住了"花儿是以情歌为主要特征"的这一属性，而且"青海也称为'少年'"，遂给自己编辑的这部以阿哥阿妹式的情歌为主的民歌集，起了《花儿与少年》这样一个标题。

"花儿与少年"——这是一个在西北地区使用率非常高的语词，想来现今更多的中国人都会对它耳熟能详。在我印象性的记忆中，从20世纪60年代开始，这个语词就不断地跟随西北地区诸省区及其下属的州县歌舞团，在名目繁多的各种文艺调演、文艺会演中频繁出现。根据有关资料显示，20世纪60年代，陕西一歌舞团曾排演过一台名为"花儿与少年"的大型民间歌舞节目，进京演出后引起全国性的轰动。若干年后，随着诸多此类节目不断在电视等媒体上亮相，"花儿与少年"更是风靡一时。而其主题歌，相信许多人更是对它熟悉至极："春季里么就到了着／水仙花儿开／水呀仙花儿开／年轻轻个女儿家呀／踩里么踩青来呀／小呀阿哥哥／小呀阿哥哥／小呀阿哥哥呀／托一把手过来。"

然而，在昌耀书写于1995年的《一份"业务自传"》这篇个人文学简历性的文章中，却有这样一段文字：1956年6月，"我由青海省贸易公司秘书岗位调入青海省文联任创作员、编辑。独立完成的第一项工程是编选了青海民歌集《花儿与少年》，于今想来仍不无得意，以为书名本身就已是一个'创举'，暗喻此书收录的是'情妹妹与情哥哥'对唱的情歌。这个书名后来被某歌舞团命名一组民间歌舞"。(载《诗探索》1997年第1辑。)

这就是说,"花儿与少年"这个语词,是他的原创。

但由于这个语词的流传太广泛,并且在青海,花儿或者少年的叫法在我的感觉中已是源远流长,所以长期以来,我对昌耀的这个说法一直心存疑问。或者,这段文字还可做这样的理解:是他独具慧眼地将"花儿与少年"这首民歌的名字,用来作为这部青海民歌集的书名,由此而使这个语词,从民间走上了专业文艺团体演出的舞台,并由此而在堂堂媒体上广泛流传——长期以来,我一直倾向于这一理解。

事实到底是怎样的呢?在我查阅了相关的专著、期刊、青海诸州县编选的民间歌谣集等相关资料后惊讶地发现:根本就没有"花儿与少年"这样一个合成词。花儿,就是花儿,虽然青海又称之为少年,但"少年"从来也没有作为一个独立的民歌品种名称,与花儿并列出现。通常情况下,"少年"与"花儿"这两个语词,呈示着一种替代关系,民间口语中的"漫上个少年",其实就是"唱上个花儿"。当然,也从来就没有一首名为《花儿与少年》的青海民歌。所谓的"春季里么就到了着"这首知名度极高的青海民歌,它在由专家选编的《歌曲精品系列·中国民歌》(中国青年出版社,1997年初版)中的名字,叫作《四季歌》,流传的地区和民族为:青海,汉族。

那么,由此可以确证,"花儿与少年"这个合成语词,的确是昌耀的原创。它随着1958年这部民歌集的出版,被诸多歌舞团借来用作歌舞名称后，从此成了一个流行的专业语词。

这的确值得"得意"。对于事物特殊的命名能力，是一个具有原创品格的诗人最重要的标志之一。它意味着，正是由于这类诗人的存在，一个时代既有的诗歌（包括文化）词库，才会有那种与一个时代相应的新鲜语词不断出现。而一个时代的诗歌，才会在这些新生语词活跃的内动作用下，形成新的面目。陈旧的语词和语词方式只能重复陈旧的内容，常规性的语词和语词方式无法表达复杂的思想——这句话是我说的。

的确，这是昌耀的一个特殊能力，进而发展为一种命名的癖好。在此后他的众多诗作中，不时有他自己创造的那种陌生语词蹦出。比如将青海本地的那种大木轮车，称为"高车"；把20世纪80年代出现在西宁大街上一个伞塔状的、顶部嵌有24块灯板的照明灯，称为边关的"24部灯"；将当年流放时头顶的"右派"帽子称为"头戴荆冠"……而昌耀这种命名癖好的另一种类型，则是为了特殊的表达需要，无视事物的现有称谓，而"钩沉"出它们的原有命名。比如将青海境内的日月山称为"赤岭"，将藏民族称为"土伯特"，等等。

与此相关的，还有另外一个记忆：1981年初夏，诗人蔡其矫与北岛、江河、杨炼到青海，继而由昌耀和包括我在内的一干人陪同去青海湖和日月山，回来的车上，杨炼在翻阅刊发在《青海湖》月刊上昌耀的长诗《山旅》时，读到了这样的诗句：

多少年过去了，
我总是记得紫曦初萌的地平线，
美丽的琵琶犁有如惊蛰的甲虫扒开沃壤
在春雪里展翅。
…………

　　他特意问昌耀："琵琶犁"是什么？是不是一种比喻？而昌耀的回答则是：它就是青海那种二牛抬杠的木犁，农村的老乡就是这样叫的。他的这个说法无疑有其根据，也许青海本地籍的文化人肯定熟悉这个叫法，但却没有想到应该用哪两个汉字去写，当然也没有想到它以这两个汉字出现在作品中时，那种令人惊异的诗意效果。而从这个细节看，当时正在开始长诗《诺日朗》写作的杨炼，倒是与昌耀有着共同的语词敏感。

　　由昌耀收集整理的这部青海民歌集《花儿与少年》，在随后的1958年正式出版，但选编者的名字，却狸猫换太子般的，变成了省文联他的两个本地籍同事。对此，昌耀一直耿耿于怀，并在那篇《一份"业务自传"》中，做了这样的特别说明："此书由青海人民出版社出版（责任编辑程波德）。但我因右派事身陷囹圄，及至见到此书，署名已旁属王某、刘某（这种顶替肯定振振有词）。"

　　而"花儿与少年"这个由昌耀原创的语词，也被模糊成了一个青海民歌中早就有之的现成词汇。我想我有必要郑重地还原事实的真相。

5.《最初的歌》与初到青海的歌

综合昌耀的生平来看,从1956年到1957年8月前,他一生中少有的好事,都在这一区间朝着他接踵而至:1956年4月加入西安作协,6月份调入省文联,继而选编了《花儿与少年》这部民歌集。再接着是另外一件大事——他自己的第一部诗歌集《最初的歌》,已经于1957年夏天,放在了陕西人民出版社(原西北人民出版社)第二编辑室的办公桌上,并将于这一年的秋季发排出版。

但是,由于作者紧接着的命运逆转,它却成了一本我们永远也见不到的书。

因而,这部胎死腹中的诗集成了一个谜,也引发了我的强烈好奇。但相关资料给出的答案则是:这是昌耀有关朝鲜战场题材的一部诗集。因此,也全部都是他在河北荣校时的作品。对此,我已在前边罗列了这些作品的篇目。据此统计,总量一共10首。但收入这部诗集的,是否还有昌耀未发表的作品,则不得而知。不过即便有,想来数量也不会太大。

20世纪50年代的诗集出版,与20世纪80年代之后有很大的不同,此时出版的诗集一般都比较薄。其基本规格是:同一大的题材类型、几十个页码的容量。

我的这一判断,来自两个旁证材料。其一是根据五叔王其榘1955年9月给昌耀的一封回信中的信息,此时的昌耀就有出版一部自己诗集的打算。而这个时候的他刚到青海两个月,所以,能收进诗集的,只能是在荣军学校所写的朝鲜战场题材。其二是与昌耀曾同在祁连流放的一位名叫金放的文联同事,1974年看望已从祁连山辗转到新哲农场的昌耀后,写给昌耀的一首长诗。其中有这样的诗句:"转业那年你十九/西北人民出版社/刊行你第一本诗集/《最初之歌》如鲜花怒放//《最初之歌》记下了/美帝铁蹄践踏/朝鲜三千里大好河山/英雄朝鲜人民浴血苦战//《最初之歌》写下了/援朝战场胜利烽火/中朝人民肩并肩/狠狠打败美国侵略者……"

这其中的"转业那年你十九",应是指昌耀从军事化管理的河北荣军学校到青海后,彻底脱下军装;而《最初之歌》,当是《最初的歌》之笔误。

那么,昌耀初到青海的创作状况到底如何?进一步地说,他早期置身青海的诗作,风格类型、语词方式、艺术旨趣,到底是什么样子?而在他一生出版过的所有诗集中,这一时期的作品都为数寥寥。

事实上,昌耀这一时期的创作,可以用"成果丰硕"来形容。下面,就是他当时所发表诗作的一个大致清单:

组诗《高原散诗》(包括《林中水声》《水手和女工》《脚户哥》《船儿啊》共4首),在1956年4月号沈阳的《文学月刊》发表。

诗两首《四季将是一片春光》《早晨》,在1956年5月号陕西的《延河》发表。

组诗《鲁沙尔灯节速写》(包括《牲畜交易手》《赴会》

《骆驼商队》《拜佛人说》《灯节之夜》共5首），在1956年5月创刊号的《青海文艺》发表。

诗两首《山村夜话》《弯弯山道》，在1957年1月号的《青海湖》发表。

组诗《弦子上流下来的曲儿》（包括《夜里的约会》《赤红的木轮车》《啊，痴情人》《为啥要可怜他》共4首），在1957年6月号河北的《蜜蜂》发表。

诗歌《伏虎者》，在1957年第8期沈阳作协的《处女地》发表。

这仅是他所发表的作品数量，总计18首，显然已远远超出了他在河北的发表量。而尚未发表的，则是一个更大的数字，对此，我还将在后边提及。

需要说明的是，当时中国绝大多数的文艺期刊，从1957年初开始，都在原有的基础上，改换了刊名，诸如《青海文艺》，更名为《青海湖》；而《蜜蜂》和《处女地》的前身，则分别为《河北文艺》与《文学月刊》，都是昌耀的老东家，尤其《河北文艺》，简直就是昌耀的福地。

由这若干个刊物还可以看出，昌耀的创作一起步，就表现出一种大格局，而不是像那种地方性的作者，作品只能在本地刊物上长期盘桓。

下面是组诗《鲁沙尔灯节速写》中的《赴会》一诗：

餐刀在裤边闪银辉
松石在辫梢两汪水
漂亮的姑娘和青年啊
骑马去鲁沙尔赶庙会

那神话似的酥油灯火
叫人看得心醉
那奇妙的跳神
叫人乐得张开双眉

但年青人的心思变了啊
社会主义头个春天应不同往回
快去交易场挑几部新农具吧
今年春耕不再听布谷鸟指挥

年青人的心不同了啊
两朵彩云早并成一对
快去贸易公司照张结婚像吧
老人说，花开时节正当婚配

年青人快马加鞭
跃过车队驼队
风儿兜起年青人的衣袍

人们疑是张开了孔雀尾

　　这首诗代表了昌耀这一时期诗歌的基本形态，四行一节（个别诗中也有五行或五行以上的"变体"），单行长度在10个字左右，每一节的诗行排列基本整齐而略有参差，押大致相同的韵。
　　孤立地看，这首诗基本上乏善可陈，但把它放在当时的诗歌语境中比较一下，我们还是可以获得一些特殊信息。下面这首诗作，是青海另外一位诗人写于同一时期的作品，并收入1957年11月出版的《幸福的桥梁》这部青海诗人作品选中。它的标题叫作《在高山之巅》：

　　　　站立在海拔数千公尺的高山之巅
　　　　好像站在浩渺的海洋的悬崖上
　　　　群峰起伏犹如大海扬起的波涛
　　　　峰顶上的浮云犹如波涛冲击的浪花

　　　　有几只雄鹰展翅飞临于高空
　　　　好似海的尽头隐现的船
　　　　一时它驶进了深山幽谷
　　　　一时像被波涛冲击于天际

　　　　张开你的帆，袒露你的心扉

呼吸那来自迢遥的万里长风
看世界多么美好、宽广
一览无余地溶进你的眼里

赞美吧！我祖国的大地山河
让我的诗音伴和你的呼吸
让我变作那高空飞翔的雄鹰
在你无际的波涛上巡游万年……

  这首诗视野辽阔、气势宏大，并且还有一种回环有度的成熟气质。将昌耀的《赴会》与之相比较，明显可以感觉到《赴会》的稚嫩。

  但对于这样的诗作，我想我们是熟悉的，它在主体意象和语词演进中最终要奔赴的目标，就是要把青海高原壮观的山脉群峰，转换为更壮观的"浩渺海洋"，以此而使对于"祖国大地山河"的豪迈抒情，实现升级。它的构思和意象方式，来自一个时代公共性的写作范式。假如一个身居海滨的诗人，把"浩渺海洋"的意象转换为祖国巍峨的崇山峻岭，当然也可以实现相同的效果。这种从大到大的转换，犹如凌空搭桥，它所要求的，是桥的大跨度的气势与构架，并不涉及书写对象的内在景观层次。

  而正是在这类公共抒情摒弃的地方，昌耀的《赴会》这种写作展开了。我们在这里首先看到了一组组选出的场景和事象，一个又一个的细节刻画，还看到了诸如"袴边的餐刀"，用以装饰辫梢的"两汪水"般的绿松石等诸多细部物象。尤其是我们极少见到的这个"袴"（kù）字，在此使用得堪称精微。这个字，由"衣"与"夸"组合，以此表示"便于跨马骑背的腿衣"，本义就是"腿衣"。因此，它在这里也是最准确、最内行，并且是不可替代的表述。当然，我们也由此可以获知，这是一对藏族青年男女，并通过这诸多的细节铺展，获得一个时代大致的社会生态信息，一方地域具体的民间风土习俗。一般而言，在一个时代的公共写作语境中，作品的许多构成元素，比如主题、情绪、基调、框架等这些"大"的要件，都是可以互相模仿的，因而，也都属于共享资源，而唯有细节这种最"小"的元素不可模仿。因为只有这个细节，最能体现个人天资心眼与客体私密性的对映，才称得上是独属于个人的发现。它因此而成为写作者的个人产品标记，如果它被模仿，其性质便是抄袭。

因此，细节刻画的多寡，在某种意义上代表着一首诗作的原创成分比例，也代表着这首诗作不可模仿的程度。

当然，此时出现在昌耀这首《赴会》中的细节刻画，尚处于写实性的低层次描摹，与他1979年复出之后的《慈航》《山旅》等诗作相比，自然无法同日而语，但我们从这里却看到了一种端倪和趋向。正是从这里起步，并坚定地秉持着这一写作线路，他才在此后的诗作中将它发挥到了极致。

而在这条线路上纵辔并行的，更有浓郁的本土地理元素和民间风土习俗——亦即诗歌的"民俗学"气质。它在此后成为昌耀写作手段中的"绝杀"。

6. 渐进中的民俗学气质与民谣风

1957年8月之前,就在我于《寂壁乡山》那一章描述的贵德县的黄河岸边,几乎成了昌耀进入青海的写作,一个特殊的个人地理秘址。他在这一秘址中写出的诸多有关黄河、水手之类的诗作,在《昌耀诗文总集》中留下了一个触目的题材板块。

我在前边描述过2001年黄昏,落日中沉静的贵德黄河大桥。然而,在我1973年下乡插队时,这座大桥却是不存在的。但那里却有一架至今都让我记忆犹新的桥——由胳膊粗的链环铁索和上百条横向排列的大木船组合成的——浮桥。

1973年末的隆冬时节,大雪初霁,大河冰封。"文革"后期运送青海省首批下乡知青的车队经过翻山越岭之后,在贵德县城附近的黄河对岸停了下来。几百名知青从数部大客车上鱼贯而下,然后踩着积雪从黄河的冰面上走过。而就在我们旁边,一辆辆载重卡车、长途客车、28马力的东方红拖拉机、4匹骡马挽驾的胶轮马车,次第壅塞于浮桥之上,一步一顿地前移。汽车神气十足的喇叭声、拖拉机焦躁的突突声、骡马不甘示弱的咴咴长嘶、浮桥管理人员尖厉的哨子声和吆喝声……在黄河上游清旷的雪光中,一起合奏着1973年青海山乡沓杂而滞重的交响音诗。滩头渡口两岸,回族生意人的帐篷和滚沸在大铁锅中的羊肉;三五个剽悍的藏族牧民纵马小跑时,狐皮帽子上迎风波动的毛梢;大河岸边通向县城的方向,几可将沙石公路覆盖成甬道的杨柳混交林带……那一切,至今让人刻骨铭心。

是黄河浮桥的交通壅塞,截高了大河渡口两岸的物流人气,滞涩出民俗风土的黏稠油彩。

然而,在20世纪50年代,贵德县境内的这条大河上,却连浮桥也没有。

——1980年前后,在对昌耀诗歌的跟踪阅读中,我曾对他有关黄河题材的诗歌,尤其是诸如《水手长—渡船—我们》这类诗作的原型,一直搞不明白。因为在我的印象中,青海境内的黄河由于水流湍急,似乎并没有货船、渔船在大河中作业。因此,也就没有职业性的船夫,自然也谈不上所谓的"水手长"之类。因此,在当时的我看来,他诗歌中的这类物象,似乎是出于突出史诗感的需要,而对诸如《黄河大合唱》中那种黄河船夫意象的假借。

然而,在我此后终于意识到当年的黄河之上没有桥梁,两岸的人流、物流,乃至建设工地上的大型钢铁构件,都必须依靠渡船摆渡时,才突然想到黄河摆渡船工这样一个专门职业的存在。而在世世代代仅生息农业人口和牧业人口的这片地域,于大河激流上出入的威风凛凛的船工们,便无异于英雄和骄子。于是,在1957年到1963年间的昌耀的笔下,便出现了一系列有关黄河物象的诗歌。计有《水色朦胧的黄河晨渡》

《寄语三章》《激流》《筏子客》《水手长—渡船—我们》《水手》等。这是一些带有浓郁的民俗风情和英雄主义气息的作品,也是在昌耀的写作主线上,奠定了他此后审美取向的一批重要作品。对于这类诗作,我将在后面纳入另外一个话题专门论述。

此外,在我翻阅自己一个抄写诗歌的笔记本时,还发现了昌耀写于1963年的一首诗作(后刊发于《青海湖》1979年第7期)。此诗原已被我淡忘,但此时看来却别有趣味。它的标题叫作《栈道抒情——拟"阿哥与阿妹"》:

茫茫夜,
弯弯道上人不歇;
人不歇,
山歌儿漫——
哥哥唱得真切。

莫说栈道迢递——
误了前约。
此刻窗花儿红、
灯影斜,
又接骆驼客。
记得去年今日此夜中,
哥哥驮化肥,

运茶叶。
阿妹招手还相迎——
牙齿儿白。
于今，
一度春风
新房新柳添了许些。

阿妹挎长枪
踏明月。
…………

此诗出自诗风深沉凝重的昌耀之手，在此时的我看来，简直是有趣极了。

从这首诗作的风格形制和语词趣味看，你立时可以联想到它与《花儿与少年》那部民歌集之间的关系，并体会到昌耀将这种民歌风，运用得如此地道。但无疑，它是一首接近于应制元素的诗作，而从一个时代的意识形态背景和诗歌时尚背景来考察，我们还是能从中体会到一些不同寻常之处。比如，在此时文学艺术必须服务于政治，进而将文学的宣传功能远远置放在审美功能之上，你能从中感受到它对题材的两全性处理。也就是说，既要服从文学的宣传功能，同时又恪守诗歌必须是诗歌本身的艺术原则。它也因此体现出一件文艺作品的基本构成要素：现实性、时代性、地域性。更重要的，是他在作品的时代性之下，对于现实性，尤其是地域性因素——也就是"民俗学"元素的强化。

所以，即使在今天阅读这首诗作，我们眼前也能浮现出20世纪60年代青海的山乡栈道上，作为脚户哥的阿哥"驮化肥／运茶叶"和作为基干民兵的"牙齿儿白"的阿妹，挎长枪月下巡逻等，那个特殊时代特殊地域的特殊信息。甚至还能生出某种怀旧的亲切感。而在这首诗作中，昌耀对阿妹山歌对唱式的惟妙惟肖的语气拟仿，则着实让人忍俊不禁——曾经的昌耀竟还有这么一套诗歌招式。那个时候的他，是多么年轻啊！

而就在1957年的这一时期，昌耀的写作中还旁逸出另外一条支线，那就是带有西班牙诗人洛尔迦风格的民谣体的写作，以及写生小品式的自然风物抒情。假如从当时的主流诗歌标准看，这是一些无足轻重的诗作，但从昌耀本人的整个诗歌生涯，从1979年中国诗坛上复苏的现代主义写作来考察，这却是一批至关重要的作品。而这批诗歌的代表，就是收入《昌耀诗文总集》中的《边城》和《月亮与少女》等。现仅以《边城》为例：

边城。夜从城楼跳将下来
踯躅原野。

——拜噶法，拜噶法，

你手帕上绣着什么花?

(小哥哥,我绣着鸳鸯蝴蝶花。)

——拜噶法,拜噶法,
别忙躲进屋,我有一件
美极的披风!

夜从城垛跳将下来。
跳将下来跳将下来踯躅原野。

1957.7.25

从当时的写作特别强调主题,且要求主题鲜明的标准来看,这种没有主题可言,甚至是不知所云的诗歌,实在颇为怪异。但这却是一首将本土物象纳入现代主义艺术手段来处理的、堪称精妙的作品。此诗写得如同月夜一样朦胧飘忽,其中的人物也像虚化在城楼的阴影之中,似有若无。但通过诗中的对话,却可以明确地感觉到,这是夜色中一对少男少女间的情感嬉戏。这其中,少男借口询问"你手帕上绣着什么花"以接近少女的狡黠,"我有一件美极的披风"的炫耀,而少女那种躲躲闪闪却欲罢不能的羞怯,都极为细腻、准确地还原了边城少男少女的情感生态,并凸显了夜色下高原边城那种烂漫的神秘感。

《边城》一诗最初刊发在1982年第9期的《青海湖》上，虽然经过了作者此时的再加工，但与我所找到的该诗的初稿相对照，其中的改动成分并不大，基本属于篇幅压缩的性质（关于这首诗的初稿，我将在后面专门引述）。那么，此时的《边城》能写到这么一个水准上，就意味着它绝不是一个凭空而至的"飞来石"，在它的周围，必然还环绕着一大批同一风格类型的写作。

的确，昌耀在此后的一份材料中，对自己1957年5月份在贵德乡下"体验生活"时的诗歌创作，有一个不完全的记录：《五月夜》（5月11日）、《黄河船工》（5月11日）、《晨路》（5月12日）、《五月的情歌》（5月13日）、《车户》（5月14日）、《梨花》（5月15日）、《士兵》（5月15日）、《雨中》（5月23日）、《车轮》（5月24日）、《草原的女儿》（5月25日）、《青年》（5月26日）、《雨中答对》（5月27日）、《藏鼓咚咚》（5月28日）、《卖箫者》（5月29日）、《山路深处》（5月31日）……

从以上这些诗歌的标题，我们大致可以想象得出，这其中的诸多诗作，在风格类型上与《边城》的联系。也是在这份材料中，昌耀还附录了写于1957年6月6日的一首诗作，这首诗来自他在贵德草原上行走时，所看见的一个意象，标题叫作《夏日小记》：

　　好热的天啊，喇嘛把袈裟搭在头上

挡着高原夏日箭一样毒厉的阳光
日头，又在捉弄干渴的旅人
布一条长河的幻影诱旅人上当

但是，旅人头顶的凉伞却更为艳丽了
她红着脸儿，热烈地嘲弄太阳
当好心的月儿浮入朦胧的空际
就会给她抹上一层柔美的白霜

  这首以初稿形式存在的诗作，谈不上有什么过人之处，但它却与《边城》一起，透露出一个明确的信息，那就是昌耀此时艺术观念上的转换——从主题明确的时代风貌题旨的写作，转入无主题的自然风物写生，甚或是不可名状的瞬间情感发抒；从写作中对于时代现实主题提炼的刻意，转入对于飘忽的自然意象的捕捉和深度处理的兴致。这也就意味着，此时的昌耀开始在人本性的写作基座上，凭着直觉性的醒悟，向文本性写作的"斜逸"。

  是的，在20世纪50年代的诗歌标准中，这显然不是大道，但在1979年之后，我们将会看到它在昌耀的写作中，生发出了怎样的底力。

  也正是由于这一斜逸的诗歌向度，1957年的昌耀的诗歌，已发生了一个质的飞跃。关于这一点，只要把这首《边城》与此前的《赴会》加以对照，便可一目了然。

五 头戴荆冠

1. 以诗罹祸

收入《昌耀诗文总集》中昌耀1979年以前的诗作,既是当年正式发表的,又未做任何改动的,唯有写于1957年夏季的《林中试笛》(二首)。这是让昌耀刻骨铭心的两首诗。正是这样两首加起来总共只有16行的诗,使昌耀被打成了"右派"。

所以,当昌耀在自己的诗文总集中只字未改地收入这两首诗作的时候,他以此见证历史的态度不言而喻。

1957年,是中国人的政治生活中一个波诡云谲的年份,一个让众多的知识分子、国家干部和民主人士刻骨铭心的年份。此后的历史教科书为之做了这样的大事件记载——"1957

年的整风运动与反右派斗争"。

按照世俗的标准来说，此时的昌耀是一个踏实严谨的青年，当别人在那里热血沸腾地"大鸣大放""大字报""大辩论"的时候，他仍沉浸在高原风土中的诗歌艺术世界。即使在青海省文联这样一个人数不多的小单位，除了由作品显示的才华外，他也是一个不事张扬，不引人注目的角色。不引人注目具有一个神奇的功效，它往往意味着生存的安全。

1957年7月初，从这一年的3月底即在贵德县河西乡下乡的昌耀回到了省文联。文联领导某主任在听取了昌耀的下乡创作汇报后，特意叮嘱他："你是咱们文联的人，首先要想着把新作拿出来，在咱们自己的刊物上发表，不要眼睛老盯着外地的刊物。"

这话说得温暖。但这个时候的昌耀则心高气盛，在他的心目中，在自己的刊物上编发自己的诗作不但有"近水楼台"之嫌，并且似乎也不算本事。而只有在外地的刊物，尤其是有影响力的外地刊物上发表诗作，才有一种可以证明作品质量的客观标准。当然，作品的影响力和作者的名声也将会更大——昌耀很看重这种影响力和名声。而他之所以能在仅20岁的年纪，且以业余作者的身份加入西安作协，无疑与这一因素相关。

但某主任已经做了特别的叮嘱，昌耀当然不能违拗，便颇为吝啬地在下乡期间所写的一大堆新作中（可参见前边那个材料中罗列的诗作目录），挑出了两首短诗，并冠之以《林中试笛》的总标题，向某主任交差。

尽管只是两首短诗,但某主任看过后却颇为满意,并当即拍板,在《青海湖》第10期庆祝国庆8周年特大号上的诗歌板块头题发出。

我们此后已经知道,正是因为这两首诗,才铸成了昌耀一生的首个大冤。但在看到了昌耀前边的那个诗作目录时,我却产生了这样一个疑问,那么多的诗歌,他为什么就偏偏挑出了那么两首交给某主任呢?如果他选的是别的诗歌,是否就可以躲过1957年的这一劫?当然,这也从相反的方向说明,正是由于昌耀从内心认为,这两首诗根本就没有什么问题,才坦然地挑选了它们。但如果不这样,昌耀是否就能避过那场灾难呢?

我想准确的答案是:此事很难说。还应该再缀上一句:大概不可能。

具体的情况是这样的,在1957年7月,青海省文联反"右"斗争中的材料学习和揭、批、查的各种会议,正在轰轰隆隆地推进。不能不投身其中的昌耀,从内心深处对此有些淡漠。在此前别人响应号召大鸣大放提意见的时候,他是淡漠的;在此时扭转方向揭批查的时候,他仍是淡漠的。在写于1962年的要求对自己"右派"问题复议的《甄别材料》中,昌耀这样表述了自己的心态:"我不愿参与社会活动,不愿过问旁人的事。我将生活划分为哪一种对我的创作是有利的,哪一种是无益的。比如:我觉得逛庙会,去草原对我的创作就有好处,能启发我写作的灵感,而开会,柴米油盐酱醋茶之类的生活琐事似乎只对创作小说的积累素材有好处。"接着,他老实地承认:"我对政治与艺术的理解是幼稚的。这也表现了我的不成熟。"

从这种自我描述中可以看出,昌耀倒真是继承了父亲王其桂那种自由知识分子的性格。

正是由于这种淡漠,昌耀在反右斗争形势逆转的紧张时刻,也仍然一副事不关己的逍遥。每当文联下午开会时,他便时而会有因为晚上写作熬过了头,中午需要补觉睡过了头,因而迟到的现象。接下来的一天上午开会,昌耀因为身体不舒服便没有去参加。就在他正躺在床上懵懂发呆的时候,某主任突然破门而入,怒不可遏地朝昌耀吼道:"看来从前我对你太放任了,才引起现在这样的后果,你必须说清楚,你对这场运动究竟抱什么态度。"继而撂下了这么一句话:"我一定要搞清你的问题!"

此时,单纯的昌耀并不知道这句话的分量。而后来的事实表明,他之最终被打成"右派",在很大程度上,正是来自某主任这句话中所潜含的决心。也就是从此开始,昌耀被某主任琢磨上了。

仅仅过了两天的一个午后,尚未到通常的开会时间,昌耀正在宿舍延续着他"无梦的睡眠"时,被某主任派来的人叫醒,到文联会议室开会。懵懵懂懂的他进了会议室坐下来后,还想将被人搅扰了的睡眠彻底完成,但突然觉得周围的气氛不对。平时会议前叽叽喳喳的说话声没有了,整个会议室鸦雀无声。他疑惑地朝四周一打量,猛地怔住了。这时,他看见自己交给某主任的那两首诗,被用大字报的形式抄写出来,提前"发表"在了会议室的墙壁上:

林中试笛(二首)

车　轮

唉,这腐朽的车轮……就让它燃起我们熊熊的篝火,加入我们激昂的高歌吧。

——勘探者语

在林中沼泽里有一只残缺的车轮
暖洋洋地映着半圈浑浊的阴影
它似有旧日的春梦,常年不醒
任凭磷火跳越,蛙声喧腾

车队日夜从林边滚过
长路上日夜浮着烟尘
但是,它却再不能和长路热恋
静静地躺着,似乎在等着意外的主人……

野 羊

啊,好一对格斗的青羊,似乎没听见我们高唱……请
轻点,递给我猎枪,猎一顿美味的鲜汤。

——勘探者语

在晨光迷离的林中空地
一对暴躁的青羊在互相格杀
谁知它们角斗了多少个回合
犄角相抵,快要触出火花

是什么宿怨,使它们忘记了青草
是什么宿怨,使它们打起了血架
这林中固执的野性啊
当猎枪已对准头颅,它们还在厮打

1957年夏

是的,这两首诗此刻就醒目地张贴在墙壁上,但这显然不是一次范文点评性质的业务研讨会。再看看同事们严肃的面部表情,一丝不祥的感觉倏地涌上心头。然而,昌耀无论如何都想象不到,事情会严重到何种程度。

这两首诗,已被某主任初步判定,具有严重的政治问题。

事情在此显得非常奇妙,将一部艺术作品放在相应的政治背景中做出价值判断,这是那个时代惯常的做法,但仅仅是若干

天之前还被认定是不错的诗作,怎么就突然变质腐烂了呢?是这个时代的政治气候变了吗?既是,又不完全是。关键是某主任的思路变了。这两首诗在若干天之前的某主任的眼里,是诗人响应号召深入生活的产物,并且,与那些由流行词汇攒起来的口号式的诗歌相比,这两首诗具有鲜明的本地风土气息和艺术意蕴。某主任对诗歌的鉴赏虽谈不上多么内行,但他有自己的艺术直感。所以,它们便获得了某主任决定置放在诗歌专栏头题刊发的青睐。这其中或许还有某主任以之为参照,倡导青海的诗歌写作者们,要在深入生活中发现诗意的这么一层考虑。

但当某主任因昌耀在反右运动中的漠然,而决心搞清昌耀的思想问题时,他对这两首诗的感觉很快就变了。首先,他感觉到这两首诗的气味不对。但又到底是哪个地方不对呢?某主任暂时还没想清楚,但有一点非常明确,这就是他一定要在其中找出问题。于是,就有了这天下午的这场辩论会——昌耀一生中遭遇到的最大麻烦,就从这个下午开始了。

某主任在疾言厉色地声讨了当前全国范围内"右派"分子向党猖狂进攻后,接着便与青海文艺界的实际相联系,表达了自己对昌耀这两首诗的质疑。继而,声色俱厉地指令昌耀对这两首诗做出解释。并要求大家就昌耀的解释和各自对这两首诗的看法展开辩论。

昌耀能做什么解释呢?中国自古就有"诗无达诂"一说。当然,世界上的许多诗歌都是可以解释的,但世界上还有另外一些诗歌——诸如记写内心瞬间莫可名状感受的那类诗歌,则是很难解释的。比如世界上许多著名的音乐作品，其中很多即兴式的乐段，你只能听凭心灵与之共鸣，却很难说清楚它具体是什么。不然，中国汉语里也就不会有诸如"只可意会，不可言传"等这些表达复杂心理感受的说法。

但昌耀还是解释了，他的解释是：这两首诗就是写景、抒情。这种解释无疑是在真诚地言说一个事实，但这又等于什么也没解释。

有事实表明，在工作中经常表现得颇为粗暴的某主任，这次并不想粗暴，而是煞费苦心地对这两首诗进行了细读，以便确凿地抓住其要害。然而，他最终还是不得要领。

随之，某主任给了昌耀一个特殊的待遇：指令人前往印刷厂，对已经下厂开印的1957年第8期《青海湖》月刊，进行紧急的稿件调整，撤下别人的作品，换上了昌耀的《林中试笛》(二首)。这也是反右斗争中一个自上而下的常规性做法——"毒草只有让它们出土，才便于锄掉"。对于此时的昌耀来说，这是一个灾难性的待遇。这其中一个极为关键的问题是，导致昌耀接着被打成"右派"的这两首诗，原本并未在刊物上公开发表，没有公开发表就不能构成事实，没有构成事实的事物则无须接受任何裁判。想来某主任本人也非常清楚这个法理，遂做出了将它们事实化的强行变更。这期《青海湖》在按原貌刊发了这两首诗作的同时，还在后面附加了一个简短却足以致命的《编者按》：

这两首诗,反映出作者恶毒性阴暗情绪,编辑部的绝大多数同志,认为它是毒草。鉴于在反右斗争中,毒草可起肥田的作用;因而把它发表出来,以便展开争鸣。

《编者按》至此对这两首诗已经做出了明确的定性:它们是毒草。

多少年后,在我面对这个《编者按》反复琢磨时,突然在"编辑部的绝大多数同志"这句话中,意外地发现了一个问题:它事实上还意味着,并不是所有的同志都认为它是毒草。看来,即使在当时,毕竟还有人敢于坚持自己的是非标准,敢于站出来说话。用昌耀当年的难友、青海民族学院教授刘启增的话来说,那就是——"我们这些人都是有自己的脾气的!"说这句话时是在2003年10月,当时他和我正一同站在青海祁连山腹部——他与昌耀当年共同的流放地。

"毒草"是给它定性了,但怎样才能将这个结论坐实,并在道理上服人呢?紧接着的1957年第9期的《青海湖》上,刊发了某主任总题为《斥反动诗——"林中试笛"》,其下分别以《也是"车轮"》《也是"野羊"》为题各约50多行的两首诗。

在《也是"车轮"》中,某主任这样写道:

我思索得越久,

越发摸不清"车轮"的心情;
由于我的愚笨,
竟不懂得这"残缺的车轮",
是谁来把它"燃起熊熊的篝火"?
又怎样加入我们激昂的高歌?

诗人,
请你说上一声,
这"静静地躺着的车轮",
究竟在"等着"什么样"意外的主人"?

该不会是旧日的主人吧?
不,不对,
不明明写着"残缺车轮"的主人吗?
…………
啊,啊,
那么,这个"车轮",
是诗人自己?
还是别的什么人?

对了,
这都属于"抒情",
"抒情"嘛,

怎能随意批评？

"抒情"万岁！

阿门！阿门！

从这首诗的表述中，我们可以强烈地感受到，昌耀此生曾拥有过怎样一个特殊的读者——一个怀着巨大的敌意热忱，经受着不得要领的苦恼的煎熬，在文字和标点符号的缝隙中，用眼睛，也用鼻子寻找"异味"的读者。但这首将疲累不堪的解读压力，佯装成猫玩老鼠的俏皮语气写出的诗，在思维和逻辑上实在不得要领。《车轮》的"反动"本质，并没有被某主任一针见血地指证出来。他最后的落脚点竟然只是"'抒情'嘛，/怎能随意批评？"那么，这其中的问题仅仅只是昌耀这位青年诗人太骄傲自负，听不进别人的"随意"批评而已（但批评又怎么可以是"随意"的呢），而与这首诗作本身无关，既不能说明它是毒草，更不能证明它是"反动诗"。当然，这也是事情演绎的必然逻辑，一首原本就并不涉及政治问题的诗，要推导出它政治上反动的结论，其推论过程便必然会似是而非、语无伦次。

然而，即便如此，某主任就是认为它们是"反动诗"。那么，他又将何以让人信服呢？这时，他已为第10期的《青海湖》，组织了两篇批判《林中试笛》的理论文章，以形成更透彻的"反动本质"的发掘。这两篇文章，把《车轮》和《青羊》称为"向党射出的两支毒箭"。

而就在他自己这个《斥反动诗——"林中试笛"》的末尾，

某主任特意用括号附加了这样一个他的"作者注":"昌耀是恶霸地主家庭出身,他父亲已被劳改,他母亲在土改中畏罪自杀,残废后病死。昌耀对家庭被斗母亲死去,一直心怀不满,继续对党和人民怀恨在心。"

这个"作者注"表明,在《林中试笛》中找不出致命问题的某主任,开始在诗歌之外给昌耀寻绳织网。他拿出了昌耀的家庭出身说事。

在说到这个问题时,此前还有这样一个蹊跷的插曲——

1956年6月,昌耀调入青海省文联,在他按干部调动登记表所列的项目逐一填写之后,省文联又专门派人前往湖南王家坪进行核实,这就是当年所谓的人事调动"政审"关。然而,令昌耀无论如何都想不到的是,他的政审在一个不是问题的问题上出了问题:昌耀在登记表上填写自己的出生年月是1936年6月。而据外调回来的人讲,王家坪一个自称为昌耀堂伯、名叫王太玉的人反映,昌耀出生于1932年。当时,当某主任把这一情况告诉昌耀并向他做进一步核实时,昌耀霎时惊讶不已:"我很委屈,我怎么连自己多少岁了都不知道呢?"——昌耀随之在给五叔王其桀的信中这样写道。王其桀紧接着在回信中批评了昌耀的这种"委屈"情绪后,又用各种旁证材料,确认了昌耀在登记表中填写的年龄,并让昌耀以之为根据请组织再作审核,这个问题才宣告结束。

其实,对某主任来说,昌耀的家庭出身问题,并不是一个问题。因为对于自己的家庭情况,昌耀在干部调动登记表中已填写得清清楚楚，不会也不能有任何隐瞒。包括其父亲王其桂的被劳改，母亲吴先誉1951年的病故。当然还会包括"社会关系"一栏中伯父王其梅、五叔王其槑可以让他自豪的红色身份。然而，此时的某主任，却对昌耀的家庭出身材料，做出了扩大事态的升级处理——昌耀母亲吴先誉不堪折磨的跳楼觅死，被他判定为"畏罪自杀"。于是便有了一个顺理成章的逻辑推论：昌耀必然的对此"心怀不满"。

这就意味着，如果昌耀不是这样的家庭出身，《林中试笛》也就不存在问题。

然而，这并不意味着昌耀就可以躲过这一劫。后来的事实表明，在某主任对昌耀动怒并下决心"我一定要搞清你的问题"之后，他在诸多不是问题的问题上，都给昌耀搞出了问题。

但某主任眼下的这个"作者注"，就确凿地存在着问题。首先，他在这里公开地撒了一个谎，因为昌耀的家庭出身只是地主，而绝不是"恶霸地主"。所谓的恶霸地主是指为祸一方，负有血债因而被枪决镇压的地主。而昌耀的家庭则显然不是。因之，当昌耀此后在诸多的申诉材料中，要求对"恶霸地主"的说法给出依据时，却始终不见某主任出具任何材料。

其次，所谓"昌耀对家庭被斗母亲死去，一直心怀不满，继续对党和人民怀恨在心"的说法，基本上就是一句自欺欺人的昏话。这个说法如果出自别人之口倒也就罢了，而出自某主任之口则根本无法自圆其说。因为就在仅仅是一年之前的1956年6月，正是某主任本人，经过对昌耀这位前志愿军战士思想品质、业务能力的综合考察，在得出让他满意的结论后，才亲自将昌耀调入省文联，招至自己麾下的。说他"一直心怀不满"，岂不等于说他自己有眼无珠？

当然，我们在这里也根本无须拿昌耀那些"生活的赞美诗"，来为他做出"思想一贯进步"的论证，因为在当时实行半军事化管理的青海省文联，某主任对其下属的创作和作品基调，可以说和当事人一样的清楚。但，那又能怎样呢？

我们在这里还不应忽视另外一个问题：某主任的这个"作者注"，是一个什么性质的文本呢？他在这里以一个"作者"的身份，对另一位诗人进行政审性质的裁判，这其实是只有"编者按"才能承担的功能。而对此并不外行的他之所以没有意识到这个问题，表明了他在潜意识中，完全把自己这个"个人"等同于组织。这种违背组织观念而不能自省的行为，必然导致他在处理一系列问题上的越轨。

因此，在青海省文联1957年的反右斗争中，很快就有一批人中箭落马。而昌耀，仅是其中的一个"小萝卜头"而已。比如在1957年第10期的《青海湖》上，就有一个以漫画和花儿（以花儿形式写成的讽刺诗）合成的，批判文联内部"右派"的"群丑图"专辑，昌耀被排列在了"群丑"们的最末一位。讽刺昌耀的那首花儿，标题叫作《王昌耀现了原形》："'右派'分子王昌耀／打着'诗人'的幌子／'不问政治'是假牌子／心里想反党的点子／／表面上装成憨厚蛋／皮囊里塞的是毒箭／韩秋夫叫嚣他支援／'罢工书'贴在了胸前／……"

尽管这是在最大限度地丑化这些"右派"们,但这其中的昌耀似乎并不怎么丑,"憨厚蛋"难道还不可爱吗?只不过,此时的这个"憨厚蛋"则已变成了"倒霉蛋"而已。而这其中的"韩秋夫叫嚣他支援／'罢工书'贴在了胸前",则将是另外一个八竿子也够不着的荒唐的说法,对此,我将在后面提及。

同全国的情况一样,短短的一个多月时间内,青海文坛上的一批精英,就这样迅速地栽进了反右的罗网。这其中的一些人,甚至并不是因为自己的作品,而是由于自己的言论或行为。这些人,他们在日常社会生活中的表现也许千差万别,但却有一个共同点,这就是在那种人云亦云的政治风潮中,往往因为自己的独立思考而表现为"沉默的极少数",或者"不愿沉默的极少数",且都有坚持自己主见的个性或脾气,决不轻易妥协。因此,在这一点上,他们又都是同一类人。文学史家们根据历史上诸如屈原等无数的类同事例,把这类人坎坷的人生遭遇,归纳为"性格悲剧"。当然,与之相关的,还有"时代悲剧"因素。而在任何一个时代的人群中,又都生生不息地始终存在着这么一类人。关于他们,无论其面部表情是谐谑纵浪或是拘谨寡言,但身上的确都有一种特殊的气味。往往仅凭直觉就可以方便地分辨出来。

而这类人,造物主无一例外地把他们交给了命运的锤子或榔头,谁被砸得趴下了,也就那样永远地趴下了;如果他捱过了临界点，便会越砸越结实，并最终成就出自己的事业。造物主就是以这种灾难性的命运，为一个时代输送那些在人群中发亮的人物的。

2. 家书中的"问题少年"

令人难以置信的是，五叔王其榘很早就从昌耀的身上，觉察到了那种特殊的气味。其时间之早，可以追溯到1953年底昌耀进入河北荣军学校，心中有了"想从事写作"的目标开始。

从离开朝鲜战场上的部队进入荣军学校起，就意味着昌耀开始以一个独立的社会人的身份走向了社会。尽管他此时年龄仅有17岁，但在母亲亡故，父亲被拘的特殊家庭背景下，昌耀不但要不容懈怠地奔赴自己的写作理想，并且，他还要和五叔王其榘一起，担负起寄养在五叔家中自己4个弟妹的成长教育责任。这是一种家庭血缘意义上的责任和约定。

而在五叔的眼里，一是昌耀自然应该负起这个责任，二是昌耀本人还有一个自身成长的问题。尤其是获知昌耀把自己的未来定位于文学创作时，他首先是对自己这个侄子的不凡志向感到欣喜。但随着1955年开始的对"胡风反革命集团"声势浩大的批判，中国的文艺界成为一个极易出现问题的敏感区域时，五叔潜意识中的一个反应便是，要对自己这位侄子负起思想监护的责任。所以，从两人的第一次通信开始，王其榘就对昌耀的要求颇为严格,及至到了1955年时,这种要求的严格程度尤甚。

因此,就有了1953年底,在收到昌耀忙得"连放屁的工夫都没有"那张明信片时,王其榘在回信中对昌耀的敲打:"这显然是开玩笑的话,用开玩笑的话来描写自己的生活,而且是写在明信片上的,这样办是不十分妥当的。"

应该说,这并不是什么大不了的问题,真正使王其榘感到气味不正的,一是昌耀在信中谈及自己新的打算时,那种情不自禁的兴奋,王其榘把这视之为一种浮夸。二是昌耀偶尔表现出的倔强脾气,不但曾经使王其榘伤心,更使王其榘在把它置放在社会政治生活中联想时,而隐约不安。

1954年暑假,昌耀兴冲冲地从保定到了北京,看望五叔和自己的弟妹,不料却与五叔的儿子王念青发生了冲突。昌耀遂负气地表示:看来这里并不是我的家,我还跑到这里来干什么!而年龄小于昌耀的念青同样年少气盛:"你愿意走你就走!"于是,没等五叔下班回来后打个招呼,昌耀已扬长而去。接着,又给五叔去了一封小脾气峥嵘的书信。在这封信中,他首先表达了五叔的家,并不是像五叔原先所说的"这里就是你的家",从而使他这趟到五叔家里去的心里"充满了革命阳光的想法,涂上了阴影",进而以此作为自己不辞而别的理由,把怨气撒给五叔:"能走的自然会走的,这当中并没有所谓人的情感。"

大概就是从这封信开始,五叔不能再把昌耀当作一个孩子看待了。昌耀在此几乎是以对等的心态与五叔说话。尽管这里并未脱去孩子气。五叔也感到委屈,更感到伤心。这件事情说大了,会给人以他不能善待侄子的感觉。于是,他把这件事的前因后果,转告给了这个家族现今的精神家长王其梅,并随后给昌耀回了一封信,在昌耀置之不理的情况下,又在两个多月后给昌耀去了一封信。在这封信中,王其矩首先再次做了自我批评,承认自己没有"教育好念青,使他养成了蛮横不讲理的态度",然后他也反问昌耀:"您也许不致否认,我对您是抱有很大热望的。"进而也要求昌耀从自己的身上找一找问题。尤其是对自己弟妹们教育的责任,"您做了没有?"五叔因此而认为,恰恰是昌耀缺乏情感——缺乏对自己弟妹们教育的情感,也缺乏对自己这个抚养着昌耀弟妹们的叔叔的情感。于是接着这样提醒昌耀:"年轻人,一切不要想得太虚幻,得从现实着手,一个没有丰富情感的人,是不会创作的。一个对周围生活甚至自己不能有所认识的人,是不会活生生凸出形象的人物来的,一切得脚踏实地地去锻炼。"在这封信的末尾,五叔甚至这样伤感而又不无挖苦之意地写道:"年轻人,祝您一帆风顺吧!"

可见,昌耀这次执拗的小脾气,在心理上委实将五叔折腾得不轻。

如果我们在这封信中,注意到了五叔对昌耀使用"您"这个指称代词的细节,就能对他性格中的谨慎、自律,以及社会生活中格式化的中规中矩,有一个大致的想象。想来,这无疑与他的秘书工作经历有关。明白了五叔这样的一种性格准则，我们也就对他之于昌耀明信片中那个"屁"的批评不足为奇。

那么，在河北荣军学校忙得连放屁的工夫都没有的昌耀，对自己弟妹们的教育责任又到底尽得如何呢？我们自然没有看到一个称职的课外辅导员的迹象。然而，这又并不能意味着昌耀就是完全的"大撒把"。就在1955年6月昌耀即将离开河北荣军学校奔赴青海前夕，他实实在在地履行了一次自己的责任——应该是出于奔赴青海时轻装简行的考虑，在对自己的书籍进行了清理之后，他一次性地给弟妹们寄去了54本书。由此推想，他平日里对弟妹们的"教育责任"，大致上都是通过这种方式来进行的。

以昌耀在河北荣军学校仅两年的图书购买积累而言，把这54本书和他留给自己的数量更多的图书加在一起，无疑是一个甚为可观的数字。而在学校原本就有图书馆的情况下，昌耀自己又购买了这么多的图书，他当时的书刊阅读的胃口之大，我们当不难想见。

因此，这里面就又存在着这样一个问题：见了自己喜欢的书就随手掏钱，而钱的问题又怎么解决呢？细想起来，由于儿童时代富裕的家境，入伍从军后又有部队的供给制，加之战争环境中也无处购买更多的书籍，这位昔日财东家的小少爷，在此之前从来没有为钱发过愁。虽然他绝不是一个乱花钱的人，但也绝不会为钱的问题而费踌躇。这便是那种大家族出身的子弟自小养成的一种脾性。事情说到这里时，再联想到昌耀后半生经济上的窘困清苦，实在难以不让人心生感慨，的确，这就是所谓的命运。

但现在，延续昔日自由花钱的脾性不假思索地买书，他微薄的学员生活费够吗？肯定不够。然而，从未显示过理财专长的昌耀，却把这个问题给轻易地解决了。说来令人难以置信，但他就是解决了。解决的方法很简单：就是把大伯王其梅送给他的那块贵重的瑞士手表，果断地给卖了。时间是在1953年的10月，他进入河北荣军学校不到2个月的时间。至此，他的手腕上少了一块足以让许多人眼热的手表，却因此获得了花钱买书的自由。

对于昌耀来说，他当时所拥有的个人资产的总和，也抵不上这么一块手表的价值，但他就这样悄无声息地把这一重大资产给处置了。只是在事情发生后，他才突然意识到这事做得有些唐突，因为这是瞒着伯父做的，遂给伯父去了一封信，老实地道出了事情的原委。

对昌耀寄予厚望的伯父，对此并没有怎么计较，他在回信中首先询问了昌耀在战场上致残的病情："你的头是否好了，甚念。"继而这样豁达地表示："我送给你手表，目的是希望你看时间爱惜自己的时间，如果是因为你生活困难或需要用钱买书而卖了表，这关系不大。"

这个时候的王其梅，已经作为西藏军区副政委，经常奔波于西藏与北京之间。也是在这一年，中共中央决定调王其梅到北京，出任中央民族学院院长。而王其梅为此专门面见贺龙，请求继续留藏工作,并获批准。

伯父王其梅认为昌耀为买书而卖了表,这关系不大;但五叔王其榘却从昌耀寄给弟妹们的54本书中,看到了问题,并认为问题重大。因为这54本书中,有一本是天津著名诗人鲁藜的诗集《星的歌》。鲁藜曾经有一首著名诗歌,被认为是富含哲理且适宜于人生教育而广为流传。这首诗的标题叫作《泥土》,全诗只有4行:"老是把自己当作珍珠／就时时有怕被埋没的痛苦／／把自己当作泥土吧／让众人把你踩成一条道路。"

这样的诗人和这样的诗,难道不正好与王其榘"不断改造世界观"的思想相吻合,并应该鼓励昌耀去阅读去学习吗?然而,事情却因为1955年的时代政治风云而出了问题。

王其榘在1955年7月7日写给昌耀的信中,专门就此事进行了深入而严肃的谈论:"您寄的书中,我看到一本胡风反革命集团分子鲁藜的《星的歌》,我坦白地说,我对文艺是外行,但我读以后,简直是'讨厌'!我觉得他与李季所写的玉门诗集(?)完全是两个不同的道路。说明白点,一个是革命的诗集,一个是宣传唯心论,歪曲现实的反革命的口语。而您在全国正在进行肃清反革命分子的时候,把这样一册书寄来,我真不知道您对这些家伙的认识如何?如果您没有学习'关于胡风反革命集团的材料'是不应该的,学习以后还把这样的书寄回来更是要不得的。因为这样的书,您寄回来,据我想是给昌煜们读的,您没有考虑把这样坏东西塞给您的弟弟,有什好处？难道是为了您在乎这么几毛钱而舍不得毁弃它？"

接下来，五叔就这个话题进行了透彻的延伸之后，又笔锋一转："关于您来几次（亦即昌耀几次去北京五叔的家——燎原注），我有这样一种感觉，觉得您生活上思想上作风上有些'华而不实'，这可能是我保守落后的偏见，但也可以作您的参考。希望您见到我这样的说法抱着有则改无则勉的态度，对自己进行一番检查，能这样做是有好处的。我这里不是反对您寄书给他们，而是要您考虑寄什么样的书？不是说您在文艺上没有下功夫，而是说要问走的是什么样的路？如果方向不走对，越走会越远的……"

读五叔的信，要有足够的耐心。他所说的话没有一句不正确，不推心置腹，甚至是苦口婆心，但这种信就是让人不爱读。对于自己的这位侄子，五叔的一封信和十封信都是一样的，里面永远是同一个基调和主题，这就是没完没了的世界观的改造，并且这其中还隐含着这样一个特殊的逻辑推理链条：你越是不爱读这样的信，就越说明你有令人担忧的思想苗头，你就越有必要来读这样的信。

在中国 20 世纪的 50 年代、60 年代、70 年代，五叔的这种信，几乎是家长写给子女们书信的一个标本。最私密的信件中是最为社会化的内容，几乎所有的信件都可以公开发表，都可以成为标准的人生思想教材。所以，这样几代人的成长，此后被称作"受监控的成长"。

五叔在这封信中称自己对艺术是外行，但他却能内行地拿出李季有关玉门石油题材的诗,与鲁藜的《星的歌》进行比照,并认定后者是"反革命的口语"(这个口语并不是今天的"口语诗",而是认为它是不配称作"诗"的口头语言),这样的认定,与其说是五叔自己独立鉴定的结果,倒不如说是他对当时媒体信息经过汇总处理的转述。若干年后,当媒体认定《星的歌》是一部思想和艺术上俱佳的诗集时,相信五叔也会随之转过这个弯子,做出同样的认定的。这就是那个时代大多数人的思维逻辑。

但此时就是此时,五叔将昌耀所寄的《星的歌》专门拿出来说事,无疑体现了他在变幻莫测的政治风云中的敏感,以及对于昌耀良好的出发点。

然而,良好的出发点就意味着无休止的书信批评吗?尤其是从任何事情上都能引发的,从寻幽发微的挑剔,再到上纲上线的批评?

两个月后的1955年9月11日,王其榘又给昌耀去了一封信,该信的第一句是:"收到您的信,知您已参加边疆工作,很高兴。"由这个说法来看,昌耀离开河北前往青海时,既未征求过五叔的意见,临行前也未给五叔打招呼告别。我们从这里不难想见,昌耀对于五叔的态度以及情绪。但自认为对昌耀负有思想监护责任的五叔,则对这个权利决不放弃。这封信的第二句话,便是对昌耀所寄的《星的歌》旧话重提。紧接着,又就昌耀在给他的信中,有关自己情况的介绍和打算,忍不住地开始了批评:"固然您有诗被选入什么集子里,您也想印单行本,这表示您这几年来在写作上下了工夫,多少有了些进步,但重要的问题是自己写作的态度,什么样的立场。如果这主要方面不着重,不仅写作只是表现技巧,堆砌了一些'美'的词句,而且是很容易走入歧途的……我对您的期望是大的,不希望您作品里,有庸俗的东西,应该有的是无产阶级的爱与恨。从您的作品里体会到青年的成长,祖国的可爱,新中国的远景。毛主席告诉过我们,搞好文艺写作必须改变资产阶级小资产阶级的感情。思想感情不来这一个变化,什么事情都是做不好的。我们应该时刻记着这指示。"

五叔的这封信中有如下几个信息值得注意:其一是昌耀在此之前有诗作被选入某本诗集。这应该是指1955年初,被中国青年出版社的《青年文学创作者丛书·诗选》所选中,最后因公木的文章而告吹的那首《祖国,我不回来了》。

其二,也就是1955年9月之前刚到青海不久,昌耀便有了出版自己诗歌单行本的打算。而这本诗集,便是我在前边专门谈及的《最初的歌》。

其三,在五叔就昌耀的诗歌写作进行诲人不倦的批评时,他的批评言词表明,他并没有读过昌耀的诗。只要读过此时昌耀的任何一首诗作,他都不会说出以上的那些话来。

王其榘对昌耀至此为止的思想批评,一是来自反胡风运动的大形势中,对丁昌耀以此类推的假设性批评;二是来自对昌耀身上那种特殊气味的感觉。这种气味,就是昌耀的性格因素中,为王其榘所排斥的那种另类感。

一般而言，人的性格类型上的排斥总是相互的，但表现的形式却不同。五叔排斥昌耀的性格，是要把他塑造成同自己一样的人；而昌耀排斥五叔，则是不愿意与之密切来往。

所以，在这种情况下，昌耀便不愿再给五叔写信。而五叔则紧追不舍。

1956年4月18日，在昌耀长期不给五叔写信的情况下，五叔又给昌耀去了一信。信一开始写道："许久未给您去信，近来的工作如何，十分想念！"接着又笔锋一转说："是否我给您的信，信上说得太过火，伤了您的自尊心，使您到了西宁还只写一封信来。是否您感到没有什么可谈的，像我这样一个主观（性）很强的人不会接受您的批评和意见就没有写信来……总之，如果您有这样的想法，当然有它一定的理由，但这种情况不是不会变的，您不要固执陈见！如果原因是我低估了您的成就，那有什么关系呢？这不过是我希望您的进步更多些更好些，而您的成绩并不会因为我的偏见而减色。如果是我说得过火，态度不好，使您感到我给您的信不是温暖的鼓励而是打击、浇凉水，那也不应该有埋怨，因为您可以从我的信中知道我还只是在初步学习，以往的历史是落后的，现在的思想有了点进步，但还是有限得很，主观片面不是很自然会表现吗？这不是要使您原谅，而是希望得到您的批评，而您呢？是怎样对待的呢？不理！您想，我是多么失望！"

这是这封近两千字的长信的第一段。从这段文字中我们可以感觉到，叔侄俩的关系至此进入了一个怪圈。在五叔对昌耀已经形成的骄傲或华而不实的顽固印象中，昌耀如果不回信，表明了他思想上有抵触情绪；如果回了信，却总能被五叔找到可以批评的不良苗头。因此，不回信使五叔伤心，回了信则使五叔"担忧"。尽管五叔在信中也做了自我批评，但目的只是为更深入地批评昌耀所做的必要铺垫。

接着，五叔又从诗人必须在作品中"歌颂光明，指斥黑暗"，以及怎样在作品中塑造先进人物，而昌耀又是如何不可能做好这些，进行了大段的分析批评。

但这封信还有一个特别之处，这就是五叔谈到了"家事"，尽管仍然是批评："您对您自己的诺言，看得是很平淡的，您不是在二月十五日的信里曾说过以后每月至少给家里写一封信吗（您给大伯母的信中说的），您履行了您的诺言了吗？没有……"这几句话里我想包含着这样一些信息：其一，除了五叔王其榘外，昌耀还经常要向大伯母王先梅汇报自己的情况，由此而以兄长如父的身份，同五叔、伯父和伯母，以三方会商的形式，负起共同教育自己几个弟妹的任务；其二，在伯父伯母与五叔之间，也经常以信件的形式交流、关注昌耀的情况；其三，昌耀有些话似乎更愿意给伯父伯母说，在他们面前表现得似乎更为驯顺一些。这应该是因为，伯父伯母对于昌耀似乎更宽厚一些，而五叔则是以严苛，实施对于昌耀的责任。但这种效果显然并不理想。

在这封信的结尾，五叔的严苛仍然是一以贯之："信就写到这里为止，希望您不要认为这里写的，全是主观片面的东西。如果您认为写得不对可以提出批评，也可以问问大伯，让他替我们做个判断。我不希望您看完这封信就撕掉，顶好是过两天再看一次然后撕它。"

五叔发火了，并要将叔侄两人间的这种摩擦提交给伯父"打官司"。

从接下来的情况看，脾气执拗的昌耀还是有着老实驯顺的另一面。他没有敢再让五叔发火，因为这其中的确存在着一个属于他自己的问题，这就是没有履行每月至少给五叔写一封信的诺言。于是，他随之将功补过般地，一次给"家"里写了两封信，一封是给五叔的，另一封是给五婶妈的。

给五婶妈的这封信，还有一个"历史渊源"。这就是1954年暑假去北京五叔家，他和五叔的儿子念青发生争执时，五婶妈也是偏向儿子念青的当事人。然而，不管那次争执中的对或错在哪一方，冷静之后细想一下，在1951年王氏家族的"移民工程"中，十多口人众从桃源忽地全部涌向北京五叔家，五婶妈原本安静的生活不但被打乱，而且还要负责这一干人众的饮食起居，并且至今仍照看着昌耀的4个弟妹，因此，即便是昌耀在那次争执中有多大的委屈或怨气，此时都应烟消云散。并且，他还应该对于这位长辈表达谢意。这便是昌耀超额完成任务，给五婶妈单独写这封信的出发点。

昌耀的这封信效果不错，无论是从写这封信的姿态，到书信的内容、态度、措辞，都让五叔满意。所以，五叔在1956年5月23日在给昌耀的回信中，便有了这样难得的表扬："您给婶妈的信写得很好。"

而对于昌耀写给自己的信,五叔留下了特别深刻印象的,是自己这位侄子突飞猛进的文字能力,以至这位有着严格文字鉴赏力的学者,也忍不住地对昌耀这样褒奖了一回:"您的信写得好,不是一天工夫练成的。"

昌耀的这封信基本上是一种自我批评的基调,而且态度诚恳,所以五叔在这句话之后,又紧接着加了一句:"您的检查也还不错。"

至此,叔侄之间的紧张关系,似乎得到了较大的缓解。

昌耀给五叔的这封信中还有两个特别的信息。其一,是告诉五叔他加入了中国作家协会西安分会;其二,正是因为这一点,昌耀在信中进一步地表示,自己"要以郭老为榜样",在写作上树立更高的目标。

昌耀在这里要以郭老——郭沫若为榜样,首先是因为郭沫若在当时已被视为中国的文豪,所以,他的这个目标可谓高远。另一方面,这其中还有一个曲折的伏笔,这就是为自己一直未能加入共青团寻找理由,因为郭沫若是党外人士。

在当时以至几十年后的很长时间内,一个青年人是不是共青团员,这是看待其是否进步的最直观的标准。而昌耀本人也不可能不把它当成一回事,因为这不光是他自己的事,他的大伯和五叔对于这件事情的看重,甚至超过了他本人。在1953年10月他刚进入河北荣军学校不久,大伯便在给昌耀的信中有这样一句话:"我认为你到现在尚未入团,这其中必然有原因,希望你努力学习,克服自己的缺点,特别要接受同学们的批评。"此后,在五叔的信中,甚至大伯母的信中,都将它作为一个重要话题多次提及。而在1956年的此时,五叔在给昌耀的一封信中还特意谈到,昌耀的大弟王昌煜已经被批准入团,以此对昌耀在这件事情上进行旁敲侧击。

这一切都对昌耀构成了一种压力,甚至使他时而为此懊恼,比如他在这同一时期写给大伯母的信中就曾这样抱怨:参加革命6年来至今还未入团。大伯母对此事的分析是,在这个问题上,你的地主家庭出身和你父亲的问题对你有一定的影响,但你自己在这方面的"努力和要求如何"?

大伯母这话说得很中肯。家庭出身和父亲的问题固然是一个原因,但同一个家庭背景的王昌煜不是已经入团了吗?所以另外的问题,就是昌耀自己对入团要求的迫切程度和努力程度。

但在我看来,这其中似乎还有一个人给人的性格印象问题。有些青少年,天生就有共青团员相,热情、听话、合群、中规中矩。而同样不乏青春热情,并有着更深刻的人生激情的昌耀,则无疑有点"独"。这也就是所谓的诗人艺术家的"清高",或者刘启增所谓的"脾气"。所以,就这种性格特征来说,入团对于昌耀而言,或许就是一个解决不了的问题——他会主动找到团组织负责人,专门汇报思想或征求批评意见吗?

而在20岁年龄上都入不了团的昌耀,却加入了西北行政大区的作家协会。这件事情确实有点滑稽:绝大多数同龄人干不了的事情，他能干得了；而绝大多数同龄人都能做的事情，他却偏偏做不到。

但起码是同入团一样，加入作家协会，则是一个写作者的艺术能力，或再通俗一点说，是这个人是否有出息的直观标志。现今，昌耀把这个消息告诉了五叔，起码是希望自己能在五叔的印象中找到一些平衡。而他进一步地要以"郭老为榜样"，似乎是要彻底明确自己的人生坐标，并向五叔给出另外一个评估自己的参照系：不在（党团）组织中的诗人艺术家，照样能有不凡的人生。

五叔自然没把侄子的这个成就看作小事，他为此在信中写道："加入了作家协会，这是可庆贺的事。""家里的人都为您的进步而高兴。"既而告诫他不要因此而满足，因为这"不等于自己已经做好了为人民服务的工作，有了头衔，还要看实际！放弃一举成名的想法，踏实地干"！

而对于以"郭老为榜样"的宏愿，五叔在信中有一段至今读来仍让人觉得颇为精彩的表述："您的信里面，以郭老为榜样，这样想，有对的地方，也有可以商量的地方。郭老是中国的科学家，在革命事业中也起了一定的作用，他写过许多文艺作品，考古、历史……对年轻的人有教育意义。他以前曾做过共产党员，但今天已不是。这一点，固然有历史条件的原因，但不是我们首先要向他学习的地方。我们应该取其长，决不可因为他不是共产党员也放弃了我们自己对组织的靠拢，宽恕自己，以他的成就，不自量的比附。如果这样做，就只会有'画虎不成'的结果。再说郭老有郭老的时代（指他的过去），我们对自己的要求，应该与他有所不同，我觉得像我们这样的人，应该走的路是踏实而不是浮夸，我们首先要的是董存瑞似（式）的精神，没有这种伟大的革命热情，其余的都会成空。"

　　五叔对大名鼎鼎的郭沫若的这番谈论，分寸拿捏得实在到位，没有丝毫的不恭，但绝无崇敬之情。他甚至可以把自己的崇敬留给人民英雄董存瑞，而不是大知识分子的郭沫若。从这一点来说，五叔与当时的社会价值观念和标准，可谓高度一致。

　　以上所援引的所有信件，都来自昌耀生前完整保存的个人资料。这件事情本身引发了我的强烈好奇。依据我本人与文化艺术界人士接触的直接或间接经验，很难说得上有几个人会这样去做这件事。那么，由昌耀从1953年17岁时起，就认真地保存这些信件来推敲，他这一做法的原初动机究竟是什么？是出于他本人凡事认真仔细的性格？出于他对这些信件的珍视？还是对"五四"之后那些老一代作家们注重个人资料保存的模仿？抑或是从当时起，他就朦胧地意识到了自己未来在写作道路上的作为，因而建立自己的资料档案系统，以供自己将来书写回忆录之需？对此，我无法一一肯定，也无法一一否定。但由此我们却似乎可以感觉到，昌耀在自己的写作之初，就已具备了深长的用心。

　　这里需要附带介绍的是，从这些信件来看，伯父王其梅和叔父王其矩的字都写得极见功力，深得中国传统文化和书法之真髓，王其梅的字基本上偏于行楷，间架结构回环有度，顿挫有力，字体颗粒略为粗大，凸现出一种力重而果断的将军之风。王其榘的字则偏向于行草，线条柔韧流畅，点画变幻轻捷多姿而法度谨严，笔触游弋间有一种为泉涌的文思所推进的速度感。他的书写体例在1957年之前一直是从右至左的竖写，之后才改为横写。但无论是横竖，他的字迹都有一个触目的特点，这就是字体颗粒的细密，行与行之间几乎取消了行距。20多年后，当我在昌耀的手稿中看到他在一张300字的稿纸上，能写出600个字——也就是将稿纸每行方格下端的空行都填满文字时，终而在其五叔这里，找到了渊源。

然而，在这份应该是保存完整的书信档案中，昌耀所保留的五叔王其榘的书信，从1956年7月13日，到1957年7月29日这长达整一年的时间里，却是一个空白。那么，这中间到底发生了什么？

从1957年的7月上旬开始，昌耀的《林中试笛》已经在青海文联的反右斗争中遇到了麻烦。但这个麻烦到底有多大，昌耀心中没数。7月21日，他给五叔去了一信。而从五叔7月29日的回信中，我们大概可以了解到这样一些信息：

首先，与1956年上半年之前，五叔责备昌耀不愿给自己写信相反，这期间，五叔开始不愿给昌耀写信。因此，导致了昌耀对五叔之于自己情感上"冷若冰霜"的埋怨，接着，昌耀对五叔发出了这样两个质问，其一，我在你心中是否还占有一席之地？其二，是否就因为我至今还不是个共青团员，所以你才不愿跟我通信？

从五叔的这封回信中还可看出，1957年7月21日的昌耀，并没有把自己作品受到批判告诉五叔，但他的心情无疑非常苦恼。

也就是在这种情况下，他还在信中表达了这样一些意思：其一，他不明白，现在的人为什么这样"缺乏人情味"——这主要是针对自己的两首诗突然受到批判，而平时相处不错的一些同事突然对自己变脸，让自己感到陌生、惊诧而言的；其二，在失去了亲生父母的依托，而五叔又长期不与自己通信的情况下，他感到自己在这个世界上成了"无亲无故的流浪儿"；其三，也就是在这种情况下，他还表达了一个出人意料的想法：打算回到自己已经离开了7年的桃源故乡去待一段时间——公开的理由是，重温故乡的山水，以便创作。关于这后一点，我想这其中潜含的心理因素是意味深长的。也就从这个时候起，昌耀开始真正地体会到了人生的孤独，这是一种人际环境的孤独，更是一种精神思想的孤独。对于前一点，此处无须阐释；而关于后一点，事实则是这样的：他在生活中没有做错什么，他遭到批判的诗歌同样没有什么错误，但突然之间他的一切似乎都是错的，并且，根本没有人听他分辨，他越是分辨，越是等于错上加错——坚持错误而执迷不悟。

同样的情形在若干年之后，还被他的湖南前辈——中国现代史上的两位大人物彭德怀和刘少奇相继遭遇。当然，还为更多的"右派"、"右倾"机会主义者和"走资派"们所遭遇。彭德怀曾经是志愿军战士王昌耀的司令员。

也就是在这样的孤独和苦闷中,昌耀想到了故乡。在诗人的心目中,故乡是受伤的游子最后的退守之地。但对于此时的昌耀来说,故乡的美好只不过是一种想象。尽管他的故乡叫作"桃源",但1957年的中国,没有逍遥的桃花源。

五叔在回信中对昌耀的上述问题一一做了回答,情绪基调中少了一些"恨铁不成钢"的严厉,转换为一种事不关己的漠然。在谈到昌耀是否在他的心中占有一席之地时,五叔这样说道:"我觉得这话好回答,在工作时间,不仅您不占一席之地,就是我自己也没有占一席之地。我要说老实话,我是吃农民血汗长大的,党给了我教育,我有许多对不起人民的地方,现在我不能有丝毫为个人的打算。""我要把一切精力集中在我的工作上,放假多几天,我即感到不习惯。我没有雅兴去观赏山水,因为我感到我责任重,能力差。我想到天安门前的革命烈士永垂不朽的纪念碑,我有无限惭愧!"对于昌耀欲回故乡的打算,五叔给予了否决:"如果您真的要回家去看看,也没有什么不可以,不过,据我的主观想法,您不会得到什么,因为您留连(恋)的是您儿时的生活,而那时您还是剥削阶级的成员。"

在这封信的最后一段,五叔向昌耀转告了这样一个消息:"您父亲已与您的弟妹们直接通信,他曾问候您,希望您好。"

在昌耀保存的所有信件中,没有父亲王其桂的一封信。想来，他是觉得不便给已经工作了的长子昌耀写信，担心这样会给昌耀增添不必要的麻烦。

就这样，一对父子成为彼此意识中的一个概念，而不是具体的人相互存在。一个生活在中国东北黑龙江的兴凯湖农场，一个生活在中国西北青海省距青海湖100多千米的西宁。这样直到王其桂在"文革"中去世，两人始终没有相认。

五叔王其椠在20世纪50年代给昌耀的最后一封信，写于1957年11月11日。1957年的这个时候，惊心动魄的反"右"斗争已进入"收官"阶段。这是一封围绕着反"右"斗争而展开的长信。在这封信中，五叔分别从自己所在的中科院的反右斗争情况介绍，对于知识分子先天性缺陷的分析批判，以及对昌耀批评提醒等诸多方面进行了论述，有一种一个知识分子经过政治风雨洗礼之后的精神再生之感。

这封信的第三段有这样几句话："我们这里已进入整改阶段，从报上看到青海省文联的王×是个大'右派'，不知你们对'右派'反得如何，彻底了没有？"

这个王×，应该就是在1957年第10期《青海湖》杂志的"群丑图"上，被与昌耀等人共同批判的一位中年女编辑。不知王其椠当时看的是什么报纸，上面竟然仅仅只有这个王×。而对昌耀之已成为"右派"，他暂时还不知道。

当然，昌耀的纸包不住昌耀自己的火。这时，昌耀向他的长辈们告知自己被打成"右派"的信，马上就要上路，1957

年11月13日,昌耀先给大伯王其梅写了信,就在这同时,也给五叔王其槃写了内容相同的信。

对于昌耀从性格苗头的预感,到他最后被打成"右派",基本上没有超出王其矩的预料,但这并不说明什么。从本质上说,这不是一个小小的昌耀的个人问题,而是中国起码两代知识分子,在1957年共同的悲剧。

五叔王其槃给昌耀的信,在1957年这一页历史将要翻过去时,从此中断。

3. 栽入"右派"罗网

此后连昌耀自己都确信,他之最终被打成"右派",就是因为《林中试笛》这两首诗歌。但联系到接下来的事实我们就会发现,这只是他被打成"右派"的砝码之一。而根源性的症结简直令人无法相信,但却千真万确,这就是省文联那天上午开会时,他激怒了某主任的宿舍中的睡觉。某主任当场就放出话来:"我一定要搞清你的问题。"

的确,没人能想象得出这句话潜含的威力。

1957年11月20日,青海省文联就王昌耀的"右派"定性问题,做出了一个《结论材料》。这个材料显示:《林中试笛》仅仅是昌耀众多问题中的一个,并且,它甚至不是问题的核心,而问题的核心,则是某主任发出的那句狠话。然后,昌耀所有的"罪证",都是围绕着这个核心,或被无中生有,或被恶意歪曲来罗织的。

那么，这其中到底伏藏着怎样一个演化过程呢？且先从进入演化程序的开始说起。

《林中试笛》的问题是这一演化过程的第一步，某主任在1957年7月那个下午，就这两首诗以辩论会形式发出的突然袭击，的确收到了奇效。昌耀一下子就给打懵了，他有口难辩。其实昌耀又算得了什么？连诸如周谷城、陈寅恪那样学富五车的大学者，他们在1957年类似的场景中，还替自己辩护过关了吗？

这让昌耀感觉到了空前的气馁，那么到底还有没有解脱之道？如果有的话，那么，就是根据当时的众多范例，先把自己骂个狗血喷头，然后再疯狂地检举、揭发，把狗血泼给那些顽固不化的重点斗争对象，以实现火线立功。无疑，昌耀没有这样的思维。然而，昌耀毕竟是昌耀，他以自己作为一个诗人的超现实主义的想象力，终于想出了一个"超现实"的解脱之道，一个在苦恼无奈中保持尊严的举措——辞职。

于是，我们在1957年整个中国铺天盖地的揭发、批判、辩解，既而是自我批判的文字材料中，见到了一份堪称是独一无二的特殊文本。现将这份辞职报告全文抄录于下：

辞职报告

时间宝贵，人生短暂，我应该多读一些书，多干一些工作，以劳动的代价，来弥补光阴的流逝。

如果，我还有生活的权利的话，在我们国家里，还允许有不关心政事，而倾向进步事物的公民存在的话，请准许我辞职，请让我参加农业生产去。

不管我走到哪里，干什么职业，我都可以心安理得地对祖国说：我问心无愧，我无罪！

王昌耀

57年8月16日

关于这段文字，我不想展开评述。但我要指出的是，它是我们认识昌耀这位此后的大诗人，他的思想立场、人生立场、艺术立场一个重要的文本。这种以"倾向进步事物"为原则的独立知识分子立场，此后贯穿了昌耀终其一生的诗歌和人生道路。从这一点上来说，他与郭老郭沫若几乎没有什么相似之处，倒是让我想到了另外几个坚持自己独立知识分子人格操行的人物：巴金、冰心，以及昌耀的湖南前辈沈从文。而在时间进入21世纪之后，中国的文化思想界开始探讨体制内和体制外写作的一系列延伸性问题时，作为诗人的昌耀，已在半个世纪前表达了自己的选择，时年仅21岁。尽管这是在被逼无奈的情况下做出的，但它表达了一种潜意识中的心理方向。

如果我们还记得昌耀在此后给五叔的信中，表达了他要回故乡桃源待一段时间的那句话，那么，此时我们就会明白，他的那个想法，正是眼下这个决定的结果。当时的昌耀还为自己设想了一个去向，就是到大伯父王其梅工作的草原上去。当时身为西藏军区副政委的王其梅，还身兼18军修筑川藏公路的总指挥，而指挥部则设在西藏东部的重镇昌都。

对于昌耀这份辞职书中的表达，也许只有在今天开放的社会文化氛围中，我们才能更清晰地感受到它发自骨骼的深刻性，但在彼时彼刻，他的这种想法，这种做法，则无疑是天真的。比如说，去了草原之后，他《林中试笛》的毒草问题，就能一走了之吗？而他对这个问题的设想则是，经过"天长地久，自然会弄明白"。

就这样，他向某主任递交了自己的这份辞职报告，并且估计着很快会被批准。

但就在第二天，这份辞职报告，又变成了被毛笔抄写成的大字报，张贴在青海省文联反右斗争的墙报栏里。

接下来，他便有了新的"罪行"：用辞职刁难组织，以此曲折地向党进攻。如果说，文联此前的批判注意力还集中在运动初期，其他几个比较活跃的大鸣大放者身上的话，那么，他遂由此招来了更为强烈，也更为集中的批判火力。也因此，就有了《青海湖》杂志"群丑图"专辑中，"韩秋夫叫嚣他支援／'罢工书'贴在了胸前"的新罪证——所谓的"罢工书"，便是这份辞职报告。这种对于事实真相下流的歪曲，实在是超出了正常人的想象。

这样一来，昌耀越发说不清了。长于文字表达的人，一般都比较嘴笨，放在气氛紧张的批判辩论会上，他更是不知所措。但他还是想把不是问题的问题说清楚。于是，又一次地求助于文字，把他自己自小参军受党教育的历史，把自己的创作道路，由这些而决定了的自己内心的真实想法，以严谨的逻辑演绎，写成了一个《我的自白》。这一次，他还决定和某主任单独进行一次面谈。

也许，在只有两个人在场的宽松气氛中，某主任才能够冷静下来，心平气和地理解他，接受他的说法？他这样设想。

一进入某主任的房间，看到这位曾把自己调入省文联，并对自己表示过关爱的长者，昌耀不知怎么的，眼泪哗地就涌了出来。他诉说着自己的委屈和内心想法，絮絮叨叨、词不达意地诉说着。然后，拿出了那篇《我的自白》对某主任说道：我用嘴说不明白，请你看看这份材料。某主任平静地听着他的诉说，又平静地看了材料。见他看完了，昌耀觉得这份材料的功能也就完成了，并似乎多了个心眼似的，要把材料收回。某主任依然是一副平静，甚至还带着一丝温暖的表情：先放到这里，让内部的几个同志看看再还给你。由于有前车之鉴，昌耀便小心翼翼地特别要求：那可不能再用大字报写出去呀！某主任和蔼地回答道：不会的。

但与上一次一模一样，第二天，《我的自白》就又以大字报的形式被张贴了出来，并且，还和几天前的那张《辞职报告》肩并肩地挨在一起。这样，当《林中试笛》（二首）被称作"向党射出的两支毒箭"之后，这两篇材料，就成了向党投出的两杆标枪了。

昌耀自己曾经就是上过战场的军人,但他却根本不懂政治上的诱敌深入战术。

接下来,就是火力更为猛烈的揭、批、查。他平时跟同事们说的一些回忆部队生活之类的话,他平时在哪个地方怎么样了,便经过添油加醋的歪曲,被"揭批"到了某主任面前。

至此,材料已经够了,接下来,就是全面反击——

昌耀必须对已经揭发出来的所有问题做出承认;昌耀必须在这个基础上深挖自己的思想根源;昌耀的内心和思想中,还必然有未曾暴露出来的问题,因而必须进一步地坦白交代。

一个小小的文艺兵,在一个老练的政治战略家的面前,如何能形成对峙?昌耀节节败退。而节节败退的形式,就是对被"揭发"出来的子虚乌有进行包揽,昌耀只好包揽。

1957年9月11日,昌耀在接连的检查不能过关之后,又一次在文联全体人员大会上进行交代。在按事先写的书面材料交代完后,被充分调动起来了的"群众"们,仍觉得交代得不具体,于是便相继火线立功般地发出质疑⋯⋯而就在这个时候,昌耀的心中却忽地一下子轻松了,他已无路可退,最坏的结局也不过如此吧,还能怎么样呢?于是,胸中的气流猛地朝上一顶,遂向质问他的人们发出了更为严厉的质问:"难道我还有更严重的问题没谈吗?那么,更严重的问题是什么?⋯⋯"

他的对面顿时哑然。

昌耀在此后的那份《甄别材料》中，记述了自己当时的心理状态和思维运行轨迹："在那样的氛围里，我像一个进行答辩考试的学生似的，许多从未考虑过的，却要我做出回答。我要怎样回答呢？最后，我采取了轻率的、容易的、满不在乎的做法，我参考了报纸上揭发的'右派'言论，根据自己的身份，绘声绘色地包揽了一切材料，这样，我觉得容易通过些，便写上一份书面发言，照本宣科。结果，像一个胡乱吃了许多止疼药的病人，反而将病相弄得隐蔽化了。"

而就是在这种情况下，昌耀生性中那种已封存起来了的"嘎"或者"顽劣"，反而反弹了出来。此时，他和一位名叫谢林基的同事，被安排在同一房间反省。起初，两人差不多每夜通宵达旦，为自己的问题而苦恼。时间一长，昌耀便慢慢地"皮"了。灯光与香烟烟雾的呛辣，使他实在难以入睡。于是，有那么几个晚上，他干脆在半夜时分跑到不远处的一个俱乐部，在俱乐部的地毯上倒头大睡。第二天，他还调侃对方"不如自己乐天"。

就在这样的心态中，昌耀为了尽快过关，开始为自己罗织"罪行"。这些罪行包括：

（1）把《青海湖》的诗歌，引到自由主义方向。

（2）想办一个名叫《女神》或《和平万岁》的自由主义诗刊（昌耀此后解释，这是受了报纸上揭露出来的《夜莺之友》《广场》《探求者》诸刊物的启示之后，灵机一动编造出来的）。

（3）向往资本主义的城市繁荣。

（4）觉得党的"大鸣大放"政策是"放长线、钓大鱼"。

（5）觉得谁入了党或入了团，感情上就蒙上了一层人为的虚伪色彩。

（6）同情韩秋夫，觉得他有学问，读的书多，有一套。

（7）觉得鲁藜、满涛有才气，对他们的批判是教条主义。

（8）在运动中散布奇谈怪论，说："如果每个人脑门上生一个天窗就好了，这样，领导要考察谁的思想，可随便看，两方便！"

在昌耀的这些自我揭露中，如果前边的几条，都是按报纸上披露出来的"右派"材料而结合自身的模仿，那么，最后这一条，则无疑属于"原创"。他对此曾颇为得意。在谈到这个意象的来源时，他说自己首先想到了阿Q在法庭上画押，还生怕画不圆这件事。然后又想起自己在一本科普杂志上看到的，一种供心脏手术用的大约叫作"脑电波指示器"的文章。这两个形象使他灵机一动，就用联想的方法，把"指示器"改作了"天窗"。

"如果把这也'炮制'成一条材料，可能效果还要好"——昌耀这样供认自己的创造动机。

看来，昌耀到底是一个具有天生原创欲望的诗人，即使编造自己的"右派"言论，也要编得不同凡响。

当五叔王其榘在20世纪60年代知道了昌耀的这一言论，先是哭笑不得，既而是满腔怒火地在信中训斥道：我简直难以想象，你竟会想出这么恶毒的语言！

以上是昌耀自己供认的"右派"言行，这些，都作为他的重要"罪证"，写进了将他定性为"右派"的《结论材料》之中。

《结论材料》中有关昌耀的其他问题大致上是：

（1）其反动诗《车轮》是留恋旧日的地主生活，并妄图旧日重现。

（2）其反动诗《青羊》是影射党的思想改造，表达的是人总归要为党的"猎枪"所捕获。

（3）《辞职书》《我的自白》是向党进攻，企图保持自己的反党立场。

——以上三条，属于文联整风领导小组的分析结论。

（4）对土改时的农民斗争"有杀母之仇"。

——这一点，属于某主任的推论。

（5）不参加反右大会，在宿舍睡大觉。

——这是将个别现象扩大为全部事实。

（6）在贵德下乡期间，藏族农民要戴他的手套，他不愿意。

（7）叫他给大字报写稿，他说"别跟我来这一套"。

（8）骂文联办公室的汪永禄放屁。

——以上三条，属于群众揭发。而其中的第7条则属恶意歪曲。真实的事实是，7月中旬的一天，一位文联工作人员看见昌耀之后，以调侃的口气说道："我们的诗人，给我们的墙报写首诗吧。"这样的语气让昌耀觉出了一种油腔滑调的挖苦，遂不客气地回敬对方:"别跟我来这一套。"

（9）"该人的社会关系极为复杂……其三叔父王其植系伪三阳乡乡长,于1951年土改反霸时被镇压;其四叔父王老八系伪军师长,现在台湾;其九叔父王石成曾在桃源县伪警察局担任负责工作,现在劳改,正因为他出身如此,故阶级仇恨根深蒂固……"

——这一条至为重要,它是罗织昌耀罪行,追究其思想根源的基础和核心。但是,关于这一条,可以用昌耀不知何故骂了汪永禄的那句话来处置——放屁!

昌耀的老家桃源县王家坪村,应该肯定有这么三个姓王的人,但他们又与昌耀何干?难道王家坪一切有黑色历史的王姓人氏都是昌耀的亲戚,而唯独有红色历史的人,比如伯父王其梅反而不是?而昌耀的父辈们,也就是他的直系亲属一直清清楚楚,一共二女五男。这也是某主任原先对昌耀政审时已经确认了的,怎么又突然冒出了这么三个角色?

——以上这一切,就是昌耀被打成"右派"的全部"罪证"。从这些"罪证"中不难看出,所谓的《林中试笛》的问题,在其中仅占了一个很小的比例,几可与"骂文联办公室的汪永禄放屁"的"罪证"并列。

如此的材料罗织,显然是在儿戏党的实事求是政策,有错必纠的党是定然不会放任如此胡来的。仅仅是两年之后,某主任就因另外的问题,在反击"右倾"机会主义的运动中落马。

而此时,一切都按照某主任的设计而发展,整治昌耀的材料已经足够了。

1957年11月20日,青海省文联整风领导小组,做出了对本部门编辑兼创作员王昌耀的《结论材料》。在这份结论中,昌耀被定为"一般'右派'分子,混入革命队伍的阶级异己分子",做出"送农业生产合作社监督劳动,以观后效"的决定。

至此,昌耀终于从无休止的批判辩论会上,那无论如何都说不清楚的苦恼中彻底解脱。

但是,关于昌耀在他人生这一特殊时期的整体情形,我的叙述暂时还不能结束。因为就在我们把这期间的昌耀想象得疲于应付、痛苦不堪的时候,他却像丝毫没有被耽搁似的,竟然写出了许多诗作。这其中最可注意的,是《水鸟》这首诗:

> 水鸟啊,
> 你飞越于浪花之上,
> 栖息于危石之巅,
> 在涡流溅波之中呼吸,
> 于雷霆隆隆之中展翅。
> 像恋群的马之于集体,
> 离开这波涛,
> 你就会像落伍者一样难过。
> 你遗落的每一个羽毛,

都给人那奔流的气息，

叫人想到那磅礴的涛声

和那顽石上哗然的拍击……

这首诗后面所署的写作时间为"1957.8.20—21"，考虑到收入《昌耀诗文总集》中他1979年以前的诗作，大都在后来重写过，所以，我在这里援引的，是这首诗在1979年10月出版的青海省庆祝建国三十周年《三十年诗歌选》中的版本。在此后收入昌耀的几部诗集时，这首诗的改动也非常小，仅将这个版本中的"像恋群的马之于集体，／离开这波涛，／你就会像落伍者一样难过"这样三行，合并更改成了"失去这波涛，／你会像离群之马一样感到寂寞"。

而1957年8月20日，正是昌耀先写他的《辞职书》，再写《我的自白》这两份材料之时。这样的时候，他竟还能有心思写作？毫无疑问，这是一首最能体现他彼时彼刻心情的诗：一只怒涛拍溅中，孤独而茫然飞翔的水鸟，对于它所属的群体，以及激越壮美的搏击生涯的眷恋。这使人油然联想到昌耀自己，在颓丧的心境中，对朝鲜战场上火热的少年军旅生涯的神往。

彼时彼刻这样的写作，我们可以把它视作特殊心境下寄情励志的需要，就像相同的情境中，许多人在自己的日记本上所写的那种励志文字一样。所谓的痛苦出诗人这句话固然不错，但它只是一个原理，诗人们在最痛苦的、大脑中一片凌乱的当时,是很难写出那种完整意义上的诗作来的。极端的心境会导致语言的撒野,影响措辞的准确,丧失表述的分寸。而《水鸟》这首诗,则无疑是准确体现了诗人的心境,并措辞严谨的创作。如果再将它放在当时整个诗坛那种大而化之的公共语境中来看,这首诗已经显示出了昌耀在语词锤炼上,那种卓尔不群的结实。

而由这首诗所体现的那种庄重、成熟和严谨,则与昌耀在反右运动中表现出的懵懂、张皇,乃至天真的顽劣,形成了截然相反的对照。

在这首诗之后,再接着直到1957年12月21日,也就是已经对昌耀做出了"右派"结论的前后,他又相继写下了《寄语三章》《激流》《群山》《风景》等更具艺术纯粹性的诗歌。

而在这稍前的7月25日,昌耀还写出了他早期诗作中最为重要的作品——《边城》。

这种现象能够说明什么呢?它说明昌耀是一个天生性的诗人。以上这些诗作意味着,在陷入人生最难堪的境地,大脑中已沸腾成一锅粥的时候,他却能在若干个时段完全抽身退出,几乎不受干扰地写作,并且写得兴味盎然。这的确是一个令人奇怪的本事,也似乎正应了他在检查中的一句话——"只有艺术能够使人沉醉"。不过此时的他,是把这当成一个错误观念来检讨的。

以上的现象还能说明第二个问题,这就是在写作中与现实中,存在着两个昌耀。一进入写作中,哪怕是《辞职书》和检查材料这类文字，他都能够立时满身光华，不但深刻、老道，并颇为足智多谋；但从文字写作中一松手掉入人群，他就成了一个问题少年，沉默拘谨中对这个世界通行的世故规则，时而违规越矩。从这个意义上说，写作就是他的命，所以，他才在自己的一生中紧紧抓住写作不松手。不是他不愿松手，而是不敢松手。

六 流寓边关的诗人

1. 日月山下的放逐

1957年11月20日,青海省文联在对昌耀做出"送农业生产合作社监督劳动"的决定后,并未让他立即动身。因此,昌耀在西宁迎来了1958年的元旦,继而又在2月18日度过了农历狗年的春节。

1958年不再开展反右斗争了,但它却是一个更为轰轰烈烈的年份——是一个以全国的农业生产"大跃进"为旗帜,把"革命浪漫主义"的想象力演绎到了极致的年份。

1958年3月,昌耀由文联办公室的人员陪送,来到青海湟源县的日月藏族乡"劳动",劳动期限为3个月。

湟源县城位于西宁西部,相距约50千米;日月乡在湟源县城的西南部,相距约 20 千米。由此再往西约 20 千米,就是中国历史地理上著名的日月山。

作为祁连山朝东南方向延伸出的一个支脉,长约 90 千米,平均海拔 4000 米的这条日月山系,在青藏高原的诸多山系中原本算不上什么。但它却由于唐朝文成公主唐蕃和亲途经此处留下的传说,而闻名于历史教科书中。

日月山顶部因由地质纪元中的第三纪紫色砂岩组成而呈红色,故在中国古代被称为"赤岭",昌耀在1981年所写的《驻马于赤岭之敖包》一诗中的赤岭,指的就是它。据说,当年文成公主西行和亲时,其父唐太宗为释女儿思乡之念,便赠予了一面有着特殊功能的日月宝镜。当文成公主一行登上赤岭,其身后农耕场景中她所熟悉的良田沃野至此结束,前边则是群山起伏,横无际涯的茫茫草原,公主的思乡之情油然而生,遂拿出日月宝镜,镜中霎时出现了"八水绕长安"的皇城盛景,这更使公主柔肠寸断。但当想到自己肩负的唐蕃修好和亲大计,公主遂决然将日月宝镜抛入赤岭东坡,以明和亲之志。由此而留下千古佳话。后世也因此而将赤岭更名为日月山,以示崇敬纪念之意。

然而,这段历史掌故却掩盖了日月山一个更重要的特征——它是中国自然地理上一条重要的分界线。中国西部地理气候上的季风区与非季风区,中国西北地区的黄土高原与青藏高原,都是以这条山脉分界的。另外,正像文成公主当年所见到的,青海省内的农业区和牧业区,也是以它为界。

更为重要的是，在唐代，它还是中华内陆的唐王朝与吐蕃王朝各自所辖地域的实际分界线。因为文成公主的和亲，公元734年，唐蕃双方使臣会盟于赤岭，并立汉文与藏文界碑各一座，碑文上刊刻有"甥舅修其旧好，同为一家"之句。20世纪80年代初，青海省政府在青藏公路穿越日月山的垭口（海拔3520米）的两侧，修筑了砖木结构、琉璃瓦覆顶、彩绘飞檐的八角形日亭和月亭各一座，成为青藏公路线上的一处著名景观。

日月山的确是一道自然风景和人文风景的奇观。直到今天，日月山以东，大片的墨绿色的青稞小麦，大片的金黄色的油菜，绿树环围的村廓农舍，在川地、浅山、半垴山相衔接的地形中，铺展开农耕文明的图景。而当你乘坐的汽车驶上日月山垭口西望，则又立时进入了彤云漫卷辽阔无树的游牧时代。

正是由于这样的地理位置特征，才衍生出这片地域的另外一个重要功能：就在日月山以东现今的湟源县城位置，清雍正年间修建了丹噶尔城，道光年间又改为丹噶尔厅，用以作为中原内陆和西部游牧民族"茶马互市"的物流集散地。

还是由于这个原因，湟源县城周围是汉族农业人口分布区；靠近日月山的日月乡聚居的，则主要是藏族，他们以农耕为主，兼有少量畜牧。日月乡因此是藏族乡。

此后，我们在昌耀的诗歌中，不止一次地看到了丹噶尔这个名字，并感受到了一种古老的民间小商品的货殖物贸信息。而对于昌耀来说更为重要的是，他正是以这里为入口，获得了进入博大神秘的青藏高原历史文化腹地的路径。当然，我们还知道,他此后更成了这片地域的"义子"和"赘婿"。

3月份的青海没有风景,大地和树木的枝头不见一星绿色。处在由东部川地向西部日月垴山地带过渡的日月乡,在大地缓缓抬高的斜面之上,被称作半垴山地区。日月乡这个季节天上的太阳发白,它最活跃的自然元素便是寒风。刮过地面的风把将化未化的雪粉、逐渐开始发酥的地皮,同时拔起,在枯树的枝头拉响一声声尖厉的哨音后,最终在它再也无力蹿升的空际哗然散开,为白太阳蒙上昏晦的浊黄。

带着自己行李、书籍和简单生活用品的昌耀,在乡政府暂先住了下来,等着进一步地下派。对于这样的生活,有着长期独自下乡生活经验的昌耀,早就不再陌生,他甚至喜欢乡下的生活。但这一次,他却显得郁郁寡欢,这使得原本就白净文弱的他显得年龄更小,近乎有点可怜,也因此引起了乡政府大院中一个人的注意。此人名叫杨公保,藏族,乡政府武装干事。既然昌耀还要被再往下分派,杨公保就在征得乡政府领导的同意后,把昌耀带回自己家所在的村庄——下若约村。他让昌耀住在自己的家中,参加村里的生产劳动。

这一年,杨公保的年龄虽然不过27岁,仅仅大昌耀5岁,但在社会角色的承担上,已经具有一种中年人的感觉。他不但早已结婚,而且已经有了一子三女,他的二女儿尕仁卓玛此时8周岁,三女儿万玛措也已经2岁。杨公保的父亲虽然在30岁的年龄上早逝,但加上母亲、自己两口和4个儿女,这却是一个有着7口成员、烟火气息浓郁的家庭。

昌耀的到来让这个家庭感到新奇、兴奋。在这家老少的世界中，从来没有见过这么一个文静且浑身透着干净气息的汉族少年，并且，他的家是在遥远的南方；并且，这么文静的他还曾上过朝鲜战场；并且，他还是一个诗人。这一切传奇性的"并且"相加起来，使昌耀此时的"右派"身份不但显得无足轻重，反而还引发了他们对这位落难少年的怜悯、关切，乃至保护的情愫。"啊——啧啧，尕娃孽障着！"——这个家里的老奶奶这样叹息。"尕娃"，即孩子；"孽障"，即可怜。

几天之后，被每天早餐中的鸡蛋牛奶浇灌得滋润了的昌耀，逐渐从抑郁中走出，并喜欢上了这个家庭。这是从13岁参军之后，或者还可以把时间前推到空城堡中的童年生活为止，他再也没有享受过的上有奶奶，下有弟妹，中间又有父母的，烟火之气旺盛的家的生活。在心情颓丧的1957年，他曾在给五叔的信中感叹自己是无依无靠的"流浪儿"。而现在，在他的想象所不曾企及的日月山下，却有这样一个藏族人家接纳了他。这不能不使他感到温暖，进而是一种几欲流泪的温暖。这个家庭院落中圈养的奶牛，颠着碎步无事忙碌的小狗，麦糠中刨食的芦花草鸡，傍晚灶膛中柴火的红光，点烧热炕时牛粪、柴草碎木阴燃时特殊的呛辛，矗立在房屋平顶上烟囱中袅娜的烟柱……当整个村庄由曲巷中流动的烟霭和暮风，将这一个个相同的庭院单元连接起来，并次第点亮灯盏，它对于薄暮中无家可归的人，无疑就是大地上的天堂。

1962年,已经离开下若约村4年的昌耀,在祁连山的流放营地写下了一首题名为《烟囱》的诗。根据写作此诗之前昌耀所有的生活经历来考察,它无疑就是昌耀对这段生活牵念不已的沉湎和回忆:

> 我是这样的迷恋——
> 那些乡村垩白的烟囱。
> 那些用陶土堆砌的圆锥体,
> 像是一尊尊奶罐,
> 静静地在太阳下的屋顶竖立,
> 没有一丝儿奢华——
> 我对这生活的爱情
> 不正像陶罐里的奶子那么酽浓,
> 熏染了——
> 乡村的烟火?
> ············
>
> 1962.8.6

这首《烟囱》和前边援引的《水鸟》等其他4首诗一起,最初都刊发在1979年底出版的那部青海省庆祝建国三十周年《三十年诗歌选》中。如果追溯我与昌耀的交往,那么,首先就是因为他的这首诗。这首完全独立于一个时代政治抒情语境之外的诗歌,对于1979年的我是震撼性的。它来自土地的陈旧的温暖，它的本色性的纯粹，以及朴素与醇和，让我看到了另外一种诗歌审美体系，并迅速改变了我的诗歌注意方向。也就是由此开始，使我对昌耀产生了与一位大诗人相关的想象。1981年，昌耀对这首诗又做了辞采和表述层次上的丰富，并在诗的末尾注上了"1981.4.19重写"。重写虽然明显加重了此诗的艺术意味，但在我看来，它无论如何都不如这一原作来得那么本色自然。由之而使我一直耿耿于怀。

杨公保给了昌耀一个家，更确切地说，杨公保给了家破人亡之后，又陷入落难中的昌耀一种比家更温馨的感受。老奶奶的疼爱自不必说，尤其杨家的几个子女，在最初的腼腆好奇之后，接下来就是人来疯式的热情。有事没事总要往昌耀的房间里跑，炫耀式地带昌耀在巷道村外周游，进而以村庄的知情者和昌耀的保护人自居。特别是这个家中8岁的二女儿尕仁卓玛，因为长得漂亮出众，又心眼特多，处世活络，便在兄妹之中有一种天然的心理优势，愈发伶牙俐齿、聪明狡猾。跟村中的同龄孩子在一起，没有人能耍得过她，所以大家便送了她一个汉语绰号——"尖尖"。在青海方言中，"尖"，便是聪明狡猾之意。它在本意上应该有"奸"的成分，所谓的"奸诈狡猾"，但与机灵和智商过人这个意思相联结，便成了"尖"，进而还有了在同伴中做事或游戏时，总喜欢拔尖，也总能拔尖这层意思。亦即所谓的人中尖子，说"人精"也成。遇着昌耀这么一个兄妹们都以儿童的虚荣心争当保护人的白净书生，"尖尖"尕仁卓玛便要再次拔尖，要形成对昌耀保护人身份的垄断。而此时的昌耀，似乎也乐于接受"尖尖"的这种垄断。

　　昌耀和这个家庭相处得颇为融洽，似乎已成了杨家家庭中的一员，但这样却又出现了一个问题：他在这个家庭中的辈分怎么排呢？按理，他只比杨公保小5岁，无疑是属于同代人，但杨公保无论在外面还是在家中，都是支撑着一方天地的汉子，与他相比，小模小样的昌耀在给人的感觉上，显然不能与之辈分并列。而相对于家庭中的这群孩子，昌耀从年龄上无疑属于叔叔辈，但他们却很难从昌耀身上找到叔叔的感觉，并在内心更愿给他以大哥哥的地位。想来，这是这个家庭的成员都意识到了，然而却分断不清的一个问题。那么，就让它这样模糊吧，但正是这种模糊，最终却模糊出了另外的意味。

　　关于这个问题，暂先按下不表。

　　然而，这个天高地远的下若约村，同样不是桃花源。比如当村人大都把昌耀作为落难的"学生娃"看待的时候，昌耀在这个村的支部书记眼里，却就是一个实实在在的"右派"，并且就是看昌耀不顺眼。

　　昌耀要参加生产劳动了。青海半垴山地区3月份的劳动，基本上是围绕着春播而展开的。其程序首先是为农田准备底肥——先将粪肥从大牲口的棚圈中起出，然后是敲打粉碎，继而是用套着马或牛的大木轮车（亦即昌耀诗歌中的"高车"），或用套着小毛驴的架子车，再就是以人代替小毛驴的架子车，从村头往地头运肥。由于这里的农田大都是在坡地或梯田式的台地上，所以，运肥车无法直接进入农田，只有卸在路边。接下来的一项劳动工序，就是男女老少每人肩上斜背着一个背篼，在路边装上粪肥后，再背着转运到农田中。一背篼粪肥的重量，大约等于一袋50斤面粉的重量。农田中堆积的粪肥撒开之后，就开始了小麦或青稞的春播。在这一套工序中，人拉架子车的运肥和用背篼往农田中背肥，是比较繁重的力气活。也是没有赶车技术的昌耀所干的活。

春播的活干完之后，就是按照国家在1957年第4季度做出的"今冬明春大规模地开展兴修农田水利和积肥运动"的农村工作部署，修整农田和兴修水利。兴修水利的意思很清楚，就是兴修干渠、支渠、毛渠等水渠，把水引进农田中灌溉。修整农田对平原地区是一个不存在的问题，而对浅山、垴山地区来说就是"与地奋斗"，把大地原生态的那种坡地，改造成梯田，从而使之能够引水浇灌。这两种工程叠加起来，就叫作"战山河"。这其中巨大的土方量是无法计算的，并且完全是用车拉、肩挑、背篼背的形式来进行的。我们在此后的许多电影和纪录片中，都看到过那种红旗招展、歌声浩荡的壮观场面，但这种群体壮美表情的表述，却遮蔽了无数个体蜡黄脸色上的虚汗。

昌耀不是在《辞职报告》中表示，要"参加农业生产去"吗？现在，正是兑现这一愿望之时。他跟村里的村民一起出工，一起收工。他干活卖力，态度诚恳。也许，出一身热汗果真就可以把他体内陈积的抑郁给彻底蒸发出来，让浑身松快一下。然而，迄今为止从来未曾真正干过农活的他，比起村中的农民来，其劳动能力最多也就能顶得上个妇女，甚至连那些健壮泼实的妇女还不如。于是村支书就更看他不顺眼了，不但经常给他脸色看，还时而拿一些暗示他"右派"身份的话来刺激。昌耀是一个何等敏感的人，并且，他在杨家获得的关爱和情义使他更珍惜自己的形象，也更爱惜自己的羽毛。虽然他还不便和这位支书争执一番，却还是可以将自己鄙夷的脸色还给对方看一看的。支书明显地感觉到自己的权威受到了挑战。而在他的记忆中，这个村子中的百姓还从来没有人向他这样表示过，更何况一个送到乡下来改造的"右派"——他竟然也敢！于是，被冒犯了的恼怒使这位支书更加变本加厉，而此时的昌耀，想置若罔闻也不行。于是，两人之间的摩擦便不断地撞出火星。

事已至此，村支书觉得再也不必顾忌什么了，便直接拿"右派"的问题敲打昌耀。而此时的昌耀，如果再听而不闻他也就不是昌耀了，便回敬对方：别老拿"右派"来压人，"右派"这个帽子对我太大了，我承受不起。别忘了，我还是个国家干部。

随口说出这句话后，双方都突然一愣。昌耀之所以如此，是一直笼罩在"右派"的心理阴影中，并专注于用劳动洗刷自己的他，突然被自己提醒了——我难道不真的就是一名国家干部吗？凭什么一再受你的鸟气。

对方之所以如此，也完全是基于同样的提醒：眼前这个被他看不顺眼的人无论再是什么"右派",他国家干部的身份还不是要远远地高于自己?于是,支书一脸的悻悻然,嘴巴弧形的弓弦上,再也射不出更锋利的冷箭。

昌耀突然觉得自己出了一口恶气,心头不无快慰之意。

而对方,又岂能善罢甘休?如果这样,他这个支书也就不是这个村庄的"尖尖"——人群中的尖子了。

很好,你不是体力不行吗?我偏偏就要让你好好地锻炼锻炼。于是,派给昌耀的体力活被暗中层层加码。

而昌耀,他明白自己这时必须承受,离3个月劳动结束的期限不远了,挺过这段时间,一切也许都将会出现新的转机。

然而,不断加码的体力惩罚使昌耀终于失去了耐心——我病了,我需要休息,我是公民,我还有因病休息的权利吧?

事情终于发展到了最坏的一步,村支书使出最后的撒手锏——向上级部门做了歪曲真相的检举汇报。1958年5月1日晚,湟源县公安局的一辆吉普车开到下若约村,把昌耀直接带到了县看守所。

而收留了昌耀的乡武装干事杨公保,因此而受到了严厉的批评。

纵观昌耀一生的人生风浪,这几乎是一个微不足道的塄坎,但真正使昌耀栽下万丈深渊的,却正是这个小小的塄坎。事情就是这样,一只钻进飞机螺旋桨中的麻雀或乌鸦,可以使一架巨型飞机焚毁。

按照1958年这个时候的情况看,作为一个"一般'右派'分子",昌耀的问题并不怎么严重。当时就有众多的"一般'右派'分子",戴着这顶帽子工作在自己原先的岗位上。从对昌耀的处置意见来看,为期3个月的"监督劳动"这一关过了,那么,接下来的去向就应是收回文联,尽管是仍然戴着"右派"的帽子,却可以继续工作。

嗨啊——还有什么可假设的! 1958年是中国农历的狗年。

对于昌耀来说,日月山下的这个下若约村,既是他落难中的天堂,也是他走向地狱的入口。

而这个村支书,仅仅在数年之后,突然患上了一种莫名其妙的"黄病"(这是当地人的说法,疑为肝腹水),其表征是脸色蜡黄,瘦如饿鬼,不久便一命呜呼了。

2. 炼钢炉前无产者诗人的梦幻

真正的灾难开始了。昌耀被投入湟源县公安局的看守所——这个本应是拘押地痞、流氓、杀人抢劫犯、黑恶势力团伙、祸害百姓的混蛋、贪污腐化的败类们的地方。而现在,这里拘押进了一个捍卫自己人格尊严的诗人。

关于日月山下的这片土地,关于这个湟源县,给此后的昌耀留下了太多的记忆,温暖的、感伤的、综合了难以尽言的复杂情感的,此后都相继溶解进了他诸多的诗作之中,而唯有那野蛮而粗暴的一幕,似乎很难用诗歌来处理,因此,昌耀只能把它交给纪实性的文字。下边是他写于1987年3月的《艰难之思》中的一段文字，记录了1958年5月，他被抓进看守所之后，接下来的劳役生活片段：

> 1958年5月，我们一群囚徒从湟源看守所里拉出来驱往北山崖头开凿一座土方工程。我气喘吁吁与前面的犯人共抬一副驮桶（这是甘肃一带特有的扁圆形长腰吊桶，原为架在驴马鞍背运水使用，满载约可二百余斤）。我们被夹在爬坡的行列中间，枪口下的囚徒们紧张而竦然地默默登行着。看守人员前后左右一声声地呵斥。这是十足的驱赶。我用双手紧紧撑着因坡度升起从抬杠滑落到这一侧而抵住了我胸口的吊桶，像一个绝望的人意识到末日将临，我带着一身泥水、汗水不断踏空脚底松动的土石，趔趄着，送出艰难的每一步。感到再也吃不消，感到肺叶的喘息呛出了血腥。感到不如死去。而有心即刻栽倒以葬身背后的深渊……
>
> 然而我没有死。生命的本性具有先天的沉重。由此，生命演化出了古今多少深情的文章。
>
> 我是岁月有意孕成的一片琴键。

这个北山，在湟源县城正北不到10千米的地方，而这个土方工程，则是湟源县一项重点水利工程。这也就是说，此时罪名不清、身份不明的他，随同那些情形和他类似的人，也随同那些杀人越货的歹徒们一起，被作为一支机动性的劳动力，押往任何一个需要重体力劳动者的场所。

这是昌耀人生中最为屈辱的一幕，枪支监押下的他，已经成了一个实际上的罪犯，但他却根本不是。

昌耀在1958年5月之后所从事的第二种劳动，便是大炼钢铁。"大炼钢铁"是中华人民共和国成立之后，中国经济建设中超现实主义想象力的产物。而1958年的"大跃进"，便是以大炼钢铁为核心而展开的。

在这一年2月的第一届全国人大五次会议上，确定了1958年度国民经济计划指标。其中钢铁的产量为624万吨，比1957年的535万吨，增长19.2%。但为了把"大跃进"推向高潮，这一年8月份，中共中央政治局在北戴河举行了一个扩大会议，会议通过了以"号召全党全民为生产1070万吨钢而奋斗"为首的40多项决议。这就是说，中共中央又修订了原先的钢铁产量计划，1070万吨的目标正好是1957年的一倍。但截至8月底，全国的钢铁产量仅为450万吨。就在这种情况下，中共中央于9月份发出动员令，全民性的大炼钢铁运动随即轰轰烈烈地展开。于是，诸如东北鞍钢这样的大型钢铁企业自然要当仁不让，就连湟源县小小的日月乡，这个根本不知道炼钢是怎么回事的远乡僻壤，也都闻风而动。关于这场大炼钢铁的群众运动，你只要在《车轮滚滚》这部电影中，见到华东大地上涌起的人民，以无以计数的小推车形成的后勤供给线，从而使华东野战军打赢了那场中外闻名的淮海战役，便可以想见全民大炼钢铁这一决策的想象基础。当然也不难想见，全国的人民百姓在被瞬间召唤起来后，能够生成的那种能量。

"炉火照天地，红星乱紫烟。赧郎明月夜，歌曲动寒川。"这是李白对唐代安徽秋浦县小高炉冶炼银铜场景的描写，把它扩展开来，就是此时中国广袤大地上的壮观景象。

然而，冶炼钢铁是一项专业技术。而群众性的大炼钢铁运动，更需要专业技术人才。但当时这样的人才根本就是凤毛麟角。于是，就在乡村基层物色一些稍有文化基础的人进行短训，然后再把他们作为技术人员撒回去。但当时的青海乡村，能有点文化基础的人简直是少之又少，这样，在湟源县北山挖土方的昌耀就被"挖掘"了出来，送往设在西宁南滩的青海省第一劳教所的新生铸件厂，学习冶炼钢铁。于是，就有了昌耀在1991年所写的《工厂：梦眼与现实》中，下面这段追忆性的文字：

> 三十年多年前我从湟源看守所被当作"有文化的犯人"选拔出来，寄押省垣一家监狱工厂并在那里学习钢铁冶炼。我在化铁炉干活，任务是搬运焦炭、铸铁、废钢材到炉膛跟前，过磅配料，由升降机提升到几层楼高的投料口。这是一种简单劳动。但这种前所未有的对于参与大工业操作的体验甚至让我感到有几分豪迈：瞧，厚重的黑色

原是我所追求。露天工场到处都是这种黑色：煤粉、铁屑、浓烟、灰渣、污泥，以至于雨天的黑雨、雪天的黑雪，以至于人们嘴脸黑色的汗渍。因之，红色的火焰就更显得是我理想中那份撩动的样子而感人肺腑了。理智与情感都让我尽量在想象中否认这是事实上的一座监狱工厂。因之，诸如鼓风机与炉膛的吼声都让我看作是被无产者驱动的可感豪迈的自然力，一种诗意的节奏，全无今人作为噪声公害对待所怀之嫌恶。

我还记得起两个人的形影：一个是年老的工长。另一个是工地上唯一佩戴脚镣劳动的同犯——所谓同犯，仅只是一种称谓，身陷囹圄的人互称同犯。这个同犯在我记忆里尤其印象深刻，这不只是戴镣，还在于他体魄高大壮实，手操一柄重磅大锤——这一切以至包括了化铁炉、通红的火炬在内的物象呈示的含义纯是出于梦眼中的一种与我身份不适的自作多情的构想：无产者诗人的梦幻。当然监狱不可能有勃洛克、马雅可夫斯基，同犯不可能是无产者。不过，这个同犯其所以给我印象深刻还在于时时漂浮在他脸上的与其高大体魄不甚相容的温驯笑容。

这是昌耀后来在心态相对平和的情况下所做的纪实性描述。但这段经历并不平和，甚而还是狰狞的，以致使他在此后常常为此而做噩梦。在写于1986年的《内心激情：光与影子的剪辑》中，就有如下的这段噩梦：

不一定是做梦，一定是陷入了那种类似做梦的昏迷。觉得自己在拼命排泄。那火焰，红通通的，一块一块通红的火炭。我那时拼命排泄。真不好意思，排泄物是红通通的，金灿灿的，像一瓢瓢的金子沸滚、浮荡、打着旋儿……不一定是做梦，一定是我热昏看到了那些不该看到的幻境。一定是记忆作怪，也许是留下的创伤。一定是记起了那一炉没有成熟的铁。此事已经很遥远了，我以为早就遗忘了，其实并没遗忘干净。当初是那个警卫班长授意，后来那些同炉的在押犯都这么学舌。说是炉长搞了鬼，所以铁水不会出来了，说是炉长搞现行破坏……于是逼我交代，逼我弯向喷火的出铁口做九十度鞠躬。弯曲的我成了一尊活活的祭品。

按照昌耀诗文中的意象，无不具有真实原型这一规律，那么，因那一炉"没有成熟的铁"，而被喝令身体弯成90度低头交代的，无论是他，或炉长，或他的"同犯"，都无疑是发生在化铁炉前的野蛮场景。再加上"警卫班长授意""在押犯学舌"这类具有监狱工厂特色的勾当，足可以想见这期间昌耀周围人际生态的恶劣。

接下来，我想把叙述的镜头，转向这个监狱工厂之外更大的区域。

中国每个省份的省政府，都有大致相同的下设厅局机构。比如，重工业厅、轻工业厅、轻纺厅、机械厅、农林厅、畜牧厅（多见于西北省份）、交通厅、公安厅、司法厅、卫生厅、文化厅、教育厅、体委等。但你知道20世纪50年代的青海，哪一个厅局的地盘最大，在社会和经济的综合要素上分量最重，且最具全国性的影响力吗？

那就是青海省劳改局。

当年这样的城市规划布局颇具象征意义：青海省会西宁市的中心城区，是以一个十字大街（西宁人称之为大十字）为中心，向四个方向伸开主干街道的区域。四条大街分别被称为东大街、西大街、北大街和南大街。东西大街狭长，是西宁的商业街和闹市。南北大街较短，各1千米左右。北大街是普通居民区，在其终端往北是一个大下坡，坡下是一条与东西大街平行的大道，紧挨大道的北面，依次坐落着中共青海省委、青海省人大、青海省军区、青海省人民政府下属的西宁宾馆、五一俱乐部等青海省的首脑机关及其附属设施。与北大街相对应的南大街，则直接就是青海省公安司法机关系统的地盘。青海省劳改局机关就居于其中。但它的实际地盘绝不仅仅限于此。南大街的终端也有一条与东西大街平行的街道，叫南关街，南关街沿线以南是一片缓缓朝上的大斜坡，由此直到南山根下的广大区域，便是以南滩为核心的劳改局系统的"独立王国"，其区域恰好与中共青海省委等党政机关所处的位置形成南北对称，青海省劳改局在青海省此时的分量由此可见一斑。

不但如此，这片区域中的下辖单位在1958年后，又向着其侧翼的一条狭长川地——西宁南川，进行了进一步的扩张延伸，于是西宁地区所有与"南"这个方位相关的地理区域：南大街、南关街、南滩、南川，都成了青海省劳改局的辖区。

而在这个"独立王国"中，除了必然的监狱和劳教所外，它实际上是一个现今意义上的工业开发区。不过除了管理人员外，所有的从业者都是劳改人员、劳教人员、劳改释放就业人员。因此，这里所有工厂企业的名字前边，都冠有"新生"这个定语。"新生"，就是犯罪人员在此经过改造，走向新的人生。这些工厂企业计有：新生皮毛厂、新生皮革厂、新生建筑公司、新生印刷厂、新生通用机械厂、新生砖瓦厂、新生园艺厂、新生机电厂、新生汽车队、新生汽车修理厂、新生木材厂、新生塑料厂、新生缝纫厂，当然，还有昌耀此刻正在其中"进修"冶炼钢铁技术的新生铸件厂，还有劳改局招待所、劳改局医院、劳改局各农场在西宁的办事处……

中华人民共和国成立前的青海基本上没有什么像样的工业，而中华人民共和国成立后青海大规模的工业发展，则是从20世纪60年代中期开始，以大西北的三线建设为起点，通过大批的内地工业，诸如东北及济南、上海、洛阳等地工厂的西迁来实现的。所以，据中国的语言学家张志公先生的调查考证，中国的各大城市中，青海省会西宁市普通话的普及率居全国之首。这个结论，是他在1981年的青海师范学院中文系旁边的大阶梯教室里发布的。当时，我就坐在教室里听课。偏远的西宁居然能有这样一个创了全国文明之最的纪录，正因为它是一个以工业移民、文化移民为主体的城市，这样，不但本地的西宁方言无法占统治地位，其他任何一个地方的方言同样如此。而为了语言交流的方便，大家便只有取普通话为公共交际语言。

以此可以想象，从中华人民共和国成立初到20世纪60年代中期之前，青海的工业几乎就是一片空白。但实际上并不是，这一时间区段的青海省劳改局，就基本上独自担负着填充这个空白的任务。

从上述工厂企业的名字我们不难看出，它们的生产职能类型：钢铁、机械、皮革加工、印刷、机电、建筑、建材……实际上包揽了工业基础建设时期的方方面面。当此之时，劳改局在青海省所有的厅局中，几可称得上是一局独大。这样一个小小的数字似乎颇能说明问题：1954年至1958年之间，劳改局新生汽车大队的卡车为120辆左右，而同一时期青海省运输公司的卡车仅为50辆。而卡车的拥有量，则是经济生产能量最直观的显现。

此外还有一个因素，从全国各地转移到这里的劳改、劳教人员，大致上是清一色的城市人口，这里面既有所谓的盲流之类的社会收容人员，更有因历史问题、政治表现问题而被打上异类钤记的各种文化人和技术人员，不但普遍具有较高的个人能力素质，其中甚至还称得上藏龙卧虎。也正是这种人员素质基础，青海省劳改局才能在较短的时间内，发展起如此众多的工厂企业。

我的老岳父,一位从某公安干校毕业,此后在该系统转行为汽车驾驶员的老司机,为我回忆这段历史时说:当年的劳改局系统是为青海的建设立了功的。

那一天天刚擦黑,就在昌耀们于新生铸件厂化铁炉前正轰轰烈烈冶炼的时候,从车间外面涌进了一群刚刚落脚到这里,前来看热闹的囚犯。而在这群囚犯中,就有一个手底的笔墨功夫可以与昌耀大战三百回合而不分胜负的角色。他此后出版了数量上远远超过昌耀的十多部诗歌和随笔散文集,并在他2003年出版的约30万字的纪实长篇《从人到猿》中,专门记写了南滩的这个夜晚及其前后。

这是一群来自上海的囚犯。自从在上海被装上闷罐车之后,他们只能感觉到火车一路向西,却既不知道这列闷罐车上装载了多少同类,也不清楚此行的目的地,他们懵懵懂懂的猜测是,目的地大约是道路尽头的新疆。而当火车行驶到兰州停了下来,这群人在枪支的押解下,换乘上了帆篷大卡车拐入兰州的西北方向时,这位囚犯才完全明白了过来,浩浩荡荡40多辆大卡车所要奔赴的,将是青海省的西宁。而他们这支囚犯队伍的人数,一共将近2000人,接近两个野战团的人数。

他们在傍晚时分到达了中国著名的青海南滩,吃完晚饭后就在一个没有安装机器的大厂房的水泥地面上,用粉笔划出区域,以队为单位住了下来。让这群囚犯感到愉快的是,比起上海的提篮桥监狱来,这里的气氛比较宽松,他们在一个相对大的范围内,可以自由来往,可以随意交谈。而且,还可以吸烟,可以吃饱肚子。就像刚才吃的那顿晚饭,一人一大碗共产主义生活水准的土豆烧牛肉,粗粮面粉做的大馒头随便吃。于是,这其中的一些人便有了进一步的闲情逸致,见不远处的厂房里火光熊熊,遂相跟着过去看稀奇:"原来是老犯人在新起的土高炉前大炼钢铁……"

而这个夜晚的此时,这位上海囚犯就和昌耀这位青海囚徒处在相距不远的同一空间中,如果那天晚上昌耀上夜班,他们两人应该就在同一现场。但此时的他们,却彼此不识庐山真面目,而当他们成为挚友时,已是20多年后的1982年了。

上海的这位囚犯也是一个有脾气的人,甚至脾气更大,并且还是那种精神上不可冒犯的高贵的脾气。比如,当管教人员要按规定为其服装打上"劳改"的钤印,继而还要为其剃光头时,这位被判处了10年徒刑,在司法意义上标准的"劳改"犯,却为此而怒不可遏,当即向管教人员提出抗议:"这是人身侮辱!上海提篮桥从没有这样的规定,劳改条例也没有这样的规定。"这是一种形而上的高贵的愤怒,此事不关肚皮的饥饱,也不关肉体的伤害,仅仅就是为了自己尊严的"羽毛"。虽然他最终并未能抗争得过去,但却逼使对方换了一位工作人员,并换了一副态度来做他的工作,算是获得了一次小小的精神胜利。

这位个性峥嵘的囚犯,就是20世纪80年代之后,在中国诗坛上大名鼎鼎的诗人黎焕颐。他出生于1930年，长昌耀6岁。他1950年从部队退伍，1953年从西安调到青海日报社当了两年记者，1954年底离开青海到北京，继而从北京调入上海少年儿童出版社任编辑，1957年11月在上海入狱。因此，1958年再到青海时，也算是故地重游。只不过这一游就是21年，先在西宁的新生第二建筑公司建造高楼大厦——包括青海省人民政府的办公楼群；后在海西州的查查香卡劳改农场战天斗地，直到1979年返回上海。

在西宁南滩的新生铸件厂"进修"了一段时间后，昌耀被投放到了日月乡距下若约村以南不到8千米的哈拉库图村，作为"戴罪"的技术人员开始大炼钢铁。这里是堖山地区，想必是附近就有矿石，于是，便成了湟源县数个大炼钢铁的重点工程之一。从相关的信息来看，此时上升为国家头等大事的大炼钢铁运动，已略微缓释了对于昌耀们加压的力度，而昌耀这位被土高炉的炉火照亮了小脸膛的赧郎，当他平生第一次置身于社会主义乡村的工业炉火前时，不知是否还联想到了欧洲革命史上，那些与炉火、铁砧相关的无产阶级和革命的意象。总之，他的身心竟然为眼前这样的场景所激动，而一时竟忘了自己是谁。昌耀一生写过两首有关哈拉库图的中型规模的诗歌。1959年3月所写的标准的革命浪漫主义和革命现实主义相结合的《哈拉库图人与钢铁》，就是对这一经历的专门记写。并且用他20多年后的话来说，那还是"一次由衷的颂歌"。可见他此时心情的投入。

1958年10月4日，湟源县人民法院对昌耀终于下达了《刑事判决》书，现摘要抄录于下：

被告人：王昌耀，男，现年22岁。汉族，地主成分，学生出身、高中文化程度……

查被告王昌耀，原在青海省文学艺术工作者联合会工作，该犯在解放后，思想一贯反动，仇视我党和社会主义制度，抗拒党对知识分子的改造，1957年整风运动中该犯又公开写反动文章（事实在卷），向党向社会主义进攻，不满党的反右斗争，1958年3月间将其送来本县下匿要农叶（"下匿要"应为"下若约"之误，"农叶"应为"农业"之误——燎原注）合作社监督生产，该犯在此期间不但不悔改自新，反而说"'右派'分子的帽子对我太大了"，装病不参加劳动，并在群众中冒充其是下放干部。

上述事实，已经查证属实，本院认为被告王昌耀已构成犯罪……故根据中华人民共和国管制反革命分子暂行办法，第三条，第六项，原第六条规定之精神，判决如下：

被告王昌耀判处管制三年，送去劳教（自1958年5月1日起，至1961年4月29日止）。

关于这份《刑事判决》书，有以下几点值得注意：

其一，这里对昌耀家庭成分的表述是地主成分，而不是某主任 1957 年 9 月的"作者注"中的"恶霸地主"。

其二，昌耀在与下若约村（判决文书中为"下匿要"——这属于对一些藏语地名有读音而无汉字规范表述的误写。"匿"，被误以为读音为"若"；"要"与"药"在青海方言中语音相近）支书发生摩擦时所说的话，在这里被略去了语言环境和语言表述的完整性，以断章取义的方式，实施罪名的强加。

其三，在这一文书中，对于昌耀的判决是依据《中华人民共和国管制反革命分子暂行办法》第三条第六项，"原第六条"。称之为"原第六条"，就说明它在此时已被废止。而已被废止的法律条款又如何能作为判决依据？

其四，即便对昌耀的指认就是事实，但它也只是言论，而这里却把它纳入"刑事判决"。这显然是一种法盲行为。

毫无疑问，这是一个无视国家的法律，拿严肃的法律当儿戏的判决文本。4 年之后的 1962 年，湟源县法院终于意识到了自己的错误，在对昌耀的判决经过复审后又专门做了一个改正文书："原判不当，故予撤销。"他们改正了自己的错误，而已被这个错误投入流放营地的昌耀，却再也没有被捞上来。

这"管制三年，送去劳教"的判决书下达后，压在昌耀身上的砝码再次加重。但他仍然是人民，而不是敌人。所谓的管教，从司法性质上来说，是对一个公民做出的最高行政处罚，亦即所谓的"人民内部矛盾"。这是它与"劳改"的一个严格界线,劳改者,则是被剥夺了公民权的人,亦即所谓的"敌我矛盾"。

接下来,昌耀又被送到西宁南滩。但这一次不再是"进修"钢铁冶炼技术,而是被关押在寄设于新生木材厂内的青海省第一劳教所。他一边劳动,一边等待新的发落。

而关于西宁南滩,它之于1958年的昌耀最后的记忆则是这样的:

> 我想起自己作为"劳教犯"在那里最后一次驾在辕轭与拉作帮套的三四同类拽着沉重的木轮大车跋涉在那片滩洼起伏之途的情景。那里原是一片乱葬的老坟地,处决犯人的"法场"……我们如一群弯腰的纤夫,拉着载满红砖的大车从施工的建筑群落中穿过,路边从地层开掘出来的死人头骨不时被"无神论者"的我们飞起一脚踢得蹦起,那骷髅头滚动的声音茫然、空洞、旷远、不知所措。(1998年4月《故人冰冰》)

1958年11月,昌耀离开西宁南滩这片"新生企业开发区",与一大群同类一起,被分解到青海祁连山腹地的流放营地。

七 大山的囚徒

1. 藏龙卧虎的八宝农场

祁连山腹地的这个流放营地,地处祁连县城两侧长约100千米的狭长川谷中。因其首脑机关设在县城附近的八宝乡,故被称为"八宝农场"。但它对外的正式名称则叫作青海省八宝企业联合公司",于1957年底兴建。

这是一个在隶属关系上很奇怪的农场,它的上级部门是青海省民政厅,却由民政厅委托青海省劳改局代管。

为什么会如此呢?这是因为在最初的规划中,这个农场的从业者,属于因思想政治问题而需要"劳动教育"的社会另类,既不是被专政机关劳改的"犯人",并且还排除了那些因打架斗殴、缗窃行骗而被判劳教的社会渣滓,显示了实际身份上的某种"纯粹性"。因此,它更像"文革"中,为那些在政治上被打成了牛鬼蛇神者而设的"五七干校"。但不同的是,干校的"牛鬼蛇神"们相对比较自由,而这群人则属于比较宽泛的司法管制性质的劳动。而且,除了思想改造外,他们在国家棋盘上的明确功能,就是用劳役创造财富。

而将这群人归入不带司法专政色彩的民政厅,则能对他们形成某种程度上的心理安抚。

但为什么又交给劳改局托管呢?因为民政厅没有庞大专业的管理体系,而对于劳改局来说,这又恰恰是它们的强项。

然而,这最初的设想却在后来的实际运行中严重走形,"八宝农场"在事实上成了劳改局的众多农场之一。

也是从这个时候开始直到 20 世纪 70 年代末,在地域幅员上作为中国的第四大省,总面积 72.23 万平方千米的青海,以各类犯人刑徒的发配充边之地和这类农场的众多而闻名。

诗人邵燕祥在 1983 年深入青海西部腹地采访后,写出过一首著名的诗歌,标题就叫作《青海》。其中有这样的诗句:

  这是一个高寒的地方
  又是一个紫外线强烈照射的地方

  一个干旱而渴望云霓的地方
  一个孕育了大河与长江的地方

……………

一个囚禁罪犯的地方
一个流放无辜的地方

一个磨砺你为宝剑的地方
一个摈弃你如废铁的地方

一个诈称有过亩产小麦八千八百斤的地方
一个确实看到小麦亩产两千斤的地方

一个饥饿夺去无数生命的地方
一个新生婴儿茁壮成长的地方

……………

一个在往事的废墟上悲歌往事的地方
一个在希望的基地上铸造希望的地方

青——海——啊!

但这个"囚禁罪犯"和"流放无辜"的功能特性,只是青海从历史上一路演绎下来的一个突然粗大了的环节。由此反过去往上追溯，这条线索的脉络可谓源远流长。

在青海的史书上，我们可以看到关于这一史实的一系列记载，最早可以追溯到西汉：

西汉元始四年（公元 4 年）：大司马王莽辅政，派中郎将平宪等诱当地的卑禾羌献出青海湖环湖地带，设西海郡，郡下设五县。

西汉元始五年（公元 5 年）：王莽增立新法 50 条，将犯法者迁往西海郡。被迁者成千上万。

——这便是中国历史上的执政者，对于地广人稀的青海，实施"囚犯实边"，垦荒种田策略的源头，也是中国历史上对于囚犯最早的流放。青海湖与昌耀 1958 年劳动的日月藏族乡，仅仅隔了一道日月山。而王莽新设的西海郡，就包括了此后的湟源县境。西汉以后的情况如下。

清雍正十年（公元 1732 年）：清政府在青海"试办屯田，一年即罢"。

清光绪三十四年（公元 1908 年）：西宁办事大臣奏请陕甘总督并获准，在青海举办垦务，于西宁设垦务总局。

中华民国七年（公元 1918 年）：西宁道尹招募流民，在青海都兰、大河坝等地开垦荒地。

中华民国十二年（公元 1923 年）：设甘边宁海垦务总局，设西宁等 10 个分垦局举办垦务。一年后撤销。

中华民国十六年（公元 1927 年）：西宁设垦务总局，在原道属七县设分局放垦荒地。

中华民国二十二年（公元1933年）：国民政府任命孙殿英为"青海西区屯垦督办"，率部西进青海。

从这条线索上延伸下来的历史，也就是青海这一边鄙荒旷之地的农业开发史。而担负开发任务的，除了本地的土著和有组织的移民迁徙外，则是由内地发配而来的囚犯、犯了官司而逃遁到边隅的亡命徒、生活无着的百姓流民，这样几种类型的人为主体。

如果稍加探究我们就可发现，以汉民族为主体的中华民族的历史，其实就是以粮食问题为核心而展开的历史，"民以食为天"是世间所有道理中的至上大道。粮食，就是国家的基础和命脉。

而肉食则不是。

粮食能使人吃饱肚皮，而肉食则是一种奢侈的食品，不能当粮食吃——这是农耕民族顽固的思维逻辑。

于是，不断地，进而以疯狂的热情扩大农田耕种面积，将贫瘠的荒山，也将丰沃的草原变成农田，就成了这一思维的必然结果。

而中华人民共和国成立之后青海的经济建设，更是以对农业耕地的扩大开发为主题——历史上的专业术语叫"垦务"，此时的术语叫作"拓荒"或"垦荒"。那些气候适宜于庄稼生长，而牛羊正在上面吃草的草原，这个时候便被称作"未开垦的处女地"。在处女地上下犁插铧，撒上农作物种子的，就叫作"被开垦的处女地"。在农业发展规划蓝图编制者的设想中,地广人稀的青海,在这一方面应该具有无限的潜力。

于是,在省内非农业区遍地开花的"青海的农场",就成了这个西部省份,乃至中国大地上,一道独特的风景线。

这些农场一共计有如下四种类型:

国营农场——比如位于海南州的贵南军马场,等等。

部队农场——比如位于海西、海北州,作为部队粮油、蔬菜、肉食后勤供应基地的若干农场。

军垦农场——农业生产建设兵团性质的农场。比如从1965年开始,以8000多名山东知识青年、其他地方的转业军人为主体的位于柴达木盆地的众多农场。这批山东知青,直到1983年才结束了他们的农场生涯,大多数陆续返回原籍,一小部分仍散落在青海。

新生农场——也就是我们在这里所说的劳改局系统的农场。新生农场又分为两种类型,一种是"劳改农场"——以在押犯人、刑满释放就业人员为主体。第二种是"劳教农场"——这类人的政治身份属于公民,当时多为知识分子,并保留公职。新生农场是中华人民共和国成立之后青海最早兴建的农场,起始时间为1954年。

前边说到西宁南滩的"新生工业开发区",几乎托起了此时西宁工业和基础建设的半壁江山。其实它也是青海省劳改局系统的"半壁江山"。它的另一半,或许还要大于工业那一半的,便是分布在青海非农业区的这个"新生农场群"。这些农场大约计有:

德令哈农场（下设若干分场）、马海农场、诺木洪农场、格尔木农场、赛什克农场、哇玉香卡农场、查查香卡农场、塘格尔木农场、新哲农场、吴博湾农场、青海湖农场、浩门农场、甘都农场、康羊农场、八宝农场等等。

前边已经说过，黎焕颐此后就到了查查香卡劳改农场；而此时的昌耀则在八宝农场，从1967年初开始，又转到了新哲农场。

以上的新生农场中，自然条件最好的，就是祁连山腹地的八宝农场。

在中国的地形地理中，祁连山算得上一条著名的山系，也是甘肃省和青海省的界山。由祁连山脉和它向东南延伸的支脉冷龙岭，在成为这两个省份的天然分水岭的同时，甘肃省那条闻名于世的长达1000来千米的河西走廊，从起点到终点，就是一直贴着祁连山东北侧的山根而进入新疆的。在这条狭长走廊中，依次分布着武威、张掖、酒泉、嘉峪关、玉门等古迹名胜和钢铁石油基地。而在祁连山西南侧的青海祁连县境，则是由祁连山及另外的支脉：托勒山、野牛山、金羊岭等重峦叠嶂形成的山地牧场和高山林地。这些形态峥嵘的群岭沟回，以大地上原始生成的复杂褶皱，保持了蔚为壮观的自然原生风景。

而地带狭长的祁连县县境，又处在东北侧的祁连山和西南侧的托勒山之间的川谷之中。一条亘贯其间的大河，在川谷最底部的滩地，滋育出茂密颀秀的白杨林带。以县城为中心的这条狭长河谷各100多千米的两端,由交错的山脉群岭形成屏障。因此,我已在本书的开头做过描述,当你在九十月份前往祁连,群岭之外已是飞雪茫茫不见飞鸟的太虚世界,而群岭之内的狭长河谷,则是一片温润迷人的小气候。

在这片小气候中,从海拔2600多米的河谷川地依次往上,则是海拔3000多米的矮草草甸;海拔3800米的高寒灌丛草原带;海拔4000米以上,为稀疏垫状植被与冰雪带。在从下到上由白杨、青杨、白桦、青海云杉、祁连圆柏、雪松等组成的阔叶林至针叶林的混交林地中,则分布着长芒草、紫花针茅、金露梅、杜鹃等草甸植被和野花,一派郁郁葱葱。祁连山中的这些树木高大、粗壮而且挺拔,许多乔木的直径可达1米左右。而它层次丰富的牧场草甸和茂密的森林,则是野牦牛、野驴、岩羊、黄羊、马鹿、黑熊、雪豹、猞猁、红狐、雪鸡等众多飞禽走兽的家园。

搞清了祁连山这样的地理地貌,以及如此兴旺昌盛的鸟禽动物家族,我们就不难明白,在1979年之后昌耀《大山的囚徒》《山旅》《慈航》等纪传体的长诗中,何以会有那么神奇瑰美,并且是绝对震撼人心的山河自然风景。但是,如果站在这个自然王国的领主们——那些飞禽走兽的立场上,我敢断定,它们绝不喜欢人类前来骚扰;更讨厌人类以开发的名义,对它们的家园实施毁坏。

此外,祁连县境内的祁连山,还有另外两个天然资源优势。其一是水利资源极为丰富,数条主干河流和百余条支流纵横交错。由于各主干河流的源头都有现代冰川发育，故又被称为"固体水库"；其二，它还是一个矿藏品种极为丰富的所谓"万宝山"，金、银、铜、铁、锡、铬、锰、镍、铝、磷等稀有金属、有色金属和非金属矿藏达30多种，其中石棉的储量尤其丰富。而昌耀在他的《山旅》中"曾经／我们迎着风暴齐立冰山雪岭／剥取岩芯的石棉，心底／却为破损的希冀纺出补织的韧丝"这样的描述，即是与此相关的"生活"记写。因此，从20世纪50年代直到80年代，祁连县内长年驻扎着若干个地质勘探队——他们是当时祁连县主要的现代文明群体。

关于夏秋时节这个自然生态旅游园区般美丽的祁连河谷，我还必须要说清楚的一点是，它的大地上的土壤，以山地草原土和山地草甸土为主，河谷平原地带有土层厚度较深的森林灰化土和黑钙土，土壤有机质多、疏松肥沃，有利于牧草和农作物的生长。然而相反的一点是，这里无霜期短，常有冰雪和冷冻，农作物生长期间气温低。

这就是说，从土壤和水利条件来看，这是一个貌似适宜农作物生长的地方，但却因为后面的这个因素，而伏藏着一个致命的问题。此处我们暂先按下不提。

我本人曾两次到过祁连山，第一次是在1985年的秋冬时节。当时大地已经萧瑟，萧瑟时节便是萧瑟的感受。那时的我，是一位青年诗人，而那种萧瑟的感受此后便成了诸如《大雪谷想起苏武》《新垦地》这样的诗篇。当时我们一行还曾深入到河谷西端的祁连鹿场，并因此又写下了《雄鹿》这样的诗歌，在 1986 年的《人民文学》上刊出。这些，都为我今天的回忆留下了资料。

第二次，便是 2003 年 10 月 2 日，此时离开青海已经 11 年的我，早已不是诗人，却作为一个给诗人写评传的人，从山东威海专程前来昌耀的流放故地探访。此行我们的两部小车上，还坐着另外 4 位青海诗人：肖黛、葛建中、宋长玥、杨廷成。他们都曾是昌耀的忘年朋友及其诗歌发烧友，此时每个人的额头仍余烧未退。另外两位，便是我前边一再提到的刘启增教授及其年轻的妻子。

当汽车进入祁连县八宝乡境内的河谷，公路两侧金黄的白杨林带，不断延伸着这片自然秘境让人惊愕的纵深风景时，我情不自禁地与身旁的刘老头开玩笑道："在这么美妙的地方劳动还能算受罪吗？"

刘老头笑了笑，对于这条河谷，他是 30 多年后第一次故地重游。此时彻底换了一副心境的他，当然也应该感觉不错。

1957 年祁连八宝农场的设计者，最初到此地踏勘选址时，也许和我有着类同的感受。所以，才决定在这条河谷地带铺展开一个庞大的摊子，成立一个亦农亦工的大型工贸联合体——亦即所谓的"八宝联合企业公司"，并将这个农场的行政级别定为县团级。也就是说，这个农场的场长和祁连县的县长官职一样大。

八宝农场的机构设置分为 3 个级次：最高一级的是农场，

农场下边设站，站下边设队。为什么是"站"这么一个奇怪的名称呢？这大约是因为八宝农场下属的生产单元，是顺着这条狭长河谷分布的，相互间的距离约15千米。故此就有了驿站或兵站的那种"站"的意思。

于是，八宝农场的5个站和农场总部，顺着河谷从东向西蜿蜒排开：灯塔站、阿力克站、农场总部、拉洞台站、白杨沟站、夏塘台站。每个站最少2个队，最多10个队，每个队100—200人。所有的站，都是从事垦荒种地的农业生产单元。

农场的工业部分则体现在场部直辖的庞大枝蔓上。枝蔓上延伸开去的，是副食品加工厂、石棉矿、铅锌冶炼厂、造纸厂、化肥厂、硫酸厂、陶瓷厂、基建队、汽车队，从1959年开始的三年"自然灾害"时期，还成立了一个打鱼队。接下来，就是作为附属机构的医院、学校、托儿所。让人意想不到的是，场部居然还设置了一个特殊的文化艺术单元——专业性的文工团。由此不难看出，八宝农场就是一个五脏俱全的小型社会。在它的鼎盛时期，共有8000多人众。

这一切，都使这个农场显示出了与其他劳改农场的巨大差别。因此，诸如年轻的刘启增们，在经过最初为被打成"右派"而愤怒，为被发配到祁连山的流放而愤怒，进而做出了最坏的打算来到这个地方后，反而感觉到比原先的想象好了许多。这样，当他们在星期天节假日要去祁连县城逛一逛的时候，还要换上压在箱子中的呢料制服的，还要对着镜子梳理一下自己的发型的,接下来,还要擦一擦自己的皮鞋。进入县城后,他们进邮电局寄信,上商店购物,在大街上溜达时,甚至还有一种文化人或艺术家的优越感——这位1951年北京中央戏剧学院的首届毕业生,先后在青海省歌舞团和青海民族学院工作。此时,他们的口袋里还有足够支撑这种优越感的人民币。这些"右派"即使被发配劳教,也仍是国家干部的身份,并一直领有工资。此时,最低级别的一级工资是46.11元,最高的五级是66元。而这个时候的物价概念是,5元钱可买一副牛下水,20元钱可以挑选一只最肥的羊。

刘启增、昌耀、肖扬等这些曾在专业艺术团体中干过的人,并没能进入农场的文工团。这个文工团在祁连县大名赫赫,综合实力极强,歌舞、合唱、京剧、地方戏,无所不能。这期间他们不但排演过秦腔大戏《三世仇》,他们自编的表演唱《逛新城》,更是在祁连县风靡一时,以至惹得地质队也前来学习排练。从这里也可看出,八宝农场的确是藏龙卧虎,人才济济。

这也是让刘启增们获得心理优越感的又一个因素。

这里说到的这个肖扬,20世纪50年代初毕业于中央音乐学院,从1978年初开始我在青海师范学院读中文系时,他是艺术系的中年教师。1986年,早已毕业离校的我,与肖扬老师共同参与了黄河九省区广播电台大型音乐广播节目《黄河》的音乐和文字撰稿。半个月的近距离接触中,使我大致上领略了这又一位"右派"的个性或"脾气":幽默尖刻、爱憎分明,在快乐与倔强中，混成出一种"嘎"的气息。

而此时在八宝农场白杨沟站劳动的他，曾写过一首著名的曲子——《我站在白杨沟的山顶上》。那样的曲子，应该是一支小提琴曲，适合站在清晨的山岗上，以荒凉的青春对着清旷的朝霞演奏。

然而，上述的这一切，却都好景不长。

1958年11月，青海已进入大雪纷飞的隆冬时节，昌耀从西宁出发，踏上了通往祁连山腹地的道路。

在他之前，除了一车又一车的"右派"们，这条道路上还曾经行走过历史上的两位著名人物：一个是东晋时代的僧人法显，一个是民国时期的报人范长江。

法显是在公元399年秋季从长安到了西宁，继而从西宁往北经大通、门源到达祁连县境内的交通三岔口峨堡。从峨堡穿祁连山峪口，进入甘肃境内河西走廊的张掖，出河西走廊由西域至葱岭、天竺和南亚次大陆的爪哇，延续着他长达14年西行求法的漫游。他的道路坎坷，他的道路漫长，但心头却因着自由和佛光的召引而花雨缤纷。

1935年，作为《大公报》记者的范长江，在青海境内重复了法显的这一路线，并对沿线地域做出了"二三百里无人烟"的记述，他此行所写的《中国的西北角》，成为中国新闻史上影响深远的名篇。

运送昌耀们的汽车爬过海拔4000米左右的大坂到了峨

堡之后，车头朝左一拐进入八宝河谷，昌耀算是和法显、范长江告别了。由此再往前80多千米，就是这位诗人的宿命之地——一个进去之后，终端没有出口的死角。但从此后的结果来看，正是在这个死角，昌耀综合了法显和范长江身上的元素，他在这里于不自觉中证悟了生命的宗教奥义：所谓的人生就是一次漫长苦行，亦即他1989年在《仁者》一诗中的表述："人生困窘如在一条不知首尾的长廊行进，/ 前后都见血迹。仁者之叹不独于这血的真实，/ 尤在无可畏避的血的义务。"此外，在范长江以记者的笔触，向世人展示了这荒旷一隅生态性的真实之后，昌耀则以诗人的笔触，向世界展示了这一大地秘境中魂魄性的真实。

将近30年之后的祁连八宝河谷，还能看见那群叽叽喳喳的红嘴鸦吗？

昌耀1986年在与一个电视摄制组重返故地时看到了。他指给他们说：

> 正是这些稀世的飞鸟在这条河谷，
> 最初迎接了被跟踪的担囊负笈者群。

1958年11月，当昌耀们被从帆篷大卡车上卸下来的时候，那已经是一伙行色上几近于逃荒的人群。这里不但有用各种纸箱或板条木箱装着一箱箱书籍的、所谓"负笈"的"右派"们，更有用扁担担负着行囊和各种生活用品的三教九流。而眼前的这个农场，也已经不复原初的"纯粹"。

这些"三教九流"在八宝农场数量的逐渐膨胀，让刘启增感到沮丧。

因为最初支撑着刘启增心理优越感的，不只是农场的那个文工团，以及自己口袋中的钞票，其中还有一个更重要的因素，这就是他周围的众多同类中，带有神秘色彩且不同凡响的经历和身份。这其中既有来自北京的高层领导人身边的警卫人员，省级领导人身边的秘书和省政府的秘书，亦有参加过抗日战争、解放战争，洗澡时露出浑身枪伤的传奇人物，上甘岭的英雄连长，部队中的手枪教官，更有省检察院的副检察长，省委党校的教育长，民政厅的处长……这其中还有这样两个人物，一个是从青海团省委被打成"右派"的李沙铃——一个青年干部型的作家。他在20世纪80年代末期之后，成为陕西省委宣传部副部长兼陕西省文物局局长。另一个名叫张观生，早年的新四军战士，调到八宝农场前任海南州委宣传部部长。他也是昌耀《大山的囚徒》这首长诗中的主要艺术原型。

而关于这一人群中的传奇人物，昌耀在他写于1995年的《圯上》中，还专门记述了一位：那应该是在1995年初，昌耀在经过西宁人十字的过街大桥时，被一位"紫糖脸色，鹰钩鼻梁架一副老式墨镜"的离休老干部叫住。在对方双手叉腰，期待着昌耀能认出自己而昌耀的反应颇为茫然时，失去耐心的他随之报出了自己的大名。"我也记起了这个名字，这是一个和某些奇闻异事及诸如'狂妄''骗子'之类可笑恶谥相关的名字。"无疑也是祁连山流放地中，与许多传奇性经历传闻相关的名字。但当年的传闻是否可靠呢？昌耀终于有了求证的机会。"应我的请求，他向我说明了自己随中共中央撤出延安时的身份、职务、无线电台使命等，证明向之所传非虚。"而就是这位"延安时代"的人物，进入流放地的经历更具传奇色彩：他的上司以进修为名，用一辆"伏尔加"小轿车，"将他送到了远在大山中的垦荒地，而成为事实上的囚徒"。

以上这些人中，许多人并不是"右派"，而或是因为在需要统一口径的问题上坚持独立主见，或是因为脾气乖戾常与上司顶撞，或者，是因为各种生活小节问题，由此而成为需要改造的一群。

不无讽刺意味的是，在稍后的时间内，这里还进来了一位青海东部农业县公安局的局长。他原本应是负责修理这些劳教的"右派"的，此时则与这些人成了同类。

再接下来，便是一群活蹦乱跳的文化艺术界人士——歌舞团的音乐指挥、作曲家、书法家、诗人、文学编辑和新闻记者以及大专院校的青年教师等。这些人物，此后起码是在一个省的范围内，成了自己专业门类的精英，乃至掌门人。进入大学执教的，20世纪80年代末期之前大都已成为教授。其中有一个叫作欧潮泉的，侗族，"文革"后回到贵州高校而至教授，撰写出版过一部《基础民族学》专著。

同这样一群搁浅在八宝河畔的"龙",趴卧在河谷台地上的"虎"在一起,刘启增在心理感受上觉得倒也算没亏待自己。能跟龙们虎们在一起,自己起码也算得上一匹小雪豹吧。

然而,从1958年下半年开始,刘启增的优越感逐渐开始消退。随着这个农场人员的不断扩充,进入其中的龙们虎们越来越少,而虾们蟹们则越来越多。诸如因为"生活作风"而被判处劳教的,或者在工厂上班吊儿郎当的旷工违纪者、斗殴滋事者、在社会上没有正当职业的招摇撞骗者、上海歌厅中的地下舞女、城市大街胡同中亦乞亦盗的流浪汉和盲流……这诸多属于民政厅收容所负责的"社会收容人员",从全国各地被载卸到了这里。从这一点来说,八宝农场名义上属于青海省民政厅,倒也的确是业务对口。

而随着这种性质进入农场的,还有来历颇为有趣的一类,这就是那些弄得家里鸡犬不宁的问题少年,以及子女赡养不起的老人,被其家庭主动送上门来。前者的家庭动机自然是为了让子女在此受到调教而脱去恶习。后者的动机则同样出于"好心",给老人找个能吃饱肚子的好地方——这应该起码是征得了老人同意的结果。但不太有趣的是,他们进来的时候容易,要想出去则不行,用行业术语叫作"收不回去了"。

"薰莸不同器而藏",作为知识分子的刘启增很看重这个。那么,跟这样的三教九流混迹在一起,他的感受又会如何呢?2003年的此刻,他用两个字向我表达了当时巨大的心理落差,这就是——"掉价!"

而来到流放地的昌耀似乎没有这种"高贵感",也许还是在湟源看守所与在押"犯人"们一同在枪支监押下"劳动"时,他就体会到了人生的复杂,以及人的共同的屈辱与无助。这因而给了他另外的一个视角:从人的意义上看待形形色色的人,尤其是那些在权力摆布下的底层人群,他们处在接近生存底线时,身上所表现出来的人性的特异元素。而大约到了1994年之后,直至去世前的1999年这一长达5年的时段,这类社会底层的"民间异相",几乎成了昌耀笔下的一个特殊题材板块。

在昌耀去世后留下的资料中,我还发现了一篇用铅笔写在一张不带格子的白纸上,字迹凌乱,涂改得几乎难以辨认的未完成的作品。此稿大约写于1998年底或1999年初,从内容看,正是属于上述板块,读来却让人"别有一番滋味在心头"。这篇作品记写的,便是当年流放地的一位"杂色"人物,昌耀为此起了一个遥远而不无平民传奇感的标题——《我早年记得的陕西乡党都远走他乡了》,现抄录如下:

大约在1954年,我从校图书馆借到了一本大约是一位叫作侯唯动的诗人所出的不薄的诗集《八百里秦川,黄土变成金的日子》,诗句短促松散朴实。内容已经记不清了,但是陕西秦川无限可塑的泥土给我留下了印象。那泥土直接就是含着汗液的金子般凝结的麦粒。我相信我后来与陕西人有了接触后从他们的声腔里所能感觉到的"泥土气息"或许与此先验性的认识不无关系。或者说，我感受到的"陕西人"首先是扑鼻而来的具有泥土味儿的声息，试听"我（读如 e）谝闲传（pian-han-chuan）"，对于一个非陕西籍的人来说，陕西人的语言以其"土"，不免让人听了总觉有些喜剧色彩，暗自发笑，不过，最终是不可能笑到底的。假若我们认识到那是一位对于生活执着且真诚的人，我们无权取笑。

那年我二十二三岁，在祁连山里一个"劳动营"做苦工，这样的工友是颇有不少陕西人。其中有一个小老头据称是因"男女关系"被抓进去的，此刻我想到了他，我们在冬季里割麦子，那是一些被早来的冰雪压盖住了的不会成熟了的麦子，其实是一抱麦草。这些倒伏的麦子极难收割，好像永远也割不完，太阳已经落下山了，带队的人还没有让人收工的意思，于是我听到了小老头在背后"嗨"了一声，几乎是唱着说道："抽袋烟儿，解心烦儿……"这成了他的"口头禅"或开始抽烟的"宣言"。他从怀里掏出烟袋，寸把长的一根旱烟袋锅叼在嘴里，然后用一块火镰一下一下击打着火纸。

对于人的认识——从具体的人再到"共性的人"，这是一个从感性到理性的抽象过程。

我心里怀疑："莫非他真的就'解心烦儿'了吗？"他真的解心烦儿了，固然有些莫可奈何。

2．新垦地上的磨镰人

祁连县城南侧有一座被作为县城标志的山峰，因为状似牛的心脏，故被称作"牛心山"。此峰海拔4667米，山头终年积雪，山腰林木葱郁。站在祁连县城的任何一个位置，这座姿态雄浑敦实的山峰都会赫然入目。牛心山的藏语名称为阿米东索，意为"镇山之山"或"众山之王"。

"众山之王"自然应该有"王"的分量和内含，它真的就有。在这座山周遭的地下，就有铅锌矿、石棉矿，以及适宜烧制粗瓷大缸的高岭土，等等。在普通的金属元素中，铅的比重是最大的。因此，在这座山峰雄浑的山姿中，它还具有一种先天性的沉重。

正像此刻以它为核心，分布在这条河谷中"流汗者群"的沉重行色。

1958年11月进入祁连的昌耀，被发派到了这条河谷最西端的一个劳动营地——夏塘台站。亘贯祁连县境的这条大河以祁连县城分界，在县城的东边，叫八宝河；在县城的西边，叫黑河。夏塘台站就在黑河河谷的台地上。这条黑河，此后成了昌耀有关青藏高原的诗歌中，时常出现的一条河流。其次还有"扎麻什"或"扎麻什克"这个名称。这是一个藏族村庄的名字，地理位置与夏塘台相邻。"在醉了的早晨，/扎麻什克人迎回了自己的春神"——这是昌耀1962年11月写在《酿造麦酒的黄昏》中的诗句。

由阿米东索（牛心山）延伸开去的这个夏塘台，是一个什么样的地理类型呢？它是一个海拔不到3000米的山地牧场。"夏塘台"在我的感觉中应该是一个以藏语为词根，由汉藏两种语言混成的地理地形名称。"塘"是藏语，亦即"草场"；"夏塘"，则是夏季游牧的牧场；再加上一个"台"，亦即河谷之上台地地形的夏季牧场。夏塘台在原生形态中，应该是一个丰沃美丽的山地牧场。

岂止是夏塘台，在大自然赋予的地理形态中，整个的祁连县境，本该就是一个美丽的天然牧场。

顺着狭长的黑河一直上溯至约180千米的河谷尽头，有一个海拔4000米名叫"托勒"的高山牧场。在祁连县志中，专门有这样一个特殊的物产说明："托勒牧场是'西宁毛'的保留地之一。"这就是说，在包括了内蒙古、新疆、西藏的四大中国牧场中，以"西宁毛"命名的青海牧场上出产的羊毛，其"保留性"的产地之一，就是祁连境内的这个牧场。

是的，历史上的祁连县境及广大的周边地区，原本就是众多游牧民族"逐水草而居"的家园。"失我焉支山／令我妇女无颜色／失我祁连山／使我六畜不蕃息"——在这首西汉时期沉郁悲凉的《匈奴歌》中，祁连山就是游牧的匈奴人的根基，他们丰沃肥美的"粮食"基地。

匈奴人在这里痛失了自己的家园，但祁连山并没有成为农耕者的土地。假如我们在此注意到了阿米东索、扎麻什克这样一类藏语地理命名，就还应该注意到这其中以及周边的诸如峨堡、托勒、阿力克、默勒等,这样一些蒙古语或突厥语族各语支的地理命名。而祁连,就似乎是一个得名更早的匈奴语的地理命名。这种现象意味着什么呢?它首先意味的是,为这片地域最早命名的,全部都是游牧民族,它因此而一直是游牧民族的草原牧场;其二,它更意味着一种繁复的、游牧民族政权交替更迭的纵深历史图像。沿着这个图像的始端一直走下去,便是在青藏高原乃至整个中国西部上演过黄金史剧的大时空。

关于祁连山和它周边的更广大地域,我在文献资料中查阅到了这样一些相关的游牧民族的政权更迭史:

西汉和三国时期,属西羌牧地。

南北朝到隋代,为鲜卑族与吐谷浑所据。

唐朝与五代,属吐蕃王国。

宋代,为唃厮啰所占。

元代,成吉思汗统一青海。

明代,蒙古人与吐蕃人共同游牧。

明末,蒙古和硕特部首领固始汗自新疆进入。

清代,属蒙古厄鲁特旗各部牧地。

清末,聚集于青海南部玉树草原的阿力克藏族部落移牧祁连。

对于上述的地理名称及其语族源流,昌耀无疑是敏感的。他有关青藏高原的一系列诗歌表明,他有翻阅历史文献、史志资料,从中追溯特殊人文历史信息的固执热情。但这一切对他来说并不是所谓的知识，而是一种光源和能量，是对他精神库存的扩容，是打通时空的屏障后，天地、古今、物我在大时空中的同怀和化合。

而关于上述各游牧民族的政权迁徙更迭，昌耀此后在《寻找黄河正源卡日曲：铜色河》这首充满游牧的王族毡膻武穆气味的诗中，做出了这样的表达：

> 历史太古老：草场移牧——
> 西羌人的营地之上栽种了吐蕃人的火种，而在吐谷浑人的水罐旁边留下了蒙古骑士的侧影……

是的，祁连县水草丰茂的河谷，原本是游牧者世世代代的天然牧场。而1958年初进入其中的垦荒者群，他们被赋予的一个历史性的使命，就是以铁锹为武器，向草原和牧场宣战，把牧场变作农田！

所谓的垦荒就是用铁锹翻地。但牧场上的翻地却比农田上的翻地多了一道工序：这就是把一铁锹生土翻起来后，接着再拍开，将随之带起来的网状草根用手除去。几十年后，给一些垦荒者们留下痛苦记忆的，恰恰就是这些网状草根。由于这些被开垦的牧场无一不植被覆盖密实，牧草地下根系发达，所以，如果垦荒者手中的铁锹锋利、腿部的下踏力沉实凶狠，那么，一脚下去便能解决问题。然而不幸的是，这却是一些拿惯了钢笔、毛笔、粉笔的手，拿惯了音乐指挥棒和弹奏器乐的手，而他们的腿部，无论如何也难以运得上劳动人民那么瓷实的内力，新配发的未经磨砺开刃的铁锹也不锋利。因之，他们脚下的铁锹一脚踩下去，就如同铲在了一张厚实的牛皮上，随之便反弹了回来。再踩，再反弹。如此者再三再四，植物的网状根系才能被彻底斩断。这时候，就听到有人突然大恸：我的手呀，我的手是拉小提琴的，这下全完了！——这是45年后，让刘启增和另外一位当事人汤正大仍然难忘的一幕。

这样的地，就被这些文人艺术家们称为"牛皮地"。而据这两位当年的垦荒者回忆，这样的垦荒，一天拼上老命也就能开出一分的地积，但当时每人每天的定额却是四分，完不成，就昼夜兼程；还不行，就在翻地质量上施之以诡诈：浅翻、稀疏地翻、"猫儿盖屎"式地翻。

就这样，祁连河谷这一片片的新垦地，赶在1958年春播之时下种了。

我在前边已介绍过，这片牧场下面的土壤是森林灰化土和黑钙土，那的确是抓一把在手中肥沃得能攥出油来的土壤。2003年10月，与我们一起到了那片土地上的刘启增，就双手掬起一抔泥土放在手帕中，然后包起来带回了家。

然而，由于这里无霜期短、地温低，作物生长期间常有冰冻，所以，在这片土地上种植出来的麦子，通常又是浆汁不能灌满，籽粒大都干瘪的苦命的麦子。

这正是我在10月份的祁连县境一些地块所看到的，地表上已经落了薄雪，黄中带青的麦子还未收割。

也正如昌耀在回忆"陕西乡党"那篇短文中的记写:"那是一些被早来的冰雪压盖住了的不会成熟了的麦子,其实是一抱麦草。"

对此,祁连县所从属的海北州在1984年出版的《海北藏族自治州概况》中,做了这样的记述:"1958年开垦草地,不仅收获不多,而且严重破坏了生态平衡,1960年的粮食平均单产只有72斤。"

在这本《概况》里,还对当时的垦荒做了这样一种总结性的记述:"1957年—1965年,海北州以农挤牧,在草原上乱垦放牧草场,牲畜大搬家。'农业占了滩,牧业上了山。'"

也因此,在2003年祁连河谷的垦地上,当刘启增接着讲述从1959年开始的三年"自然灾害"时期,他们是如何饿得两眼发绿时,我终于忍不住地提出了这样一个问题:那么,为什么要垦荒种地而不顺势放牧呢?难道农场决策者不知道肉食比粮食抗饿吗?

这是一个极其简单的问题,但要从根本上回答它,却并不轻松。

19世纪前后,诸多的西方传教士和探险旅行家进入中国,并先后撰写了诸多记录中国自然人文状况的著作。其中有一位叫作李仙得的西方人在他的《云南游记》中这样写道:"由汉人居住的雅砻江畔由于种植粮食而使植被遭到了彻底破坏。大家还甚至根据习惯而毁坏了所有的植被,以至于夏季的暴雨就会几乎将山麓上的所有腐殖土都冲到雅砻江中去……山脚下小麦和青稞的收成微薄到了极点。"

接着，他又这样大惑不解地发出感慨："这是一个非常奇怪的民族，他们无论迁居到哪里，都会在那里垦殖，创造贫瘠的土壤和制造沙漠化。"

这是农耕的汉民族基因遗传中的顽症和对于土地的立场。

而游牧民族也有完全相反的立场。

13世纪初，当强大的蒙古部族在成吉思汗的率领下从北方草原上崛起，继而卷地狂飙般地攻城略地，向一切敢于抗击者挥刀问斩时，他的汉族高级幕僚丘处机，曾一再地劝阻这位一代天骄力戒屠杀。丘处机曾这样向成吉思汗晓之以利害：大汗，你夺取了土地，却杀戮了百姓，那么，谁来为你在这土地上种庄稼呢？不长庄稼的土地只能是荒草丛生，你要它又有什么用呢？然而，成吉思汗听到这样的道理却大惑不解，进而气概非凡地表示：那又怎样？荒草丛生的大地难道不正好是我的广阔牧场？

昌耀来到祁连时，牧场已变成了农田（但不是良田），这位热爱游牧文明的诗人，此时必须服从于这不伦不类的农耕文明。而1958年冬季的八宝农场，已注定不能是农闲季节。那么，干什么呢？——把第二年春季要干的田间运肥，提前到这个冬季来干。运肥这农活昌耀这一年春季在湟源已干过了，但这里的干法却不大相同，原来是农场缺少必要的工具，往田间背肥的那种背筐不够用，队部便号召大家自想办法。你能猜想得出这些"右派"们想的是什么办法吗？接下来的情形是这样的：有的人腾出了自己的纸箱子；有的人则拿出了自己的旧裤子，两个裤腿下面用绳子一扎，装上粪肥后，就正好成了搭在前胸后背上的褡裢——不免有苦中作乐的喜剧效果。而昌耀则要来得朴实一些，他的工具是自己的床单，用床单往田间背肥。这是他在上面睡觉的床单，现在在这条床单上，他把自己置换成了输送给大地的有机肥，在开始时还是比较轻快的，继而是越来越沉重的步幅中，和着从自己皮肉中榨出的脂肪黏汁与浊黄的汗滴，注入脚下这被他期待着嘉禾的壤土。这位曾经的湖南乡下豪门大户中顽皮的读书郎，中国人民志愿军的少年文艺兵，中华人民共和国的歌手和诗人，由此开始，他22岁的青春的白骨骼，将在这样的压力和研磨中，而渐渐变黄、变硬。

昌耀在《高大坂》一诗中有过这样的诗句："……是高山的老者／教会我在冰原上播种，在雪地上收割／教会我燃取腐殖土取暖。"而在《凶年逸稿》中，他更是这样写道："我们不想苏醒。但是鸡已啼明／新燃的腐殖土堆远在对岸被垦荒者巡护／荧荧如同万家灯火，如黎明中的城。"

那么，这两首诗中共同出现的"燃取腐殖土"或"新燃的腐殖土"，是一种极端艰难生存条件的物像比喻呢，还是有具体所指，尤其是这新燃的腐殖土又怎么会"荧荧如同万家灯火，如黎明中的城"呢？经过了解我才恍然大悟，这其中有一个我们根本无法想象的"机关"——

一个堪称奇观的场景出现在了 1959 年早春的新垦地上。随着畜群迁徙到山顶上的牧人，那天早晨惊讶地看到，山下台地上的人群正蚂蚁垒窝般地，堆垒着一座又一座小型碉堡。他们从远处的山坡切下一方又一方带着草皮的"腐殖土"，然后肩扛、怀抱，或躬腰背着搬进田间。一座碉堡垒成了，再垒另一座，直至十数天后，这些碉堡均匀地布满新垦地。接着，人群又开始往碉堡的空腹中填送干牛粪、混合着地皮土的麦草草屑、干枯的树枝……等这一切都装置停当之后，随之开始点火。接着，如同重现古代边塞战争景观般的，遍地的碉堡"狼烟"冲腾。黑色的烟，黄色的烟，白色的烟，汇合成蔽地烟雾，渐渐覆盖了祁连河谷。人和房屋消失了，树林消失了，你只能听见大声的咳嗽、粗野的起哄、兴奋的长嚎……半年前刚刚在社会主义大炼钢铁的土高炉前体会过无产者创造世界的昌耀，以及昌耀们，此时又于大山腹部被开垦的处女地上，制造了一场史无前例的农业科技革命——能不"一时无限振奋"？他在反右运动中经受的羞辱，他在湟源县看守所经受的屈辱，此刻完全可以把它们当成郁结在肺管中的黑痰，随着这兴奋的咳嗽，而一口唾将出去！

诗人在流放地的农业革命烟火中，失去的只是一口黑痰，他所得到的，将是整个世界。而唾出这口黑痰之后，祁连山顶上冰雪过滤的空气是多么新鲜！

就在这样的烟火中，昌耀写出了他流放生涯中的第一首诗——《哈拉库图人与钢铁》。更确切地说，应该是这碉堡形草皮堡垒中升腾的烟火，引发了他对半年前哈拉库图冶炼钢铁的小高炉的联想。

这是一首分为上、中、下三个部分，共约120行，充满着夸张的时代热情和瑰美乡土物象的诗作：

呜噜——噜——
海螺的吹奏。
太阳，听到这号角，出帐了。
好红火的哈拉库图山庄啊。

"哥哥，
吹得响一些，
再响一些！"

土房顶上的洛洛听到这央求
低头望望木梯站立的未婚妻。
喜娘那么地羞。

对昌耀在流放岁月中写出的，这首有关大炼钢铁运动的"欢乐颂"，此后的一些论者认为它不能抹去"粉饰"的嫌疑。关于这一点，我不认为别人没有理由质疑，但这又是脱开了时间、地点、具体场景氛围和心理情绪氛围的概念性判断。全民大炼钢铁的这种运动形式无疑是滑稽的，而钢铁强国的出发点却代表着国家的梦想,百姓瞬间被点燃的巨大热情既是盲目的,似乎也不乏真实和壮观。一个怀着理想主义激情的诗人,于此被引燃的,应该正是寂寞山乡那种民间节日式的狂欢。

是的,这首诗勾起我兴趣的,正是它浓郁的民俗学图像。关于这一点,兰州的新锐诗人古马,在一个被酒精烧灼得兴奋难耐的深夜,从酒场上专门给我打来电话。他先是长长地"嘿——"了一声,继而感叹道:昌耀在1959年的那个时候,就能把这首诗写得那样美;把青海的乡村(风物),写得那么地道,实在是太……

我说,还有他不知怎么编出来的"洛洛"那么个名字。古马立即接着说,是啊,洛洛、洛洛,还有那个"绣花针"、那个"河州刀"。一看到洛洛这个名字,就让人想到了那种被叫作"憨墩墩"的人……"嘿——"

洛洛这个名字如果还原的话,大约应该叫作洛桑,或洛桑丹增。一般而言,只有汉族在对某个人表示昵称时,才会将其名字中的主体词素,用叠音的方式来表述。此处对藏族人名做出的这种汉族式的昵称表述,不仅让人感觉到陌生、新鲜,想来它还应是汉藏民族杂居区文化习俗上相互同化的结果。不但具有风俗信息上的真实性,更有一种只可意会难以言传的微妙感。

一个重要诗人的特殊资质,往往就表现在这种地方:尽管他遭逢厄运,身处困境,在根本就不会有写诗的心情和时间空间条件的时候,他却能破壳遁出,在另外一个只有他自己能获得的空间里，从事他命运中被派定的工作。这是一条亘贯于昌耀一生的艺术工作长廊，它与昌耀的俗世人生长廊并列，两者之间有许多联结的通道，但各自却始终独立延伸。

于是，他在这一长廊里奴隶一样地生活，在那一长廊里上帝一样地创造！

知道这些遍地冒烟的碉堡是干什么的吗？它真的就是贯彻因地制宜、因陋就简、土法上马这类指导思想，而实施的农业科技革命。当最初的浓烟散去，这遍地的碉堡就在黑夜的阴燃中，荧荧如同"万家灯火"和"黎明中的城"。待数日之后这灯火相继熄灭，接下来，就是用人民战争的铁锹、镢头、榔头等武器，对于这些已经烧透了的碉堡实施摧毁，将它们砸为齑粉，然后撒开，覆盖在新垦地之上。这样的功效是，其一，提高地温；其二，增加土地肥力，使生荒地尽快熟化。就像对这群囚徒们的改造。

因此，八宝农场新垦地上生长出来的麦子，与青海农村的熟土地上，与半农半牧区生荒地上那种以近乎撂荒的形式生长出来的麦子，来历大不相同。它倾注了这些流汗者群每一个体有生以来最多的汗水、智力和心思。当最初流放性的劳动，在这一过程中逐渐转换成了他们对于自己劳动成果、对土地收成的关切；转换成了麦子黄熟时他们磨镰收获的期待，这麦子，就像他们创作的作品，倾注进了他们深沉的情感。

包括这条河谷中的新垦地。

包括大山腹地中这充满了他们青春汗血与幻想的雪岭、森林、鸟禽与河流……

1984年，昌耀在《巨灵》一诗中对此写下了这样的诗句：

在我倾心的关塞有一撮不化的白雪，
那却是祁连山高洁的冰峰。
被迫西征的大月氏人曾在那里支起游荡的穹庐。
我已几次食言推迟我的访问。
日久，阿力克雪原的大风
可还记得我年幼的飘发？
其实我何曾离开过那条山脉，
在收获铜石、稞麦与雄麝之宝的梦里
我永远是新垦地的一个磨镰人。

古战场从我身后加速退去，
故人多半望我笑而不语。
请问：这土地谁爱得最深？

3. "那些日子我们因饥馑而恍惚"

1959年春季，当上述的一切农活干罢，麦子播种出苗以后，农业队迎来了无须再流大汗的时节，剩下来的工作该是田间锄草。而锄草则用不着这么多的劳动力，于是，一部分人被分解去修水渠，另一部分人则被调遣到牛心山后约 30 千米的铅锌矿。昌耀再次成为一个具有工人阶级色彩的劳动者，来到了这一山沟"收获铜石"。

刘启增先一步来到这里，他干的是技术活，但却是危险的技术活——在采矿场中打眼放炮。王昌耀干的是力气活，可以说是要命的力气活——搬运矿石。这是先后衔接的两道工序，当刘启增们抡着大锤、掌着钢钎、震得掌上虎口开裂，打下一个又一个炮眼继而装上炸药、统一点燃引信后，接下来就是迅速向山顶上转移。有时候，人还没能完全转移到安全地带，身后的炸药群就沉闷地炸响，碎石犹如呼啸的弹片追踪而至，落满一地。但更为危险的，则是凿石打眼时，迸起的碎石常常会朝着脸部反溅过去，一不小心就会被打得皮开肉绽。爆破手的任务完成了，刘启增们站在山岗上俯瞰。接下来，就该王昌耀们这些工兵出来清场了。所谓的清场，就是从炸出来的石头中选出矿石。然后，就是与斯巴达克斯那种古罗马采石场上一样的场景，用背来背或用筐来抬，将地球上这比重最大、最沉的铅矿石，搬运到远处的一个中转地。

提起八磅大锤，
我登上采石场，
鼓气，恨不能砸开
千山的阻隔，
填平人为的深壑，

>   打通一条
>   通向太阳的路。
>
>   我倒下了。
>   石棱穿破了眉骨,
>   血浆从眼眶里迸出。
>   昏迷了三天三夜。

——昌耀在《大山的囚徒》中的这段描述,其意象原型即来自于此。

1959年,中国大地上那场让无数人死去活来的"三年自然灾害"开始了。采矿者每月的粮食定量由最初的45斤,到38斤、27斤、17斤。但即便是这"击穿底部"的17斤,也还不能如数吃进他们的嘴里,还要被食堂里的大师傅们克扣。于是,祁连山流放营地就有了"上有天堂,下有伙房"这类风雅颂的创作。

"三年自然灾害"给祁连河谷的这些劳动者们,留下了太多恐怖的记忆。尤其是在1959年春季到1961年夏季这一区间。刘启增和王昌耀们的口袋里不是有钱吗?但这用纸印成的钱,它在真实的粮食面前,大致上就是一张纸。按照当时祁连县城主要由这些囚徒们参与交易的黑市行情,一块瑞士产的罗马手表所能够换得的,是三茶缸700CC水容积的青稞。并且黑市上倒腾来的食品，只能"黑"着吃，若让管教干部发现就会被没收，并且还要挨整。

他们拥有的个人资产当然经不起这样的置换，继而尝试过多种野生植物食用的可能性。误食野生毒蘑菇而致脑神经紊乱的、误食草滩上的狼毒草而致死的，便永远成了祁连山河谷的"饿死鬼"。

而比较安全的食品，则是牛粪和马粪中残留的麦粒、麦鱼子。它们被从粪草中剥离出来后，用清水淘洗干净，再烘干粉碎，团成菜团子食用。

据描述，当时的这些囚徒们走路都低着头，原因之一首先是饿得抬不起头来，更重要的，则是他们希望能在地上捡到食物。用汤正大的话说："看见一坨牛粪，便幻想着能是花卷。"

曾在拉洞台二队以囚徒身份当大夫的汤正大讲述了这样一件事：那是一个星期天，劳教队改善生活，吃灰条菜包成的大包子，每人四个。这是大家最幸福的一天。而对于一位四川籍的伙计来说，这一天尤其幸福，因为这天清早，他还从县城的邮局取回了老家寄来的一斤点心。一口一口地吃完四个大包子后，他的胃是饱了，但饥饿感还未消除，结果就情不自禁地还想尝尝自己的点心，一个尝完之后，便刹不住车地又尝第二个、第三个……一斤点心很快就被他全部"尝"完了。冉接着，又美美地喝了一人茶缸水。这一刻，想来他应该有一种帝王的感觉。然而，已经极度虚弱的胃，根本无福消受这突如其来的豪华大餐。片刻之后，他终于感到了腹胀，接着便乐极生悲，随着一个饱嗝的反弹，一股粗浊的流汁犹如高压水枪，从其喉管中抛物线般地哗然喷出；稍微停顿了一下，继而再喷。直到怎么吃进去的，再怎么全部地喷出来。此人立时悲从中来，一边用川语号丧般恸呼：我的点心、我的点心！一边找来一根树枝在呕吐物中拨拉，片刻之后又转悲为喜：还好、还好，都是灰条菜、灰条菜——他是用精神胜利法，把点心这个概念保留在了自己的胃中。

这期间，一个又一个的人就那么倒下去了。而终于挺过来了的人们，无一没有去过场部医院。但那些医疗诊断书上，又大都填写着这样一种病症——"营养障碍症"。这一创造性的诊疗术语，实在是文明极了。

没有证据表明，这些饿疯了的人们，曾捕猎过狗熊或梅花鹿之类的野生动物。然而，他们却的确在草原上套过旱獭。旱獭是草原上鼠疫的主要携带者。汤正大说，没有携带鼠疫的旱獭可以吃。但他们又怎么能判断得出，哪一只旱獭没携带鼠疫？

此外，还有一个食物渠道，这就是挖掘地垄隐蔽处的老鼠洞。那其中偶尔会有聪明的鼠类囤积的粮仓。但这必须靠运气，绝不是所有的鼠窟都会有豪华的窝藏。

再下来，他们竟然还捕食过被称为"四脚蛇"的荒原蜥蜴。

昌耀后来曾在长诗《慈航》中写有这样的诗句：

在那不朽的荒原——

不朽的

那在疏松的土丘之后竖起前肢

独对寂寞吹奏东风的旱獭

是他昨天的影子？

…………

那在闷热的刺棵丛里伸长脖颈

手持石器追食着蜥蜴的万物之灵

是他昨天的影子？

关于这些诗句，如果不是刘启增和汤正大这两位当事人的讲述，我只认为它是为了一种特殊氛围的营造，而根本无法想象会确有其事。

体内的肠子几乎缩成一条线绳——"命悬一线"了，搬运上百斤的大矿石时将会是一种什么样的步态？踉踉跄跄、趔趔趄趄、跌跌绊绊——这些随着基本生存条件指数的失去而死去了一次的人们，现在又在低等级生命的生存形态上，开始"蹒跚学步"了。

所谓一位诗人的生命意识、生命感等，其极致性的形而下的体验，便是在这种"非人"的生存状态中获得的。

从1959年3月的《哈拉库图人与钢铁》到1961年之前，在这将近两年的时间里，昌耀这位在极恶劣的生存压力下，都能遁入另外的精神管道中进行创作的诗歌狂人，他的诗歌账本上则颗粒无收!

到了1959年夏季,铅锌冶炼厂炼出的铅砣砣、锌块块,离八宝农场的工业预期目标距离实在太远,不久便歇菜了。

昌耀们先期撤出,撤离的人群从午饭后背着行李碗盆上路,继而一群深山野人般地,翻过一道道山沟,穿过一片片树林,在薄暮时分歪歪斜斜地抵达冶炼厂厂部,待大家吃完饭在厂部的临时工棚中准备睡觉时,才有人突然觉出,怎么一直没看见昌耀?

那时,随着这群人走过山坡遮天蔽日的密林时,昌耀在心中突然对自己说:"我不走了。"随后,就在林地边缘密实的草甸植被上,扔下自己的行李,继而如同一个流浪汉般地头枕着行李卷躺了下来。就这样,直到第二天清晨林中的鸟禽把他啼醒,直到祁连河谷已日上三竿,他才蔫不拉叽地出现在冶炼厂的厂部。

《凶年逸稿·在饥馑的年代》中这样的诗句,似乎正是来自此情此景:

> 是的,在那些日子我们因饥馑而恍惚。
> 当我走出森林头枕手杖在草地睡去,
> 银杉弯向我年轻的脸庞,讨好地
> 向我证实我的山河诚然可爱。
> 而当在薄暮中穿越荒芜的滩头,
> 一只白头翁伫立起在坟场泥淖,

让我重新考虑他所护卫的永恒真理，

我感觉他开裂的指爪已迫近我单薄的马甲……

当大家得知昌耀昨晚在山林中睡了一宿，都禁不住有些惊讶，惊讶之后又是好奇：你昨晚在山中遇着什么了？昌耀不置可否地笑了笑。得不到答案，大家也就懒得再探个究竟。但刘启增的好奇心似乎要重一些，于是就猜测。按他的猜想就是：老先生（指昌耀）要不是饿得走不动了，就是诗人的怪脾气又上来了，要体验一下山中露宿的感受。

对吗？那么，昌耀那天晚上又看到了什么呢？

没人能够知道。

4."这样寒冷的夜……"

1959年夏季回到夏塘台农业队的昌耀，因为前胸贴了后背的饥饿而中断了写作的昌耀，除了无休止的劳动之外，他还干了些什么呢？在写于1987年的《艰难之思》一文中，他这样回忆道：

> 28年前我在垦荒的祁连山某座台地趴在落满草屑的地铺抄录的几首外国诗歌，竟被我保存到了今天而成为那期间我的思想感情的见证。其中一首是歌德作品《普罗米修斯》：宙斯，你用云雾／蒙盖你的天空吧，／你像割蓟草

的儿童一般，/在栎树和山顶上／施展伎俩吧！

> 可是你不要管
> 我的大地，
> 我的茅屋，这不是你盖的，
> 不要管我的炉灶，
> 为了它的烈火
> 你嫉妒我。

下引独白又是如此自豪：

> 宙斯，要我尊敬你？为什么？
> 你可减轻了
> 任何重担者的痛苦？
> 你可遏止了
> 任何受威吓者的眼泪？
> 把我锻炼成人的
> 不是全能的时代
> 和永恒的命运
> 它们是我的也是你的主人？

（均引自冯至先生译诗）

抄录的另外几首是希腊诗人柯斯塔斯·瓦尔那里斯的

《我的诞生并非偶然》和泰戈尔《飞鸟集》里的作品。彼时彼境我之读诗与其说是出于纯粹的审美，倒不如说是有意于理性感知更为准确。我确实觉着找到了自己的归宿，多么好，我的大地，我的茅屋，我的炉灶，我的把我锻炼成人的我的时代、命运……而我的诞生并非偶然。我直觉自身与人类命运之相通。我似乎更实在地理解了人类成为命运主宰的那种渴望。

除此而外，昌耀1994年在应一家报纸之邀，列举自己最喜欢的10本书时，专门谈到了苏联作家法捷耶夫的长篇小说《毁灭》和革拉特珂夫的《士敏土》。对于《毁灭》的感受，他这样谈道："读罢30余年过去，于今我依然感到俄罗斯暗夜的灯火，农舍干草堆里游击队员消乏的肉体是如何惬意。"而《士敏土》之所以能给他以深刻记忆的则是："贯穿于全书，那种自我牺牲与劳动组合迸发出的热情本身，就是一部劳工神圣的颂歌。"

从这其中的"暗夜的灯火""农舍干草堆……消乏的肉体""劳工神圣的颂歌"等字眼，我们当不难想见，昌耀与祁连山流放营地相关的阅读心理折射。果然，他紧接着这样写道："以上两部作品就读于被监管、劳役的祁连山某农场。那正是国民普遍挨饿的年代。在肉体的饥饿得不到有效补给而深感困窘的日子里，从书本里为同样饥饿着的灵魂获取一份宽慰已成必需。而《士敏土》的作者也就是在一个相似的饥饿年代,身处一间阴冷的地下室,用铅笔头完成了这部书稿——即人格修炼的写作。"后边这一句非常重要,昌耀在"三年饥饿"的末尾,突然开始的疯狂地写作,应该正是这一榜样的昭示。

"这一时期我还借阅到绥拉菲莫维支的《铁流》,选阅了高尔基的一些作品,其中《二十六个和一个》《马尔华》等篇章让我铭记终生。"

在上述回忆中,除了昌耀深沉的心理信息外,我们还会对他带到祁连的藏书,他能借阅到的其他"右派"们的藏书,他的阅读范围、阅读方式,此情此景中特殊的阅读感受,获得一个基本的想象。这些,也正是他在祁连山腹地稍微解除了饥饿压力后,能迅速启动自己诗歌写作的重大的文化内驱力。

纵观昌耀流放的 21 年间的诗歌写作,我们会发现,1961 年至 1962 年这两年间,是一个突然放量了的特别粗大的部分。在这期间,他先后写下了《鼓与鼓手》《筏子客》《凶年逸稿·在饥馑的年代》《水手长—渡船—我们》《峨日朵雪峰之侧》《良宵》等 20 多首可称为精品的诗作,再加上《莽原》《湖畔》《烟囱》《高大坂》,这些在写作时间上分别注明为 1981 年、1983 年"改旧作"或"重写",但从题材、风格上与这些诗作相一致,显然是此时完成初稿的作品,便使这两年期间的写作量显得更为庞大。

这些诗作,虽然无一不是从 20 世纪 80 年代起才陆续发表面世,自然包含了昌耀此后的"深度加工",但保留在其间的主体信息,却映现了同一时期的昌耀不同的心灵层面。

我们在这里首先看到的是一种属于"集体性抒情"的写作,其中标志性的作品,是《鼓与鼓手》和《水手长—渡船—我们》。

> 咚咚的鼓点
> 是我们民族的笑声啊!
>
> 今天,
> 在乡村爽洁的大道,
> 在城市水门汀的广场,在原野,
> 那些由三匹骅骝牵引的鼓车
> 正风驰电掣般行驶,
> 击出进军的鼓点,
> 击出凯旋的鼓点,
> 击出报捷的鼓点……

这首"欢乐颂"式的《鼓与鼓手》,其基调和情绪脉络,都属于《哈拉库图人与钢铁》的延伸。它的意象来源很难不使人联想到1958年"大跃进"时代,钢铁产量或粮食产量"创了纪录"的报捷场景。因此,它在写作基调上仍延续着早期那种"生活的歌者"的脉络,但与同时代的同类作品相比,它却显现着一个重要区别,这就是将时尚的政治抒情,转换为对于民族和人民"集体英雄气概"的抒写。尤其是这其中"早在节日的前夕，／北方的驭夫们／从井沿提来泉水／泼洗鼓车粗壮的辐条"这样的意象，则是昌耀从西北的乡野大地中提取的铜石，有一种能从汗气和粗朴中擂出鼓声的响亮。

昌耀是一个具有浓重英雄情结的诗人，而在《水手长—渡船—我们》这首诗作中，"年高德劭的水手长用须眉召唤我们"的这位水手长，以及"黄河方舟"上年轻的水手们，则更是民间群体英雄的造型：

> 水在吼。热气腾腾。
> 我们抬起脚丫朝前划一个半圆，
> 又一声吼叫地落在甲板，作狠命一击。
> 我们的白牙露出了狰狞。
> 我们的金牙掠过了狂喜。
> 我们的三头肌可怕地抽搐。
> ——浪涛啊，快给你的战士
> 那难得的荣誉吧！

在这首诗之后，还有一首由五个章节组成的题名为《断章》的诗作：

> 没有篝火。云层
> 如金箔发出破空的骚耆

这样寒冷的夜……
但即使在这样寒冷的夜
我仍旧感觉得到我所景仰的这座岩石,
这岩石上锥立的我正随山河大地作圆形运动,
投向浩渺宇宙。
感觉到日光就在前面蒸腾。

从写作的出发点和姿态来考察,《断章》与前面的《鼓与鼓手》《水手长—渡船—我们》,显现出了一种分水岭式的区别,昌耀于此已把那种豪迈的集体英雄主义抒情,回撤到一个在"寒冷"的时分,与"山河大地"做心音共振的个体生命点位。在这个形象上凸现的,不再是那种带有时代造型感的集体英雄主义,而是一个获得了山河魂魄灌注的个体精神巨灵。这似乎意味着,他对曾经作为自己精神动力的集体英雄主义,某种程度上的不再信任和疏离。取而代之的,是对山河魂魄的亲近。

而在分水岭的这边,是与《断章》呈现着密切精神关联的《凶年逸稿·在饥馑的年代》一诗。它们的共同之处,就在于褪去了集体乐观主义的基调,而进入个体生命对于当下生存的审视,乃至怀疑和反思。尤其是《凶年逸稿·在饥馑的年代》一诗,从语言修辞的成熟度、思想的思考深度等综合形态来看,它明显地高出昌耀同一时期的其他作品,因此,该诗在 20 世纪 80 年代发表时,作者后期加工的成分无疑更大。关于这首分为 9 个诗节的 100 多行的诗歌,如果我们把它放在当时流行的诗歌背景上来解读,就会为其中这样的诗句而吃惊——

> 这是一个被称作绝少孕妇的年代。
> 我们的绿色希望以语言形式盛在餐盘
> 任人下箸。我们习惯了精神会餐。

毫无疑问,这是对 1960 年前后三年"自然灾害"饥饿惨状的曲折书写,也是对这个时代以大话谎言愚弄百姓,装点盛世的戳穿和嘲讽。而这样的思想,对于这些不断被洗脑的右派们来说,不要说在当时形成一首完整的诗歌,即使产生了这样的念头,也会在冷静之后有一种"犯罪感"。所以,这首诗歌的完成方式,只能是在 20 世纪 80 年代经过"组装"而成。而它的散件,尤其是其中那些具有深刻怀疑色彩的散件,只能伏藏在他当时凌乱的诗歌笔记本的深处。甚至还要在四周掩盖上"荒草"。

《凶年逸稿·在饥馑的年代》是有关祁连山流放营地,信息量最为丰富的一首诗作。它在大量纪实性的笔墨之外,更有着诸多意味深长的密码伏藏,以下是这首诗第 9 诗节有关春天泥土的微观性描述:

> 我以极好的兴致观察一撮春天的泥土。
> 看春天的泥土如何跟阳光角力。
> 看它们如何僵持不下,看它们喘息。
> 看它们摩擦,痛苦地分泌出黄体脂。
> 看阳光晶体如何刺入泥土润湿的毛孔。
> 看泥土如何附着松针般锐利的阳光挛缩抽搐。

春天的泥土这种"挛缩抽搐"的挣扎和痛苦,无疑正是那些风华正茂、身心鲜嫩的"囚徒"们,在各种压力下生命本能性的角力——既"痛苦地分泌出黄体脂",又在这痛苦中而为痛苦所造化。但最富意味的,是紧接着这样的描述:

> 看它们相互吞噬又相互吐出。
> 看它们如何相互威胁、挖苦、嘲讽。
> 看它们又如何挤眉弄眼紧紧地拥抱。

如果我们把前边的诗句,看成这些"囚徒"作为整体之于外界压力的抗争,那么后边这3行,则是对他们作为个体相互关系状态的摹画——这些一般而言有着率直天真等共同脾性的"右派"们,在不断承受着外在压力的情况下,其固有的天性往往会扭曲变形,而被压榨出人性的"邪"来。于是互相之间的倾轧,"威胁、挖苦、嘲讽",乃至向管教人员打小报告告密邀功之类的事情,便时有发生。尤其是当他们与社会盲流混编在一起的时候,那种恃强凌弱的现象则会屡见不鲜。

然而,更富意味的是,当这一杂色的人群在必须共同面对一些非常事态的时候,却会在相同身份属性的意识上相互抱团,正所谓"挤眉弄眼紧紧地拥抱"。比如就在这个"饥馑的年代",被饥饿压榨得斯文扫地的这一群,便时而会有一些猫叼鼠窃之类的举动,最典型的就是偷食黄熟时节新垦地上的青稞。先是三两个人下工前偷偷掸下穗头上的青稞颗粒,带回宿舍后,又在夜晚跑到一个隐蔽的角落用脸盆炒熟,在黑夜中吃黑食。继而,这一机密很快就传遍了同一宿舍。于是,每到下工前,这些饥民们便各自忙乎起来,待出了麦田后,一个个走路的姿态就有点变形——裤脚紧扎、顺着裤腰灌下去的带皮的青稞颗粒,既给了他们沉甸甸的踏实感,又使他们不得不撇开腿来显出古怪的行姿。这时候,彼此只要看一眼对方走路的架势,就能知道各自都干了什么。此时,尽管每个人心中不无得意之感,却又不能放肆地表达,于是便心照不宣,便以"挤眉弄眼紧紧地拥抱",恪守群体共同的秘密。

昌耀的诗作,在整体上给人以苦难中的圣徒之感,但即使在1962年的此刻,却又显示出一种幽默乃至生性中潜藏极深的顽劣元素。他以"挤眉弄眼紧紧地拥抱"这种微妙至极的隐语,记写艰难时日中他们"越界犯规"的勾当。这除了岁时生态纪实性的考虑,似乎还含有给出一个哑谜让人摸不着头脑时,那种唯我独知的恶作剧的得意。

5. 天籁萦回的风景写生小品

从1961年起,昌耀诗歌写作的车轮开始了加速运转。而他自己的日常生活状态又是如何呢?我们通过他的诗歌所看到的,则是一种深刻的孤独。

这位"大山的囚徒",此时的交流对象,似乎常常只有大山:

> 我喜欢望山。
> 席坐山脚,望山良久良久
> 而蓦然心猿意马。
> 我喜欢在峻峭的崖岸背手徘徊复徘徊,
> 而蓦然被茫无头绪的印象或说不透的原由
> 深深苦恼。
> ——1961年《凶年逸稿·在饥馑的年代》

> 我喜欢望山。望着山的顶巅,
> 我为说下不确切的缘由而长久激动。
> 而无所措。
> ——1962年《断章》

在写于1995年的《一个青年朝觐鹰巢》中,他还记述了"30多年前"的一个青年——也就是这一时期的他自己,曾经独自造访高山峻岭中鹰群盘踞的"云间基地",且力图同这些"大山倨傲的隐者、铁石心肠的修士、高天的王"交流的情景。

然而,当他从山脚一路攀缘而上,来到那一云间基地并试图向鹰群靠近时,它们"初始佯装不知,既而,我从它们蠢蠢而动向着悬崖一侧开始的集结,感受到了一种根深蒂固的对于世人的鄙弃与拒斥"。接下来,就在他这一小心翼翼地靠近,终于超过了鹰群能够忍受的限度时,只见它们倦怠而傲慢地拖起冗赘的羽翼,在临渊踏空的一瞬,像有意卖个破绽似的打了个趔趄,随之向着天空轰然飞去。既而,又戏弄般地回过头来,"罩着我头顶盘桓巡视,如同漂流空际载浮载沉的环形岛礁"。

与人的交流潜伏着各种可能的危险,与没有危险的鹰的交流又不能实现。他"只能长叹一声——是作为弃儿的一种苦闷了"。他还在鹰群那种豪举暴施的高天王者的意态中,体会到了一种既是他自己,也包括狂妄的人类,"次生的永劫的苍凉"。

写于1962年的《峨日朵雪峰之侧》更为真切地记录了他此时的这种状态。那仍然是一次向着山岭雪峰的攀登,但却是一次更为艰难的几近于"攀爬"的攀登。

> 这是我此刻仅能征服的高度了:
> 我小心翼翼探出前额,
> 惊异于薄壁那边

> 朝向峨日朵之雪彷徨许久的太阳
> 正决然跃入一片引力无穷的山海。
> 石砾不时滑坡引动棕色深渊自上而下一派嚣鸣，
> 像军旅远去的喊杀声。我的指关节铆钉一般
> 楔入巨石罅隙。血滴，从脚下撕裂的鞋底渗出。
> 啊，此刻真渴望有一只雄鹰或雪豹与我为伍
> 在锈蚀的岩壁但有一只小得可怜的蜘蛛
> 与我一同默享着这大自然赐予的
> 快慰。

"朝向峨日朵之雪彷徨许久的太阳／正决然跃入一片引力无穷的山海"，这实在是一幅只存在于高山绝顶秘境中的自然胜景。然而，这却是一次危险的"美的旅程"——此刻就在他的脚下，被风化的片页岩石砾，正在脚掌踩踏的反作用力下不时滑坡，"引动棕色深渊自上而下一派嚣鸣"，稍有松懈，整个人就会滚入万丈深渊。

在我看来，这首诗作的此情此境，是昌耀流放生涯中生命和精神处境最典型的象征。攀爬中的昌耀本人，于此被高山台地的水平线，分割成了两个部分——"上半身"和"下半身"。只是这"上半身"的比例更小，仅仅是紧贴着"前额"的眼睛以上的部位。而正是凭着这个部位，他看到了高山绝顶上大自然秘不示人的辽阔与瑰美，甚至还包含着命运遥远的，却又是激动人心的昭示；但他的"下半身"，却正处于几近悬空的危

险现实。

而就在这种身首几近于分离的状态,"我的指关节铆钉一般／楔入巨石罅隙。血滴,从脚下撕裂的鞋底渗出"——顽强的生命和精神意念,就这样通过对指关节的沉注,把几近于分离中的头颅和身体连接在了一起,使他得以一览绝顶风景。这无疑是一场虚拟的胜利。然而却是一次心灵和意志力的自我考验中,足以让他浮想联翩的胜利。但当他因此进一步地渴望能与雄鹰或雪豹这些大自然中的强者为伍时,最终却再一次地跌入深刻的独孤——只有"一只小得可怜的蜘蛛／与我一同默享着这大自然赐予的／快慰"。

这首诗,既是昌耀此时生存处境和精神状态的象征性写照,似乎更是他一生的诗谶。从此时直到生命的终了,他的一生,一直呈现着大脑与身体的严重背离——他的思想总是活跃在超越俗世的形而上的高处,而身体,却一直被俗世的形而下的困境死死拖定。他最终病理性的去世,其实正是这种背离无限拉长而超过了限度的结果。

在这首诗稍前一些时候,昌耀还写出了一首题名为《荒甸》的短诗。我曾在前边描述了 1959 年夏季,昌耀们深山野人般从采石场撤出,他在回撤的中途"我不走了"之后,便独自露宿山林一事。是的,那天晚上,他在山林中究竟看到了什么呢?

一年多后的 1961 年,从饥饿中稍微恢复了写诗的生理感觉后，昌耀写出了这首《荒甸》。而这首诗开头的第一句就是"我不走了"。从他当时站立的牛心山南坡做西南之望，恰好就是视野尽头能看见地平线的无垠草原。这首诗对大西北腹地那片神秘的荒原，做出了这样动人心魂的描述：

> 我不走了。
> 这里，有无垠的处女地。
>
> 我在这里躺下，伸开疲惫了的双腿，
> 等待着大熊星座像一株张灯结彩的藤萝，
> 从北方的地平线伸展出它的繁枝茂叶。
> 而我的诗稿要像一张张光谱扫描出——
> 这夜夕的色彩，这篝火，这荒甸的
> 情窦初开的磷光……

这是1961年，在中国的诗人大都书写着政治抒情诗或建设工地上的抒情诗的时候诞生的一首少有的自然抒情小品。这首《荒甸》与此前及之后散落在昌耀写作中的大量诗作，构成了一个油画小品式的大西北腹地自然风情写生系列。它们是昌耀作为一个卓尔不群的诗人，标志性的诗篇。纵观昌耀一生中从1954年开始的诗歌写作，他只有一路走进这个系列时，才算是真正从一个时代笼罩性的集体写作中脱离了开来。而他写于1957年的《边城》《高车》等，则是他进入这一系列的最初的诗学觉醒。

我要说的是,昌耀在这里获得了一种通灵式的,与大自然进行秘晤私语的诗歌能力。而这样的能力,正是他陷入深刻孤独之后的产物。此时,当原先他所热衷的那些诗歌题旨路径,被他自己逐渐关闭,很难有什么再能对他形成心灵上的召唤,而他又必须在写作中寻求召唤时,其精神机制才会本能性地朝着大自然,集合出这唯一的心灵方向,以寻求美的慰藉和人生真意。并且,这其中还有一个经由长久地默然相对,而至逐渐地相互激活、"开窍",直至彼此唤醒内在光束的过程。也只有在这个时候,此中之人才能看到别人看不到的风景,才能领悟到大自然的真魂真意。正所谓"相看两不厌,唯有敬亭山"(李白),"此中有真意,欲辨已忘言"(陶渊明),"我见青山多妩媚,料青山见我亦如是"(辛弃疾)。

因此,这首《荒甸》几乎就是一种"无中生有"的产物,除了一片荒甸和渺茫的星空之外,这里还有什么呢?当然,在这个时代的集体性诗歌思维和语境中,它会很自然被扩张为大荒原上大开发的无限狂想。而昌耀在书写这首诗歌时,他首先面临的,就是要扬弃这种惯性狂想杂质,还归其固有的天然水晶式的纯粹——这正是昌耀这类诗歌开始的地方。既而,在这种纯粹的"无"中,展开与之对映生成的清澈心像。于是,那贮存在他信息库中的相关物象,便被一一地激活发亮:荒甸的上空,便有了为诗人"等待着"的"大熊星座",有了因诗人的期待而幻变出的"张灯结彩的藤萝",并"从北方的地平线伸展开它的繁枝茂叶"……当然,还有那由篝火在其心灵中幻变生成的、荒原上"情窦初开的磷光",都在统一于荒甸自身的意象谱系上缤纷闪烁。

> 湖畔。他从烟波中走出,
> 浴罢的肌体燧石般黛黑,
> 男性的长辫盘绕在脑颅,
> 如同向日葵的一轮花边。
> 他摇响耳环上的水珠,
> 披上佩剑的长服,向着金银滩
> 他的畜群曳袖而去……
>
> 我就这样结识了
> 库库淖尔湖忠实的养子。
> 他启开兽毛编结的房屋,
> 唤醒炉中的火种,
> 叩动七孔清风与我交谈。
> 我才轻易地爱上了
> 这揪心的牧笛和高天的云雀?
> 我才忘记了归路?

"库库淖尔",即青海湖的蒙古语称谓。从诗中"男性的长辫盘绕在脑颅"的描述来看,这个"库库淖尔湖忠实的养子",其实就是一位青海湖畔的藏族牧人。然而,我们谁又曾真正见到过这样的一位牧人呢?他燧石般黧黑结实的肌体、贵族式的佩剑长服、走向畜群时如同统领自己军旅的高视阔步的傲岸,完全是一副古代吐蕃武士的行止。这样一位遗世独立的草原骄子,无疑来自昌耀之于大草原的秘会独晤,是他从这位牧人神情举止中某些化石般的基因信息,一路上溯至吐蕃人的格萨尔武士时代,追写出来的一种精神形骸。当然,更是他心灵与之对应的结果。是他自己的心灵风景在对应物象上引发的强曝光。

因此,这样一个寂寞荒凉的岁月,既扼制了昌耀大面积的诗思迸发,又训练和强化出了他的这样一种特殊能力:对于大自然的美色密语心领神会,表现起来得心应手。

关于昌耀的诗歌语言,从总体特质上说,它是建立在青藏高原的社会民俗学、宗教历史文化、山川地质地貌场景中,对于其土著色彩和原生元素的提取。这无异于一项炼金术士式的工作。而在具体的语言方式上,则又体现出道法无穷的丰富性。我们通常都会注意到其语词形态上"昌耀式"的滞涩与古奥,但却忽略了另外一些完全相反的特征,比如《荒甸》开头"我不走了"这类极端的口语化风格,同样大量地存在于昌耀的诗作中。而另外一个重要特征,就是与其浑莽粗涩质地完全相反的"典雅"。

所谓典雅,包含两个词素。其一是典,有标准、根底、典据……之义;其二是雅,为纯正、美好、不粗俗。它在昌耀诗歌中表现为，某些语词的使用既别出心裁，恍若彗星、极光或不明飞行物，其本身又出之有据，纯正规范；呈现为一种蓄藏着深远学养气息和根底意蕴的、山高月小式的高古莹润。更为直观地说，它是一种钻石式的语词品质，是不能满足于某些语词在惯性使用中表现力的丧失，而穿透这一事物常规名词的外壳，对隐匿于其内部那一光核的提取和重新命名。比如《荒甸》一诗，如果它没有在几个关节处，提取出"荒甸""夜夕"这类让人眼前一亮的语词，把"荒甸"退回成"荒原"或"草原"，把"夜夕"退回成"夜晚"（这正是一般性写作中最常见的语词方式），诗中的"篝火"没有延伸幻化为荒甸上"情窦初开的磷光"，那么，它便很难在我们的大脑中，生成那种如同雪洗般清澈灿烂的图像。

这种典雅的语言特征，传递的信息是多方面的。它首先是昌耀自身为同时代诗人所稀缺的教养和心灵亮色的体现，他对粗鄙、流俗类物事本能性排斥的心理象征。其次，出于他对艺术创作中"精致"品质的崇奉。所谓的精致，其实就是一种精益求精的手艺标准，是一件艺术品在诗人的这种手艺标准中，所能实现的最大程度的完美。其三，体现了昌耀对蕴藏于高原土著中原生态的美学异质，高强度的感应与转化，亦即对处于生涩匿名状态中的这种美学异质，以典雅品格的转化和再造，使之在汉语流行诗歌世界千人一面的萎靡中，凸现出异质之美的瑰奇风景。

于是，正像他笔下这位遗世独立的草原骄子，在进入这一写作领域时，昌耀已完全建立了一套自己的、遗世独立的诗歌语言系统。我们从《湖畔》一诗中可以看到，昌耀在此几乎彻底摈弃了通常的语言意象方式，以完全是从高原土著的原生场景中，初次获得的那种神秘的陌生感，构成了一个独立的语义编码系统——青海湖成为"库库淖尔"；草原上的帐房成为"兽毛编织的房屋"；用嘴吹旺炉中之火，成为"唤醒炉中的火种"；吹奏牧笛成为"叩动七孔清风"……昌耀就是以这样的语言方式，在对高原土著生态信息全真性的恪守与转化中，为中国当代诗歌史，拉开了一个天籁萦回的风景写生小品长廊。

从艺术品质上来考察，这是昌耀在 20 世纪 60 年代前后的流放岁月中，最有价值的写作。

（到了 20 世纪 80 年代，画家陈丹青、陈逸飞几度深入西藏创作出的西藏风土系列油画，正是与昌耀干着相同的事情。但时间已后移了 20 多年。）

这样的油画风景写生长廊，以 1957 年的《边城》为起点，时断时续地一直延伸到 1986 年的《达坂雪霁远眺》为止，其间横跨了将近 30 年的岁月。它们是：《边城》《高车》《风景》《荒甸》《筏子客》《夜行在西部高原》《猎户》《峨日朵雪峰之侧》《酿造麦酒的黄昏》《莽原》《湖畔》《烟囱》《风景：湖》《丹噶尔》《鹿的角枝》《湖畔》《日出》《月下》《所思：在西部高原》《在山谷：乡途》《纪历》《驿途：落日在望》《草原》《放牧的多罗姆女神》《达坂雪霁远眺》。

——这是他笔下的荒甸莽原:"远处,蜃气飘摇的地表／崛起了渴望啸吟的笋尖／——是羚羊沉默的弯角。"而这群被现代文明,也被贪婪的猎枪所追逐的精灵,在仿佛是刚从天边躲过一场捕杀获得喘息的片刻之后,立时便忘了危险似的,重又"结成箭形的航队／在劲草之上纵横奔突,／温柔得如流火、金梭……"(《莽原》)。

——这是他笔下东方潮红中的日出时分,一片沙沙作响的天籁中却有着异样的静谧:"静谧的是河流、山林和泉边的水瓮／是水瓮里浮着的瓢","垭豁口／有骑驴的农艺师结伴早行"(《日出》)。

那群羚羊执意无视身后险恶的、使人为之揪心的纯真无邪;那位骑驴的农艺师与"我"在大地曙光中独领的,寂寞的西部山乡美色……它们原本就是那样存在的吗?如果是,我们为何在浩如烟海的现当代诗歌中,见不到相同的品种?在这个系列的诗作中,高原"异域"的神秘绮丽,野生族类生命天性的幻灵幻美,山河美色固守于时光深处的古老超然,在与现代人类怀着乡愁寻找家园的心理呼应中,就那么轻易地拨动着我们的心弦。

这是一种绝对不接受时间冲刷的诗篇。从其超然、纯粹的美学属性上来说,它们是留在20世纪中国新诗史上,那种以心灵与山河私语的唐诗宋词式的诗篇;也是当代诗歌史上,自然风景抒情的美学启蒙。它们大都以每首十多行左右的篇幅,固定为一幅幅油画写生小品,但却如同黄宾虹晚年的那种黄山水墨风景写生小品一样,在形体的小中,呈现着艺术上的"独步"之大。

而昌耀本人对于美术这门造型艺术,也的确并不陌生,并且还有着天生的热爱。直到1987年,他还在回首自己多难的诗人生涯时表示:自己的"画家梦"比之"作家梦"要更早一些,几乎可以追溯到他的孩提时代。于是便发出这样的感叹:"何必当作家?何必舍美术而当作家!"关于昌耀之于美术的情结与缘分,我将在后面专门提及。而就在眼下的这个流放营地,昌耀就真的有过"美术实践"。

随着在祁连山流放日久,昌耀变得郁郁寡欢,并且更为敏感而倔强。他业余时间从不参与别人的闲聊海吹,对那种插科打诨的无聊玩笑甚至有点反感。如果谁无意中用这类玩笑伤害了他,他可以在长达半年的时间内拒绝和这个人说话。因此,昌耀又在这里获得了一个"老闷儿"的绰号。老闷儿不爱说话,但他却主意很正,并常常独来独往,自行其是,就像他经常独自去很远的地方爬山;就像他那天突然想在山林中露宿一夜,他就这么干了,这不干别人的事。当然,也像他趴在地铺上抄写歌德的《普罗米修斯》,可以目无一切。

然而,不爱说话的老闷儿并非没有人缘。在另外一些人的眼中,他还就是一个人物。汤正大就曾听到过在民政厅某处长位置上被打成了"右派"的王太在背后对别人讲,老闷儿的东西写得很好,来祁连之前就很有些名气。

汤正大就和昌耀的关系不错,这缘于美术。据汤正大回忆:有一次,他看到同队的一个"右派"在给别人画素描,画得挺好,就请对方给自己也画一幅,对方不愿意,于是原本就有些美术功底的汤正大,一气之下就自己练了起来。这却招致了老闷儿的好奇:汤正大每次拉开架势在那儿练习的时候,老闷儿就不声不响地站在后边观看。但只是看,既不吭气,也不表态。如是几番之后,老闷儿不再来了。这又招致了汤正大的好奇,他找过去一看,原来老闷儿已经独自开练了。此后一交谈,老闷儿说他在文联时,就和青海的老画家方之南在一起,经常观看方之南的现场作画。通过闲聊,汤正大才知道,老闷儿在绘画的构图、运笔、墨色皴擦这类理论上,都颇有心得。由此,两人的关系似乎一下子拉近了。

昌耀此后在美术上,几乎没有过什么特殊表现,就像他在114师文工队专门摆弄过乐器,此后却完全金盆洗手一样。然而,他终究还是露出过蛛丝马迹。20世纪80年代,昌耀在《青海湖》当诗歌编辑时,有那么一两年的时间,每一期诗歌版面上诸如陶罐、青铜纹饰、汉砖造像类的诸多尾花,都由他亲手设计。再就是把自己的这一本事,用到自己的名片上。他曾在自己的名片上画过一匹火柴杆状的瘦长拙稚的荒原马,颇得汉砖画像古朴变形的造型意趣。再下来,就是他曾应青海美协的友人之邀,为美协的画家邀请展,友情出演式地写过美术评论。

昌耀和美术的缘分的确不浅,这其中一个特殊的表现就是，在青海的文学艺术界，与昌耀心理关系上最为融洽并能真正彼此欣赏的，不是文学界的人士，而是美术界的人士。就在昌耀落难的彼时，老画家方之南对于昌耀，就有着一种近乎父兄的感情。而此后流落到青海的画家朱乃正、王复羊等人，更是与昌耀惺惺相惜。

八

申诉之路

1. 落魄青海的精英者群

昌耀在祁连山流放营地加速诗歌写作进而折腾素描，是从1961年底开始的。这时他已从八宝农场最西端的夏塘台队，转到了位于农场场部附近一片台地之上的拉洞台一队。此时，原先同各类社会收容人员混编在各个基层单元的"右派"们，全部被抽离出来，集中到了这片台地之上的拉洞台一队和二队。

干什么呢？

好消息就在这时传来：今冬明春将分批解决"右派"们的问题。所谓的解决，就是由原单位收回，重新分配工作。

这一时期对昌耀来说，有两件关乎他政治生命的大事。其一，到1961年4月29日，他被湟源县法院判处的那个"管制三年"的期限已经到期，昌耀的"管制劳教"身份应随之解除；其二，1962年上半年，湟源县法院对它们前边的这个判决进行了复审之后，认为"原判不当，故予撤销"。这就是说，原先的那个判决是一个不负责任的扯淡判决。而昌耀的"管制劳教"身份，也就自然应化为乌有。

一个不负责任的判决在4年之后被"负责任"地撤销了，现在，该青海省文联负起他们该负的责任，将昌耀收回了。然而，正像青海省文联筹备领导小组在1979年给昌耀的平反材料《关于王昌耀问题的复查意见》中的结论："1962年湟源县撤销错误判决后，原省文联未及时收回该同志安排工作也是不当的。"

但在查阅昌耀的这些相关材料时，我却发现了一个重大问题：就在昌耀"管制三年，送去劳教"的期限已经到期，且湟源县法院又撤销了他们的错误判决后，青海省文联竟然似乎对此毫不知情，竟然一直把昌耀当成一个"劳教分子"，以至直到1979年，全国所有"右派"的遗留问题都在彻底解决时，当时的"青海省革委会劳动教育工作委员会"，才收到省文联上报的"关于撤销王昌耀劳动教养的报告"，并做出"同意"的批复。

事情居然如此荒唐！但到底是哪个环节上出了问题？我们无法得知。

而原先的文联领导某主任，此时已没有权力为此事负责任了。他已在1959年反击"右倾"机会主义的运动中给挑下马去，在西宁郊区的一个农场，以"'右倾'机会主义分子"的身份看守大门。

而此时的昌耀，对此并不知情。他在满怀期待中，自以为终于熬到了这一天，并且又迎来了农场宣布的好消息。而这个消息的确是真的。先是一批原县团级级别的"右派"被收回了；继而，是一批行政19级级别的人员被收回。依照这种按行政级别从高到低的政策落实态势，下一步，就该轮到昌耀们这些一般干部了。昌耀眼巴巴地等着下一步，然而，下一步却没有了。

此时的昌耀即便不致绝望，他的心里也会清楚，一年半载内是绝对不会看到希望了。然而他却简单地认为，致他于此时此地而不得翻身的，仅只有"右派"这顶帽子了。因此，他不能不为掀掉这顶帽子而进行"绝地反击"。也就是从1962年下半年起，昌耀开始了持续的申诉。

这一年的七八月间，昌耀写出了一个2万多字的《甄别材料》。在这份材料中，他将自己的家庭背景、社会关系、个人经历、反右运动前后的细枝末节，以及运动中给他罗织的问题，这些问题的真假虚实，来龙去脉，逐一做出了说明。既而，为了证明《林中试笛》的清白，他还援引了自己的其他诗歌和相关的文艺理论，来说明自己在高原风土、自然情趣上的诗歌旨趣，以及这两首诗与这种旨趣的一致性。在这篇材料中，他专门提到了以民谣风格著称于世的西班牙诗人洛尔迦，进而以洛尔迦作为自己创作的佐证。这是我所见到的昌耀唯一一篇从风格、意象等微观分析的角度谈诗的文字，它的精到和严谨，即使放在今天也依然光华灼灼。

这样的一份材料，昌耀当然特别珍重，而通过邮局邮递又是否可靠呢？他没有这个信心。于是便决定亲自交到文联领导手中。

这个时候的昌耀已经有了请假外出的权利，但此行的目的是申诉翻案，不知怎么的他自先就有了几分心虚，为了避免节外生枝的麻烦，这位深沉的诗人又一次采取了可笑的行动。

接下来的情景，几乎就等同于诡秘地出逃。

那天下午，等大家都出工走了之后，他悄悄地离开宿舍，从拉洞台台地下到八宝河河谷。接着，他没敢径直上公路，而是贴着河谷坡根的草滩树林择路蹀行，傍晚时分进入了当地的乡村中学。这里，有一位他熟悉的四川籍的大学毕业生，大约是两年前来到这里任教。在这位青年教师的宿舍住了一宿，第二天清早在公路旁等到客车后，他又在脸上特意捂了一个大口罩，然后坐车前往西宁。

此后的事实表明，这完全是类似于足球场上那种多余的"技术动作"，因为后边根本没有他想象中的"追兵"。

接下来的情景，昌耀用《夜谭》这首诗进行了讲述：

子夜。
郊原灯火像是叛离花枝的彩蝶，
随我搭乘的长途车一路奔逐，

直伴我进入睡眠迷蒙的市区,
谁也不再认识我。
那些高大的建筑体内流荡光明,
使我依稀恢复了几分现代意识。
但他们多半是我去后的新客,
而诧异我紫糖的面孔透出草原雷雨气息。

今夜,我唱一支非听觉所能感知的谣曲,
只唱给你——囚禁在时装橱窗的木制女郎……

1962.9.23 夜 12 时
记于西宁南大街旅邸

这情景,的确就像一个遥远的神话:发生在古代阿拉伯那一天方之国的"天方夜谭"。城市夜色中神秘的繁华和一个盯着商厦橱窗中"木制女郎"发呆的流浪汉,这是一个如何诡异的场景?此夜此夕,这两位原本互不相干的"人",却因共同的"囚禁"属性,而在流浪汉的心中产生了"天涯故人"的温热。是的,在他曾经生活了 3 年的这个城市,此夜此夕,"谁也不再认识我"。

青海省文联的领导们也不认识他,这个机构的领导层已于 1959 年以来相继大换班。那时,他们偏偏都因各种事务而出差在外(这或许是湟源县法院对昌耀撤销判决的文书被忽略的原因之一）。

他只有向办公室的人员递交上自己的《甄别材料》，然后快快离开。他没有获得向新任领导们当面陈述的机会。一次带有"武工队"色彩的行动，就这样以失望告终。

然而，此番的西宁之行也并非一无所获。他起码获得了诸多新的信息。

时间推移到1962年秋季，青海文化艺术界已经足以称得上"江山一改旧时颜"。从以北京为中心的全国各地，自1957年起的反右运动中就相继发配下来的各路精英积攒到此时，已完全可以让青海以文化人才大省而自雄。这些人物大致如下。

彭柏山：原新四军将军，上海市委宣传部部长，供职于青海师范学院图书馆，不久后调离。

徐炜：笔名范泉，20世纪30年代上海著名的编辑家，当时与茅盾等人过从甚密，主编有《文艺春秋》等刊物，供职于青海湟中县文化馆。

徐炜先生20世纪80年代初出任青海师院的硕士生导师，此间应我们的写作课任老师之邀，为中文系77级上过几堂写作课。因为我曾对写作课老师给我的作文评价不服，徐先生又受该老师之邀，为我的另一篇作文写了整整一页纸的评语。这份评语淡定客观，他依旧没有表扬我，却为我的年轻气盛泄了火。毕业后，我曾以记者的身份写过他的一篇专访，看过之后，他让自己的研究生传过话来：还不错。

罗洛："七月"诗人，胡风集团分子，20世纪40年代曾为来华的聂鲁达做过翻译，供职于青海一生物研究所做资料翻译，后任上海市作协主席。

朱乃正：油画家、书法家，先后供职于青海省文联、省摄影美术展览办公室，后任中央美院副院长、中国油画艺委会主任。

王复羊：漫画家，先后供职于青海人民出版社，《青海画报》社等，后任北京市美协主席，全国漫画艺委会主任。

田地：诗人，儿童文学作家，20世纪40年代参与过上海《诗创造》的编辑工作，20世纪50年代初曾任上海《儿童时代》代社长，在青海一牧业县任小学教师。

黎焕颐：诗人，在青海海西州查查香卡农场"劳改"。

孟犁野：原任北影厂编剧，供职于青海省歌舞团，后任北京国际政治学院（后与中国人民公安大学合并）新闻系主任。

赵亦吾：作家，供职于青海省文联，后任中国曲艺家协会《曲艺》杂志主编。

白榕：诗人，原任《人民文学》编辑，供职于青海省文联，稍后调入安徽省文联。

王浩：诗人、作家、剧作家，供职于青海省文化局，后任北京电视台副台长。

李元洛：诗歌评论家，供职于西宁一中任教师，后任湖南省作协副主席。

余易木：西宁一小型机械厂技术员，20世纪80年代初以

《初恋的回声》和《春雪》两部中短篇驰名中国文坛，通数门外语，于西方文学学养宏富精深，翻译过《帕尔玛修道院》。后被《十月》杂志副主编张守仁视为"奇才"。

陈登颐：翻译家，原任上海音乐出版社编辑，供职于柴达木盆地大柴旦中学，通数门外语，从20世纪50年代初到20世纪末，翻译出版西方音乐理论和文学作品20多种。其中，150万字的《世界小说一百篇》(1983年前后出版)因译笔传神而享誉学界。

瞿弦和：供职于青海省话剧团，后为中国煤矿文工团团长，朗诵艺术家。

张亮：供职于青海省话剧团，曾于电影《林家铺子》中出演寿生。

赵尔康：供职于青海省话剧团，后主演过《归心似箭》等电影多部。

李丁：供职于青海省话剧团，后返回北京，是中国演艺界的常青树，直至2006年，仍在央视荧屏上手提"新盖中盖高钙片"做明星广告。

赵梓雄：供职于青海省话剧团，20世纪70年代末因新编大型话剧《生活在召唤》而名噪一时。

程祥徽：供职于青海民族学院，后任澳门大学中文学院院长。

胡安良：语言学家王力的研究生，供职于青海民族学院。

林锡纯：北师大毕业生，曾受教于书法家启功，先后在与祁连县相邻的门源县中学和西宁一中教书，后任西宁晚报社总编辑，青海省书法家协会主席。

…………

这批人物，是青海有史以来纳入的文化量级最高的一群，也是青海文化史上一个空前的豪华阵容。这个群体此后在青海的文化艺术中所形成的"生产母机"效应，使他们足以接受历史的敬意。

而此刻，他们都是落魄者。

也就是在这次毫无收获的西宁之行中，即将到来的结尾却有了一抹亮色：昌耀被旧日的同事，介绍给了在他离去之后来到青海的画家朱乃正。朱乃正戴着"右派"的帽子被从北京发配到了青海省文联，身为"右派"的昌耀因为多了一个"三年劳教"，而被发配到了祁连山。共同的遭遇和相同的艺术素养，使他们更容易心犀相通，更易于产生一种天涯遇故人的心理认同。但那又能怎样呢？也就是在这次临别之际，朱乃正拿出了自己积攒的5斤全国粮票，送给了日子比自己更为潦倒的昌耀。然后，共同期待着属于自己的时代来临。

而这5斤全国通用粮票，却让昌耀至死不忘。直至去世前躺在病榻上，还忍不住地旧事重提。那么，此时的这5斤全国通用粮票，又是一个什么概念呢？我可以提供这样的一些数据以供参照：

从20世纪50年代中后期开始直至20世纪80年代初，是一个"金钱绝对不是万能的"时代，日常生活的所有用品：粮食制品、油、肉、蛋、红糖、布匹衣物，甚至燃煤，都要凭票证供应。假如你要在饭馆吃饭，哪怕仅仅是购买馒头，如果没有粮票，钱就不能产生作用。反过来说，只有钱与粮票配套使用，方可购得食品。而粮票，是按照社会成员工作劳动的强度类型，在最低的需求标准上严格核定后，配发给每个人的。比如一个机械工人每月的粮食定额是 31 斤，教师和一般干部则为 27 斤——那么，他每月就只能有 27 斤粮票。由于当时油、肉、蛋之类的副食配给微乎其微，人们的肚皮内根本没有油水，所以这 27 斤的粮食也仅够个人充饥，很难有剩余的粮票。反倒是以工资形式领到的钱，在每个人手中多少都会有一些节余。这是指中国各省区的地方粮票。你如果要离开本省去外地，这个本省的粮票就无法流通，你就必须通过单位介绍信和出差探亲证明之类，将它换成全国通用粮票。而对于普通平民来说，这中间的关节和麻烦，则常常使人头晕。

所以，这 5 斤全国通用粮票，几乎就是一个人不可能多余出来的口粮。现在，一个未来的大画家，把它送给了一个未来的大诗人。

2. 投向北京求助的信鸽

> 多少年了，
> 我把自己的忧心，疑虑，
> 镂刻在一封封
> 投给北京的信函。

> 好像身陷孤岛的水手，
> 盼水天之间，
> 会神奇般地飞来一只
> 我们希望的信鸽。
> 然而，周围只有
> 不尽的涛拍……

这是昌耀后来在《大山的囚徒》中，对那位囚徒的描述。我在前边已经说过，这位囚徒的原型是曾为新四军战士和州委宣传部部长的张观生。而这一"孤岛上的水手盼望信鸽"的意象，更多的是昌耀自己的原型。

如果说，昌耀此前把自己囚徒处境的改变，完全寄托在"三年劳教"期满这一目标上，那么，在这个期限已满，湟源县法院又对他们的错误做出了司法改正，但他的处境却没有丝毫改变时，他还能等待什么呢？

是的，他只能自己来救自己。但在经历了上一次西宁之行的碰壁后，使他意识到这种"自救"必须通过一定的中介来实现。于是，有这样三个人出现在昌耀的期待中：

其一是老画家方之南。方之南是青海本土土壤中生长出来的一棵大树，青海省现代美术事业的奠基人。他1911年出生于青海，1931年考入刘海粟任校长的上海美术专科学校至结业。1950年任青海文联美术组组长。而他在美术上干过的两件大事，都与祁连有关。第一，是1962年受命为北京的人民大会堂青海厅绘制了巨幅国画《祁连新貌》；第二，是1980年再次为该厅绘制了《巍巍祁连》。而与昌耀有过3年"同事"关系的这位长者，对昌耀的才华和性格一直欣赏有加。因此，在昌耀落难之后，他曾利用下乡写生的机会，分别去湟源县和祁连山看望过昌耀。作为一个资深的艺术家和政治上并不含糊的人，他甚至对昌耀的"政治问题"不以为然。

所以，昌耀首先想到了向方之南求助。从1963年9月开始，他向方之南连续放出了求助的"信鸽"。

因为从这一年的9月份起，方之南连续在兰州和乌鲁木齐搞了两个月的画展，所以直到11月初回来后才见到了昌耀的信。在对昌耀问题的解决途径进行了综合考虑后，他于12月初给昌耀回了一封指点迷津的信。在这封信中他首先写道，得知"你周围的一些情况，使我也很难过，文联对你的问题一直没有管"，因为文联"党支部都是新人，你都不熟悉，我说了（因为）他们对你不了解，也没有引起重视"。继而介绍了文联的新任最高领导，并让昌耀鼓起勇气直接给这位领导人写信，之后又建议昌耀："给省委第一书记杨植霖也写信去，请求他帮助搞清问题。据我所知，有些劳改释放和未放的人也直接写信给他，问题大部分都得到了解决，只要把事情写清楚，他是会管的。"接着，方先生特意强调："你的问题并不是那样严重的。"

方之南在这里为昌耀设想了两条途径。首先，是给青海省文联和青海省委的第一把手同时写信申诉。之所以要给杨植霖写信，方之南自有另外一番考虑，因为杨植霖本人并不仅仅是一个省委第一书记，他还是一位在20世纪60年代初就出版过诗集的诗人，并且，他1961年出版的《王若飞在狱中》那部书，甚至陪伴过一代人的成长。那么，这样一位文人高官，应该更容易理解昌耀一些，更容易对昌耀产生恻隐之心？

接下来，方先生还为昌耀设想了第二条途径，这就是向北京的五叔王其榘求助。由于方先生几天之后就要去北京参加全国美协工作会议，所以，他决定就这件事情亲自向王其榘面谈。"我可以把详细情况告诉他，交换一下意见。我想他也可以设法帮助你解决这个环境吧。"

在方之南这位老艺术家的心目中，供职于中国科学院的王其榘，自然是一个有分量的人物，如果他能再出面给青海省文联乃至杨植霖书记写信，形成多管齐下的力度，解决问题的把握则更大。方先生为昌耀这位晚生的思虑可谓周全。

而就在9月份给方之南发出求助信的稍后，昌耀也给五叔王其榘写过一封汇报自己生活状况的信。此时经方之南这封信一提示，又再次唤起了他对自己这位五叔的热望。接着便鼓起勇气，又向五叔放出了求助的"信鸽"。正如前边诗歌中的描述，这是一封典型的"身陷孤岛的水手"，"投给北京的信函"。于是，五叔成了昌耀的第二个求助目标。此时，距这对叔侄自1957年底中断了通信之后，已达6年之久。

第三位出现在昌耀求助目标中的人，是昌耀昔日的同事闫瑶莲。她在1963年8月前的一段时期内，曾担任青海省文联的代理党支部书记，随后把工作交给正式继任者，到了北京的中国人民大学进修——这也是方之南这封信中提供给昌耀的信息。

方之南12月12日去北京开会，那个时代的这类会议似乎特别长，直到1964年1月9日，会议才接近末尾，方之南也才得以腾出时间，电话约请王其榘到自己所住的旅馆见面。王其榘是傍晚七点到的，七点半，闫瑶莲从人民大学也赶了过来。想来，这应该是方先生的特意安排。因为其一，闫瑶莲对昌耀的情况最为熟悉；其二，她的身份还带有一定程度上的组织色彩。这样，他与闫瑶莲两个人向王其榘谈昌耀的情况，信息更为全面，在感觉上似乎也更有分量，因而也更有利于促成王其榘出面帮助昌耀的决心。

于是，在1964年初的北京的这个傍晚，就有了这样三位文化艺术界的知识分子，围绕着昌耀问题的一番谈话。

关于这次谈话，王其榘在第二天写给昌耀的信中有比较详细的记述：

昨天下午七时到九时，我应方之南先生的约，在旅馆里会见了他。这就是你来信中所称的老画家，对吗？

他为人很热情的，对你是很关切的。他很看重你的小聪明。他觉得你犯的错误并不那么严重，希望家庭对你不要误解，他说他到过湟源祁连，了解你的情况。

七点半钟，青海省文联前任党支部书记一位女同志也来看望方先生，她也谈了一些你的情况，觉得你已有些认识。这样，我对你的了解，就比较全面一些，对当时的情况（即1957年昌耀被打"右派"时的情况——燎原注）也就知道得多一些，而这些，你信中一次也没提到。

他们都觉得你有"才华"，希望你能提高认识，早些提高。共同的看法，是希望你要安心在祁连，争取那里组织的帮助，汇报自己的思想，在可能的条件下，不放松理论、文学的学习。你也可以向文联党组织做些思想检查，让他们给予一些帮助，但是，不是什么甄别。

对于方先生我只见（过）一面，我感谢他那么关切（你），我也告诉你我的一点感想。我觉得他对你是关心的，但他并不真正了解你。这也难怪，因为方先生也是旧社会出生的，他对你犯错误的严重性，并不看重，而对你的才能却很欣赏，这样，他对你的帮助，就鼓励多于批评，同情多于分清是非。也许，因为这样的原因，你在各方面的声讨中，觉得这里面有温暖，觉得是"知己"……

依我想，也许那位女同志，你可以多争取她的帮助，这不是什么别的原因，我觉得她看问题还是全面一些，对你的帮助大一些。

关于这次谈话，昌瑶连在这年7月24日给昌耀的信中，也记忆犹新："上次老方同志来京时，在他的住处，会见了您的叔父，从谈话中看出他对你要求很严，我对他印象很好，以后有暇时定当登门拜访。"

闫瑶莲的信是一封热情洋溢的信,一封足可让心情低迷颓丧中的昌耀感到温暖获得振奋的信。她在这封信中写道:"您信中说同志们忘了您,不,据我所知,很多同志很怀念您,常常谈起您。"

在这封信中,闫瑶莲还专门就昌耀寄给自己的一首诗作,谈到了她自己之于文学的情感:"《宝茹大姐》拜读了,写得情深意挚。从诗里看出您对过去朝夕相处的战友的深深怀念,看出您对革命大家庭的热爱,这是可贵的,文字也有自己的独到之处,总之,是首不错的抒情小诗。"

"您这种时刻不忘诗笔的韧劲,我深深敬佩,也应该向您很好地学习……昌耀,我爱文学,还是孩提时代,在我出生的小院里,看到故乡天空的一朵流云,一颗亮星,还有自己家门前的那棵紫丁香在初春的夜晚发出轻微的幽香时,我就在心底里埋下了热爱文学的种子。后来参加了革命……而作为文艺战线的一个小兵……我非常惭愧,我空空地站在这个岗位上,可是没有什么贡献啊!当然感叹是徒劳的,应该急起直追。以后在这方面,希望您能帮助和指教,我一直觉得您的文学修养很高,学识渊博,应该很好地向您学习。"

而对于昌耀就自己问题进行甄别的要求,这封信中这样写道:"关于您的要求和想法,我可以向文联领导再转达一次,信上不好谈,今年暑假我到西宁,届时向组织面谈吧!"虽然寥寥数语,并且比较含蓄,但这却对昌耀意味着一种重要承诺。以闫瑶莲此时的身份,她"向组织的面谈"应该是有分量的。

这的确是一封能让人产生温暖的信。闫瑶莲:1949年毕业于北京的华北大学,1953年到了青海省文联,先后任《青海湖》杂志的编辑、副主编、主编,以及青海省文联党组成员,直到退休后还曾兼任该杂志的顾问。20世纪80年代初,我也曾与她有过多次接触,当时的感觉中,她是一位宽厚慈和的老太太,至今仍一直保持着这个印象。闫瑶莲不是方之南和昌耀那种类型上具有光芒的艺术家,而作为一个在文学与政治运动之间能把握自己安全尺度的人,并时而被赋予领导职责的人,她却对自己未能在文学上有大的作为始终怅然若失。这似乎正是那种人生难以两全的局限,那种造化之手的平衡作用。到了20世纪90年代已经退休之后,闫瑶莲仍不时动笔写作,并相继整理出版了两部以"文坛忆旧"为主体的文学作品集。

所以,在1964年的此时,她对于昌耀文学才华的欣赏乃至倾慕无疑是发自肺腑的;而以她此时在文联能为昌耀的问题说得上话的身份,这封信中的信息和承诺,对于陷入"孤岛"的昌耀来说,应该真的就形同于盼来了"希望的信鸽"。

而五叔王其榘的信,带给昌耀的感觉想来应是极其复杂的。你很难断定这是对于昌耀一贯的严厉要求——要求愈严,爱之愈深呢,还是一种满怀批评热忱的冷漠,即他只对批评错误,表达自己正确的立场姿态感兴趣,而对解决昌耀的问题没有兴趣?

五叔把方之南对昌耀才华的看重，表述为是对昌耀"小聪明"的看重；五叔指教昌耀根本不要考虑对自己问题的甄别，而是向祁连八宝农场的组织"汇报思想"，向青海省文联的组织"做些检查"。在五叔的眼里，昌耀永远是一个需要做检查的人。他更认为，方之南"并不真正了解"昌耀。那么，到底是谁更了解昌耀呢？1957年昌耀的落难，证明了五叔的嗅觉的确敏锐，但历史并没有让他永远掌控这一自信。随着1979年之后中国社会政治生活秩序的恢复，昌耀以他在中国诗坛大荒振袂般的复出和崛起，回应了方之南对自己的欣赏和期待，并最终证实了一位老艺术家不凡的眼力。

然而，1964年初从北京回到西宁的方之南，并没有给昌耀传递去任何他盼望的信息，进而对昌耀彻底地置之不理。那么，这又是为什么呢？

在时间相隔14年之后的1978年，"文革"结束，中国开始为各种冤假错案复查平反，昌耀为了自己问题的彻底解决再次求助于方之南时，方先生又向昌耀伸出了援手，并在给予昌耀的信中道出了事情的原委。

这位老画家在信中写道："我对你始终是同情的，1963年（应为1964年初——燎原注）在北京受你之托向你五叔恳谈了你的情况之后，我并没有对他说过对党不满或替你翻案之话，因为，我是文联的一般干部，又是群众，哪有权力替你翻案。你五叔竟不顾事实，加油添醋，向宣传部写了一封所谓'揭发'材料，宣传部把材料转到省文联副主席戴锐军同志手里，戴是个好人,他问明了情况后,只好叫我给宣传部写了检查,我如实地写了,但后来终于把这封材料装入我的档案,作为罪证之一,罪名是替"右派"分子喊冤叫屈,要求翻案等,迄今还留在档案里,未被销毁,据说要请示省委才能焚毁。现在我认为你五叔是个……(此处由燎原特意略去——燎原注)我谈到这些,非常气愤!我是个从来不会弄虚作假阿谀奉承,奴颜婢膝之人,所以我对他的看法是如此,可能会伤害你们叔侄之感情吧?"

方之南尽管这么大的火气,但信的结尾还没忘了对昌耀用这样的语气说这样的话:"话很多,仅止于此,望你以后要改改以前的脾气,是权宜之计,可以么?"这就是说,他并不认为昌耀有自己的脾气就有什么不好,但为了自己问题的顺利解决而应该"权宜之计"地改变一下。尽管这样的建议完全是为了昌耀,他竟然还用了"可以么?"这种商量性的口气。这应该就是同为艺术家的那一类人,对彼此身上艺术才华的尊重。他们或许都清楚:这个世界形形色色的人众中,不同标准中的人有不同的成就,但那种带着某种性格缺陷而身怀大艺术才具的人,却是凤毛麟角。

所谓的"物以类聚、人以群分",的确是至理名言。有着家族血缘关系的五叔王其榘和侄子王昌耀也的确不是一类人,所以,叔侄间的关系,远不如异姓的同道之间那么心犀相通,珍重有加。

上诉之路不但艰辛曲折，波诡云谲，并且还使自己所敬重的一位老艺术家受到牵连（此时的昌耀对此并不知情），但昌耀这一次坚定地拒绝了五叔的教诲，他要为讨回自己的清白竭力而为。

终于，在1965年9月15日，将昌耀压在祁连山下的这顶"右派"的"荆冠"被摘除了去。这个时间，距他戴上这顶荆冠整整8年，离闫瑶莲给他那封信中"向组织面谈"的承诺，相距一年。

当摘去"右派"荆冠的这个时刻终于到来之时，身居祁连山拉洞台流放营地的昌耀，能不百感交集？那一瞬间，应该有无数个念头倏然涌起，但稍微冷静下来之后，他觉得自己最急于要做的事情，一共有两件。首先一件，就是将这一喜讯告诉五叔，在让亲人分享这一喜悦的同时，他还在潜意识中要对五叔做出这样的表示：我是清白的。既而，他又在给五叔的信中提出，要去一趟北京。

五叔在10月11日很快地写了回信："知道你摘掉了自己戴上的'右派'帽子，这是可喜的事，也为你高兴。"但除了这种"高兴"外，马上话题一转，又开始了对昌耀的批评以及对于其思想根源的分析和追问。终而明确地表示："北京，是好地方，希望你自己创造条件来北京看看。目前，是搞好自己（，）当务之急，更（应）加强自己的改造，目前，你来并不合适，也不宜做此计划。"

但昌耀并没有理会五叔的拒绝，他还是去了，时间是在这一年的11月初。

根据昌耀的性格和行为逻辑,在面对这一材料事实时,我曾对他固执的此行迷惑不解,有什么必要自讨没趣?

但这个问题在我对刘启增的采访中得到了解答。刘启增回忆道:三年自然灾害时期,他回北京探亲,曾受昌耀之托,看望了昌耀的二妹王瑞珍。王瑞珍性格本来就懦弱,见到大哥的熟人后,一时竟忍不住地哭哭啼啼。回到祁连,刘启增便力劝昌耀去北京看一看。此后的一些信件还表明,在参加了工作并成家生子后,王瑞珍的日子一直过得比较凄苦。1979年,昌耀平反后获得了700元的返城安家费,他在一家5口就靠着这笔钱在西宁安身立命时,却硬是从中挤出了100元,分送给4个弟妹,分给王瑞珍的最多,一共40元。王瑞珍收到了大哥这笔"血汗钱"后,再一次难过地流下了泪。

那么,昌耀这次非去北京不可的原因,除了心理上在五叔这位长辈那里必须获得一个"家"的感觉外,应当更有看望自己这位妹妹的因素。长兄如父,但他这个兄长没能当好,他要尽可能地弥补。

能够体现昌耀微妙而自尊心理的,是他这样的做法:到了北京后,他先为自己找了一个旅社安顿下来之后,才去了五叔的家。此时昌耀的几个弟妹都已工作,住在各自的单位。五叔的家应比以前宽敞得多,但他觉得自己是一位不速之客,应该有起码的自谅。

11年不曾相见,但由于信件中思想形态上更深刻的往来,叔侄两人彼此都不觉得陌生。非但不陌生，简直就像又拾起了昨天还没谈完的话题，从昌耀进门不久，五叔就又开始了他对错误绝不姑息的严厉：据我所知，当年打成"右派"的许多人早都摘了帽子，为什么你到今天才摘？估计你是顽固中的顽固——五叔又重复起了他在上封信中对昌耀的追问。诸如此类的批评，直到坐在饭桌前，五叔仍是滔滔不绝。昌耀开始还解释了几句，此后就不再吭气。等五叔去了一趟厨房再回来时，饭桌上只留下了拍在那里的一双筷子。人，已不辞而别。

这个情节，几乎完全重复了1954年暑假昌耀去五叔的家，和五叔的儿子念青发生争执后，那扬长而去的一幕。

历史果真有如此惊人的相似之处？

但那一次，五叔为之伤心；而这一次，五叔却无动于衷。

先是大弟王昌煜赶回家里，得知大哥走了后，"我先到前门旅店介绍所去查问，介绍所说他们那里不登记，我又沿着前门大街找了好几家旅店，都不曾找到你"——昌煜在随后给昌耀的信中这样写道。

那时，昌耀已退了旅店，来到北京火车站后，专门给王瑞珍打了电话，兄妹终于在车站见了一面后，昌耀冷静地离开了北京。

他与五叔的通信，至此彻底结束。

九　走出祁连山

1. 土伯特的女儿们

也是在亢奋写作的 1962 年，昌耀还写出了一首题名为《良宵》的诗，这是一首与他同一时期的作品差异明显，透露了他另外一重心思的诗作。

> 放逐的诗人啊
> 这良宵是属于你的吗？
> 这新嫁娘的柔情蜜意的夜是属于你的吗？
> 这在山岳、涛声和午夜钟楼流动的夜
> 是属于你的吗？这使月光下的花苞
> 如小天鹅徐徐展翅的夜是属于你的吗？

> 不,今夜没有月光,没有花朵,也没有天鹅,

经过对这一组"柔情蜜意"的幻象否定之后,他紧接着这样写道:

> 但不要以为我的爱情已生满菌斑,
> ……………
> 我的须髭如同箭毛,
> 而我的爱情却如夜色一样羞涩。
> 啊,你自夜中与我对语的朋友
> 请递给我十指纤纤的你的素手。

这首诗写于1962年的9月14日,在考察这首诗的时候,我们会突然意识到,此时的昌耀已经26岁了。这个年龄意味着什么呢?很简单,它是一个爱情需求欲旺盛,并具有旺盛的爱情消费力的年龄。

在艺术创作中早熟的昌耀,其情感腺系当然也不迟钝。早在1954年河北荣军学校期间,18岁的他就和保定师范的那个小露姑娘,有过一次像模像样而又伤感的恋爱。到了1957年前后在青海省文联任编辑和创作员时,非常看重昌耀才华的画家方之南,又为昌耀介绍过一个对象。这是一位与方之南有着亲属关系,在西宁某师范附小任课的姑娘。如果不是昌耀随后成为"右派"而流放祁连山,那么,昌耀的人生伴侣很可能就

是她了。

但是，一个被打成"右派"，再加上判处三年劳教的人，能有条件谈恋爱吗？他自身对于爱情的需求，也只能强制性地自我抑制。当然，压抑之后便是强烈的反弹。而反弹则是需要前提的，这个前提，就是1961年4月29日三年劳教期限到期后，他劳教身份的自动解除；既而是1962年上半年，湟源县法院对上述错误判决的"撤销"——尤其是这个来自国家司法机器的"撤销"，对于昌耀的心灵抚慰作用是巨大的：我被委屈了，但这个冤案得到了改正，这个冤案能得到改正，"右派"的冤案也同样应该能够得到改正。他由此看到了令他鼓舞的希望，更重要的是，他在理论上已于此获得了自由之身。关于"右派"问题的申诉之路至此开始，而另一方面，心灵中暂时的扬眉吐气，则使他爱情的情感生理机能，由恢复而至强度反弹。于是，就在依旧的祁连山流放地，他的意念中幻化出了"新嫁娘的柔情蜜意的夜"和月光下小天鹅徐徐展翅的花苞这样的幻象。

而这个夜色中与他"对语的朋友"，这个被他吁请着递来"十指纤纤的素手"的人，又是假想中的谁呢？是遥远的小露姑娘，是西宁的小学女教师，或者是对艺术舞台上小天鹅舞蹈的遐想中，幻化出来的抽象女性？我们无从猜测。

但我们能够知道的是，在母亲自杀，父亲因劳教而与他的父子关系早已形同虚设，伯父、叔父也与他没有了书信往来的这个时候，他在心灵情感上已经失去了任何依托。进一步地说，他已成了一个彻底无家可归的人。

这应该是一件非常可怕的事，当一个人真正到了这种地步，他所从事的一切，都将失去意义。不但他的痛苦没有人分担，甚至他在孤立无援中奋斗出来的成就或喜悦，也没有人来分享，或把它当成一回事。这样，他将从根本上失去自我支撑或奋斗的动力。

所以，这首《良宵》的出现，在透露了他渴望爱情的背后，更有着他对心灵和情感有所托付的渴望，亦即对于"家"的渴望。

但现在，能够提供给他以"家"的想象的，只能是北京的五叔了。然而，他又清楚，虽然他已获得了理论上的自由之身，但对于此时仍然是"右派"身份的他来说，那无疑是一个难以接近的"家"。

他的心情那么大大地轻松了一下，接着又被更为艰巨、漫长的申诉之路所取代。我们在《昌耀诗文总集》中看到，从1963年开始，他的诗歌写作像是从饱和状态中突然泄了气似的，开始变得稀疏。

这样一直挨到1965年9月，在"右派"的帽子终于被摘去之后，他迫不及待想告诉的第一个人，就是他的五叔，并且不顾五叔的拒绝，而执意去了北京。但此行的结果，前边已做了描述，至此，昌耀便彻底断绝了对于这个家一厢情愿的妄念。

但人在绝望的时候，总有绝处逢生的思路。这是人的本能。

还记得1958年5月1日，昌耀从下若约村被湟源县公安局的吉普车带走的那个夜晚吗？而从那时直到现在的7年多时间，他当时的房东，下若约村的杨公保一家，竟再也不知道昌耀的下落。当年那个干净文静的南方少年，他此后到底去了哪里，又在这世界上的哪个地方遭难？唉！孽障啊。

"人是凭气息寻找朋友的"——这是我的一位朋友所说的话。这话没错，并且，人还是凭气息达成心灵感应的。

如果说，在这样的时候，这个世界上还有那么一个家庭记挂着昌耀，这应该就是杨公保一家了——一个日月山下的藏族之家。而昌耀无疑也有着同样的心灵信息感应。

但他又为什么在长达7年多的时间中，没给杨公保一家任何信息呢？原因同样很简单："无颜见江东父老。"还有一个因素，他不愿因自己的身份，再让杨公保受到拖累。

但此时事情已彻底改观。从政治身份上来说，他已成了一个干净的国家公民。非但如此，他还是一个国家干部——正如当年与下若约村的那个村支书较劲时，他所强调的。

所以，当他的"右派"帽子被摘除之后，他急于告诉的另一个人，在他的想象中也能为此而高兴的，便是杨公保了。所以，在给五叔去了"报喜"的信之后，他也给杨公保去了一封信。

1965年11月，让昌耀沮丧的北京之行结束后，他没有径直返回祁连山，而是从西宁分岔去了湟源的杨公保家。他要看望一下这个家痛惜过自己的老奶奶，看望一下父兄般的杨公保，也要让他们一家看一看自己。

昌耀的到来使这个家感到惊喜，失踪7年多之后，使他们不时牵挂念叨的那个汉族小伙子看望他们来了，并且，他还是从北京来的——这一点，于此显示了一种无形的重要。这个藏族家庭成员仅能靠意识末梢触及的遥远而神秘的北京，却是这个小伙子家庭社会背景所关联的一个部分。更为直观地说，他能够去北京这件事的本身，不但洗清了他当年那个夜晚突然被吉普车带走时，留在他们心头的晦暗感，并且，也使此时的昌耀显得更为亮堂，乃至神奇不凡。

现在，昌耀特意看望他们来了。杨公保由此感到了一种男人之间的深沉情义，老奶奶的反应则是，哦哦，没事了，没事了就好。而此时的杨家，又先后添了两个女儿。子女们中除了兄长这个老大之外，接下来是一字儿排开的"五朵金花"。还记得杨家的二女儿尖尖和妹妹尕三吗？她们则是克制的惊喜。两个人此时都长大了，长大了的女孩儿，便有了少女知道掩饰的羞涩。

而昌耀，这一年已经29岁。

相聚的惊喜还未彻底消退，一个非常现实的问题凸现了出来：昌耀该找一个女人成家了。杨公保在29岁的年龄上时，已经儿女成群，而已经29岁的昌耀，却仍孤身一人。

当昌耀的人生推进到这一步时，这个问题在我看来具有一种潜在的严峻性。它所涉及的,是昌耀对自己未来的估计和定位,亦即在他的估计中自己下一步的人生道路将会是什么方向?是在不久的将来回到青海省文联的创作队伍中,还是以就业职工的身份在农场做漫长的期待?而这不同的方向,应该潜在地决定着他择偶的心态和标准。如果是前者,那么,他应做出将来回到城市之后再找对象的考虑;如果是后者,显然也就没有必要等待了。

然而,这个时代的宏观局势没有显示出任何让他期待的迹象,尽管套在他身上的垢衣一件一件地被除去,但他被文联收回的期待则一次又一次地落空。所以,关于自己的择偶,他看不出继续等待的理由。关键的问题是,对于如他这样一个迫切渴望着家,而又无家可归的人,找到一个合适的女性结婚之后,他也就真的有了家了。而在祁连山流放营地,在他的生活范围所能触及的地方,并没有这样一位女性。

于是,杨公保在自己的范围内为昌耀传出了信息,很快,就有人前来提亲,是日月乡政府所在地兔儿干村的一个女子。

接下来的程式就是,男女双方见面。让人想不到的是,事情竟发展得非常顺利:两个人彼此都没意见。于是,这个程式又向着下一步推进:下彩礼定亲。

关于彩礼,几十年后杨家的三姑娘杨尕三竟然还记得十分清楚,300元的礼金和几身衣服。

这是昌耀有生以来,第一次向着具有实质性的婚姻关系走近。但事情的进展似乎太快了些,快得有点草率,也快得让另外一个人，突然感觉到了一种莫名的失落。这个人就是杨家的二女儿尖尖。

其实，昌耀重新出现在下若约村的杨家之后，这个家庭中最高兴的就是尖尖了。那是一个心有慧根的乡村少女，对昌耀作为城市文明符号的一种亲近，更是对昌耀这个落难的诗人，其身上那种特殊的文弱忧郁气质的亲近。而这两点，都是她所生活的世界中根本见不到的。

短暂的陌生感和长大了的羞涩感过去之后，尖尖并不能恢复到1958年时以昌耀保护人身份自居的拔尖任性状态。她心里开始放事儿了。而择偶成婚是昌耀此时的一件大事，她应该尽自己的所能帮忙。比如打听女方的信息，再将自己的分析判断和主意，提交给昌耀与家里的大人参考，等等。能参与到这件事情中去，尖尖也有着对昌耀尽了一份心意的成就感。然而，当这门亲事就这样说定之后，一直表现良好的尖尖，情绪却有点反常，她开始用伶牙俐齿笑嘻嘻地向昌耀放毒："王哥，媳妇说成了心里美吧？下次再回来就该搬到媳妇家里住了，嗨，还等下一次做啥，干脆现在搬过去算了。不好意思？不好意思我陪你去。唉，算了算了，我算个做啥的，你的眼里还能有我？"

昌耀一直略显拘谨地接受着这个小朋友的挖苦，心里挺舒服。听着听着，听到这最后一句话时心头不禁一怔。再等着尖尖的下文时，尖尖一转身走了。

尖尖给她的王哥昌耀，甩下了一个莫名其妙的背影。而从王哥猛然一怔的心思中看过去，这个西部乡间野生少女的身形，突然一下子凹凸有致地长开了。用尕三的话说，二姐不但自小长得漂亮，个头也大。而由一个黄毛丫头到一个茁壮的村姑，仿佛就是一瞬间的事。

还是在写于1962年的那首《凶年逸稿·在饥馑的年代》中，有着这样几行谜语般的诗句：

> 当我坐在湖岸用杖节点触涟漪，
> 那时在我的期盼中会听到一位村姑问我
> 何以如此忧郁，而我定要向她提议：
> 可愿与我一同走到湖心为海神的马驹梳沐？

诗中的这个湖，就是青海湖，蒙古语又称"库库淖尔"，在下若约村以西直线距离约20千米处。翻过日月山即是环湖的东岸草场。青海湖中有5座小岛，最著名的是其中的鸟岛，它作为铺天盖地的候鸟栖息地而举世闻名。湖中另有一个约1平方千米面积的小岛，叫"海心山"，历史上曾以盛产"龙驹"而著名。相传在汉代，吐谷浑人将从波斯得到的良马，在冬天湖面封冻时赶入海心山放牧，到翌年春天，让海龙与良马交配生下龙驹，龙驹能日行千里，有追风逐日之神勇，又称"青海骢"。关于海龙怎么会与波斯马交配，我实在搞不明白，但此后青海境内遍布着龙驹的后代"河曲马"却是事实。

而关于这"龙驹"，昌耀在1957年底的《风景》这首诗

中,也曾有过专门描写:

> 牧人说:我们驯冶的龙驹
> 已啸聚在西海的封冰,
> 在灼人的冷光中
> 正借千里明镜举足练步。

那么,昌耀1958年5月份前在下若约村近3个月的"劳动"期间,该曾有过前往青海湖边流连的雅兴。青海湖是其周边地区藏民族的圣湖,每年春季大湖解冻的开湖时节,都有盛大的祭拜仪式,这也应是下若约村人的节日。即使在平时,他们也时有骑马或赶着马车前往游玩的习惯。这样的情况下,或是昌耀一人独自前往,或是由尖尖自告奋勇担任向导一同前往,都是很寻常的事情。

而在1962年书写《良宵》的同一时期,昌耀《凶年逸稿·在饥馑的年代》中这个善解人意的村姑又是谁呢?最后一行诗句中的"可愿与我一同走到湖心为海神的马驹梳沐",则又分明暗含着与村姑私订终身,从喧闹的人世共同投奔到那一"世外仙境"的这层意念。那么,这个让他寄予了如此心思的村姑,她究竟又是准呢?

除了这个尖尖,你很难想象出第二个女性来。

但两人的年龄差距毕竟太悬殊了。因此,尖尖只能是昌耀意念中一个温情的秘密,而不能是他现实中所考虑的对象。

完成了订亲这件大事后，昌耀该回去了。临走之前，他还与杨公保做了一个"造假"的约定，即来年某个适当的时候，由杨公保以家中有重要事情的名义给他写信，以便他拿着这封信在八宝农场请假"探亲"。

从《昌耀诗文总集》中可以看出，与1961年至1962年间那种大密度、高能量的诗歌写作相比，从1963年起直到1967年底，昌耀的诗歌在数量上不但为数寥寥，而且在艺术上也表现平平，基本上没写出过什么像样的东西。

这期间，除了我在前边列举的《栈道抒情——拟"阿哥与阿妹"》这类花儿民歌体的诗作外，昌耀还曾写过这样一首不曾收入他任何诗集的《祁连雪》：

祁连雪，
烟笼雾月，
不见俄博古城——
半壁山阙。

战马烈，
披一身银屑。
纵辔驰去
雪里翻白浪；
精神抖擞，

刀鞘里拔出——
三尺寒铁。

战士脚下,
都是路;
几架大山,
从头越。

此诗写于1964年12月,是一首类似于套用古典词牌性质的写作,很容易让人联想到毛泽东的《忆秦娥·娄山关》。我们由此当然还会感受到,昌耀在旧体诗词中的熏染及其功底。尤其是这其中的"纵辔驰去——/雪里翻白浪""刀鞘里拔出——/三尺寒铁",写得的确是矫捷飒利。但与1962年时诸如《峨日朵雪峰之侧》等诗相比,这只能是一种"时文"。这种写作表明,此时的昌耀正逐渐退出此前那独属于他自己的诗歌语言系统,或者说,由于个人创造力的减弱,他已无法在那一系统中继续行进,从而"退入"时尚的公共诗歌语言系统。我想这个时期的昌耀内心是空泛的、散淡的、混沌的,他已经和所处的生活趋向认同。或者说,他已经"疲"了,并且也"皮"了。如果说,当初的那种写作是浑身胀痛得不能不写,那么,此时的写作则是内心发虚的必须去写,如同写作业,否则将会"生了弦上手"。

毫无疑问,生存问题、人生的归属问题,此时成为昌耀必须考虑的头等大事。

离开下若约村第二年的1966年，还没等到该回日月乡"探亲"的时节，杨公保来信了，信中传来了一个不太美好的消息：去年给昌耀说定的那门亲事，已经没戏了——对方提出了悔婚，而且已不可挽回，因此让昌耀赶回去商议。

即将到手的媳妇就这样突然"飞"了，昌耀在那么一个瞬间陷入了极度的沮丧。这种沮丧不是因为事情的本身——他与那个女子尚还谈不上任何情感，而是他由此再一次体会到了自己人生的失败感——一种来自命运的戏弄。

昌耀又回到了杨公保的家里，这是一次怀着郁闷心事，而没有什么具体目的的行旅。他没有想过再为那门亲事做挽救的努力，权当一次回到家中的放松心情吧。

杨公保通报了事情的原委后，让昌耀不要为此而焦心，而杨家的女人们——杨公保的妻子，及其女儿们则共同发起了动议：让昌耀去女方家里讨回订亲的彩礼。按照青海民间的规矩，订亲下过彩礼之后，如果是男方提出悔婚，这个彩礼就等于缴了现今意义上的"违约金"；如果是女方提出悔婚，彩礼便应悉数退回。但这一次女方家中提出悔婚后，并没有按规矩主动退回彩礼，杨家人提出这个问题并进行了交涉之后，女方的家中仍不理不睬。所以，她们建议由昌耀出面索要，因为昌耀是当事人。

300元的礼金和几身衣服，无论如何都不是一笔小钱。昌耀此时的月工资是46元，而那些彩礼折合起来，起码等于他

8个月的工资。

然而,昌耀已从杨家娘儿几个说话的口气中,感觉到了要回彩礼的难度,便兀自有了几分怯场。在那个悔婚女子的背后,他将遇到的,很可能是一群"滚刀肉"式的父母兄弟。所以,尽管杨家娘儿几个鼓动昌耀去索要,但她们的语气似乎也并不坚定。就在这时,一个平时并不起眼的小人儿,突然发狠般地原地一蹦:"要,为什么不要?是他们理亏,咱们怕什么!走,我跟王哥去要。"

大家忽地一愣,继而忍不住地笑了。这个小人儿,就是时年10周岁的杨尕三。

尕三金豆子般地这么原地一蹦,意味着家人再也不能把她当作一只遇事不过脑子的、欢实的小猫小狗来看待了。这个原先一直被二姐尖尖的光华和伶俐罩住了的小人儿,随着尖尖成为大姑娘后性格上的收敛,而在尖尖空出来的那个位置,以"刁蛮公主"的形象登场。

……走出村庄还没多远,昌耀就打起了退堂鼓,但尕三却凭着刚才让家人刮目相看的一股兴奋感,坚持非去不可。

半晌之后,两人神色怏怏地铩羽而归。让这么一个"双人组合"承担讨债的任务,其结果可想而知,他们根本不可能是那个早有准备的一家人的对手。几乎还没经过什么有质量的过招,就被打发了回来。昌耀虽然气恼,但却长舒了一口气,心想:这门亲事幸亏没成,不然,以后还不知道会有多少麻烦。而那个女孩儿杨尕三,此时则委屈极了。

仔细想来,这个情节实在有些蹊跷,小姑娘杨尕三在这件事上何以如此不依不饶?莫非是她果真得到了冥冥之中的什么暗示,才一定要索回这份彩礼?而后来的事实表明,那份彩礼的确是应该属于她的。

在这件事情上,昌耀只能自认倒霉。他已经倒霉惯了。而在杨公保看来,自己的这个异族兄弟、这个踏实厚道的汉族青年和诗人,他的命实在是太苦了,苦得让人可怜。难道老天爷还能让一个人永远这样吗?对于昌耀现在的处境改变,杨公保无能为力,但自己难道不能够做别的事情吗?

终于,他下定决心般地说出了一个重大决定:把自己的二女儿尖尖许给昌耀。

这个想法,他原先并非没有过,当时唯一的顾虑是两人之间的年龄问题——14岁的年龄差距。

这的确是一个问题,也是昌耀对尖尖怀着内心的秘密,而在理智上不敢做逾越之想的一个重大障碍。

但这个问题却因着数学比例原理中奇妙的时针拨动,而显示出喜剧性的"变数":1958年,22岁的昌耀来到杨家时,此时的尖尖年仅8岁,昌耀的年龄几乎相当于尖尖的3倍,一个是已跻身于专职作家行列的青年诗人,另一个是满街撒欢的黄毛丫头。这无疑就是一个表叔和侄女之间的年龄比例。但1966年的此刻,30岁的昌耀和16岁的尖尖之间,年龄上的比例差距已缩小至不到2倍。30岁的昌耀仍然是一个青年,而16岁的尖尖按青海当地的习俗,已成为一个可以出嫁的大姑娘了。

昌耀是湖南人,"南人"体型的瘦小,加上他的文弱气质,使之在感觉上仍未脱开一副青年学生的模样。而尖尖正好相反,西北广阔乡野中放开体量的生长,则已使她汁水丰沛、青春逼人。这种心理视觉上的对比,将两人的年龄差距消解到了最低值。

……听到杨公保的这个决定后,昌耀的大脑突然一片空白,继而觉得自己有一种想哭的感觉。这个本来与自己素昧平生的杨公保,他难道不就是自己的父亲吗?而亲生父亲没法为自己想,更无法为自己做的,杨公保却为自己想了、做了。从某种意义上,他似乎还体会到了杨公保心中一种难言的委屈和沉重——那是实在不忍看着自己如此这般的倒霉,他才下决心这样做的。无论怎么说,年龄上14岁的差距,在一般农村人的感觉中,都不能算作正常的婚姻。

而尖尖在听到杨公保的决定后,则压抑着心中的惊喜,吭吭哧哧地不说话。待杨公保准备再向尖尖"阐释"这样做的道理时,尖尖终于说话了。她说,我听阿大(父亲)的,阿大说咋办,我就咋办。

尖尖的回答乖巧极了。

接下来的事情,昌耀此后在《慈航》中,做了这样的描述:

> 黄昏来了,

宁静而柔和。
土伯特女儿墨黑的葡萄在星光下思索，
似乎向他表示：
——我懂。
我献与。
我笃行……

那从上方凝视他的两汪清波，
不再飞起迟疑的鸟翼。

——在这个村庄西头三四百米的地方，就是一大片由白杨、黑刺等乔木和灌木组合的草场丛林，诗中描述的情景，应该就发生在这个丛林秘境。但是，这段诗作中却有这样一个奇怪的表述：那凝视他的两汪清波——"眼睛"，不是来自两人对立或对坐形态中的"对面"，而是来自位置蹊跷的"上方"！真搞不清楚，这是不是草地上男欢女爱的纵情翻滚中，一个定格于瞬间的位置？并且由黄昏直到"星光下"的夜晚。

美啊，——
黄昏里放射的银耳环，
人类良知的最古老的战利品！

诗中的"土伯特"是什么呢？它是藏族的别称。据昌耀后来告诉我，藏民族至今一直这样自称自己。而在我的感觉中，它与"吐蕃"一词的发音几乎相同，应该有着非常相近的关系。而作为书面语，"土伯特"一词仅见于清代初期的文献中，是对于藏族、也包括西藏的称谓。它与唐代的"吐蕃"，虽然都是对同一事物的指称，但却包含着不同历史时区的信息。而由于汉语字面特殊的"意会"色彩，如果说，"吐蕃"一词更多地让人联想到唐代的官方文书，那么"土伯特"一词则易于给人以土著、民间、草原部落的联想。另外一个关键的问题是，它既是藏民族保留至今的自我称谓，因此而更为准确，又在当下的汉字书面语词中，形成了一种"陌生化"的新奇感——这是昌耀诗歌语言标志性的特征之一。现今，当这个"土伯特"已成为西部诗人作品中的一个常见语词时，正是昌耀使这个语词在当代复活。

…………

关于自己人生中的这件头等大事，昌耀特地写信告诉了他的大弟昌煜。这是此时仅能分享他喜悦的亲人了。而昌煜则在1966年11月16日给昌耀回信的末尾，做出了这样的表示："至于你的婚姻若女方同意，那是好事，就怕你辜负了人家的一份心意，别不多（罗）嗦。"最后，是这样一个陡峭的煞尾：

"祝毛主席万寿无疆！"

2. 八宝农场焚书的大火

当全中国人民都在给亲人的家书中写一句"祝毛主席万寿无疆"的时候,我们知道,"无产阶级文化大革命",它"狂飙为我从天落"般地开始了。

"文革"初期,这个"革命"的确是从文化开始的,那就是"破四旧""立四新"。所谓的"四旧",就是旧思想、旧文化、旧风俗、旧习惯。而旧与新的标志性区别,是以新中国政权的建立为界限。界限之前的被视为带有"封建"文化意识色彩的有形物质和无形物质,都属于"四旧"。于是,无数的古董字画被搜抄、查封……

与查抄古董字画同时进行的,是查抄收缴属于"封资修、大洋古"范围的图书——那些木版刊印的历书、卦书、麻衣相书、中医药书、"四书五经"、《说唐》、《三国》之类,就像当年土改时,查抄地主富农的地契"变天账"一样,通通被收缴。此举在我们传统文化发达的陕西关中如此,而在青海八宝农场的拉洞台两个队,更是被成倍地放大。因为拉洞台的这两个"右派"队,实际上就是八宝农场的书库。这里的图书,不光是1957年、1958年这些"右派"被送入农场时最初带来的那些,随着1962年"三年自然灾害"过后整个环境的趋暖,这些"右派"们在能够回家探亲时,又补充进了大量的书籍,并且,此时已经有人利用早晨出工前的时间,开始温习俄语、英语之类的外语。而至于昌耀在前边提到的《毁灭》《铁流》《士敏土》《马尔华》之类的苏联小说,更是大家共同的读物。当然,这其中还有一些更为专业性的图书,诸如石版印制的《纲鉴》,以及《古文观止》《幼学琼林》,也包括昌耀的歌德、聂鲁达、洛尔迦、勃洛克、希特梅克等欧美诗人的诗集,《文心雕龙》这类中国古代文论经典。我在本书的第一章已提到了拉洞台这次查缴图书时,昌耀与作为组长的刘启增在《文心雕龙》一书上气恼得直跺脚的"讨价还价",但他失掉的却不仅仅是一本《文心雕龙》,他自己的藏书,拉洞台这个"右派"书库中的书们,基本上正好符合查抄收缴的范畴。

被收缴的图书坟冢般地堆在拉洞台一队的场院,接下来就是用一根小小的、魔棍般的黑头火柴把它们点燃。"当年一把焚契火/化出万杆红旗来",这是四川诗人陆棨于距此两年前的1964年,在组诗《重返杨柳村》中写出的名句,记叙的是当年土改时焚烧地主地契的情景。而在纸中灌了铅(字)的此时这沉重的一大堆书,实在难以倏地一下子"化出万杆红旗来"。它们更像一个阴燃的大煤堆,那么抗拒般的,磨磨蹭蹭地燃烧着,一直烧了一天一夜。这期间,刘启增记得清清楚楚,天空突然下了一场阵雨。阵雨过后,管教人员又搬来了两桶汽油泼到书堆上,点燃汽油后再烧,才总算烧完。那之后,是两大架子车的书的残骸,被从场院中拉了出去,像一次送葬。

使昌耀在"文革"初始就受到创痛的,不仅仅是他视之若命的,就靠它们支撑自己精神的这些藏书。另一个噩耗从第二年传来，1967年8月15日，他的伯父王其梅，中央军委1955年第一批授衔的少将，此时的中共西藏自治区委员会书记（当时各省区的书记之前还有第一书记，乃至第二书记），西藏军区副政委，边防委员会主任，自治区政协副主席，第一、二、三届全国人大代表和民族委员会委员，在"文革"这场以"走资本主义道路的当权派"为斗争对象的革命中，被摧残致死，终年53岁。

王其梅此时陷入了一个中共历史上著名的"六十一人叛徒集团案"，是以叛徒之名而含愤去世的。

不知道伯父在去世前的那段日子，是否会突然体会到，他的侄子王昌耀在1957年被打成"右派"时的冤枉和悲愤。

拉洞台这场焚书的大火烧过之后没多久，也就是1966年的11月，突然传来消息：祁连山的八宝农场要撤销了。这个在祁连山腹地铺开了上百千米的摊子，鼎盛时期有8000多人的"青海省八宝企业联合公司"为什么要撤销呢？不知道。

但八宝农场真的要撤销了，经过场部和相关上级部门的重新部署，农场的一部分人员被分解到了青海海西州等地的其他劳改农场，而以"右派"为主体、包括昌耀在内的约1000人，则被迁往位于青海共和县的新哲农场。

这批杂色的人群于1966年底从祁连河谷连根拔起，乘坐大卡车于1967年元旦的这一天，到达他们晦暗人生的第二个流放地——新哲农场。

十

流徙新哲农场

1. 沙尘暴统治的荒原

新哲农场所在的共和县属于青海省海南州,而八宝农场所在的祁连县属于海北州,一个海北,一个海南,这中间的"海",就是著名的青海湖。只不过,海北州的祁连县与青海湖中间还隔着一个地域广大的刚察县,而海南州的共和县则与青海湖直接毗连。青海湖东面20多千米的地方,就是湟源县日月乡的下若约村。这样看来,昌耀在青海的人生场景移动,始终是以青海湖为中心,而他本人此前和此后所围绕的,则是《青海湖》这份文学月刊的编辑工作。

海北州的全称,叫作"海北藏族自治州",与之完全相同的是,海南州的全称是"海南藏族自治州"。这就是说,这两个地区的居民，都是以藏民族为主体的。

然而，这两个地区的民族历史渊源却大为不同，祁连山周边的广大地区，从汉代开始即属于匈奴人的势力范围，再往下延伸，便是强大的蒙古人政权的覆盖领地。所以，除了藏族外，这个地区的民族语言，包括现今仍生活在其中的蒙古族、东乡族、保安族、裕固族，都属于阿尔泰语系的蒙古语族或突厥语族。也就是说，它在历史上从属的地域势力范围，是向着北方延伸，与以阿尔泰山为核心的北方草原，联结为一个整体。

而海南地区自秦汉以来，则是羌人的生息之地。羌人则分为先零羌、卑禾羌、烧当羌、河曲羌、戎羌、党项羌等诸多部落。其中的党项羌后来于北宋时，建立了以宁夏银川为核心的强大的西夏政权。在元代，党项羌人又被称作唐兀、唐兀惕或唐古特——昌耀的《河床》一诗中即有"唐古特人"一词出现。古代羌人的主要活动范围在中国的云南北部、四川西部、甘肃西南部、青海西南部，以及由此扇形围拢的西藏。其地域范围，和现今的"大藏区"大致相同。事实上，随着唐朝时期松赞干布统一西藏高原建立吐蕃王朝，大部分的羌人都融入了吐蕃，也就是此后的藏族。所剩余的，仅有现今四川西部的一支，仍保持着羌族的名称。所以，这一地区的民族语言，全部属于汉藏语系的藏缅语族。

而海南州共和县在这一大区域中所处的位置，在唐代则是吐蕃政权的东部边地，朝东翻过日月山，就是湟源——唐王朝的实际辖区。因此，作为西部大草原开始的地方，从共和县朝东看过去，日月山便成了"草原门户"。

但诸多民族的生活区域和边界，从来都是一个移动的概念，它总是随着一个民族的强弱盛衰而扩大、缩小或转移。

所以，在我们现今一眼望去草色苍茫、人烟稀少的这片地域，它在历史上却伴随着金戈铁马的征战，而有过无数个紧张、辉煌的时刻：

公元4年，汉代推行新政的王莽，即在共和县辖属的青海湖附近设立西海郡，而这个西海郡则又随着王莽政权的结束而废弃。

公元300多年，祖籍辽东的鲜卑族吐谷浑部进入青海，在现今共和县靠近青海湖的地方修筑伏俟城作为国都，时间长达350多年。青海湖内海心山上的神驹"青海骢"，就是吐谷浑人培育的"草原战车"。

公元600年，隋炀帝击败吐谷浑人，在伏俟城又设西海郡，并在现今与共和县南部毗连的兴海县黄河附近的赤水城，设置了河源郡。河源郡即有黄河源头之意。至元代，元世祖派遣招讨使都实等经海南的贵德至星宿海，探寻黄河发源地，绘出河源图。清代康熙年间，清皇室贵族一干人马又曾专门探视黄河源头，并绘成《星宿河源图》。昌耀1984年所写的《寻找黄河正源卡日曲：铜色河》一诗，即是与此相关的书写。

公元663年，归顺唐朝的吐谷浑首领、被封为河源郡王的诺曷钵，被吐蕃王国攻灭。

公元670年，唐派大将薛仁贵征伐吐蕃，双方大战于大非川——这正是新哲农场所在的切吉草原。此役，唐军失败。从此海南归吐蕃管辖。

随之，吐蕃人在这片地域留下了他们深重的痕迹，包括辉煌的藏族史诗《格萨尔王传》。

这其中，还有这么几个事件值得一提：

公元640年，唐太宗将弘化公主嫁于河源郡王——归顺唐朝的吐谷浑首领诺曷钵。

公元641年，唐太宗又将文成公主嫁于吐蕃王松赞干布，文成公主翻过日月山进入海南草原时，受到诺曷钵夫妇的热情接待。

公元710年，唐王朝再将金城公主嫁于吐蕃王赤德祖赞，同样，金城公主也是经海南而进藏的。

那么，海南果真就是汉族与边地少数民族和亲的见证之地。接下来，它还将见证汉族诗人王昌耀与吐蕃之女的婚姻。

以上是海南这片地域土著民族的历史形态。

而海南地区人群构成的另外一个重要部分，则是伴随着历代王朝的拓边政策，分期分批从中华内陆迁入的汉族移民。其中几次大的迁徙分别如下。

西汉时期：王莽推行新政，将犯法者迁往西海郡，被迁者成千上万。

隋朝：重置西海郡、河源郡后，从内地调遣戍卒驻守，并大兴屯田。

唐朝：在海南境内驻兵七千，屯田戍守。

明朝：朝廷明确推行"移民实边"政策，遂成为移民进入海南数量最为庞大的时期，来自"江南、淮上、京畿"（亦即南京附近）的移民，有组织地大批进入海南定居。

明清往后：随着地区经济往来的增长，众多的内地汉族商人和其他谋生者，又陆续迁入海南。

在青海的历史上，明朝大批量移民对青海人群结构的改变，影响极为深远。来自"江南、淮上、京畿"的移民不但大量进入海南，更遍及以西宁为核心的东部农业区。以至现今西宁地区的本土汉族，大都认为自己的祖先来自南京的竹柿巷。1972年我在西宁读高中时，我的一位本地籍的同学就曾特意向我强调："我们其实不是青海人耶，我们的老家在南京。"

20世纪80年代，步入改革开放潮流中的青海省会西宁，在西门口地区立起了一座高约数十米、顶部嵌有24块照明灯的灯塔，成为西宁的一个景观性设施。为一个新时代的来临而兴奋的昌耀，为此曾专门书写了一首题名为《边关：24部灯》的中型规模的诗歌。在这首诗的第二部分，他这样写道：

我们云集广场。
我们的少年在华美如茵的草坪上款款踱步。
看不出我们是谁的后裔了？
我们的先人或是戍卒。或是边民。或是刑徒。
或是歌女。或是行商贾客。或是公子王孙。

但我们毕竟是我们自己。

我们都是如此英俊。

这几行诗句,以一种深邃的历史视角,说尽了青海的移民变迁史。

1967年,作为海南草原移民史上的一批特殊移民,昌耀们来了,来到了海南州共和县位于切吉草原的新哲农场。他们是一群没有"刑期的刑徒",也是一群诗人、编辑、艺术家、医生、高校教师……他们来自明代的京城南京,现在的京城北京,也来自上海、广东、湖南、四川、陕西……成为地区移民史链环上,一个粗大的特殊环节。

切吉草原的这个"切吉"是一个藏语,知道它是什么意思吗?我知道。切,是大;吉,是中间。所以,可翻译为"大草原的中间地带"。但这样说并不确切,因为这个曾经的大草原到了近现代,已不再是大草原,而是半荒漠乃至荒漠草原地貌,由沙漠、戈壁、稀疏草地混合而成。在青海的地形地貌称谓中,对此有一个专业术语,叫作"滩"。因此,原先的切吉草原此时又叫切吉滩。这样,它的准确称谓应是"大荒滩的中间地带",如果再书面语一些,就是名副其实的"荒原腹地"。

这个荒原腹地,的确处在共和县版图上的腹心地带。

诸多资料表明,中国西北的许多地区,都因干旱缺水,而发生过灾难性的生态恶化。比如西域的楼兰古城,就曾是一个绿树簇拥、碧水环绕的美丽城郭，而现今，已完全葬身于沙海，难觅残骸。

史书上也记载了包括切吉滩在内的广大地域，在东汉时期以羌人为主的畜牧业"牛马衔尾，羊群塞道"的繁盛景象。而《格萨尔王传》中，更是有着这样令人心驰神往的史歌表述："夕阳将坠，草原上一望苍茫／老婆婆赶着羊群／任凭它们散乱地移动／就像一顷顷柔浪／滚滚向前涌动。"

当然，那只是遥远的，游牧时代的场景。

对于地广人稀的大草原而言，每一次成规模的汉族移民的进入，都意味着一次"拓荒"垦殖。游牧民放牧的草场，就是汉民族眼中的"荒地"，所谓的"垦荒"，就是一代又一代移民唯一的使命。而从农作物需要的日照条件、地形条件、水利资源等要素来看，共和县及其西边毗连的更为广大的柴达木盆地，就是这样一个适宜垦荒种地的草原。摊开《青海省地图》我们就会看到，在北纬36°—37°仅这么一个纬度的网格区间，分布于其中的农场，几可称为星罗棋布。事实上，这里正是青海各种农场的主体分布区。仅共和县，就有15个之多。因此，从20世纪50年代中期开始相继建立起来的这些农场，形成了有史以来对于青海西部草原最大规模的垦殖。

也因此，1984年出版的《海南藏族自治州概况》一书的《海南地区大事年表》部分，便专门有这样一条大事记载："公元1960年：全州以开荒为纲，滥垦草场。"

对此，《概况》一书在其他部分还有进一步的教训总结：

"在一个时期内,严重背离了以牧为主的方针,'开荒为纲'盲目冒进,要把海南变成青海的重要粮食基地。在这一错误方针指导下,大办国营农场(这其中的主体部分就是劳改农场——燎原注),机关农场,要求牧业公社实现粮食自给。毁草开荒的结果,破坏了自然生态平衡,使流沙不断扩大,造成牧业和农场两败俱伤。"

"使流沙不断扩大"的原因,首先是草场植被遭到破坏后,其下的沙壤裸露。但这沙壤凭借什么扩散呢?那就是风!在中国的大西北和内蒙古草原,说到"风"这个词的时候,总是有另一个词——"沙",如影随形地连在一起。而共和县的切吉滩,几乎是世界上风沙最大的地区之一。

《青海自然灾害》一书中有这样的说明:由于地形的狭管作用,地处柴达木西沿的茫崖,年均8级以上大风的日数为110天;而地处柴达木东沿的茶卡,大风最多年份高达186天。共和县的切吉滩距茶卡直线距离约为60千米,就处在这一大风走廊东端的正中部位。

《海南藏族自治州概况》中专门有这样的说明:共和县的切吉公社,是有名的"沙窝风口"。"风日多集中在3月份前后,大风一般出现在午后至傍晚,最大风力平均达9级,瞬间最大风力大于12级。有时大风连续数日,伴有浮尘、扬沙和沙暴。"

这个"扬沙和沙暴",也就是20世纪末期以来,每年春季动辄袭击北京,乃至漂洋过海进入日本上空,让人们谈之色变的沙尘暴。当然,这个沙尘暴并不一定是来自切吉滩,但无疑是来自被放肆垦殖的大西北和内蒙古草原,这便是"大自然的报复"。

那么,切吉滩的风,到底能"威风"到什么程度呢?当年的一位当事人,为我描述了这样一幅景象:平时人在荒原上行走时,随着一霎时的狂风骤起,只要他警觉地朝着西边一扭头,就会看见一段高约几十米的土浪冲腾的城墙,以推土机铲刀的那种气势,齐崭崭地推过来(这种景象,在《格萨尔王传》和一些神话典籍中,就是典型的"风樯阵马",或者"西天妖阵"之类),这时候的人,已根本无处遁逃,便只有就地卧倒,等这段风墙推过去之后,再土行孙般地从沙土下拱出。因此,所谓的"农田",对于切吉滩某些地方的农民来说,竟成了一个捉摸不定的概念。今年他们是在沙丘的西边种地,明年也许只有在沙丘东边才能找到他们的地。于是,便有了"朝为农田暮为沙,不知何处种庄稼"这样的民谣。

这种"横扫一切"的风暴,1977年在共和县的石乃亥公社上演了这样的一幕:11月的一天大风突刮,草场上的388只羊如同树叶般被平地卷起,当这群可怜的生灵还没等到进入白日飞升的奇幻体验,又如同陨石雨般降落在远处的布哈河中,随之悉数溺毙。一位放牧的牧民,也随之丧生。

共和县1979年的灾害记录则是:1—4月刮8级以上大风57次,农作物受灾1.8万亩,损失种子26万公斤(亦即种子播入土壤之后,又被大风卷走)。切吉公社1.1万余只羔羊,几乎死光……

而它冬季冰冻六尺（冻土层深达两米）之奇寒；曾经砸死过儿童成人的最大直径4厘米的冰雹雹灾等，我不再一一备述。

——这一切，简直就像是神话。

因此，这又是一个因变幻莫测的自然之手的操纵，曾经盛产史诗并一直产生神话的草原。

在这期间，就真的有类似于神话的事情，发生在昌耀身上，不过却是政治神话。这第一个神话，我们且听昌耀自己讲述——

此事就发生在新哲农场（这个场名的文化气味最初曾使我激动不已，以为其间真有什么"新圣贤"的熠熠灵光可待昭示），60年代末期，我与一批牛鬼蛇神调往场内有名的严管队——五中队。行李搬进屋，当小组长拿着一把木尺公平地正忙着在土炕上丈量每人应得的一席之地，我忽发奇想，问组长当过兵否，东北人否，在1950年的114师文工队当过队员否，待对方一一首肯，我两眼大放光彩："那么，你就是后来给师首长调去当警卫员的刘福臣同志？"真绝，同在朝鲜战场的文文工队里共事的战友，差不多20年过去，又咋会在青藏高原的劳改营里并肩睡到一铺炕的呢！

这两位曾经的共和国的战友，如此不可思议地以这样的身份在这里重逢，这难道不真像一个神话？

另一个神话，发生在昌耀们即将撤离祁连山流放营地的前夕。那一天，场部负责人在大会上宣读了诸多文件后，又公布了一个令众多"囚徒"们都惊奇的组织材料：拉洞台一队的王昌耀，其政治身份属于工人。而这一身份，在即将转移到新哲农场的近千名"囚徒"中，唯有昌耀一人。

毫无疑问，在彼时彼刻，这是一个"高人一等"的身份，它意味着昌耀在政治上已被漂洗清白，不但已经属于"人民"，而且是人民中"工人阶级"的一员。

然而，这对昌耀与其说是荣幸，更不如说是悲哀——不少解除劳教、摘掉"右派"帽子的人先后都离开了流放地，或被原单位收回，或者重新分配了工作，而唯独孤零零地留下了昌耀这么一个"工人"。更具讽刺乃至神话意味的是：以工农联盟为基础的这个国家政权的专政机构，此时却管制着一个政治身份上的"工人"。

位于共和县荒原腹地的新哲农场，也同样处于青海劳改农场聚集区的腹地。距它东南方向约50千米的，是塘格木农场，距它西北方向约50千米的，是哇玉香卡农场，这中间除了稀疏的属于共和县行政区划的自然村，大体上便是由这些农场的诸多分场呼应衔接。

与祁连八宝的"劳教"农场显示着原则性区别的是，新哲农场属于"劳改"农场。而与塘格木等众多"劳改"农场又有所不同的是，这个农场没有监狱，看不见枪支押解下服刑人员田间地头的劳动改造。在昌耀们到来之前，新哲农场的人员主体，是劳改释放后的就业人员，当时约1000人，加上从八宝农场合并过来的1000人，就成了2000人。劳教人员在政治身份上要高于劳改就业人员，所以决策者便在待遇上搞了一个等级差，其具体体现，就是每月可多供应1斤肉。

扩编成了2000人的新哲农场，重新编制了建制系统，除了场部直属系统的医院、小学、火力发电厂、粮油加工队和汽车队之外，其生产劳动的主体部分又分为3个大队，10个中队。昌耀这个工人身份的牛鬼蛇神，就被分到了他前边说的以管制严厉而出名的五中队，而这个五中队，则地处远离场部的一个无名荒滩。这个无名荒滩，此后在青海省地图上，便有了"五中队"这么一个名字。

我曾问过与昌耀一同转移到新哲农场的刘启增这样一个问题：八宝农场与新哲农场有什么不同？在你的感觉中，新哲农场是否稍好一点？

刘启增的回答是："能有什么不同？如果说有不同的话，倒真有，那就是在八宝农场的时候，管教人员还把我们当"右派"看，而新哲农场则把我们直接当成劳改犯。"

无疑，劳改农场的管教人员，从来就没有过面对"右派"们的概念，凡是他们管辖权限内的便必然是劳改犯。所以，顺着这个惯性，才有了五中队这么一个更为严厉的严管队。

时间又过了一年多后，新哲农场的管理者，突然在有关档案文书中发现了昌耀的"工人"身份，这才意识到，把昌耀分到严管队，显然是犯了一个错误。虽然不管这个错误犯了多长时间，但他们总是"有错必改"，随之，便将昌耀调往直属于场部的"试验队"。这是一个带有科技试验职能的农业生产单元，昌耀的工作当然不是搞科学试验，而是一如既往地干活种地。但作为又提高了一档政治身份的物质体现，他所获得的优惠待遇是，每月比原先多供应了1斤大米。由此还可以看出，虽然都是在劳改农场，管理者却为从业人员划分了极为细密的身份待遇等级。而这些从业者，便在这样的政策中，为着再上一个待遇等级而奋斗了。

2003年9月30日，我们一行5人从西宁出发，前往共和县的新哲农场，探访昌耀当年的这第二个流放地。

汽车于上午11时穿过共和县城后，我们接下来几乎是在空旷无人的荒原公路上行驶。一塔拉、二塔拉、三塔拉，"塔拉"是蒙古语，亦即"大台地"或"大荒滩"之意。而这几个"塔拉"委实是太大了，大得让人感觉不到边际。直至汽车到了塘格木农场附近，才有了人群聚居的气息。而就在汽车即将穿过这相当于一个乡镇格局，由监狱、管理机构、学校、商店等组成的农场场部时，我才突然感觉到，我曾经来过这个地方。那是1990年我在青海西宁作记者时，前来这里的一次采访，缘由是当年的4月26日，这里发生了一次7.0级的大地震。这次地震不但使省会西宁震感强烈，甚至波及甘肃的省会兰州。地震之后，一行记者到达这里，农场的大片平房已成废墟。后来的确切数字是21217间房屋倒塌，120人死亡。据当时陪同的青海省劳改局官员介绍，地震发生期间，监狱的服刑犯人表现极为出色，不但无一人趁机逃跑，而且尚在余震中，就开始积极投入到抢救工作之中。这无疑是人性之善的一次集中表现，当然还是一次戴罪立功的机会。

过了这个农场不久再往荒原腹地进发，我们的行车路线开始变得含混。从2000年出版的《青海省地图册》上看，这一区间不再有自然村落的名称标记，错落在其间的行政地理名称分别是：塘格木七中队、塘格木九中队、塘格木三大队、新哲二大队……新哲农场——它们，是否将会成为一个永久性的地理名称？

荒原上的路径很多，但却没有明确的主干道。起先我们胸有成竹，因为车上坐着一个权威性的向导，这就是日月乡那个尖尖的妹妹杨尕三——1965年在昌耀身边金豆子般蹦起，要帮昌耀讨回彩礼的人物。而新哲农场，则是她此后度过了人生最重要的岁月，并生活了5年多的地方。

但此时的杨尕三，也在我们不断的道路选择中，开始变得不那么自信。

"是走这条路吧？"我大声询问身边这位当年的土伯特美人。

"是啊撞（大概是吧）。"

车上的另外三位，是青海省政府小车队的青年司机——一位业余摄影家，以及诗人肖黛和葛建中。远处散落着一群羊，羊群在石头上吃草。有羊群的地方肯定有牧人，我去问路吧。

跑了数百米到跟前一看，有一个藏族牧羊女。牧羊女正斜枕着石头看天。

"嗨，你好，我们要去新哲农场，新哲怎么走？"

被突然惊扰了的牧羊女疑惑地看着我，等我把刚才的意思，再用藏语单词以汉语句式表述了一遍后，牧羊女笑了笑，然后把手朝着远处一指。

周围空无人烟，更不见帐篷和村郭，而这个孤零零的牧羊女，她又来自什么地方？在她刚才枕着石头看天的时候，天上又有什么？那里是否真有仅她能听到的天籁，或者是隐匿于空中的"告天鸟"——云雀的声音？我知道，它们是这片草原上仅有的歌者。草原上的云雀不仅能从地面啼鸣着直冲云霄或垂直下落，而且能微微扇动翅翼，悬置云空达数十分钟之久。那似乎是一次拼尽一生气力的绝技表演，在这样的高空悬置中，它们枉自长啼，歌声颤颤，直到力竭。就像俯偎大荒中喉头泣血的诗人。

而昌耀，是否也曾有过无数个与这牧羊女相同的时辰，在百无聊赖的孤独和寂寞中，躺在荒原上谛听那看得见和看不见的云雀的啼唱？1981年，昌耀就真的写过一首题名为《关于云雀》的诗：

> ············
> 云雀是飞鸣的鸟。
> 而那个栖止在猪背啼叫的
> 只是寒鸦。
> 我的大漠上的小路，因之
> 才有这么繁富的色彩么？
> 现在，牧童枕着手臂
> 又怅望秋空了。
> ············

这首诗，传递了荒原上难耐的孤独和寂寞，只是他笔下的那个牧童，在我的亲眼所见中却是一位牧羊女。

我们的车子于下午2点到达了新哲农场的场部。但这里已成了切吉乡政府的驻地。20世纪80年代新哲农场撤销之后，距其七八千米的原切吉公社便搬迁到了这里。再接着，"公社"改成了"乡"。

秋天是切吉滩最好的时节，但即使在这最好的季节里，也并无什么可言的风景。唯一给人留下印象的，是20世纪70年代中期栽植的白杨防沙林，它们虽然并未连绵成蓊郁的林带，但从一路空旷的大荒原上看过来，它们在一个个局部区域的集合排列，多少给人以荒芜中的现世人烟气息。

场部还保留着当年的基本格局，包括当年召开大会或宣判、批斗什么之类的大操场和主席台。而在这个小镇的郊外，杨尕三带着我们居然找到了昌耀当年的"家"。它此时已经是一长溜泥失状态中的残垣断壁，亦即当年一长溜地窝子式平房所依据的后墙。沿着这溜后墙，以间隔3.5米的横墙一一隔断，就成了一个个的家庭单元。而这个横墙的长度，大致上也是3.5米，两个3.5米相乘后得出的12.25平方米，就是每个家庭单元的总面积。我此时一个大惑不解的问题是，地盘面积如此广大的荒原，并且除了房顶的椽子外无须再用其他建筑材料，为什么就不能把房子面积建得大一些呢？回去的路上我把这个问题说给了杨尕三，杨尕三沉默片刻后说："不知道。"接着她又说到，再见到这个房子后她心里特别难受，因为这个房子连现在农村人的猪圈都不如。

而这个房子的地面上，那一天真的就有一头被墙土塌压在下面的半大的死猪，由于是一头白色的猪，加上时间长久，所以，极易和土色混淆。我看见后心头忽地一凛，有一种极恶心的生理反应，故没有告诉其他人。不知杨尕三是否也基于同样的原因装作视而不见，终而又给我做出了猪圈的比喻。

那间房子，准确地说其实是一个黑匣子。它四分之一的部分在地下，四分之三的部分在地上，除了门，竟没有一扇透光的窗子。这样，如果你从阳光下推开门一脚踏进去，由于眼睛不适应的缘故，就如同一脚踏进了黑洞洞的地狱。

在这里，且让我们记下这间房子，因为昌耀此后在他那首

《雪。土伯特女人和她的男人及三个孩子之歌》中，专门有与之相关的描述。

而杨尕三之所以能在那一溜坍颓的后墙中找到昌耀的家，是因为那里有一个标志性的设施——在后墙上掏了一个窑洞形状的窗子。这个窗子平日封堵住的时候，是用来放置碗筷的，如果开启之后便转换出另外一重功能：人可以从中爬出爬进，干什么呢？杨尕三的回答是："偷菜。"

这溜断墙之外，就是农场试验队当年的菜地，足有数十亩的规模，被断断续续的白杨林带围拢了起来，此时齐刷刷地长满了等待开镰收割的"麦子"——但走近一看，却是干黄茂密的芨芨草。

这显然是已被撂荒了许多年的农田。

这也就是说，当年的"拓荒者"们从草场上垦殖出了农田，最终，又把农田以撂荒的方式还给了草场。不知道这是人的无奈，还是因着沉重的代价付出，而学会了对于大自然的尊重——或者干脆换个角度说，是对于大自然的屈从？

大家从以上的文字中可以感觉到，我叙述中昌耀之外的第二号人物变更了。从下若约村杨家的二女儿杨尖尖，变成了三女儿杨尕三。是的，随着1966年后昌耀婚约关系上的又一个故障，杨尕三逐渐成长为昌耀身旁的主角。

2. 北国天骄的义子

1967年,在新哲农场安顿下来不到半年之后,昌耀兴冲冲地回到了下若约村。在流放的日子里,也只有此次的下若约村之行他才是兴冲冲的。这当然是因为杨家的女儿杨尖尖。

但是,一个足以将他打懵了的事实是,尖尖已经出嫁了。嫁给了其舅舅家的孩子,也就是尖尖的表哥。

此事是由尖尖的母亲做的主。并不是尖尖的母亲不喜欢昌耀,更不是她不给丈夫杨公保面子,而仅仅是因为不这样做,她娘家兄弟的孩子就娶不到媳妇。

杨公保觉得无颜面对昌耀,杨公保的妻子也感到了歉疚。但此事归根结底是出于无奈,因贫穷而造成的无奈。

在杨公保妻子的心理天平上,昌耀即使再重要,也抵不过自己娘家的侄子。

而昌耀,他又能抱怨谁呢?难道杨公保一家还亏欠自己了吗?是的,这就是自己的命,所谓的命该如此。

但他还是想见尖尖一面,而见面的目的又是什么呢?诉一诉自己的委屈,问一问尖尖的感受?他说不清楚,心头只是有这样一种盲目的冲动。或许,因为尖尖是这个世界上最懂得自己的女人。

主意打定之后准备付诸行动时,昌耀突然又有些怯场——他怕尖尖的丈夫。在他的想象中,见面之后对方如果对他做出任何一种敌视的反应,都有十足的理由。而对方无论采取什么样的敌视方式，他都难以应对。当然，他也根本想象不出，尖尖的丈夫凭什么会欢迎他这位不速之客。

欲为不敢，欲罢不能，怎么办呢？昌耀很自然地想到了今年11岁的杨尕三。去年，他与杨尕三前往兔儿干村追讨彩礼的二人组合，现在仍让他记忆犹新，尽管那是一次失败的行动。于是昌耀问尕三，敢不敢跟自己去。

尕三觉得这话问得奇怪："什么？我们去看二姐还有什么敢不敢的！哦，你是怕姐夫吧，我们是去看二姐，你怕他干啥。"

尕三越来越像昌耀1958年初到下若约村时的那个尖尖了——乡村乡俗的知情人和昌耀的保护人。

一次事先颇费踌躇的行动，以极其简单的结果而告终——尖尖和丈夫出门干活去了。

第三天，尖尖自己来了。在去年村外那个让他们神魂颠倒的丛林草地，两人抱头痛哭。去年之大喜，今日之大恸，这也叫作"喜极而泣"吧——喜极而后泣。

这是昌耀与尖尖一次了断性的告别，也是他自己精神和心灵上一次转折性的告别——所有的，所有的人生期冀都破灭了。1966年以来，他已基本上无诗，也基本上没有了写诗的心情。而此次告别之后，他不知道自己还能干什么，还有什么，再值得他去期待。对于自己的人生，所有该做的他都做了，但命运还是不能放过他。

知道什么叫作绝望吗？——就是人的所有希望都已破灭。

昌耀那个时刻的神情一定是绝望的，尖尖突然感觉到了一种恐怖："别想不开，王哥！我们杨家就是你的家。要不，你娶我妹妹吧。"

尕三？她今年才11岁，比昌耀小了整整20岁。

除了尖尖，包括昌耀在内的杨家所有的人，都没有过这个思路。所以，昌耀并没有承接尖尖的这个话题。

现在，一个更重要的问题摆在了他和杨家人的面前，因着尖尖这件事，他和杨家人都感觉到了一种伤害。尽管受到伤害的，首先是他，但杨家人的愧疚感，同样是一种心理上的内伤。虽然在这件事上谁都不能埋怨，但由此而导致的一个直接结果是：他和杨家人这种不明不白的关系，还能完整如初地保持下去吗？一想到这一点，他就不寒而栗。这些年来，他之所以还能感到自己的苦寒人生中有那么一丝暖意，全在于有这么一个家。而事实上，这无论如何都是一个概念性的家，他和这个家的关系维系其实是很脆弱的。而这一次，如果连这最后的退守之地都失去了，他还能再凭借什么？

而这几天，他的异族兄长杨公保，好像突然一下子老了，神色憔悴，目光浑浊。一个一诺千金的汉子就这么轻易地失信于人，而且是失信于一个可怜的、落难的人，这是他的自尊心，也是他的良心，都绝对不能容忍的。在这样的内心折磨中，杨公保一下子老了。而他的老态，竟突然让昌耀感到可怜。

两个可怜的男人，在目光无意中接触的一刹那，都感觉到自己心头忽地一酸。也就在这么一瞬间,昌耀心中一个朦胧的念头哗地明晰了。

应该说,那是他去年就曾突然产生过的一个念头:当兔儿干村的那门亲事黄了之后,杨公保提出把尖尖许给他时,他就在百感交集中,对杨公保做过父亲身份的想象⋯⋯

此刻,他终于郑重地向杨公保提出,要做杨家的儿子。这个表达也就意味着,他要和杨公保缔结为一种父子关系。这是一个困难的想法,是一个在特殊情况下,需要特殊想象力的想法。因为,昌耀的年龄仅比杨公保小5岁。

杨公保有些惶惑,两人之间这样的身份关系似乎委屈了昌耀。但在他决定把尖尖许配给昌耀时,两人之间不也已变更成翁婿关系了吗?而尖尖与昌耀14岁年龄差距的婚约,又难道不是杨公保特殊想象力的结果?

那么,还有什么可说的呢?土伯特人慈善悲悯的情怀及其血液中的无畏,使杨公保有如风暴中夸撒开翅膀长唳的大鹰,而昌耀这只形同落汤鸡的雏鸟,在这里找到了庇护之所。

> 在几遇花开花落的幻灭、
> 几经秋雨秋风的凄愁,
> 求生的热忱
> 降到了最低的指数,
> ——我,却成了
> 这"北国天骄"的赘婿。

我才没有完全枯萎。

　　这是昌耀在 1980 年的长诗《山旅》中的诗句（见《昌耀抒情诗集》，《山旅》一诗最初的版本）。在这里，他把杨公保称作"北国天骄"。但此时，他还尚未成为这位"北国天骄"的赘婿，但却成了情分上不亚于"赘婿"的义子。是的，一个自小就离家出走，从此无家可归的汉族青年诗人，就这样把他自己的情感归属，托付给了日月山下的这个藏族之家。成为这个藏族之家的义子。

　　此时是 1967 年。此时的昌耀不会想到，就在稍后不久，他的亲生父亲王其桂，那个延安抗日军政大学的学员，中共桃源特别支委书记，20 世纪 50 年代被发配到东北的劳改农场开荒的人，在黑龙江的兴凯湖上作业时，突然从船头坠身落水。那一天湖面上风平浪静，是一个根本就不会发生事故的天气。但王其桂就那样撒手而去了。这个一生充满了传奇色彩，更充满了悲剧色彩的人，他是在超过极限的心理忍耐中，再也看不到活下去的意义时，才以这样的方式离开的？

　　的确，王其桂长期活在怎样的人生滋味中呢？——妻亡子散，恶名加身；有亲难认，无家可归。应该说，在很长的时间内，这对父子经历着完全相同的人生处境。但比起昌耀来，王其桂更绝望。因为昌耀还有年龄上的优势来等待，更有诗歌作为自己人生的支撑，而王其桂，已经什么都没有了。

　　昌耀从此失去了他血缘意义上的父亲。无论怎么说，王其桂都是给了昌耀以生命，也给了童年的昌耀以特别关爱的人。而从王其桂与几个子女的性格上来考察，无论是从自由的个性，不甘平庸的闯世界的意识，还是特殊的文化禀赋资质来看，唯有长子王昌耀和他最为相像，而两人的命运，也近乎如出一辙。

昌耀是在十多年后，才得知父亲"落水而亡"的消息的。而父亲去世的那个地方，正是他早先从朝鲜战场返回时，部队驻扎的地方。

……此时，即将失去亲生父亲的王昌耀，成为杨公保的义子，似乎不无藏传佛教中那种"转世"的意味。

在生命已没有理由存续下去的时候，王其桂坠船而亡；而昌耀，则搭乘上了土伯特人的苦海普度之船。他在后来大恸大喜的长诗中，把这称作"慈航"。

然而，杨家的男人数代单传，并阳寿短促，杨尕三的爷爷在30岁的时候就离开了人世；而她的父亲也没躲过这一劫。1969年，38岁的杨公保突患重病，卧床不起，被送入县医院抢救。关于这位对昌耀情深义重的土伯特汉子，我在昌耀写于1981年的《生之旅》这首诗中，看到了他的影子，也看到了昌耀对他沉郁慷慨的情感发抒：

啊，你虽九死而未悔的伟丈夫！
你身披曳地红十字长袍的美男子！

> 比罗马教皇更显神情端庄,
> 高卧在冷色的床垫了,
> 一如倒仆在父母之邦的雪野。
> 而此刻才见你是一个濒于气绝的
> 剑斗士,为命运之神杀伐,
> 使我饱览了昆仑原上
> 黄昏的沉重。
> ………
> 是一镀金的头盔。
> 是一镀金的鞍辔。
> 是一镀金的烛台。
> ……就这样走来了。
>
> 带着十字星光的闪烁,
> 也就这样地走去。

从昌耀朝向青藏高原时空腹地的眼中看过去,这是一位格萨尔史诗时代的部族英雄、武士。

杨公保临死之前仍放心不下昌耀;放心不下作为自己义子的昌耀,在他离去后和这个家庭关系上的走向。因此,他要在自己离开这个世界之前,对此事做出最后的叮嘱。于是,在昌耀的那首《慈航》中,就有了这样刻骨铭心的记写:

是的，
当那个老人临去天国之际
是这样召见了自己的爱女和家族：
"听吧，你们当和睦共处。
他是你们的亲人、
你们的兄弟，
是我的朋友，和
——儿子！"

这是一种非常奇妙的表述，"老人"把昌耀和这个家族，和他自己的关系，更把彼此间因年龄问题而显得有些含混的辈分，表达得精确而微妙。当然，这更是一个具有神示意味的遗嘱，而这个临去天国前的"老人"，就是一个人间之神的化身。他将昌耀和这个家庭未来的关系，用遗嘱的形式，更以不容更改的神谕的语气，进行了庄重的约定。

3. "冰河与红灯谨守着北方庭除"

昌耀从此和这个家族，开始了不同于以往的关系往来。这既是一种具有庄重口头约定的家庭和义子的关系，又是失去了义父之后的往来关系——正是由于这一点，能否相处得自然融洽、达成一种真正的情感默契，便对昌耀意味着一种考验。而事实表明，这种关系就真的达到了和睦融洽。由此看来，除了在五叔王其桀眼中，昌耀是一个永远有问题的人之外，他与祖国的人民大众，进而是兄弟民族的人民大众，都不存在任何障碍。他不但知书达礼，有时甚至还是乖巧的、颇得人缘的。比如，下若约村的村民中，就有好几个与昌耀私交甚笃的乡亲。

昌耀以义子的名分，享受着每年回下若约村一次的探亲假。

而这期间，那个于1967年出自杨尖尖之口的"你娶我妹妹吧"的提示，经过昌耀想象力的重新处理，而使他怀着一种隐约的期待。

时间就这样走到了1972年。这一天，同村一个识文断字的文化人，来到杨家给尕三提亲。尕三今年已16周岁。按农村人在周岁上再虚两岁的年龄计算法来论，尕三已是18岁的大姑娘了。而提亲者所提的对象不是别人，正是昌耀。此时，昌耀就待在提亲者的家里等待消息。

尕三的母亲听清了这个意思后，心中忽地一沉。这怎么可能？昌耀比尕三大了整整20岁！接下来，她的确感到了为难，上一次昌耀和尖尖的婚事，就是由她拆散的，这一次，她还能再伤害昌耀吗？于是，便让尕三的大哥帮她拿主意。父亲去世后，大哥已是这个家庭中的半个家长了。大哥也同样基于年龄上的考虑，行使了他的否决权。

第二天，尕三被送到了二姐尖尖家。这实际上是杨母对突发事件实行的紧急隔离措施。

昌耀在他的说客家里度过了一个不眠之夜，第二天，被杨母请回了家中。杨母贴心贴肺地向昌耀说明了她不能同意这门婚事的理由,并请昌耀务必谅解。继而又说出了自己的设想,再托村上的人给昌耀物色合适的对象。

其实,否决这门婚事的道理不用杨母细说,昌耀还有什么不明白的呢?这个时候的昌耀,似乎对什么事也不敢寄予过高的希望,但他也不会放弃努力。这件事如果成了,那将无异于喜从天降;如果不成,那也就正好对了——他似乎早已明白,自己是一个不配享有更好命运的人。

昌耀又回新哲农场去了。

昌耀走后,杨母延续当年的成功经验再次如法炮制,她要将孖三许配给孖三姨娘家的孩子。这是又一次的亲上加亲。以此看来,孖三母亲的思路极有规律,她似乎要把自己所有的闺女,都转嫁给自家兄弟姐妹的儿子。

但她这一次转嫁的不是尖尖,而是已经多次显露过锋芒的孖三。孖三一听到母亲的决定当场就蹦得老高,继而撂下这样一句狠话:"我哪怕一辈子不结婚也不同意!"

纵观这一事件的整个过程,杨母采用的一整套策略都无懈可击,但却因一个意想不到的小小纰漏,而导致了这套完整方案的崩盘——她恰当地启动了对于杨孖三的应急隔离方案,但却选错了隔离的地方。她的二女儿尖尖,既是她听话的女儿,但更是昌耀的同谋。未能嫁给昌耀,这是尖尖没有办法但实在是遗恨终生的事。况且,让昌耀娶孖三,正是她的提议。此时,她无论如何也要将自己的遗恨,通过孖三加以弥补。

就在尕三被送到二姐尖尖家隔离的那几天，尖尖等于给尕三办了一次加油鼓劲的培训班。尖尖首先问尕三，你自己愿不愿意嫁给老王。尕三的回答是，我没有意见。她在这件事上远比当年的尖尖直率果断。尖尖闻听此言后说道："这就行了，你要是愿意的话就坚持到底，别学我当年的样子，一说起这件事我就能后悔一辈子。老王也太可怜了，但人不能一辈子都倒霉，你也应该知道，老王不是个一般的人……这事没关系，只要你这里愿意，母亲和大哥那边我去说。"

所以，尕三刚一回家，就有了和母亲那次底气十足的对抗。

再下来，就是尖尖多次回到娘家，对这件事反复地说服斡旋。

三个多月后，尖尖来到了给昌耀和尕三提亲的那个媒人家，说："你给老王写信，就说他和尕三的亲事成了。让他准备一下马上回来结婚。"

尖尖用自己的情义和智慧，把这件不可能的事情给摆平了。说完以上的话时，她的眼睛忽地一热，觉得自己干了一件大事，救了落难公子一条命一样的大事。苦命的老王（从自己结婚后，她开始以"老王"称呼昌耀）也该翻一翻身了。为此，她有两种神圣的幸福感：为了昌耀，也为了自己对此事的成全。这种事情，在藏传佛教的诸神和尊者中，是绿度母干的。与此同时，她还有一种委屈了自己的感觉，但涌到眼眶的泪，让她使劲给憋了回去。

昌耀在新哲农场接到这封突如其来的信之后，呆了。

事不宜迟，他从尖尖托媒人寄来的这封信中，读明白了让他马上回去结婚的潜在含义：夜长梦多。

做了必要的精心准备后，昌耀即刻赶到了下若约村。此时，是1973年元月20日。

1973年元月26日，距汉族农历年牛年春节还差8天，但时间却定格在了鼠年的末尾。此时，昌耀还未走出他36岁的本命年。按汉族民间的说法，人在本命年中总会有一些不同往常的动静，或者曰悲，或者曰喜。这当然仅仅是一种说法而已，但这一次，这个说法却在昌耀身上有了具体的显示。这似乎是昌耀命运的又一个象征，好日子来迟了，但却在他本命年的末尾开出了一朵大花。

这一天，昌耀迎来了自己苦寒人生中结婚成亲这一大喜的日子。而这个婚姻的性质，不是通常意义上的"娶亲"，而是反方向的"入赘"。

这件事情真是有趣极了，一个湖南桃源豪门的阔少，十多岁时就莫名其妙地向往中国西部藏区的生活，然后至中国东北、至国门之外的朝鲜、至华北腹地的河北……这样一路南辕北辙地寻找，终而不但给自己找到了一个藏族的家、一位藏族的义父，而且更亲上加亲地，成了这个藏族家庭的"赘婿"——他真是一个把任何事情都能做透、做彻底的人。从这个意义上说，他倒的确是一直行走在通往自己理想的道路上。

实现理想当然就要付出，只不过，他的付出实在是忒大了些。

这是一个按藏族招亲入赘的传统婚俗方式举行的婚礼，也是在日月山山地——这个大唐王朝与吐蕃王进行藏汉和亲会盟的地方，举行的一场浓彩重墨的婚礼。

"他是待娶的'新娘'了！"

经过一番"乔装打扮"之后，当1973年元月26日清晨的旭日，镀亮了日月山下白皑皑的雪原，出现在旭日雪原上的昌耀，霎时成了一名勒马翘首的吐蕃武士。只见他一身藏衣藏袍，簇新的狐皮帽子波动着金红的毛梢，右肩的背部，竟还斜撑出一杆藏族牧人的双叉猎枪。而胯下，则是一匹与遥远的吐谷浑人的"青海骢"有着血缘关系的高头大马。

他以一名古代吐蕃武士的形象勒马伫立。

这其实正是这个汉族的倒霉蛋，骨骼和灵魂的真实造型。

按照藏族招亲入赘的婚俗，昌耀先天晚上应该住在自己的家里守夜，然后，等待迎亲的队伍第二天天亮前来"娶"他。但他的家——也就是杨家，又是即将"迎娶"他的所在，所以，先一天晚上，他便被安排在了同村杨家的一个族亲家中。而这个家，与杨家的距离不过二三百米，如此一来，迎亲的隆重仪式便不足以展开。于是，便有了这一仪式在大自然中的转移和充分铺展：在迎亲使者的陪伴下，昌耀先是盛装策马驰出村庄，再绕过河流，驰上山埠，经过一番尽情地纵驰盘桓后，再与迎亲的队伍相会合。再接着，是轻轻提勒起手中的缰绳，使兴奋的马头高高扬起，让撒欢的马蹄变幻出骄纵的碎步……

待昌耀与迎亲的"使团"再次出现在村口时,他听到了惊天动地的爆竹声。

>迎亲的使者
>已将他扶上披红的征鞍,
>一路穿越高山冰坂,和
>激流的峡谷。
>吉庆的火堆
>也已为他在日出之前点燃。
>在一处石砌的门楼他翻身下马,
>踏稳那一方
>特为他投来的羊皮。
>就从这坚实的舟楫,
>怀着对一切偏见的憎恶
>和对美与善的盟誓,
>他毅然跃过了门前守护神狞厉的
>火舌。
>
>……然后
>才是豪饮的金盏。
>是燃烧的水。
>是花堂的酥油灯。

这是昌耀在《慈航》中，对于这一婚仪过程经过综合艺术处理的记写，也是中国的诗歌史上，一幅绝无仅有的经典场景。

而就在他作为待娶的"新娘"，"闺中"守候之夜，那里的情景又是如何呢？他在上一诗段之前做了这样的记述。

在这良宵
为了那个老人临终的嘱托，
为了爱的最后之媾合，
他敧立在红毡毯。
一个牧羊妇捧起熏沐的香炉
蹲伏在他的足边，
轻轻朝他吹去圣洁的
柏烟。
⋯⋯⋯⋯⋯
慧眼
正宁静地审度
他微妙的内心。

心旌摇荡。
窗隙里，徐徐飘过
三十多个祈福的除夕……
烛台遥远了。

迎面而来——

他看到喜马拉雅丛林

燃起一团光明的瀑雨。

而在这虚照之中潜行

是万千条挽动经轮的纤绳……

  为他施行洗沐礼的这位牧羊妇是谁？是人生绝境中引渡了他的尕仁卓玛（尖尖的藏语名字。在婚礼之前，他收到了尖尖送来的绣花袜子、绣花鞋垫、绣花枕套等贺礼）？是藏传佛教中普度众生的绿度母？人与神的界限在这里消失了，由这位集合了慈、善、爱于一身的高原女神的引领，他看到了佛国之中的大光明。而那挽动万千经轮纤绳的，则是雪域高原上成千上万的爱的奴仆。所谓的佛国，所谓的宗教，就是由这样一个大慈大善大爱的人群组合的澄明世界。

  一个诗人的宗教感，就是这样获得的。他当然也由此获得了活下去的理由。

  婚礼上的豪饮和狂欢结束之后，是众人散去的宁静。

  在宁静的，这个合卺时分的不眠之夜，"冰河与红灯谨守着北方庭除"。

4. 西羌雪域的五口之家

  婚礼后的第四天，昌耀带着新娘杨尕三来到西宁，将从西宁乘班车返回新哲农场。但他在返回前却预留了4天时间。这4天时间，其一是用来带着新娘逛一逛西宁街市，其二，则是发起新一轮的上诉！上诉的目的是什么呢？——一揽子清理自己当年所有的问题，重回省文联工作。材料在新哲农场就已写好，他这次要干的，是亲手递交上诉材料，并找相关的负责人面谈。这期间，发生了这样两个小小的插曲。

昌耀与尕三在西宁所住的，是南关街旅舍，这个旅舍的旁边，就是西宁汽车客运站，通往青海各州县的班车，都是从这里发车。陪着尕三在西宁游览了两天后，昌耀第三天独自出门去搞自己的上诉，留下了一脸新娘子光彩的杨尕三，一个人在旅舍的院子里溜达。尕三曾说过她的二姐尖尖自小长得漂亮，却很是自谦地没有炫耀自己。其实她本人同样是一副乡村美人坯子。知道新哲农场的职工和家属们，此后怎样称呼尕三吗？就在2003年9月我们一同去新哲农场，尕三和一家故人重逢时，对方当着我们的面称呼尕三为"杨mei"，我大为奇怪，转头问尕三，她们叫你"杨妹"吗？尕三着意地轻描淡写了一下："我也弄不清，大概是他们觉得我长得漂亮吧。"那么，不是"杨妹"而是"杨美"了？我再转过头向对方求证，答曰："杨美年轻的时候美着！"

而美在许多时候则是危险的。

……尕三正溜达着，就把一个来自海北州的卡车司机的眼睛给晃花了。两个人就聊了起来，当司机搞清了尕三的情况后，就果断地单刀直入：跟着个就业职工能有啥出息，怎么样,跟我走吧,只要跟着我,你想到啥地方逛就能到啥地方逛,你再看看我车上拉的羊肉。说完把手往车上一指。

这个公狗般的"脚户哥",也太小看尕三的觉悟了。

晚上昌耀回来后,尕三颇为兴奋地说了此事。昌耀的大脑中却第一次升起了一个危险的信号。

第二天再出门时,他以安全为由,将尕三锁在了客房里,说他很快就会回来。

第二件事则让昌耀沮丧——与尕三在饭店吃饭时,他装有证件、钱和粮票,以及尖尖送的礼物的提包,让贼娃子给顺走了。这也就意味着,他连返回新哲农场的路费都没有了。怎么办呢?1953年在河北荣军学校缺钱买书时,他曾卖掉了手腕上的那块瑞士手表;这一次,他又如法炮制,找到新哲农场的驻西宁办事处,将手腕上的上海表解下来,抵押成了60块钱,然后带着新娘子返回农场。而那块手表,此后又被他换了回来,至今还在杨尕三的手中。

这就是我们的新房吗?尕三颇为兴奋,只见这个新房足有一个会议室大,而且张灯结彩、布置一新——这是昌耀离开农场去下若约村成亲时,托农场的朋友们帮他收拾布置的。

啊,狗日的昌耀真是好福气,娶了这么一个年轻的美人!前来闹洞房的人们心中这样惊叹。基于和昌耀同样的原因,试验队的职工大部分都是光棍儿汉。他们真诚地为昌耀祝福,觉得自己心头也有一种莫名的兴奋。在这么一个"荒芜干旱"的地方,有花一朵,十里飘香。

尤其是这些光棍儿汉们,带着释放性的心理尽情地闹着洞房,而昌耀,则忙不迭地给大家递烟并散发糖果……

但刚过一个星期,他们的新房变了,昌耀带尕三搬到了我前边描述过的那个窝棚,尕三疑惑。原来,这几天他们沉醉于其中的那个洞房,果真就是试验队队部的会议室。

的确,美在许多时候是危险的。起码在昌耀的眼中就是如此。

而昌耀眼中危险的"美",也就是他的"杨美"。

杨美的这个绰号很快就在试验队叫开了。大凡美的事物都有吸附力。而杨美,则常常就能坐享美的成果:不时有光棍儿汉们,有事没事地在她的眼前晃动、搭讪;不时有人从他们房子的后窑洞中塞进一捆青菜进来;还有一个尕三的就业职工老乡,竟送了她十多斤的杂粮粮票……

这都让昌耀感觉到了一种危险。于是,他再一次地对属于自己的"美",实施坚壁清野。他告诉尕三,农场的就业职工身份复杂,你又没有什么社会经验,弄不好就会出大麻烦。所以,你以后就待在家里不要乱跑,我出工去的时候,给你把门从外面锁上,这样,他们谁再想使坏也没办法。

尕三听了心里不大舒服,但为着昌耀所说的安全问题也就听从了。

在这期间,尕三在一个休息天,和队上的家属们逛了一趟切吉公社的商店，在商店里认识了一个名叫日保的藏族售货员。日保在商店上班，妻子就在附近放牧，家里有四五个孩子。

尕三于此第一次显示了她堪称出色的社交能力。此后再去切吉公社的商店时，她提出帮日保的大人孩子做一些鞋子和衣服之类的手工活。这样做是无偿的，但可以从商店买到一些不易买到的紧俏物品，以及布头之类的降价处理商品。

但日保却感到这样不足以抵换尕三的劳动价值，就不时地以羊肉、面粉，乃至在当时算得上中上档次的芒果牌香烟，作为以物换工的酬劳。昌耀当时是一个段位不低的烟民。

这一点很重要，它既为他们的日子增添了一些额外收入，更重要的是，让尕三平日被反锁在房子中的孤独，获得了一定程度的缓释。

但无论如何，杨尕三都是一个在广阔山乡中无拘无束成长起来的女子，根本不可能长期忍受与外界隔绝的生活。在多次"争取自由"的交涉，都被昌耀给磨了回去之后，一天傍晚，杨尕三一怒之下终于出逃了。这应该是一次认真的出逃，临走之前，杨尕三清理了自己的衣物后，还没忘了带上娘家陪嫁的印度皮箱。昌耀回家后顿时方寸大乱，一直到了半夜，他才和他的朋友们，在一个山沟找到迷了路的尕三，两个人抱头大哭。

……尕三接着继续对我描述：当时的日子过得极苦，这不仅因为物质上的窘困，更因为精神上的歧视。试验队搞福利分菜的时候，每次轮到她们这类人时，只剩下了破菜烂帮子。孕三心里不平，要同人家理论，但人家只一句话就使她愣在了那里——臭就业职工家属！

昌耀是个"臭就业职工"吗？按照严格的界定，他此时的准确身份，是一个工人。但他这个"工人阶级"，这时就糊里糊涂地被欺侮着，没有什么道理可讲。更令他烦恼的是，新一轮的申诉，竟没有任何成果。所以，他的心情坏到了极点，与孕三之间的吵闹，也就成了家常便饭。

性子刚烈的土伯特女儿杨孕三，在出逃不成的情况下，思想更是朝着牛角尖死命地钻。她告诉我说，她已做好了自杀的准备。但是，她的自杀企图被经受过战场训练的前志愿军战士王昌耀及时发现，绳子、刀子等预备的"作案工具"被悉数没收。

孕三此前从没经受过这样苦闷难堪的人生，但她毕竟是一个悟性极高的人，昌耀的人生不是比自己更艰难吗？而农场的这些就业职工，谁又能比自己活得更好呢？别人能这么活，自己怎么就不行？

这样一想，孕三的心里忽地平静了。

1973年底，昌耀和孕三人生中的一个大事来临：他们的儿子出生了。这是他们苦难人生中，一个不酸也不甜的果实。作为一个农场就业职工，昌耀给予儿子的，是一个尴尬的家庭背景。于是，他遂以杜甫"无边落木萧萧下"的悲凉诗意，为自己的长子命名——王木萧。但这其中无疑还埋伏着一个相反的心理预期——"不尽长江滚滚来"。

越两年,昌耀期待中的滚滚春汛没有来,他们的女儿却从娘胎里来了。昌耀这时的心情更复杂一些,但也更为明晰,遂以他自己的同乡,战国时代楚大夫屈原大困厄中自励的诗句"路漫漫其修远兮",给女儿起名为王路曼。接下来的潜在之意当然很明确——"吾将上下而求索"。

又越两年,他们的老三出生了。又是一个儿子。搞不清苦难苦闷中的昌耀,何以有如此执着的与诗歌较劲的兴致。他再一次以诗歌为自己的次子命名。这一次援引的,仍是他的湖南同乡,但却是国家最高统帅毛泽东"俏也不争春"的诗句,给自己的儿子起名为王俏也。这个时候是1977年,毛泽东已经去世,这个国家的时局将朝着哪个方向转折?他期待着"俏也不争春"的梅花,"只把春来报"。

虽然是贫贱夫妻,却并非百事俱哀。昌耀与尕三开始以患难与共的坚韧,共赴人生的艰辛。

那时节,昌耀在农场的劳动是定额制。有一段时间,他每天和大家一起用架子车往田间拉运粪肥,定额是一天30车。如果达不到这个定额,一天的活儿就等于白干,月底扣除工资。运肥这种活儿是这样的:从粪堆装起一车子粪肥,拉到田间按一定的间距由近而远地卸成一堆又一堆。谁动手早,谁卸的距离就近,也就相应的省力省时。这绝不是一个可以用斤斤计较来表述的问题。拉一架子车粪肥走在坚硬的道路上似乎也没有什么,但一进入深翻过的田间虚土中,车轮就像陷入了沙漠。身强力壮者可以凭借惯性一蹴而就，不能一蹴而就者，就只能肩勒绳套，胸脸俯地，屁股左边一扭，右边一拧，一寸寸地移动。待一车粪肥卸下来，已是虚汗淋漓。而为了抢近地，昌耀每天都是早上5点起床上工，一直干到下午4点。

这种活儿我也干过，并且是和昌耀在同一个时期的同一个海南藏族自治州。1973年底，我作为下乡知识青年，插队到了海南州的贵德县东沟公社周屯大队——那是一个山区。1974年春季，知青们就与生产队社员一起，开始了春播前的田间运肥。不过，除了往车上装粪和卸车外，其他的活儿其实是毛驴干的，是毛驴拉着架子车，我只要在坡路和进入田间后摔响鞭子就行。

单薄瘦弱的昌耀又一次累倒了，尕三用架子车拉着昌耀到了场部的卫生所。累倒了的病用不着打针吃药，但他们必须上卫生所，只有在卫生所开出病假条，昌耀才能在队上告假病休。然而，这个病假条并没能开出来。尕三又一次施展她的社交才能——找了一个担任管教干部的湟源老乡说情，才休了那么一天的假。

那的确是恶劣的环境中，极其恶劣的生活。还记得我前面描述过的切吉滩上的大风吗？有一天，尕三和昌耀正在黑洞洞的房子里面待着，眼前突然一片光天化日——切吉滩上"横扫千军如卷席"的龙卷风，把他们和邻居家的一大片房顶，一张薄纸般地席卷而去。房顶重新修缮后还未等到上面刚轧碾的新土板结瓷实，又突然下起了大雨，于是房内的人又近乎落汤鸡的模样。

冬天来了,天寒地冻的冬天最重要的问题就是取暖的燃料,而草原上最耐烧的燃料则是牛粪。近处的牛粪都给家属们捡光了,再下来就是去更远的荒滩上捡拾野骆驼粪。当时的野骆驼不少,但狼更多,有好多次,尕三和其他家属们都把狼当了狗。幸亏发现得早,没待与狼接近到危险的距离,便赶紧做镇定状地步步后撤。

日子难熬到了极点。张口吃饭的人越来越多,而此时的一家五口,就靠着昌耀的微薄收入苦苦硬撑。经过反复考虑后,杨尕三想出了一个新的思路,由她带着孩子们回娘家去,以参加生产队劳动的收入,缓解这边的生计压力。因为此时杨尕三的户口,仍在娘家。昌耀同意了。于是,1977年初,杨尕三带着三个孩子回到了下若约村。

一家四口的突然到来,首先使娘家人感到了惊喜,但没过多久,这惊喜就变成了烦恼。尕三的嫂子不时放出话来:嫁出去的姑娘泼出去的水,老住在娘家怎么成?尕三受不了这个,母亲和哥哥则有苦难言。半年之后,由姐姐姐夫凑钱出力,帮尕三在村边的山坡上,围起一户墙院,搭建了两间住房。尕三从此在这里独自开始了山乡女人的生活。这期间,昌耀会专门回来探亲,住上一个月,帮杨尕二操持料理家务。比如喂猪,把自留的几只牛羊早上赶到草滩,傍晚再收回来。再就是将榨牛粪和上柴渣草屑,制作成牛粪饼,贴到院墙墙壁成片凿出的"铸模"中,等风干之后,作为燃料贮存起来。这些凿在泥墙上贴晒牛粪饼的"铸模",在昌耀此后的诗中,成了"一排排受难的贝壳"。

这样直到1977年年底,随着国家政治气候逐渐趋暖的一系列变化,杨尕三又带着三个孩子回到了新哲农场。

关于这段生活,昌耀在写于1982年的《雪。土伯特女人和她的男人及三个孩子之歌》中,曾有专门的描述。其中有一段,是全家已回到西宁后,对杨尕三去娘家探亲归来时的记写:

她从娘家来,替我捎回了祖传的古玩:
一只铜马坠儿,和一只从老阿娅的妆奁
偷偷摘取的"乾隆通宝"。

说我们远在雪线那边放牧的棚户已经
坍塌,唯有筑在崖畔的猪舍还完好如初。
说泥墙上仍旧嵌满了我的手掌印儿,
像一排排受难的贝壳,
浸透了苔丝。

说我的那些古贝壳使她如此
难过。

回到农场后,杨尕三接着开始张罗另外一件大事:她找到自己在农场中那个管事的干部老乡，于1978年上半年，为自己和三个孩子办上了"农转非"户口。这是昌耀平反之后，全家转换为城市人的一个重要的先期准备。

而在1978年前的若干年间，昌耀的文化生活又是一个什么状态呢？

那是只有在农闲时节才有暇顾及的事。只有进入这种时节，他才慢慢地恢复了人的感觉，家庭生活的感觉。农闲时节不是不干活，这里永远没有完全不干活的时候，而是不再那么紧张，强度不再那么大。这时精气神渐渐缓过来后，昌耀每天早上便早早地起床，"吾将上下而求索"了。干什么呢？说来令人难以置信，他开始学英语了。从某种意义上说，这其实正是昌耀诗情寡淡的象征，他因此而要用另外的学问，来转移心头的空虚，并对自己进行思维和智能训练。或者说，这还在他的设想中，是一种具有实用价值的生存"技能"。翻开《昌耀诗文总集》就可以发现，除了1967年刚到新哲农场时的两首诗作外，一直到1977年这长达10年的时间，他的诗歌写作是一片空白。但这并不意味着他没有写作，而是这些写作，已经没有了1962年孤身冲刺时的那种强度和能量。因达不到相应的水准，而无法收入诗集。

事实上，农闲时节的许多个晚上他都在写诗，先是写在香烟盒上、破纸片上，待修改得差不多了后，再誊写在笔记本上。但那却是一些我们永远也看不到的诗了，就是说，它们连日后做进一步加工整理的价值也不具备。此刻，他的这种写作就像西西弗一样，认真而徒劳地一遍遍从山脚往山顶推石头，仅仅是一种精神劳作的惯性，一种必需的脑力训练。

而杨尕三此时则成了标准的贤妻良母，她做饭带孩子，缝洗大人和孩子的衣服，夜晚还要殷勤地给昌耀打好洗脚水。

"老王学习时油瓶子倒了都不扶"，但尕三很快又做出了一个矛盾的举证——她们的老王也会做饭，强项是炒洋芋丝。而强项中的强项，是洋芋丝炒好之后的分配。"老王心细，分得非常均匀，大人小孩完全一样。"从这样的小事上也可以看出，诗人老王的确是一个"人人平等"这一社会理想的躬行者。

但昌耀在这个家庭中的功能并非仅仅如此，他还是一个很爱孩子的人，一个始终怀有童心的人，一个有趣的人。20世纪80年代回到西宁后，我曾在他的家中见到过四五岁的老三王俏也，拿了一幅自己涂抹的蜡笔画向昌耀"表现"，画面上是两个衣饰华贵形象怪诞的男女，昌耀看过后拿起水彩笔，给上面题写了一个隆重至极的标题——"国王与王妃"。以此反推过去，即便是在新哲农场的此时，当他心情稍好的时候，也应该常常会举起他的儿子，在胳肢窝中挠痒痒，让孩子嘎嘎地欢笑；也应该把他童年时学的儿歌，以及孩子舅舅家湟源县的儿歌，教给儿子和女儿，并展开背诵比赛。而自小就在乡村巷道中玩疯了的杨尕三，更不会不在此时施展自己儿歌方面的童子功。那时节，在这片古代的西羌牧地，尤其是到了一年一度瑞雪纷纷的春节之时，这个雪原上的苦寒之家，也是有着世俗的欢乐和幸福可言的，那情景应正像昌耀此后在《雪。土伯特女人和她的男人及三个孩子之歌》中这样的描述：

> 西羌雪域。除夕。
> 一个土伯特女人立在雪花雕琢的窗口，
> 和她的瘦丈夫、她的三个孩子
> 同声合唱着一首古歌：
> ……………
> 咕得尔咕，拉风匣，
> 锅里煮了个羊肋巴，
> 房上站着个尕没牙……

"尕没牙"，指尚未长牙的幼儿。而这个家庭中的"尕没牙"者，王俏也是也。然后，大家嘻嘻哈哈地等待着被欺负了的尕没牙的反应。

这一幕是农历1978年的除夕，昌耀人生中最重要的日子就要来临了！

他在上述诗句后边紧接着写道：

> 那一夕，九九八十一层地下室汹涌的
> 春潮和土伯特的古谣曲洗亮了这间
> 封冻的玻璃窗。我看到冰山从忾红尘崩溃，
> 幻变五色的杉树枝由漫漶消融而至滴沥。
> 那一夕太阳刚刚落山，

雪堆下面的童子鸡就开始

司晨了。

5. 告别荒原

1978年是中国历史上一个极其重要的年份。

从这一年之前的1976年开始，中国的社会政治生活中发生了一系列重大事件：

1976年9月9日，中共中央主席毛泽东逝世。

1976年10月6日，中共中央粉碎了"四人帮"反党集团。这也同时标志着从1966年开始，历时十年也为祸中国十年的"文化大革命"结束。此后的国家政治文件中把它表述为"十年动乱"。

1977年秋季，从"文革"开始后中断的大学高考制度恢复。

1978年5月11日，《光明日报》发表了特约评论员文章《实践是检验真理的标准》。这篇文章作为一个政治信号，标志着中共中央在廓清对一些重大理论问题的认识时，开始了对于"文革"及其之前极"左"路线的清算。冤假错案开始平反；知识分子政策，干部政策开始落实。

1978年12月18日，中共历史上具有转折意义的十一届三中全会召开，开始全面纠正"文革"及以前的"左倾"错误。

也是在1978年，春节过后不久的2月18日，发生在北京的一个特殊事件，跟昌耀形成了一种曲折关系。这一天的《人民日报》上，发表了"为王先梅同志及其子女落实政策"的消息，以及《王先梅同志写给中央领导同志的信》（摘要）。此外，《人民日报》还专门为此配发了一篇评论员文章——《落实干部政策的一个重要问题》。这一组消息和评论经过报纸的传播，以及中央人民广播电台的反复播出，在全国各省市落实干部政策的问题上引起了极大反响。

王先梅是谁？

王其梅的夫人，昌耀的大伯母。

这一信息昌耀想必是通过报纸或广播已经知道了。这一时期逐渐明朗的国家政治时局的信息，昌耀想必是也悉数感应到了。他与他的同类们，已经成为这个国家政治嗅觉最为敏锐的那么一部分人。

昌耀在兴奋中期待着。从1978年的5月份开始，他又恢复了激情的成规模的写作，但这一次不是诗歌，而是一组篇幅较长的抒情散文，总标题为《海的诗情及其它》，此后刊发在1979年第5期的《青海湖》上。

而此时，新哲农场的管理开始大规模地松动，一些原属右派问题的"就业职工"，已经不断地被原单位收回，更多的人则离开农场，找到原单位就近候命。

昌耀也踏上了强度更大的递交申诉材料之路。申诉的核心问题只有一个，就是要求尽快复职，重新返回青海省文联。

其实,在此之前的1977年底,他就给主政青海的省委第一书记谭启龙写了两封长信。此时,他又给谭启龙的夫人、主管文化的青海省委宣传部副部长严永洁,省委宣传部办公室主任王传莹,省文联筹备领导小组的部门负责人汪正海,省文联筹备领导小组的主要领导古洪等,相继发出了要求"落实政策"的信。但是,问题本该最易解决的他,此时却遇到了意想不到的障碍。什么样的障碍呢?这里且以他1978年8月9日写给严永洁副部长的信,来了解此一时期整个事件的过程。

> 严部长:您好!
>
> 我原是青海省文联干部,搞编辑与创作。因一般"右派"问题保留公职劳动教养。去年,我曾给谭书记寄呈两封长信,恳切陈词请求复职,此信可能是转省文化局了,或者就是未寄到,总之再无下文。
>
> 此次,我从数百里外来省上访,幸蒙省文化局接待,我是十分感激的。但局里落实政策工作的同志们告我说,对我的问题他们原本是积极而热情地着手搞(这是实情),后因省委召开了落实政策工作会议,规定"文革"前的问题,原是哪个单位处理仍旧归哪个单位落实政策。恰在此时省文联正式批准恢复,如此,他们就与宣传部联系,部里答复说,可将其问题转省文联。但文联至今尚未接办,也恐怕在一相当时期内尚还难能接办,怎么办?局里接待我的同志们又告我说,为了不致误我的大事,我的问题

他们仍可继续搞，一并统计上报（我为他们的诚恳负责大受感动）。但是，牵扯到指标问题，如果宣传部将来未给文联指标，就有所不便了，他们嘱我赶紧去宣传部谈谈此事。

事不凑巧，省委门禁如今特别森严，据说从本月才开始实行的。我去了。但我只能隔墙向大楼望一望，在传达室里待一待，最多是让我打个电话。

这样，我就只便给您寄上这封短信。

我的情况，也许无须多说了。这么多年来，我寄给有关方面的信确实不少，不下十万字了吧。

但是，我仍旧愿意在下面再写上几句赘语，这种心情您是体谅得到的——不过是希望组织上能对我的请求多给予一些关注。因为我希望早日站到革命的队列中去。

我希望组织上考虑到：我是保留公职的。我十三岁就参加了部队，虽无建树可谈，却为革命流过一点鲜血，是个三等残废军人。我二十八岁摘掉帽子，至今也已十四年。我也有心于文艺，虽无根底，但我仍愿学习，仍希望有所贡献。

可能我在明后日就要返回新哲农场去了。我未能得见宣传部和省文联有关领导同志，我很感遗憾。从理智上讲，我是无限相信党的政策的。从感情上讲，我的内心却又还不大踏实。这并不矛盾。各单位各部门执行政策的程度确实是有差异的，或者还有颇大的差异。

> 然而，我是多么希望得到您及各级有关领导同志的关注！
> 恕我自荐了。
>
> 78.8.9

从这封信中我们可以看出，由于政策和办事机构衔接间的错位，昌耀正在被爱莫能助地踢着皮球；从而以一个提着一只廉价黑提包的上访者形象，在青海省委深宅大院之外的门卫工作室，焦灼如热锅中的蚂蚁。

而在同一时间寄给汪正海的信中，他还这样写道：

> 问题似乎不好再迁延了，据说，十月以前我省整个原"右派"人员的处理工作将告结束，然后，新华社将就全国的处理情况拟在十月发表消息。无论传闻确否，我总盼望省文联党组能够将我复职一事适时地提到议事日程上去。

1979年元月6日，青海省文联筹备领导小组向青海省委宣传部上报了《关于王昌耀问题的复查意见》。这份《意见》在陈述了昌耀的个人基本情况和打成"右派"问题的经过后，对昌耀的问题做出了如下甄别：

> 一、原省文联并未开除王昌耀公职。一九六二年湟源县撤销错误判决后，原省文联未及时收回该同志安排工作也是不当的。

二、王昌耀所写《林中试笛》两首诗，不属于攻击党和社会主义的坏作品。

三、原材料所列王昌耀的错误言论，多系本人在批判会上主动检讨出来的，本人既未扩散，也不是别人检举的。

我们意见：对王昌耀同志应恢复政治名誉，收回我会分配适当工作；同时恢复原来工资级别。

1979年2月24日，"青海省革委会劳动教育工作委员会"下发了《关于撤销王昌耀、剧谱劳动教养的批复》：

省文联筹备领导小组：

你会筹备领导小组送来关于撤销王昌耀、剧谱劳动教养的报告收悉。王、剧二人原因"右派"问题劳教的，现二人"右派"问题分别予以改正。经研究，同意撤销王昌耀和剧谱的劳动教养决定。

昌耀是1957年10月20日被打成"一般右派分子"，1958年3月离开省文联被送往乡下"监督劳动"的。数月后，又被湟源县法院做出"管制三年，送去劳教"的判决，从此一去不回。是的，尽管湟源县法院早于1962年就对这个"送去劳教"，做出了"原判不当，故予撤销"的更正，但由此看来，这个更正的法律文书并未生效。于是，昌耀头上那个1962年就已撤销了的劳教帽子,在1979年的此时又被"撤销"了一次。这样的荒诞,正是西方现代主义文学中,"黑色幽默"流派所表现的主题。

从1957年10月到现在,已经是漫长的22年。

至此,笼罩在他头顶上22年的乌云,终于被一风吹去。

1979年3月,昌耀带着妻子儿女离开海南州新哲农场,回到睽违了21年的青海省文联(从1958年3月送往乡下"监督劳动"到此时,他的流放生涯为21年)。

历史开始对昌耀,也对王氏家族的命运做出局部的修补。

1979年1月25日,昌耀的大伯父,中共西藏自治区委书记、西藏军区副政委王其梅的"平反昭雪追悼大会"在北京隆重举行。中共中央主席华国锋,副主席叶剑英、邓小平、李先念等送了花圈。追悼大会由李先念主持,中央政治局委员、组织部部长胡耀邦致悼词。悼词中说:"王其梅同志是中国共产党的优秀党员,是我军优秀的指挥员和政治工作者。"他在从事党的地下工作期间,在敌人的监狱中,"表现了一个共产党员的优秀品质和革命气节","林彪'四人帮'和那个顾问炮制的'六十一人'重大错案,使王其梅同志蒙受不白之冤","对王其梅同志的一切不实之词必须推倒,予以平反昭雪"。

这个追悼会对于含冤去世的王其梅来说,可谓备极哀荣。

昌耀的伯母王先梅,原先一直和进军西藏的丈夫王其梅在一起,在指挥部驻扎的西藏昌都工作时,他们的几个孩子则托养在成都保育院。到了20世纪50年代末，王先梅回到北京调入轻工部，带着5个孩子在北京安了家。

王其梅被迫害致死后，王先梅在北京的家也被查抄。随后一家人到了轻工部的江西"五七干校"。

1973年干校撤销，一家人虽然返回北京，却备受歧视。此后，王先梅的大儿子报考海政歌舞团，虽然各项考核均合格，却因父亲的问题而被拒之门外。她成绩优异的上初中的小女儿也因同样的原因，而处处碰壁。

王先梅决定不再沉默。1977年12月8日，她给邓小平写了一封申诉信，信中简述了子女们的遭遇。邓小平随即批示："王其梅从抗日战争起做了不少好事。他的问题不应影响其家属子女。建议组织部拿这件事做个样子，体现毛主席多次指示过的党的政策。"

1978年元旦后不久，王先梅回到了轻工部，担任科研室外事处长，大儿子进入了海政文工团，小女儿考入了北京医学院。

再接着，就是1978年2月18日，《人民日报》关于这一事件超常规的特殊报道。党和国家的高层政治家们，显然要以此事为契机，把落实党和国家的干部政策的文章，做足做透。

而王先梅也就是在这个时候，在中国的政治史上弄出了这么一个大的响动。

历史再一次显示了它的戏剧性——伯父进军西藏的时候，昌耀来到了青海高原；伯母带着孩子们落难到江西五七干校的时候，昌耀同时在青海的农场受罪；伯母在北京申诉的时候，昌耀也正在青海申诉。

这位与伯父一样对昌耀寄予过厚望，又因"右派"问题而对昌耀表示过恨铁不成钢心情的伯母，通过自己和一家人的不平遭遇，此刻应该完全理解了她的这位侄子。甚至，她此时最挂念的，就是自己的这位侄子。

因此，在王其梅的追悼会召开前夕，王先梅本拟邀请昌耀前往北京，与逝去的亲人道一声别，为共同的命运转折舒一口气。但当时正值家中的长媳分娩，多有不便而作罢。然而，这个心愿她一定要了结。1979年4月清明节前夕，她向昌耀发出了邀请。昌耀在自己的冤案平反之后，第一次去了北京。

受了20多年磨难的侄子并没有被击垮。说起往事，昌耀既不激昂，也不沮丧。已往的磨难已把他磨出了火候，很好！这正是王先梅想象的样子。

离开北京后，昌耀并未即刻返回青海，而是顺着京广铁路，径直去了湖南的老家。

昌耀自1950年孤身从军离开家乡后，距此时已是29年。当年那个年仅13岁的烂漫少年，如今已是人到中年，一脸沧桑。少小离家老大回的他，此时既是乡音已改，且鬓毛复衰。他是回到老家来了吗，而家又在哪里呢？他的桃源故乡，既没有他的家，也没有人再认识他。他千里迢迢而来，也许仅仅是为了凭吊，为了圆梦。昌耀此后在一篇文章中记叙了这次让他备感凄凉的故乡之行：

29年之后我有幸在桃源城关逗留半日。桃源已面目全非，我寻访的我们一家住过的那座小木屋也已历史地消失了，在看似旧址的地方唯见一片煤场。我疲惫地坐在街边树荫。那是清明后的多雨季节，初晴才不久，我看着春水恣流的沅江从脚下浩荡而去。埠头有几只航船已升起炊烟，晾晒的花衣衫在船篷的绳索上摇摆，一切显得平和而静谧。我感到自己仿佛是一个不该介入其间的外乡客了。

十一　否极泰来的1979

1. "归来者"峥嵘亮相

1979年3月,在22岁时离开省文联的青年诗人王昌耀回来了。此时已43岁的他,仿佛1000多年前由大唐王朝派遣到吐蕃的一个使者,带着西羌牧地上格萨尔王的余部:他的土伯特妻子万玛措(杨尕三),他们的汉藏混血子女王木萧、王路曼、王俏也——这些在另外一个时空中,或许可以披甲执锐、冲锋陷阵的草原子弟一同归来。

但此刻他们却形同难民。一家5口住进了省文联借用的办公地址——青海省委党校大院后面一间20世纪50年代修建的大平房内。

昌耀回到睽违了21年的青海省文联《青海湖》文学月刊。

编辑部，坐在原本就属于他的一张诗歌编辑的办公桌前，神情有点儿木讷、有点儿疲惫，但内心却波澜壮阔。

后来被称作中国的"文艺复兴运动"，就是从1979年开始的。而在这一由诸如《于无声处》之类的话剧，《班主任》《伤痕》之类的小说，以及"星星画展"等美术界革命汇成的文艺复兴运动中，率先启动的，便是诗歌。以艾青、公刘、白桦、曾卓、蔡其矫、流沙河、邵燕祥、牛汉、绿原、彭燕郊、罗洛、黎焕颐、雁翼、孙静轩、杜运燮、陈敬容、郑敏、黄永玉等，这些由当年的"胡风集团分子"和"右派分子"为主体的中年诗人群体，以"归来者"的名义，不约而同地实施了一次堪称伟大的诗歌联动，拉开了中华人民共和国成立以来最深刻，也是最宏大的文学艺术复兴运动的大幕。

当此之时，中国大地上的诗歌遍地开花，以控诉、反思为主旨的中国的诗人们，说尽了人民心头的大恸、大恨以及大喜，而接受着一个时代和一个国度的致敬。中国继起的诗人们也遍地开花，并且在青年知识界和大学生群体中，诞生了狂热的诗歌追星族。

与此相比，20多年后流行歌曲的泛滥及其追星群体，充其量就是一些无足轻重的"小玩儿闹"而已。

我自己，就是在这个时候决定成为一名诗人的。此时，我是青海师范学院中文系77级的学生，读二年级。入学之前当工人时就已有诗歌发表，是政治抒情诗。我当时只会写那种诗歌。而此时，中国的诗人们大都只会写诸如此类的诗歌。

一天下午，我去《青海湖》编辑部找人。办公室里坐着的两个中年人，似乎正在交流一些"故人"的信息。一个是青海文艺界我的熟人，另一个神色木讷的陌生人便是昌耀。他此时是这间办公室的主人。

自我一走进门，昌耀便条件反射般的，忽地从斜倚着的藤椅中站起，似笑非笑地看着我，似乎是在问我找谁，有什么事；同时又像是以这种方式，向我这位陌生人致意。待那位熟人给我们做了介绍，昌耀请我就座后，自己才坐了下来……等我再准备起身告辞时，昌耀又先我一步站了起来，礼貌得近乎卑微地送我出门。

他当时就是以这么一副神态，接待着像我一样前往编辑部的诸多登门者的。

如果问，流放岁月对昌耀有什么样的改变？这就是一个典型的标志。但是，我们很快就会发现：这种改变也仅仅是如此而已。

我们就这样认识了。

但就是在这个1979年，昌耀让我意识到了一位身在青海的国家级诗人的存在。

首先是1979年第5期的《青海湖》上，刊发了他的长篇抒情散文《海的诗情及其它》。这是自1957年被打成"右派"的22年后，他的作品第一次在刊物上公开亮相。全文由三个独立篇章组成：第一篇《海的诗情》，是写他与海的缘分与情感——1950年盛夏，他作为一名军中少年，乘坐威武的"铁甲列车"北上时,穿越南国人民欢送的花海,途经山海关时为战友们所欢呼的渤海……直到1976年10月,国家命运转折中举国欢庆的人海、旗海。

"我从来没有过这样的幸福,这样的痛快,这样的豪情淋漓,又这样清晰地认识到生活的意义。"他在这篇散文中这样写道。

作为一种文学表述,这些话实在说得很"嫩",但它却是一个人再生性的狂喜中,难以表达的表达。1979年3月,昌耀还写出了一首在他的诗歌中极少见的、类似于郭小川《团泊洼的秋天》那种体例的诗作——《啼血的春歌——答战友》,其中有这样的诗句:

> 当十年的虐风暴雪,还在我梦中纷纷扬扬,
> 战友,我怎能唱给你一支"杨柳春歌"?
>
> 心灵的伤痕,最是难于修整平复;
> 记忆的橱窗,不好固扃加锁。
>
> 您不见:门前屋下,远归人才收乞食的陶钵,
> 十里长街,正为含冤的心魂,化作素花的长河?
>
> …………

从民族的号呼,我懂得断而复续的琴弦,
何以那么……何以那么如诉如泣;

从祖国的创口,我洞悉醉而复苏的躯体,
何以这样……何以这样拼死拼活。

不,我并不需要无聊的诙谐,
痛楚的经历,只教会我深沉的思索;

不,我并不欣赏乏味的幽默,
严峻的现实,我倒相信好事多磨。

…………

但是,对着硝烟初散的战场、重炮摧毁的松柏,
此刻,且允许一个脱下军帽的战士,暂作三分钟静默。

他就会毅然大步,向着新的地平线奔去,
让深仇拍打着爱情的旋律,他再把春风尽情弹拨。

接下来——
同年第7期的《青海湖》上,发表了他写于20世纪60年代的组诗《落叶集》。

10月份出版的青海省庆祝中华人民共和国成立三十周年《三十年诗歌选》中,收录了他自20世纪50年代以来,写于不同时期的5首诗作。其中就包括这首《啼血的春歌》。

第12期的《长春》文学月刊上,发表了他60年代所写的组诗《黑河柳烟》。

第12期的《湘江文艺》上,刊发了他60年代所写的组诗《高原丰采》。

《长春》是吉林省长春市的文学月刊,《湘江文艺》是湖南省的文学月刊。前者,是昌耀在朝鲜战场负伤后回国养伤的地方;后者,是他的故乡。

我们从这个大致的清单中不难看出,与文学界隔绝了20多年的昌耀,似乎一直不曾离开过文学,刚一归位就迅速地伸展开了自己的触角。其诗歌以"组诗"这种集束形式的发表规模,并能如此快速地"走出青海",已经让人觉得颇为神奇,但接下来的事实表明,这对他只是牛刀小试。

真正让我惊诧的,是他发表在这一年第10期的《诗刊》上,题名为《致友人——写在一九七八年的秋叶上》这首110多行的诗歌。其中有如下的几行诗句:

九死一生黄泉路,
我又来了:
骨瘦如柴,
昂起的——

> 还是那颗讨厌的头颅。

自读到这首诗至今，20多年过去了，它却一直让我刻骨铭心。这几行诗句，放在昌耀此后的诗歌中看，它们甚至就不是诗，而是从他倔强、执拗梗骨中推出来的一只铁刺猬。

在这里，我们不妨把前面的那句设问再重复一次：流放岁月究竟改变，或者说改造了昌耀的什么？答案很简单，除了外表举止的那种谦卑外，他的那颗"讨厌"的头颅，只是"讨厌"得更为凛然了。

还是在朝鲜战场上时，昌耀在他的写作和投稿时，就曾尝试过冲刺《人民文学》之类的刊物，而这首《致友人》则是几十年来，他的作品首次在国家级的刊物上亮相。而这一高昂着"讨厌头颅"的亮相，则明确地宣告了他此后的写作姿态：与丑恶的历史和屈辱的命运纠斗绝不罢手。

也就是在这同一时期，随着控诉反思性的"伤痕文学"主题铺展到了一定程度之后，中国的主流文艺界传递出这样一种声音：走出过去，面向未来。这句话进一层的意思便是：忘掉个人的一己痛苦，面向国家和民族的未来。

这个倡议没错，但没有被彻底清算的历史，对于未来绝对是危险的，就像人体内没有根治的顽症，它会在任何合适的条件下更为致命地发作。所以，昌耀在写于1980年初的《慈航》中，曾专门有这样两行针对性的表达：

我不理解遗忘。

也不习惯麻木。

这是中国文艺界由那些良知型的艺术家,发出的另一种声音。若干年后,这一群体中的代表性人物,那位名叫巴金的老人曾通过各种渠道呼吁,在中国建立一座"文革"档案馆——为了历史的不被遗忘!

出现在1979年后中国文艺界的这一现象,曲折地再现了发生在当年苏联的一幕,那是由帕斯捷尔纳克在《日瓦戈医生》中所描述的一幕:在结束了自己的流亡生涯后,日瓦戈医生与当初同样受过迫害的杜多罗夫,谈论思想和创作"合时"与"不合时"的话题。书中这样写道:"杜多罗夫的高尚言词完全合乎时代精神,但使日瓦戈气愤的也正是这些言词显而易见的虚伪性……苏维埃时代的知识分子把政治神秘主义当作知识分子的最高成就或者所谓'时代精神的顶峰',日瓦戈听不惯这一套。"

《致友人》中这颗高昂的"讨厌的头颅",是昌耀在中国诗坛正式亮相的一个序幕。

两个月过后的1980年,由原32开改为16开大开本,决心以崭新的面貌开创中国诗歌新气象的《诗刊》,在第一期上推出了昌耀长达500多行的纪传性长诗《大山的囚徒》。为了表示隆重,该刊还在这首诗的标题之下,配发了一个约占版面1/4规模的插图:一个伸展双臂的男子,对着远处的大山激愤告呼。

这首长诗，是中国文艺界"流亡者"群已往岁月史记性的诗篇，诗歌的《日瓦戈医生》；也是由"流亡者"群转换为"归来者"群之后，诗人们同题旨的诗歌中，终结性的诗篇。它在一个宏阔峥嵘的时空场景中，将中国一代知识分子的苦难历程，以及对于历史和时代的深层反思，推进到此时诗坛仅能看见的一个深度。

《大山的囚徒》是昌耀在中国诗坛的一个正式亮相。对于除《致友人》外，此前从来不曾在这类国家级刊物上展示过身手的他，诗界众多人士的一个疑惑是：这是从什么地方突然冒出来的这么一个"角儿"？

当时的资深诗人罗洛在稍后为昌耀所写的一篇评论中，就曾专门留下了这么一笔："不熟悉他的生活经历的同志，以为是在诗之国里又出现了一颗'新星'。这种愉快的误会正好说明他的诗还保持着青春的气质和战士的激情。"

然而，昌耀诗歌的爆发才刚刚开始。

《大山的囚徒》证实了我对昌耀诗歌隐约的预期，而我对他的诗歌潜在价值的认识，则是在此之前。关于这一点，我在前边的章节中已经说过，这就是收入1979年10月出版的青海省庆祝中华人民共和国成立三十周年《三十年诗选》中，他写于1962年的《烟囱》。是的，我此前从来没有见到过这样一种诗歌，那种完全滤去了时尚社会元素干扰的拙朴、自然与纯粹，犹如原生态的民歌，有一种来自古老乡村的令人心醉的气息。

我说过，当时的我只会写那种中国诗人们都在写的政治抒情诗，尽管我已开始厌倦这样的写作，但对于如《烟囱》这样的诗歌，我只能心向往之而难以实现语言文体上的转换。

多少年后我才明白，这其实是绝大部分诗人面临的一个死结。

这又意味着什么呢？它除去显示了昌耀那种特殊的语言能力之外，还表明了在1967年至1977年这10年无诗的空白期，他那种"脑力训练"式的写作，开始显示作用；并且，他似乎从来都没有放弃对外界诗歌信息的跟踪了解。比如对郭小川那种从1977年开始风行的诗歌语体，此时仍在新哲农场的他即已心领神会，并在自己的写作中做出转化性的反应。

也正是因为如此，在复出之后，他才丝毫不觉手生，无须在外围做任何盘桓，而一步跨入书写《大山的囚徒》时的竞技状态。

我们在谈到苦难造就诗人这一话题，在看到"归来者"们底气更足地在1979年集体亮相时，却忽略了另外一个残酷的事实：这其中又有多少当年的诗歌精英，被那一漫长的苦难所销蚀，在终于等到可以放开喉咙时，却因嗓子嘶哑而力不从心！

对于当时的中国诗坛，《大山的囚徒》之于昌耀在更大的程度上，只显示着一种象征意义，人们所看到的，是这样的一位诗人以这样的一部诗歌大块，在诗坛上的一夜突起，而并未意识到其中伏藏的某些非凡潜质。事实上，这首诗中已显端倪的那种大地性的品质，已经昭示了昌耀与"归来者"群不同的方向，及其可供持续延伸的底力。

但应该有人意识到了。比如当时《诗刊》社的副主编邵燕祥，以及编辑刘湛秋、韩作荣等。

昌耀此生如果有什么幸运的话，我想他最大的幸运，就是与《诗刊》社上述这些眼力不凡的编辑家们的相遇。

在此我首先举一个相反的例子，也就是在1979年五六月份的时候，昌耀竟然还写出了一篇1万字左右的短篇小说，作为投稿交给了《青海湖》的一位小说编辑。这是一篇以新哲农场的生活为背景的作品，其中穿插有大量的民歌俚谣，但却在那种外在的土头土脑中，错动着莱蒙托夫《当代英雄》那样的边地传奇色彩。这篇小说看得那位编辑惊奇不已，逢人便津津乐道，遂很快签发上去交给终审，但没想到却给这位终审毙了。

还记得1957年因长诗《大风歌》而被打成了"右派"的张贤亮吗？他复出之后改弦更张地写起了小说，并因那些"农场"题材的小说而成为著名的小说作家。

而昌耀，如果他的这部小说能够得以发表，并在这一方向上受到激励进而形成良性循环，那么，他此后也完全有可能是另外一种人生。昌耀最初的"创作"，就是从朝鲜战场上的战斗故事开始的，那是与小说最为接近的一种文体。

而《诗刊》社，却因为《大山的囚徒》而看准了一位诗人。他们给予昌耀的，不仅仅是以非常的篇幅和非常的编排推出了这首长诗，并且还给昌耀做了一个极为特殊的安排，这就是在这首长诗刊发前的1979年10月，专门邀请昌耀前往北京的《诗刊》社修改这部诗稿，进而以列席者的身份，旁听了于此间召开的中国文联第4届文代会。

对于昌耀，这是一种具有政治家思路的特殊安排。昌耀回来后告诉我，改稿其实只是一个名义，《诗刊》社的负责人主要是为了给他提供这么一个机会，为他此后在青海的处境改善壮一壮声威。

1979年10月30日至11月6日召开的中国文联第4届文代会，距1960年召开的第3届文代会相隔19年。在这么一个黑色幽默般的19年里，最初整人的人，此后又被另外的人接着整，此时坐在这个大会会场上所有从20世纪50年代过来的人，都被循环性地起码整过一遍。劫后余生的他们，甚至是出土文物般的他们，痛哭的痛哭，道歉的道歉，反思的反思。气消了，火泄了，前嫌消释得差不多了，然后，大家团结一心向前看。然后，由在整人与被整的旋涡中终于清醒了的周扬，以中国文联最高领导人的身份，呼吁文学艺术界的同仁，"为繁荣社会主义新时期的文艺而奋斗"。

所以，中国文联的这个第4届文代会，又是一个在自由、开放的氛围中、化瘀活血、顺气鼓劲的大会；一大群十多年、二十多年失去踪迹和信息的文学艺术家们，忽而又奇迹般地在高堂华厅中重逢相聚的盛会。昌耀虽然叨陪末座，但毕竟是躬逢其盛。

1979年这一页马上就要翻过去了。而这一年对于昌耀来说简直就是否极泰来、吉星高照。别的不论，仅就活动空间和范围而言，几乎就是他20多年流放岁月的总和。

3月：从新哲农场举家迁返西宁。

4月：应邀前往北京探望伯母；由北京返回湖南桃源故里。

10月：再赴北京改稿并旁听文代会。

可还记得1965年昌耀摘除"右派"帽子后，写信给五叔王其榘要求进京探亲一事？五叔在拒绝了他的要求后，又做出了这样的表述："北京，是好地方，希望你自己创造条件来北京看看。"

我想，昌耀当时一定记牢了五叔的这句教诲，并把它溶化在了血液之中。

14年后的今天，他自己创造条件来到了北京，但不是来"看看"，而是以一位中国诗人的身份，在人民大会堂列席文代会。

　　我从菱形的草原那边来。
　　我在那里结识了昆仑山无言的沉默。
　　而今夜，我牵一匹吉祥的光羽也追逐着去了——

一辆辆诗人的轿车。

一乘乘狂客的宝马。

这是昌耀在《一九七九年岁杪途次北京吟作》中的诗句,其后的时间标注是"1979.11.14 文代会旁听乘车归旅邸"。

2. 寒春中裹着冰甲的红梅

《诗刊》社要给昌耀壮一壮声威的设想,起到预期的作用了吗?综合各种迹象判断,它的确起到了它能起的作用。虽然有限,但却有效。

在翻过年来的1980年,我以《严峻人生的深沉讴歌》为题,书写了一篇关于昌耀诗歌的评论,刊发在这一年第8期的《青海湖》上。这是昌耀自走上创作道路以来,他的作品第一次受到的正面评论。这样说,是因为他的《林中试笛》被作为批判对象,早在1957年第10期的《青海湖》上,已被两篇文章"评论"过了。

我的这篇评论刊出之后,昌耀曾专门写过如下一封短信。

燎原同志:

你好!

蒙你在刊物上予我以嘉许,固然是对我的鞭策,但思及那些溢美之词我还是惶恐的。我本已渐渐习惯于长期以来别人对我的冷眼和说三道四，而一旦听到几声称道，我反而怀疑起自己来：——配吗？且虑是否会引起某些人的不平之慨！

这种心境你是能够理解的。那么，我就不要再对你表白一番什么客气的套语了。

....

当时我还真的就不明白，他何以至今还如此谨慎。尽管我已习惯了他的低调，但也清楚他低调中伏藏的"脾气"。而从这封信中，却起码能感觉到他的心情并不舒展。

1980年第8期的《青海湖》，也给了昌耀一个特殊的待遇：同一期刊物上刊发了有关昌耀的两篇评论。在我的那篇评论之后，是一篇名为《一曲颂歌——评〈大山的囚徒〉》的文章，作者署名为：王华。

昌耀同志的《大山的囚徒》在今年一月《诗刊》发表以来，在青海也引起了读者强烈的反响。我对《大山的囚徒》一诗表示赞赏，它确是一首好诗。

当然，我们也听到一些相反的意见，认为《大山的囚徒》对无产阶级专政单位不好呀，揭露了社会生活的阴暗面呀，等等。对于这些看法，我认为是不可取的。

....

诗篇还歌颂了党的实事求是，有错必纠的精神，对党和社会主义充满了信念,塑造了一个"身残志坚"的战士形象。如果不从作品的主流与主要倾向上来观察,只是抓住某几句话某几个词来无限上纲,那是不正确的。

…………

"四人帮"以前,由于我们工作中的失误,也造成了"不是囚犯的囚犯"等等错案,诗中的境遇,不是"囚徒"造成的。"囚徒"是无罪的,"囚徒"是受害者……因此它是好作品,应得到公正的评价。

这是一篇具有政治"甄别"或"鉴定"性质的文章。文章透露了一些我们所不知道的信息,即在某个级别的层面内,有人对《大山的囚徒》的政治倾向表示了质疑,并"抓住某几句话某几个词来无限上纲"。那么,昌耀对此应该是知道的,这也应该正是他仍感觉到压抑的原因。

而这篇文章的作者王华,就是在这种情况下站出来,为这部长诗做出政治上的决断的。明白了这个背景,那么,王华这篇政治角度的评论,显然要比我那篇艺术角度的评论老辣得多。而这位作者的身份,自然绝非等闲之辈。

那么,这个王华是谁?

他是此时青海省文联的副主席。没错,就是当年青海省文联的某主任。

中国文联第4届文代会上,他就作为正式代表坐在大会会场。

而昌耀那篇被《青海湖》一小说编辑啧啧称奇的小说，就是提交到终审时，由他给毙掉的。缘由：政治倾向不良。

而他在这篇文章中所针对的，"抓住某几个词来无限上纲"的那些人又是谁们呢？——没有更多的人，主要是他自己。

这件事有意思吗？实在是太有意思了。

据昌耀后来向我描述，在青海省文联的一次非正式场合，某主任对《大山的囚徒》狠狠地发了一通脾气。对于诗中那位囚徒意欲上北京"公堂击鼓"，在深夜潜逃途中却被"那帮天兵天将"中途截获等描述，某主任认为这简直就是对管教干警的戏谑；并因而就该诗题记中"因为他有赤子之心，在组织面前，他不会说谎，于是，他的'右派言论'，使他做了一个'没有刑期的刑徒'"这句话，而顺势发挥曰：什么赤子之心，我看就是狼子野心！

也许，某主任在发这样的脾气时，的确是听到了有关人士的反映，比如青海省劳改局某位官员的不满，但这无疑也出于他个人一贯的文艺政治学的敏感。

然而，1980年的中国毕竟不是1957年的中国了，再稍微冷静下来一琢磨，某主任就觉得这个脾气发得有点贸然：这是在中国作协所属的《诗刊》上发表的一首长诗，《诗刊》负责人对于政治尺度的把握，他们所拥有的高层信息渠道和对国家政治走向的判断，难道不如他这样一个边远省份的文艺官员？

这件事很快就传到了昌耀的耳朵，没过几天，昌耀有关这首诗歌态度强硬的一份说明文字，就摆在了某主任面前。再看看全国的时局,再看一看《诗刊》,仍然在"思想解放"的基调上一如既往。于是,他突然就把这个弯子给转了过来,就迅速地写了这篇文章,就让《青海湖》再次撤稿,赶着和我的那篇评论一起发出。以这种"组合"编排的方式,形成影响。有趣的是,当年批判《林中试笛》时,也是两篇文章组合刊发。这样的一前一后,可谓数量对等。

事情就是这样,在文联领导某主任的人生中,他和昌耀并无私怨,他对待一切事物的出发点,都是根据政治风向来决定的,或无情打击,或及时转向。

但是,昌耀对此并不买账。他说,某主任的这篇文章的主体部分,就是根据他的那份书面说明转换而来的。

岂止如此,昌耀在1981年第2期的《青海湖》上,还发表了一篇题名为《乱弹琴》的文艺理论随笔,就当时文艺创作中的一些焦点问题,自拟为5个小标题表达了看法:《一、眼泪与"快感"》《二、"光明的文学"目前还在憧憬中》《三、"低沉""感伤"不是文学的罪过》《四、幸存者的悲壮之思,也是一种"美"》《五、"向前看"》。从这几个小标题中,你完全可以想象得出昌耀要说的是什么,并能感觉得出他思维的锋利。在这篇文章的结尾,昌耀专门留下了这样一笔:"写到这里,我想到曾使我留意的一种'批评家',当然是少数。他今天上午还在骂你'赤子之心'是'狼子野心',下午,却发表文章,以'赤子之心'的保护人自居了。明天又如何呢?……我不想去描写他的肖像了。总之,新的文学潮流是不大可能再被这一类人所左右得了。这里,我仅借用一句长者的话:——好在历史是由人民写的。"

这是一篇填压着几分火气,并且指向性明确的文章,能不引起波澜吗?但这一次,却意外地风平浪静。那么,它到底又在某主任心中引发了什么样的感受呢?

某主任是中华人民共和国成立后青海省文学艺术事业的奠基人之一,也是一个在执掌帅印的文化官员的位置上,内心时而烈日炎炎、时而电闪雷鸣的复杂人物。他欣赏并关爱过昌耀,也欣赏和关爱过诸多如同昌耀一样的作家、艺术家,却又对许多人造成了改变其命运走向的伤害。但隐匿在这个问题之下的深层事实是,时代应负的责任要远远大于他个人应承担的责任。在1981年的此时,随着国家政治对"极左"思潮的清算,意识形态领域诸多是非观念的日渐澄清,他对许多问题无疑也有了新的感悟。但在这个时候,他却一病不起。也是在这个时候,他复杂人性中的亮色却烛火般地燃起。一位曾任青海省文联戏剧家协会主席的作家,在多少年后有关某主任的回忆文章中,有这样一段记叙:

> 他官复原职不到3年,不幸于1982年身患肺癌,在上海做了肺切除手术,按医生诊断,若能安心疗养还能活几年,但他不听劝告,在生命垂危的最后岁月里,狂热地在被窝里、厕所里偷写"病床书简",写了大量书信向组织、向所念及的人,包括他伤害的每个人,依然故我地阐

明他的观点，反思他的错误，忏悔他的粗暴……直到生命之火熄灭时才呢喃："该写的……写……了！"然后合上双眼，是非功过任历史去评说！

"鸟之将死，其鸣也哀；人之将死，其言也善。"他最后留言的情景深深触动了我……

时隔不久的1982年3月，某主任在上海去世。

1981年初，我以《大山的儿子——昌耀诗歌评介》为题，写出了有关昌耀诗歌的第二篇评论，刊发在当年第4期西宁市文联的文学双月刊《雪莲》上。这是一篇8000多字的较有规模的文章。此文以"祸兮福所倚"解析昌耀诗歌的生成动力；以西方现代诗学理论探讨其诗歌中"陌生化"的美学现象；也同样以"赤子之心"，为其诗歌中的所谓"政治倾向"辩解。此文在当时的青海文艺界颇得人心，搞得我自己也很舒服，但今天再翻阅此文，已经乏善可陈。不过，在这篇文章的末尾，我却撂下了这么一段很酷的话："至于昌耀的诗将表现出怎样的生命力和价值，我不愿妄加揣测。因为有白纸上的黑字在，像相信历史的'淘汰法'一样，我也坚信历史的'优选法'。"

这段话真是气派极了，可谓未登鹳雀楼，已穷十里目。然而，这段话的主要生成基础，则是跟我一位写诗的朋友斗气的结果。

到了1981年时，昌耀的诗歌已经让我眼花缭乱，惊奇不已。于是情不自禁地逢人便说昌耀，结果，就把这位哥们儿给说烦了。于是，他拉下脸来正告我：燎原，你以后可别再这么到处说了，再说，我都替你丢人。昌耀（的诗）能像你说的那么神吗？

…………

有的诗人，一生都写着大致上一样的诗歌，因此，他们穷其一生所写的成百上千首诗歌，基本上就等同于一首诗。而此时的昌耀，却让人匪夷所思，他既能搞出诸如《大山的囚徒》那种沉实峥嵘的大块，并绝不在同类的大块中近亲繁殖，搞成双胞胎的模样，而是大野广阔，山体自雄，祁连山、昆仑山、巴颜喀拉山遥相呼应又互不粘连。另一方面，他的那些小品短章，更是花样迭出，不可测度。正像他《河床》一诗中这样的表述："我创造。我须臾不停地 / 向东方大海排泻我那不竭的精力。"

当一个诗人具备了这样的创造力时，他的未来还不可预期吗？

1981年，《诗刊》再次抬举了一回昌耀，约请时在青海的另一位重要诗人罗洛，为昌耀写了一篇评论文章，在该刊发出。这篇评论的标题叫作《险拔峻峭 质而无华——谈昌耀的诗》。

作为当年的"胡风分子"，罗洛的资历和成名期都要远远地早于昌耀，因为写这篇评论，两位身在青海的重要诗人有了第一次认真的接触。斯文的罗洛接过昌耀送来的个人资料后，会心地笑了一下：我很乐意来写这篇文章。

此时昌耀的诗歌已开始在《诗刊》《青海湖》《星星》《草原》《人民文学》等刊物上四处开花。而我对他的惊奇，甚至是在他此后显得极为普通的那些诗作上，譬如他1980年所写的那首《卖冰糖葫芦者》：

> 他理解——
> 人们对春意的期望，
> 才将火红的山楂
> 剪作一串甜蜜的蓓蕾，
> 绽放在扎靶。
> 于是，早春的集市
> 多了一树裹着冰甲的红梅。

是的，就是这么一首诗，当时都让我惊奇不已，因为它是在我们视而不见、熟视无睹的视野中，点化出来的一首诗歌。在我此前的感觉中，街头巷尾这些卖冰糖葫芦者，就如同在烟熏火燎中叫卖羊肉串的摊贩，往往属于市容工商治埋的对象，绝无诗意可言。而如今，那黑乎乎硬邦邦的冰糖葫芦串，却还原成了绿树枝头上"火红的山楂""甜蜜的蓓蕾""裹着冰甲的红梅"，让人眼前生花，口内生津。而这个卖冰糖葫芦者，则恍然就是一位身怀绝技的民间艺人，成为高原乡土民俗中一道古老的风景。

这不是一种天才性的，具有鬼斧神工感的写作，而是潜伏着过人天赋资质的"功夫"诗。如果天才性的写作显现为天马行空的率意而为，那么，这种"功夫"诗则体现为在常规性的谨严中，点化出超常规的机锋。它距离常规的思维模式越远，其艺术掘进的路径就越深，最终的形态显示就如我们寻常看不到的绝顶风景，而越是令人惊诧。

应该说，这正是昌耀写作之路的一种象征。这首诗作游离"大道"的蹊径独辟，正象征着他将沿着自己的一条路径而越走越远，而越来越脱离群体性的写作模式和公共艺术趣味，而步入"无人之境"。他的尴尬和荣耀，也将由此而开始——超前性的诗歌所导致的，必然是滞后性的承认。

纵观昌耀的诗歌，《大山的囚徒》是他写作上的一道分水岭。严格地说，在这首诗歌之前，中国诗坛并不认识昌耀。正是由于这首长诗的出现，他才一夜之间，突然获得了诗坛的关注。但这首诗在我眼里的重要性，不只是它的内容，而是让我看到了一种此前不曾见过的语言方式。这是比内容更具力量的深度震撼，尽管这其中还带有某些公共语言的痕迹。而昌耀接下来的诗歌表明，他摧枯拉朽的语言革命，在这首诗中仅仅是开始。

那么，除了天赋的因素外，他诗歌中这种非凡的语言能力，又是从何而来？

在前面章节里，我曾谈到了昌耀的那首《边城》。而早在20世纪50年代，昌耀就敢于搞出这么一种类似于无标题音乐的诗歌来，他的凭借和出发点又是什么？搞清了这一点，也就等于回答了上述问题。

简直是鬼使神差，我在昌耀1962年所写的那份《甄别材料》中，竟意外地见到了《边城》一诗的初稿。当时的他是以这首诗为例，对自己的《林中试笛》并无政治影射指向进行辩解。

> 这两首诗（指《林中试笛》二首——燎原注）的写作过程和创作动机，我已在上篇《甄别材料》中谈过了。事实上就是这样的——那一时期里，似乎流行这样一种创作方式：一草一木，一山一水，一景一物，无不可不成"诗"，只要有创造性（我把它理解为任一的玄想）。比如，我看过公刘的一首诗，他说武汉关钟楼上的时针与分针，像一把大剪，将时间一圈圈铰碎了（昌耀的记忆有误，"武汉关"实为"上海关"，此诗为公刘的《上海夜歌·之一》——燎原注）。我觉得这很艺术，用字新奇，想象绝妙。以后，我创作一首诗的时候，首先不是考虑它的内容，而是如何去寻找新奇事物的刺激，"妙想联翩"，怎样使艺术"灵感"促生，想象力怪诞，"语不惊人死不休"。
>
> 请看，一九五七年七月二十五日住在大同街时，我写

过这样一首诗：

夜
从古城的墙上跳下来
在原野上踯躅

——百尕华
你枕巾上绣的什么花？

（夜哥儿，
我绣的是鸳鸯蝴蝶花。）

——百尕华
不要走进屋
我有一件美丽的披风！

（不，夜哥儿，黑夜太暗
情哥会把我抓住。）

夜
从古城的墙上跳了下来。
在原野上踯躅。

——《夜曲》

再看一首：

驮水谣

月亮骑士
跨在驴上

——姑娘
哪儿是你的村庄？

远呢，远呢
在北斗星旁

驴儿驮不动了
驮不动了

桶底漏下滴滴金浆
叮当发响

睡了的月亮
在驴背上摇晃

　　　　　——57年7月27日上午11点55分成

> 这些诗不过是些朦胧的印象，叮叮当当的音响，就像母亲给孩子编儿歌似的：月亮尖，飞上天，天又高，打把刀，刀又快，好切菜……这可以代表我当时写作的一种倾向——唯美倾向。这是我看了戴望舒译的《洛尔迦诗钞》后，学来的。由于形象模糊，色彩的乱涂，随意地杜撰，缺乏思想性，在许多场合下，就使人发生了误解。

这段文字，即使放在20多年后的20世纪80年代，也是一篇不错的创作谈，但尴尬的是，它却是一篇带有自我贬损性质的辩解文章。

但从这里我们至少可以获得如下信息：

其一，早在20世纪50年代中期，昌耀在一首诗的切入点和语言上，就有搜奇弄险，语不惊人死不休的癖好。也就是说，在这一类型诗歌的写作中，他对艺术形式的注意力，要大于对内容承载的注意力，亦即艺术上的"唯美主义"。

其二，也起码就是在这个时候，他对诸如西班牙"民谣风"诗人洛尔迦的艺术旨趣已心领神会，且起立追随，写出了一批类似于《边城》（初稿中名为《夜曲》）、《驮水谣》这样的诗作。他把这类诗作称为"朦胧的印象"诗。

这两条信息说明了什么呢？

首先，他这里自我贬损的"语不惊人死不休"的艺术倾向，正是一个诗人因对艺术怀有神圣感、敬畏感，而为之从事非凡劳动的标志,也是他能否写出"惊人"诗歌的基础。

第二,诸如洛尔迦这样的诗人,在中国新时期的诗歌史上并不是一个显赫的名字,直到20世纪80年代中后期,乃至90年代,他才开始被中国年轻的一代先锋诗人认识,并内在地启动了部分优秀诗人的写作。但早在20世纪50年代,昌耀已经对这样一位诗人着迷。而从他的《边城》之类的诗作看,它们与洛尔迦之间虽然渊源有自,但从整体形态上却泾渭分明,少有移植的痕迹。这无疑体现了昌耀在借鉴学习中,高强度的艺术转化和溶解能力。

第三,他在此时就把自己所写的这类诗歌,称为"朦胧的印象"诗,这其中蕴含的"先觉"意味,实在令人惊异。到了1980年,当中国青年先锋诗人的诗歌,因着一篇批判文章而歪打正着地被冠名以"朦胧诗"后,昌耀的这类诗歌,无论是从名义上还是从实质上,都与诸多青年朦胧诗人的诗歌,几可形成合流。但昌耀的这类"朦胧诗",却竟然早了20多年。而在他早年心随景从的外国诗人中,不只是洛尔迦,还有此后成为诸多先锋诗人诗歌源头的聂鲁达、惠特曼;还有名字并不显赫,但对他而言同样重要的勃洛克、希克梅特等。

从某种意义上说,自"五四"时期开始的中国新诗,其艺术形式上的源头,是在国外;中国新时期先锋诗歌的肇始,则主要是来自欧美现代主义诗歌的启动。

而昌耀在20世纪50年代的诗歌源头,也正是80年代朦胧诗人们的诗歌源头。所以,到了80年代中后期,在诸多中老年诗人由于自身艺术结构的老化,而与崛起的青年先锋诗人们形同水火时,昌耀却能与他们惺惺相惜,彼此认同。在这一点上与昌耀相类似的,还有蔡其矫和牛汉等。也正是因为这种深层的艺术背景或者大盘底座,同他"语不惊人死不休"的艺术标高相扭合,才使昌耀获得了如此的深层艺术景观和语言能力,并在新时期诗坛的边缘地带,挺身为一支独立游弋的骠骑兵。

3. 被改写的旧作

的确,到了 1980 年前后,昌耀的诗歌已经让我眼花缭乱。此时的他,起码能在诗歌中娴熟地操持 4 种笔墨。

第一种,是《边城》《荒甸》《莽原》《湖畔》等这种类型上的自然风情小品系列。

第二种,是诸如《致友人》这种句型较短、类似于宋词排行形式的各类抒情诗。

第三种,类似于郭小川 20 世纪 70 年代末期风靡诗坛的《团泊洼的秋天》那种骈体诗:句型较长、双行一节、大致对仗。这种类型的诗作,昌耀公开发表的,一共只有两首,一首是收入《昌耀诗文总集》的《秋之声》,另一首则是仅出现在《三十年诗歌选》中《啼血的春歌》。但就是这种偶尔为之的诗歌体式,其独特的遣词造句,也给人以颇深的印象。

第四种,便是《大山的囚徒》这一类型中,将高原的本土物象与时代政治语境相融合的叙事文体。

在这一时期昌耀发表的诗作中,《大山的囚徒》光芒太强了,以至我们忽略了他散发在其他刊物上的另外一大批诗歌。比如刊发在1980年第2期的《青海湖》上,一首题名为《黄河的传说》的长诗。这首长诗由两首诗作合成,第一首是动笔于1957年的"长诗断片"《啊,黄河》;第二首是1979年上半年所写的《黄河,冰期的黄河,和解冻了的黄河》。

在《啊,黄河》之后,昌耀还专门写了这样一个《附记》:"这是一首未竟的长诗,于1957年动笔。20多年后的今天,重翻故纸堆,见此残稿,心颇激动:——读者是否如我一样,有感于当年那颗活蹦乱跳的'赤子之心'?或许,仍可从中窥见50年代里人们的某种精神境界?此稿虽是断简残篇,但作为我人生旅途中的一页,我是珍惜的,故不揣冒昧,敬呈于读者。"

而这首《啊,黄河》,正是我在前面"《最初的歌》与初到青海的歌"那一章节所说的,昌耀有关黄河题材的众多诗作中,极为重要的一首。

> 雾啊,雾啊……
> ——这是黄河,
> 在把它的孩子抚慰。
> 只听到橹叶的拍溅,
> 和水手震耳的呼号。

然而，黄河认识它的孩子。
然而，水手熟悉这水中的礁石。

逆水横渡的木舟，
划过来了，划过来了。
姑娘们嘘着。
这些黄河的少女，
肌肤上，还散发着
羊皮被子里
热辣辣的温暖。
她们轻挪着脚丫儿，
小跑到岸边，
一眼就认出了
船上的情人，
由不得唱几支
撩人心肺的情歌。

黄河的铁工，
听到这声音。
欢乐地抡起铁锤，
煅出火的流苏
而心儿，激动得快要滴血了。

接下来，是"黄河的木工""帐房人的马群"的分段描述，然后，特写镜头一转：

> 在年迈的柳树下，
> 多尔丹老人的羊骨烟斗里，
> 又燃起了一粒火种。
> 他看着横渡而来的舟子，
> 思味那浪花的馨香，
> 和黄河上
> 号子的音韵……
> 然而，他记起了
> 阿奶的吩咐，
> 于是，对着黄河喊道：
> ——安哥儿，
> 回家娶亲罗——！
> …………

诚如昌耀所言，这的确是一首由"活蹦乱跳的赤子之心"传导的，活蹦乱跳的诗；也是一首能让人为其中的场景而沉醉的诗。而形成了这一效果的，正是昌耀从这一时期就开始的，那种细部刻画中，具有典型特征的乡土风习元素。那肌肤上散发着"羊皮被子里／热辣辣的温暖"，"轻挪着脚丫儿"奔着情人一路小跑的黄河少女,她的纯真无邪和情不自禁,在这样一种野生形态的氛围中,仿佛成了淳厚的黄河水土上一个个欢畅的精灵。

尤其是关于"多尔丹老人"的描述——他在一般性的作品中,通常会以"饱经沧桑的藏族老人""叼着烟斗的藏族老人"这样的语词表述出现。而在这首诗作中,他则是在"年迈的柳树下",叼着"羊骨烟斗"。这样的描述是极为微妙的,"羊骨烟斗"这种典型的藏族生活物品,不但给出了一个具有知识性的陌生物象,还会让人由此联想到藏民族与羊群、羊肉、羊皮、羊骨制品等密切相关的特殊生活形态。而把它与"年迈的柳树"相联结,则明确地标示出这位老人农业区藏民而非牧业区藏民的身份——青海的草原牧场上是没有树的。

特别是"多尔丹"老人和儿子"安哥儿"的名字,相对于藏族男性的索南加措、扎西达娃、尼玛次仁等典型性的人名,这两个名字都给我以来路含混的感觉,而又正是这种含混,加重了多尔丹老人身居藏汉杂居的农业区的身份属性。在这种生活区域,藏汉民族的个人名字,大都具有互相借取对方语言元素的那种"风搅雪"的特征。所以,当多尔丹老人和安哥儿这两个非藏非汉,又兼具藏汉色彩的名字陡然在我眼前出现,它让我对自己所曾熟悉的生活,又有了一层惊奇的陌生感。而那"回家娶亲罗——"的召唤,则以对于生命古老信息的恪守,将阅读拉回到黄河子民生机盎然的原生场态中,予人以无限遐思。

然而，就是这首诗歌，它在被昌耀收入《命运之书》《昌耀诗文总集》等诗集后，却形体大变，标题也换成了《水色朦胧的黄河晨渡》。这种变化包括：把原先共分三节，长至100来行的诗，通过大幅度的场景、物象删减或合并，两行或三行折并成一行等手段，压缩成了一首21行的诗；将原先七八个字的常规诗行，变成了十五六个字的常规诗行；将原诗已见端倪的史诗性设想，回撤到了一首聚合着内在重量的常规性诗作。原先那种在疏阔的篇幅空间中活蹦乱跳的青春气息淡化了，在依旧保留着地域风土气息的同时，代之以经过岁月沉淀的凝重。修改后的全诗如下：

雾啊，雾啊……
只听到橹声拍溅和水声震耳的呼号。

然而黄河熟悉自己的孩子。
然而水手熟悉水底的礁石。

那些黄河的少女撒开脚丫儿一路小跑，
簇拥着聚在码头，她们的肩窝儿
还散发着炕头热泥土的温暖味儿，
　眼就认出了河上摇棹撒舵的情人，
由不得唱一串撩人心魄的情歌。

被这歌声同时撩动的黄河铁工
更欢快地抡起了铁锤锻造火的流苏。
而黄河牧人举臂将巴掌遮在耳腮
向河谷打了一声长长的呼哨。

雾啊，雾啊……
站在柳堤的老人慈眉善目
这时默默想起了自己少年时光，
觉着那花儿的韵致仍旧漫在水上不差毫厘，
热身子感动得一阵抖动。
雾啊……于是大山的胸脯领会了旷野的期待
慢慢蒸发起宽河床上曙日的潮湿。
水色朦胧的晨渡也就渐渐疏朗了。

那么，这实际上已不是对原诗进行词句上的修改，而是包括了格局、基调等重大艺术元素在内的重写。

这一事实让我吃惊。更让我吃惊的是，通过大量的材料考证我还发现，除了1957年的《林中试笛》(二首)外，收录在《昌耀诗文总集》中1979年之前的所有作品，包括1979年之后的诸多诗作中，其末尾注明是"改旧作"的这类诗作，都存在着这种改写，或重写的现象。具有典型性的，是《总集》中的第一首诗，诗末附注的写作时间为1955年9月，标题叫作《船，或工程脚手架》：

高原之秋

船房

与

桅

云集

濛濛雨雾

淹留不发。

水手的身条

悠远

如在

邃古

兀自摇动

长峡隘路

湿了

空空

青山。

这首诗最多5个字,最少1个字的诗行形式,在《昌耀诗文总集》中是绝无仅有的,它仿佛天外来客,显得非常扎眼,并且,很难统一于昌耀整个写作所显示的风格流变过程之中。曾经,我把它视作昌耀早期写作中一个阶段的风格代表,并猜想这一诗作前后还应有形体上大致相近的一批。然而，我的猜想错了。

就在由沈阳作协主办的《文学月刊》1956年4月号上，我在昌耀的组诗《高原散诗》中发现了这样一首诗：

船儿啊

建筑工地的脚手架，像云集的船桅，当留下一栋栋大厦，它又悄悄离去。

高原的秋天，
多雨的日子，
冲天的桅杆，
尽自缠着多情的白云，
不愿离去！

水手啊，
你怎么尽自喊着号子，
而船身不动一韭菜尖？
难道，是怕那绕不尽的群山？
难道，是怕河中的险滩？

几天之后，我又向这儿远望，

船儿不知去向，

却留下一座座楼房！

船儿啊，

是谁叫你把它运来我们荒凉的"穷山"？

这首诗末尾标注的写作时间，同样是1955年9月。从《船，或工程脚手架》与此诗多雨的高原之秋、船、桅杆、水手，以及工程建设的主体意象；再从昌耀写于1955年的诗作中，根本就没有这种一至五个字的短行形式等因素综合来看，毫无疑问，这首《船儿啊》，就是《船，或工程脚手架》一诗的原貌。而两者之间的差异如此之大，无疑可称为重写。

相关材料还表明，昌耀不仅是改写了1979年之前的所有旧作（《林中试笛》两首除外），即使对写作和发表于1979年之后的一些作品，在收入他此后的几部诗歌集时，也都有局部的，甚或是大规模的改写或重写。

那么，这些改写或重写，都有哪些类型？这样做的原因又是什么？这是一个特殊而复杂的问题。现分门别类归纳如下：

第一种，对当年以手稿和"碎片"形式存在的旧作，在1979年复出之后经过加工整理，修改或重写，投寄刊物发表后，再按发表后的原样，收入此后出版的一些诗集中。但其中绝大部分诗作后面标注的写作时间，却是当年手稿中的写作时间。

事实上，在《昌耀诗文总集》这部最后出版的诗集中，除了《船，或工程脚手架》《林中试笛》外，收入其中的《大山的囚徒》之前所有的早期诗作,都是昌耀在1979年复出之后,才相继发表在国内的各种文学期刊上的。

我还清楚地记得1980年时,在昌耀的家中,他曾向我出示过一个陈旧的笔记本,那是一个64开、硬纸封皮、磨损得纸页几乎要掉出来的笔记本。密密麻麻的文字所写的,是一首首短诗,或是一些吉光片羽式的感受与意象。昌耀在一篇文章中回顾自己农场生涯的写作时,曾这样说道:"但我承认,我定然自负于个人的文学才具与清白,并不排斥我的'命笔'已含有可能的一日与读者相沟通的期许。我会沉住气……"这就是说,他在那个时候一直书写着当时不能发表的诗歌,并确信,这些诗歌有朝一日一定能发表,但此时只能"发表"在笔记本上。不仅如此,他尚未成为"右派"的1957年8月之前的诗歌,或者感受片段,由于大多是下乡"体验生活"所得,也都记写在笔记本上。这其中的一部分作品,经过整理后在当时就投寄刊物并且发表,比如前边提到的组诗《鲁沙尔灯节速写》《高原散诗》等;而另外一些,还未经过进一步的雕琢打磨,便由于作者的命运逆转而一直留在了笔记本上。而昌耀的这种笔记本,绝非一本,而是许多本。关于这个问题,同样有他当年的难友金放,前往新哲农场看望他之后,写出的那首长诗为证——"茯茶煮好格外香/喝进口里滚烫/你轻轻拉开旧军装/为我拣出一本本/诗稿——华章""诗章包进旧军装/又开动谈笑闸门/从'李杜诗篇万口传'/又谝到聂鲁达、普希金……",诗中记叙的昌耀在流放岁月中的彼情彼景,实在让人浮想联翩。

到了1979年昌耀复出之后,这些诗作终于迎来了可以"与读者相沟通"的那个"有朝一日",从笔记本中走上各大文学期刊。然而,毕竟是10多年甚至20多年前的旧作,即便是这些诗作当时写得再完整、再结实,一个20出头的青年人和一个经过人生苦难磨砺的40多岁的中年人,在人生感受、情感基调和美学趣味上,已绝对不可同日而语。所以,此前那些旧作中的绝大部分作品,都无法以原有的面目,原封不动地出现;都必须在考虑到旧作既有的时空信息的前提下,施之以现时艺术尺度中的打磨修改,乃至改写或重写。关于这种现象,我们稍加对比即可一目了然。譬如昌耀早期作品中那首著名的《高车》:

> 是什么在天地河汉之间鼓动如翼手?……是高车。是青海的高车。我看重它们。但我之难于忘情它们,更在于它们本是英雄。而英雄是不可被遗忘的。

从地平线渐次隆起者
是青海的高车。

从北斗星宫之侧悄然轧过者
是青海的高车。

而从岁月间摇撼着远去者
仍还是青海的高车呀。

高车的青海于我是威武的巨人。
青海的高车于我是巨人之轶诗。

这是昌耀写于1957年7月30日的诗作,与《边城》的写作时间前后只差5天。但只要把它和《边城》的初稿加以对比,这首诗歌中意象的明确、清晰与肯定,语言上几乎一个字都不可增删的干净结实。你能想象得出这是当时的诗歌原貌吗?

这首诗在2000年出版的《昌耀诗文总集》中所注的写作时间为"1957.7.30初稿"。而在昌耀1986年的第一部诗集《昌耀抒情诗集》中,该诗的末尾则做了这样的标注:"1957.7.30初稿/1984.12.22删定并序"。而确切的事实是,以1957年7月30日的初稿形式存在的这首诗,经过必然的修改打磨,首刊于陕西人民出版社1984年4月出版的《文学家》创刊号上。全诗共5节10行,前边没有短序。而按照这个标注推断,昌耀应是到了同年12月22日着手编辑自己的诗集时,又删改成了现今的这4节8行,并在前边增加了这个短序。但从昌耀的第三部诗集《命运之书》起,该诗末尾的时间标注均为"1957.7.30初稿",没有了"1984.12.22删定并序"这类二度改写标记。

其实在1986年出版的《昌耀抒情诗集》中，我们在他早期的许多诗作后面，都可以看到"修改"或"重写"的标记，除了这首《高车》外，再比如《这是赭黄色的土地》："1961年初稿/1983.12.22删定"；《筏子客》："1961年夏初稿/1981.9.2重写"；《夜行在西部高原》："1961年初稿/1983.12.5删定"；《晨兴：走向土地与牛》："1962.3初稿/1983.12.24删定"；《水手长—渡船—我们》："1962.3.4初稿/1982.12.4复改"；《峨日朵雪峰之侧》："1962.8.2初稿/1983.7.27删定"；《天空》："1962.8.6初稿/1983.12.14眷正"；《家族》："1962.10.19初稿/1983.7.28删定"。再比如1981年4月的《莽原》《湖畔》《烟囱》这三首经典性的风景抒情小品，后面标注的干脆就是"改旧作"或"重写"。

而那些末尾没有做出这种标注说明的，也仅只能表明修改时保留了原作的基本框架，绝不意味着没有进行过修改，乃至重写。比如，从那首《船儿啊》到《船，或工程脚手架》一诗那么大的改动，后面竟然连"删改"的标注都没有。

类似的情况，还有我在前面提到的，昌耀20世纪60年代最重要的作品《凶年逸稿·在饥馑的年代》。

关于这首诗，安徽某大学于2001年审定通过的"《中国现当代文学名著导读》教学大纲"，在"教学要求与阅读提示"里有这样一段文字：

> 这首诗写于1961—1962年，是当代中国历史上的灾

荒年代,副标题"在饥馑的年代"即源于此。联系作品的写作年代需要关注的有两点:一是作品对时代的评价,注意领会诗中"这是一个被称作绝少孕妇的年代。/我们的绿色希望以语言形式盛在餐盘/任人下箸。我们习惯了精神会餐"这样的句子;另一是,与同一时期的诗歌如"政治抒情诗"等进行比较,以领会昌耀诗歌创作的独特性。而从昌耀个人的经历来看,写作这首诗时,正是他被打为"右派"后在祁连山区服苦役的时期。在大多数有类似经历的作家停止创作的时候,昌耀不仅坚持创作,而且保持了良好的创造力,并没有因为时代或经历的酷烈而丧失发现诗意的能力,或降低诗歌创作的水平。在这一点上,昌耀是非常独特的。

············

另外,这首诗的意象以及语词组织方式,也值得认真体味。这些意象和语词不仅摆脱了60年代的通行模式,而且既明朗又富于质感。认真体味诗中的这些句子:"听古城墙上泥土簌簌剥落如铭文流失于金石""我感觉他开裂的指爪已迫近我单薄的马甲""听风中的激越的嘶鸣迂回穿插/有着瞬息万变。有着钢丝般的柔韧""看它们如何互相威胁、挖苦、嘲讽。/看它们又如何挤眉弄眼紧紧地拥抱"等。

以此可见,昌耀的这些诗作,对高校教学和学术界给出了一个特殊的命题。而关于这部《凶年逸稿》，它的一些主要语词、意象、主体情绪等，无疑存在于昌耀20世纪60年代的诗歌笔记本中，但它最终成为定稿时的这个模样，则已到了20世纪80年代中期前后。因为即使在所收诗作截至1984年底的《昌耀抒情诗集》中，也没有收入这首诗。这就意味着，直到此时，这首诗还没有重写完成和发表。

第二种，即使对早期的作品经过修改整理，并于1979年之后在刊物上发表，但在收入此后的一些诗集时，又进行了大幅度的更改或重写，并且，这种现象还不在少数。比如从《啊！黄河》到《水色朦胧的黄河晨渡》；再比如，1957年的《群山》，1964年的《行旅图》《碧玉》等一系列作品。我们不妨再以《昌耀诗文总集》中诗歌末尾注明的写作时间为"1964.6.12"的《碧玉》这首诗为例：

> 碧玉碧绿，
> 好景为我绣织。
> 一晌吹雨晓风，
> 十里滴翠柳丝。
> 春忙也，春忙也，
> 青青了稞麦，
> 义是卫角葱郁。
> 春风撩盖头，
> 碧玉女儿嘘。

而在1979年第12期的《长春》杂志上,这首诗的标题却叫作《黑河柳烟》。黑河,即昌耀当年的流放营地——祁连山腹地那条河流的名字。全诗原貌如下:

满眼都是绿,
景色无法绣。

一晌晓风吹雨:
含烟,
带露。
十里柳丝滴翠:
如油,
似酒。
春忙、春忙。
不休、不休。
绿了稞麦
又是豆角碧透。

两岸青纱浓,
一河绫罗抖。
女儿羞
春风撩盖头。

百花竞艳好，

万物争奇秀，

春色美，

一眼如何收？

从这两首诗的整体面目来说，改动不可谓不大，但由于主体形象以及旨趣基本一致，几可视之为"缩写"，所以，昌耀在《碧玉》的末尾，连"删定"之类的附加标注都未做。

第三种，则是诗作已经收入前面的诗集，但再收入后边的诗集时，又进行了不同程度的改动。改动的主要形式，是删减或压缩式的"瘦身运动"。将昌耀的数部诗集放在一起加以对比考察，就会发现这样一个极有规律的现象：他每编辑一部自己的新诗集时，都会对此前的一些诗作进行一次集中的改动。

昌耀一共出版过6部诗集，与同时代诗人大都以同题材、同主题集纳的方式出版自己诗歌的单行本不同，昌耀6部诗集中的后5部，每一部都是在前者的基础上，以新作进行篇幅上的扩容（也有个别诗作不曾收入某一部诗集，但却必须出现在另一部诗集中的现象）。这样，便会使后面的诗集越出越厚。而过厚的诗集，又要受到出版条件的制约。为了解决这一问题，他一般会采用两种方式：其一，以两行或三行折并成一行的方式，对原先的诗作进行压缩；其二，在这种压缩的基础上，又进行大幅度删削。

关于第一种方式,例子很多,这里且以写于1982年的《鹿的角枝》为例,在昌耀的第一部诗集《昌耀抒情诗集》中,它的原貌是这样的:

在雄鹿的颅骨,有两株
被精血所滋养的小树。
雾光里
这些挺拔的枝状体
明丽而珍重,
遁越于危崖、沼泽,
与猎人相周旋。

若干个世纪以后,
在我的书架,
在我新得收藏品之上,
我才听到来自高原腹地的那一声
火枪。——
那样的夕阳
倾照着那样呼唤的荒野,
从高岩,飞动的鹿角
猝然倒仆……
……是悲壮的。

而在《昌耀诗文总集》这一最后的版本中，它的文字基本上没有变动，但却通过诗行的折并，将先前的17行，合并为10行：

> 在雄鹿的颅骨，生有两株
> 被精血所滋养的小树。雾光里
> 这些挺拔的枝状体明丽而珍重，
> 遁越于危崖沼泽，与猎人相周旋。
>
> 若干个世纪以后，在我的书架，
> 在我新得的收藏品之上，才听到
> 来自高原腹地的那一声火枪。——
> 那样的夕阳倾照着那样呼唤的荒野。
> 从高岩，飞动的鹿角，猝然倒仆……
>
> ……是悲壮的。

这首《鹿的角枝》，是昌耀自然风情写生类诗作中，曾让我深为震撼的一首。而这首诗的产生，真的就来自当时搁置在昌耀的书架上，他新得到的一支"鹿角"。不过，那并不是一支带有鹿茸的、枝架巨大而华贵的鹿角，而是一支类似于羊角的骨质干枝，且显然是一只幼鹿的角枝，仅3支短杈，长度不过7寸。但就是这样的一支鹿角，却让昌耀写得惊心动魄，随着那一声沉闷的火枪,而给人以难以名状的心灵悸动。警觉的雄鹿在那一致命的时刻到来之前,曾有过怎样的"与猎人相周旋"的自信?继而逐渐紧张,而至最终的一刹那,眼睛中掠过恐惧与绝望。当这只草原上的精灵,就这样栽倒于猎人无情的枪口之下,它无论如何都让人难以释怀。就像1957年处于反右旋涡中的昌耀,无论年轻的他当时有着怎样洗清自己的自信,最终却正如这只天真的雄鹿,而"猝然倒仆"。

但事有凑巧,将近20年之后,这支"鹿的角枝",却出现在了我的书架之上。它是2001年我回青海采访时,昌耀的女友修篁对我的转赠。此刻,它又还原为一只雄鹿,在我的眼前腾挪飞奔。但永远都不会猝然倒仆!

关于第二种方式,亦即在"压缩的基础上,又进行大幅度删削"的现象,以昌耀那首重要的长诗《山旅》为代表。此诗首刊于《青海湖》1980年第11期,共14节近400行。在收入昌耀1986年出版的第一部诗集《昌耀抒情诗集》时,仅做了个别的词句改动,基本上保持原貌。到了昌耀的第三部诗集——1994年出版的《命运之书》时,这首长诗没有了,却出现了一首题名为《马的沉默》的短诗。而这首短诗,正是从《山旅》中节选出来一个片段,它在《山旅》中分为3段,共25行。至此一字未改,却折并成了不分段的13行。在昌耀的第四部诗集——1996年出版的《一个挑战的旅行者步行在上帝的沙盘》中,这首《山旅》再次出现,但其局部的诗行排列形式却颇为奇特,为了节省篇幅,原诗中许多较短的自然诗行，都由两至三行折并成了一行，但彼此间却以斜杠——"/"，给分隔开来。比如：

都去了——
黄金般的岁华，
黄金般的血汗，
黄金般的浪漫曲……
换来了多少惋惜？

却转换成了这样的诗行排列：

都去了：
黄金般的岁华 / 黄金般的血汗 / 黄金般的
浪漫曲。换来了多少惋惜？

于是，这首长诗就通过这样的诗行折并，更加上诸多部分的诗句删除，在这个版本中被压缩成了 7 节共约 210 行的篇幅。到了昌耀的第五部诗集、1998 出版的《昌耀的诗》中，这个版本被原封不动地移植了过来。而在他的最后一部诗集、2000 年出版的《昌耀诗文总集》中，这首诗仍保留着前一个版本的形态，但所有并行中的斜杠——"/"，却被全部剔除。

那么，如何看待昌耀对于旧作的这种反复修改、改写或重写呢？

中国文人历来有"不悔少作"一说，意即把带有作者成长痕迹和时代痕迹的早期作品，原封不动地保留下来，作为自己的写作历程见证。对于一些重要作家而言，它还有供学者们研究、考辨这一层意义。这种做法，肯定没错。但对于旧作改写或重写的现象，却同样存在，特别是在一些优秀作家中。比如作家汪曾祺，就有改写自己小说旧作的"嗜好"。再比如当代另一位重要作家张承志，就曾对自己那部堪称优秀的长篇《金牧场》大动干戈，将30万字的《金牧场》，改写成了20多万字的《金草地》。

对于这种现象，我想首先需要明确的一点是，一个作家的任何作品，其著作权都属于作家自己。因此，他拥有对自己的作品进行修改、改写、重写的绝对权利。其二，这同样体现了一种负责任的态度——对于自己的作品精益求精。从某种意义上说，这类作家、诗人是艺术上的完美主义者，随着写作进程中他们的艺术眼光越来越苛刻，再回过头来审视旧作时，便很难容忍其中的瑕疵，这时候对于旧作的修改，几乎是情不自禁的。其三，也是很重要的一点，当他们改写自己的旧作时，就意味着这些旧作具有改写的基础和价值。它原有的某些艺术特质，使之获具了可以经受时间淘洗而再造的品质。相反的事实则是，1979年前的中国当代诗歌，就有无数的作品因不具备这种改写的价值，从而被严厉的时间一风吹去！当然也包括昌耀20世纪五六十年代的不少作品。

比如昌耀20世纪50年代的《赴会》等诗作，它们无疑记录了昌耀早期的稚嫩，也记录了那个时代的特殊信息。但由于它们不再具备改写的价值，更不具备收入诗集的价值，所以，就永远地留在了原初发表它们的刊物之上。

其实这其中还存在着这样一个问题：当一部分读者（主要是研究者），力图通过《昌耀诗文总集》考察作者的写作历程时，昌耀编辑自己诗文总集的出发点，却是要将自己一生创作的精华，亦即自己的精神结晶和艺术结晶呈现给世人。因此，读者能够从中读到的，也正是他要交付给读者的。

然而，我们必须看到，由此衍生了一个昌耀个人写作史上"公案"性质的重大问题：当下所有昌耀诗歌的研究者，都是以昌耀的诗集，特别是《昌耀诗文总集》为研究依据的，但他1979年之前的诗作，却并不能反映他早年写作的准确信息。尤其不能表明，他当时的写作，已经具备了远远领先于时代的水准——比如上述安徽某大学"《中国现当代文学名著导读》教学大纲"中，关于《凶年逸稿·在饥馑的年代》的"阅读提示"。那么，如何才能对其早期作品的研究做到准确呢？这只有凭借对原始材料的搜集和考证。

4. 流放四部曲

在昌耀一生的写作中，其艺术旨趣有过几次大的变化。如果一直往前追溯，1957年《边城》这类诗作的出现，则是他最早的,也是最重要的一次变化。假若沿着《边城》的方向继续发展,昌耀到底能走多远,将会走出怎样的一番格局?这是一个问题,但我们无须求证。

接下来的事实是,昌耀没有在这个方向上持续延伸,而是进入了另外一条路径,一条使他最终区别于同代诗人的大道——那其实是他被强行推入的,行走于青藏高原高山大河和人文历史中的道路。他在这里读出了一种沉重的、滞涩的、古奥的、佶屈聱牙并块垒峥嵘的语言和文体。这其中的诸多文字分别是用古代汉语和汉语方言写的,是用梵文、突厥文、藏文、蒙古文乃至阿拉伯文字书写的。

在这条道路上行走的结果,就是继1979年的《大山的囚徒》之后,他相继写出的纪传体系列长诗《慈航》(1980.2.9—1981.6.25),《山旅——对于山河、历史和人民的印象》(1980.5.11—8.5),《雪.土伯特女人和她的男人及三个孩子之歌》(1982.11.2—18初稿,1983.6.5改定)。由此构成了昌耀的"流放四部曲"。这个系列长诗最突出的特征之一,就是相对于同代诗人相同时期的诗作,它们叙事的不流畅,以及语言的滞涩感,犹如矿石群在山体内的憋闷崛动。

但它们同时又是中国新诗史上,精神史记性的作品。

这个"流放四部曲"的出现,标志着由社会、人生、时代向度上的诗歌构成的中国新诗史,有了大地性的诗篇。有了由大地、生命和苦难混成的精神史诗。

《大山的囚徒》一诗共11节500多行。从叙事方式上看，这是一个被昌耀转述的故事。叙述的主角是一位前新四军战士、中华人民共和国成立后的州委宣传部部长。我在前面的章节中已介绍过，这一艺术形象实有其人，原型便是与昌耀一起在祁连山中被流放的、中共海南州委宣传部原部长张观生。但其中又综合了昌耀自己及周围其他人的故事。

　　这首长诗的主体框架，就是讲述这样一位满怀"赤子之心"的战士，因坚持真理而成为"右派"，而沦为脚踝被铐上铁镣，在采石场抡锤服役的"大山的囚徒"。自沦为"囚徒"后就从未放弃过申诉的他，在经过九死一生的灾难而又申诉无望后，最终决定逃出流放地，到"红星高照的京城"，"去公堂击鼓"，继而是从大山腹地历尽曲折的潜逃。当他终于在大山的出口看到一座藏传佛教寺院的金顶，拼出余勇登上台阶，准备在寺院中暂且喘息时，却绝望地发现，自己遇上了早已张网以待的"天兵天将"！

　　所以，这首长诗的主旨，就是一代蒙受不白之冤的"赤子们"，绝不妥协的至死抗争。而贯通于全诗中峥嵘奇幻的高原场景，则使它传奇性的叙事复合出大地气质的浑莽。

　　《山旅——对于山河、历史和人民的印象》一诗首刊时共14节近400行，在收入《昌耀诗文总集》时，被压缩至7节共约210行。这是昌耀的"流放四部曲"中，一部没能受到充分关注的诗，但却是一部峥嵘万状的"国家地理"。在这首诗中，作者的流放经历后退为一条隐线，而在《大山的囚徒》

中作为背景的山河自然场景，在此成为主体，并以矿物质般的原生意象和人格化的一体性渗透，凸现为慷慨沉郁的山河雄魂。在我目力所及的世界文学场景中，它是与为数寥寥的几位诗人：聂鲁达的《马楚·比楚高峰》、桑戈尔达姆鼓中的黑非洲——这类以土著、原生自然场景为抒写对象的诗作，相并置的诗篇。

在这首长诗中伏藏的，是遥远的大山秘境中，我们的想象无法企及的各种奇观：

> 我记得阴晴莫测的夏夜，
> 月影恍惚，山之族在云中漫游。
> 它们峨冠高耸，宽袍大袖窸窣有声，
> 而神秘的笑谑化作一串隆隆，
> 播向不可知的远方。
> 转瞬，冰凉的雨滴已是悄然袭来，
> 闪电的青光像是一条扭曲的银蛇，
> 从山中骑者那惊马的前蹄掠过，
> 向河谷遁去。随着一声雷殛，崖畔的老柏
> 化作了一道通天火柱。暴发的山洪
> 却早已挟裹着滚木礌石而下，从壑口夺路。
> 燃烧的树，
> 为这洪流秉烛。

我也记得夏日牛虻肆虐的正午，
那黑色的飞阵卷起死亡的啸吼越过草泽林莽
忍将逃生的马驹直逐下万丈悬崖。
我记得暮春的白雪自高空驾临的气概：
霎时间，天地失去生命的绿。
子夜，却是雪霁月明，另具一番幽雅。
高山的雪豹长嗥着
在深谷里出动了。
冷雾中飘忽着它磷质的灯。
那灵巧的身子有如软缎，
只轻轻一抖，便跃抵河中漂浮的冰排，
而后攀上对岸铜绿斑驳的绝壁。

绚丽至极，却又狞厉、酷烈，触目惊心而不可思议。曾有不少涉足过高山大川的诗人、作家，此后在文章中以高深莫测的神情告诉众人：大山是有魂魄的。但大山到底有着怎样的魂和魄呢？他们却未能做出有魂有魄的描述。的确，诗歌的写作就是能量的摄取和转移，是在对自然客体能量的摄取中，将之转换为诗歌的艺术。但这种摄取却是有前提的，昌耀的前提则是，在他被命运之锤锤砸得几近平贴在了大山的腹地，又在这一绝境感应着地气而逐渐还阳，起死回生，才最终为这大山的魂魄所充注。所以，一个寻常状态下的登临者，是很难看见其中的真魂、真魄的，更不用说以艺术传递它们。因此，昌耀于此传递的,是被山河魂魄化了的诗人的大胸臆,也是一种很难有人再能复述的大自然的绝景——它是命运造化的产物,而非人力能为。

《山旅》的动笔写作时间虽然晚于《慈航》3个月,但完成时间却早于《慈航》10个月;在这一前提下,再从作者的心理线索、诗作的气脉贯通、诗作的场景物象联结诸方面看,它都距《大山的囚徒》更近。故此,这里将《山旅》看作"流放四部曲"的第二部。

《慈航》一诗共分12个带有小标题的章节,500多行。其主体场景已走出祁连山,切换在以日月山和新哲农场为原型的草地荒原。它所叙述的,是落难中独坐荒原,而对未来陷入渺茫绝望境地的诗人,与一位纵马驱驰的"旷野的郡主"意外邂逅,继而被引领进其草原上的家族,终而再生性地成为这个家族"赘婿"的故事。

因此,这是一个有关"爱与死""毁灭与拯救"的主题。亘贯于其中的,是一条"苦海慈航"的草原宗教文化的主脉;密布于其间的,是浓彩重墨的藏地民俗风情。

关于这首诗的艺术原型,我已在前面做了描述。而围绕它的相关事件及评价,我还将在稍后专门展开。

《雪。土伯特女人和她的男人及三个孩子之歌》共5个带有小标题的章节,约140行,属于"流放四部曲"的结尾部分,在《慈航》中结婚成亲的诗人,在"爱的繁衍与生殖"中,已拥有了包括三个子女的五口之家。因此,它的标题也就是它的故事内容。而故事的场景，按其艺术原型分为日月乡的下若约村和新哲农场这样两个部分，并退出了青海高原上的游牧草原氛围，转入农耕生活场景。一个诗人的命运悲剧在此即将告一段落，而这首诗歌中，也第一次升起了温馨大于苦涩的人间俗世烟火。

这就是昌耀的"流放四部曲"。在他与无数的知识分子们突然沦为大山的囚徒后，首先是坚决不服，拼死抗争，几近九死一生（《大山的囚徒》）；继而是在大地山河的地气充注中还阳，与高原的魂魄同化（《山旅》）；接下来则是"四部曲"的高潮部分，他在善与恶的角力中，被草原民族宗教性的大慈大爱所拯救，而实现了生命和精神与草原民族的双重亲和，由此在"爱的媾和"中走向了婚姻，走向了自己生命和精神的再生（《慈航》）。当这个当年沦为囚徒的青年诗人，在漫长的苦难中拥有了一个五口之家，深沉的游牧场景在梦幻般的高原古歌中，转换为距现代时空越来越近的农耕场景，也昭示着一场历史和个人的漫长噩梦即将终结（《雪。土伯特女人和她的男人及三个孩子之歌》）。

这四首共1600多行的诗歌，从起始而至发展，而至高潮，而至尾声，层层递进，环环相扣，它的另外一个名字，应该叫作"一位高原诗人的命运四部曲"。

这"四部曲"中，如果第一部的《大山的囚徒》，还带有较大成分的公共语言性质，那么后三部，尤其是第三部的《慈航》，则是中国诗歌史上一个绝无仅有的孤品，也是昌耀在20世纪后期，成为一位大诗人的标志。

在这首长诗中，最令人震撼的，就是密布于字里行间的，有关青藏高原的土著经验元素和物象，以及作者艺术表述上谨严的分寸感和非凡的腕力。这种民俗学意义上的土著经验元素和物象，是昌耀本人的诗歌标记，也是他对于中国诗歌语言物象库廪的特殊奉献。这种艺术元素对于一部作品意味着什么呢？这里有一个现成的例子，只要我们还记得同样是在20世纪80年代，哥伦比亚作家马尔克思在他的《百年孤独》中，以其神秘奇幻的南美土著经验元素，带给中国文学界的震撼，带给世界文坛的震撼，并因此而获得1982年的诺贝尔文学奖，就能明白它意味着什么。当然，还有一个类似的例子，这就是塞内加尔前总统桑戈尔的诗歌中，那种让人惊奇的非洲土著经验元素。而桑戈尔本人，正是因此而在世界范围内，获得了一位大诗人的位置。

对于昌耀的诗歌，生命与哲学角度上的体认固然重要，但若忽略了这一元素，那么他与同时代诗人间的差异将会因之大大缩小，以至于几近混同。强调这样一个事实是有必要的：在当代诗歌，尤其是青年先锋诗人的诗歌中，那种形而上的哲学抵达并不少见，有的比之昌耀似乎更为尖锐。然而，对于昌耀的敬重，在更大的层面上恰恰来自当代青年先锋诗人。这一方面是因为在形而上的共同趋向上，他们更易于对昌耀做出体认；另一方面，则是他们从昌耀诗歌的物象上，对由这一元素所浸渗的非凡魅力,以及他语言造型上精确入微的手劲和腕力的震撼。诸如《慈航》中"一头梅花鹿冲向断崖,／扭作半个轻柔的金环,／瞬间随同落日消散""土伯特人卷发的婴儿好似袋鼠／从母亲的襟袍探出头来,／诧异眼前刚刚组合的村落""九十九头牦牛以精确的等距／缓步横贯茸茸的山阜,／如同一列游走的／堠堡"等。正是这种元素,构成了昌耀在中国诗坛不可替代的唯一性。

除了这一土著经验元素外,昌耀在艺术造型上严谨的分寸感和非凡的腕力,是他诗歌世界的另一个标识。它既是一种基本功,更是一位大诗人的重要标志。一个半吊子诗人,可以凭借对时尚哲学文化著作一鳞半爪的涉猎,而以云苫雾罩的玄虚弄巧,搞出似是而非的形而上的氛围,但若进入这种微观性的精确造型,他则会立时露出马脚。诗歌在此显示着它的严厉与苛刻:天分、阅历、良好的艺术训练、生命与笔力在岁月中去芜存真的研磨,这种在诸多综合要素上出示的,我愿称之为"雕虫之技"的分寸感、微妙感,正是为诸多行家里手所追慕,而只有少数人才能够抵达的。中国的传统诗歌美学中有所谓的"诗眼"之说,有为追求这种诗眼"吟安一个字,捻断数茎须"的苦吟,由此才在中国的诗歌长河中,留下了熠熠生辉的经典。当我们从这个角度考察昌耀的诗歌时,就会意识到这样一个令人震惊的事实:他那无论是十行左右的短章,还是长达数百行的巨制,大都是用这种雕虫之功层层堆垒起来的。从本质上说,所有的大师和经典艺术家,都是雕虫者以及用雕虫之功创作的人。他们作品最终的恢宏气象,无不赖之于每一笔触上所浸渗的这种"雕虫"的汗血与心力。譬如《离骚》龙翔凤翥的飞动,便皆因每一致密局部的承托;米开朗琪罗为了《创造亚当》的巨制,竟在西斯廷教堂的穹顶下,一笔不苟地仰着脖子度过了四年零三个月的时光。这里体现的,是一种宗教性的艺术情感。它代表着艺术家在艺术之途上朝圣般的诚勇和苦行,也因而使他们的作品获得了那种真金足赤的艺术含量,并进而具备了"典"的性质。

然而,恰恰是这部《慈航》,从完成到发表却颇费周折。《慈航》后面标注的写作时间为"1980.2.9—1981.6.25",也就是说,从初稿完成后,再到修改打磨完毕的定稿,他断断续续用了一年零四个多月的时间。这在昌耀的写作史上,应该是耗时最长的一首诗了。

记得正是在这期间——大约1981年初,由我和几位朋友提议,十多位西宁地区的中青年诗人组织了一个诗人沙龙,活动时间定在每月的第一个周日,地址就在青海省文联和《青海湖》编辑部共用的会议室。这其实就是一种兴趣活动小组式的聚会,本未邀请昌耀之类的文联专业人员,但昌耀就来了,带来的就是他的这首《慈航》,并在沙龙中征求修改意见。于是,就有朋友认真地提出一些零敲碎打的建议或设想,昌耀就认真地推敲琢磨。而当时的我,似乎只有惊奇,提不出任何意见。但这样的反应大约也让昌耀愉快,遂有些得意地指着其中的一段场景描述对我说:你再看看这个。这一段的完整诗句是这样的:"但在墨绿的林莽,/下山虎栖止于断崖,/再也克制不了难耐的孤独,/飞身擦过刺藤。/寄生的群蝇/从虎背拖出一道噼啪的火花,/急忙又——/追寻它们的宿主……"这个物象的确太刺激,甚至太不可思议。然后,他介绍到,这个"虎背上的火花"不是出自他自己的想象,而是东北诗人梁南讲给他的,是梁南当年在东北森林里"劳动"时亲眼所见。

这个细节表明,昌耀笔下的物象和事象,大都具有确凿的现实原型,只是缘于他的文字表达和氛围营造太有力,反倒给人以来自飞翔的想象力的错觉。

然而,隆重推出了《大山的囚徒》的《诗刊》,却没有接受《慈航》。这似乎也不难理解,一个为中国诗坛昭示导向的主流诗刊,是不能倡导这种边缘化的写作的。更何况,它超出了由主流诗歌趣味培养出的众多读者,也包括批评家们的审美经验。

而作为《青海湖》杂志的编辑,昌耀既出于避嫌的考虑,也同时出于对这首诗的珍视,遂一心要在外省寻找一个发表它的刊物。不知这个《慈航》受到了多少刊物的退稿待遇,直到4年后的1985年,它才在由女诗人马丽华任编辑的《西藏文学》第10期上发表了出来。同期配发的,是由我书写的关于这首诗的评论,标题叫作《诺亚方舟:彼岸的赞美诗》。此文的一个关节点,是将十伯特人的"慈航普度",比作《圣经》中的"诺亚方舟"。昌耀读了这篇文章后,首次还给我一个"嘉许"。他也许认为此文从"文化原型"角度的阐释还算有点新意。然而，这篇文章实在没有说出什么重要的话来，它对于《慈航》的意义，就如同一场空前精彩的演出遇到了空前冷清的反应时，有一名观众在台下独自拍了一串喝彩的巴掌。

是的，在这样一部长诗面前，我曾感觉到了"眼前有景道不得"的深刻的沮丧。同样的，用各种新理论，新方法在当代诗坛包打天下的新锐批评家们，在这样的诗歌面前也变成了一只只呆鸟。现在想来，这其中也许存在这样一些障碍：首先，他们找不出一种现成的，解读这种诗歌的理论和方法。西方的新批评方法即使有，他们还没有学会综合性地"化用"；其二，他们对这样的诗作中，那种大量的土著经验元素和来自人文、自然原型中的物象取譬懵懵懂懂，搞不明白；其三，也许他们真的就对这首诗没有感觉。

那么，这不但是昌耀的尴尬，更是中国诗歌批评界的难堪。

而另外的一些诗人、编辑家们，对这首诗的阅读感受却异常敏锐。在《慈航》刚刚刊发出来之后，1985年第11期的《诗选刊》就迅速地对它做了转载。这个《诗选刊》，由内蒙古文联主办，是当时中国诗界颇有影响的唯一一份诗歌选刊。

对于《慈航》的滞后反应一直延宕到了1991年，从事专业诗歌研究和批评的叶橹先生，写出了一篇题名为《〈慈航〉解读》的专题评论，刊发在同年第3期的《名作欣赏》上。这是一篇约1万字规模的评论，行文扎实沉稳，立论与论述体现了一种学者式的严谨。在这篇文章中，叶橹先生给了这首诗这样一个评价："《慈航》是20世纪发生在中国大地上的一幕

《神曲》。"

也是从20世纪90年代开始,关于这首诗的解读和评价基本上不再成为问题,中国诗坛正是因着这首《慈航》和包括了它的"流放四部曲",看到了一位大诗人的存在。

比如评论家唐晓渡在一篇文章中,回忆1988年与昌耀在西宁见面的情景时这样写道:"其实他的诗我所读不多,但《雪。土伯特女人和她的男人及三个孩子之歌》和《慈航》已足以让我对他充满敬意,还有某种克制不住的好奇心。"

直到2004年,我还在一本诗刊上见到过涉及这首诗的一段对话。对话的一方向甘肃诗人人邻提出了这样一个问题:"在你的那个诗歌知识谱系里,什么样的长诗才是你内心最为心仪的?"

人邻的回答是:"我非常喜欢一些少数民族的民间史诗,但要放在那个特殊的环境里读,要带有一种仪式性。我读过的当代长诗里,非常喜欢昌耀的长诗《慈航》。"

人邻的回答中,其实存在着这样一个思维隐线:他是把《慈航》放在"少数民族的民间史诗"这样一种类型中,来感受,来"非常喜欢"的。

十二 "负荷着孩子的哭声赶路"

1. 清寒之家的苦乐

从 1981 年起,和我一起在青海诗界说昌耀的,还有一个人,名叫南广勋。他是我当年在工厂当工人时,同一车间的一位师傅。老南是北京"老三届"的高中毕业生,一个学识渊博、内心清高,又极为有趣的人。当年在工厂时,他能跟人一边谈论微积分等高等数学一类的学问,一边掰扯王力的《古代汉语》,并且引经据典,张口就来。当然,他还是"文革"中期的一位诗人,但只写过那么一段时间后就突然金盆洗手,有些羞与为伍的意思。而我自己当时有关"文革"前的一些诗歌阅读,诸如闻捷、李瑛的诗,诸如陆棨的《重返杨柳村》等,都是来自他的推荐。

上了大学后，我曾专门回工厂去找他，随身带着昌耀诗歌的手抄本。他读完之后长久地沉默不语，然后一定要面见昌耀。见过面后他告诉我，很好，正是他想象中的样子。什么样子呢？不像诗人样子的样子，是工厂里五级钳工师傅的样子。老南认为只有这副模样，才属于"大隐隐于市"的那种大人物。

南广勋从此又半即半离地一只脚踏进了青海诗界。在诗界逢人说昌耀者，由原先的一个变成了一双。老南的嘴皮子好，我说话的欲望强，我们两人组成了一对"黑白双煞"。

但这对锋利的"双煞"，有一次却被弄了个目瞪口呆。那是在一位我们颇尊重的名流跟前，再次说到昌耀，对方以玩笑的语气反问曰："昌耀怎么啦？他的房子比我住得好？他是个南方人，但能像我一样经常吃上大米？一个男人到了这么一个年龄，就该有责任把家安顿得体面一点，昌耀做到了吗？"

这难道不真的是一个问题？但我们却从来没有从这个角度想过昌耀。

是的，此时以诗歌闻名的昌耀，也同时以家境的清苦而闻名——但这一点，也许只是外人的感觉。

…………

1979年3月，昌耀带着海南草原上格萨尔的旧部一家5口回到西宁后，"旷野的那王"杨尕三高兴极了。20多平方米大的那么一间房子，还是木头地板，这简直就是天上人间。

杨尕三说：我她喜欢城市，那里人多、有汽车，还能见到火车。我就是喜欢人多的地方。她大约是被新哲农场那样的空间给憋坏了。而跟着昌耀能过上这么一种城里人的生活，却应该是杨尕三当年的梦中，就隐约出现过的一缕光线。这正是尕三的不凡之处。2003年10月，当杨尕三与我等一行重返她的新哲农场，并站在切吉乡的大街上左右顾盼的时候，脱下羽绒服搭在臂弯，以一身合体而含蓄的时装示人的她，无疑是出众的。那种鹤立鸡群的美好感觉，应该是特殊的个人素质历经辛苦打拼之后，岁月给予她的回报。

　　当时的家安顿下来之后，昌耀每天就要按时上班了，留下急于出门看风景，必须上街买菜的杨尕三怎么办呢？密集的人流车流和相似的大街小巷，对她来说无异于古代兵家的八卦阵，几个弯子一拐，就会再也找不着回家的路了。

　　但这个难题却由王昌耀出招儿，杨尕三实施，很快就把它解决了。

　　解决的办法古怪而有效：先是昌耀带着尕三把该走的地方认真走了一遍，在获得了一些标志性的建筑物记忆和路径方位感之后，杨尕三就开始放单飞了。怎么个放法呢？当年青海省委党校大门外的一些市民们，应该还有人记得那滑稽的一幕：只见一个行路的藏族少妇往前走上约20米时，弯下腰来用粉笔在地上画一个记号，再走20多米，再画上一次……如此持续重复。回来时，一边在地上寻找记号，一边抬头同周围的建筑物对照。这个方向的路大致熟悉了之后，再开始另一方向道路的"求索"，继而不断扩大活动的半径……20多天后，杨尕三已能独自走到西宁北禅寺下的铁路边上看火车了。

在知情者的眼里,一个诗人的妻子,竟如一个化外之民似的如此这般,实在是一件心酸的事。而对杨尕三来说,这其中也并非没有过担心、惶惑。但她就是从寻找这样的路径开始,最终在这个城市的腹地,找到了属于自己的朋友群体,并给自己找到了工作。

"我们家当时成了文联的重点扶贫对象"——杨尕三用了这么一个时髦的专业语词自我解嘲:"有的送大人小孩穿过的旧衣服,有的送过冬的洋芋、雪里蕻等蔬菜。"

大约是1981年,昌耀在西宁交通巷附近,分得了一套三居室的楼房。在我的感觉中,他们的日子一直比较清苦,但也绝不至于寒酸。昌耀似乎一直以家庭开支上的精打细算,保持着一个家庭,也保持着自己作为一个诗人的自尊。

1983年的一天,昌耀专门跑到家里来找我,让我与他一起上街,帮他挑选一台电视机。他当时的解释是,自己的几个孩子每天晚上都是趴在邻居家窗外看电视的,邻居原本请孩子们到家里去看,但他不愿意孩子干扰邻居,就不许去,结果孩子们就想出了这么个办法。看着孩子们那么可怜,干脆就下决心买一台算了。于是,我们就去买了,是一台14英寸的上海产英雄牌黑白电视机,450元左右,大约是昌耀三个月的工资总额。

关于这台电视机,我的叙述到此为止。下面是杨尕三的讲述。

"老王买回来一台小电视，娃娃们高兴坏了。但他怕娃娃们调台时乱扭乱拧把机子给弄坏了，一买回来就放在自己的书房里，每晚陪娃娃们看。后来觉得这样耽误他写作，才把电视放到大房子里。但出差的时候，他又把电视搬到自己的书房，给机子贴上盖着自己印章的封条，然后再把书房暗锁一道、明锁一道地锁上。"

昌耀如此精细，似乎也可以理解，但他加盖上自己"大印"的封条是什么意思呢？是要试一试自己这枚"大印"的权威性呢，还是对"文革"中这一特殊流风潜意识的拟仿？昌耀当时有两枚由一位东北金石家篆刻的印章，一为阴文，一为阳文，两方印章都深得他的喜爱。他不但曾专门向我讲述过这两方印章在作篆和金石味道上的精妙，并在此后向友人赠送自己的诗集时，经常加盖上其中的那枚阳文印章。

当然，从杨尕三对这件事的叙述角度上，我们已能听出她对昌耀的不满。的确，就在搬进楼房、日子开始走上正轨时，两人之间的摩擦也多了起来。而诸如此类的"精细"，则是主要原因。比如每个月买粮油时，昌耀怕杨尕三算不清账，就事先在一张纸条上米、面、油逐一地写好价钱，然后一分不差地交给尕三，让她再将纸条和钱交给粮站售货员。如此三番五次，最后连售货员都禁不住地笑道：怎么还有这样的人！

于是，杨尕三突然就觉得脸上挂不住了，其一她觉得昌耀把钱抠得太紧；其二觉得昌耀太小看自己，回来就找昌耀吵了一通。

约半年之后，杨尕三终于通过自己在西宁结识的朋友，找了一份临时工干——在河滩上给汽车装沙子。然而，对于这样一个壮大家庭经济的好事，昌耀却不同意。什么原因呢？杨尕三的说法是，昌耀怕她有钱后，在外边"行为随便"。于是，第一天打工回来后，尕三便被昌耀拒之门外，以示惩戒。尕三数番敲门而不得进，遂怒从心头起，恶向胆边生，操起一块板砖拍向窗玻璃，然后越窗而入。

这是2003年10月，杨尕三给我的一段讲述。讲到这里时，她停顿了一下，然后一脸正经地向我表示："唐老师（她一直这样称呼我），我不会写书，如果会的话，我比老王写的书还多。我们的故事太多了。"

不久，杨尕三又在一家建筑公司干起了小工，第一个月拿到70元的工资后，她示威般地一次买了一大袋子大米，心中发狠地想：我再也不吃你那种"纸条的粮"了！此时粮油供应虽然还是以粮本核定的配给制，但却可以用高出配给粮的价格，买到"议价"面粉或大米。

杨尕三从此走上了不断跳槽、步步登高的打工之路。她的男朋女友越来越多，其个人从服装打扮到生活观念的现代化进程，也越来越快。而她与昌耀之间的缝隙也由此产生，并逐渐加宽。

但杨尕三的叙述，无论如何都是建立在自己情绪立场上的叙述。在我和南广勋同昌耀来往密切的若干年间，尽管知道他的家庭经济状况一般，但绝对不曾感觉到过他因钱的问题而窘迫。物质上清苦的诗人，自有自己的平衡方式和处事准则。倒是近十多年来，那些已经行走在小康之路上的文人们，往往为了获得赞助之类，在一些大小老板面前形同乞丐。

1983年，《诗刊》社的副主编邵燕祥和编辑雷霆，通过当时的国家地质部到青海柴达木盆地采访，途经西宁时，在青海地质局招待所给当地诗人们做了一次报告。邵燕祥说起他与青海的缘分，称1957年"反右"时，他差点给下放到青海来"锻炼"。雷霆在一旁打趣道："如果来了就可能回不去了。"邵燕祥随之平静地说："那样也好，我就可以和昌耀在一起了。"台下随之"轰"的一下，继而一片窃窃私语。我想大家是由此掂量了一下，昌耀在邵燕祥这样的编辑和诗人心目中的分量。而当时昌耀并不在场。

当晚，邵燕祥们晚饭结束后，被昌耀邀请到家中，又"请了一次客"。什么样的规格呢？昌耀事后告诉我，他请他们吃了一顿西宁的酸奶。我一听身上顿时凉爽极了，这的确是昌耀的诗歌中，那种本土元素的方式，富于特色而又自然得体。

大约是在1985年，有一天傍晚我去昌耀的家。他将书桌上的一盒香烟推过来请我抽烟，而他自己却没动。昌耀当时的烟瘾很大，我俩常常在他的书房抽得乌烟瘴气。有一次杨尕三推门进来，一边用手扇着鼻子，一边说道："你们在里边感觉不到，我在那边房子闻着像要着火了。"然后走到墙边开大了窗子。

但这一次，昌耀却没有动。接着他告诉我："文联下午开会传达文件，从明天起香烟开始涨价，涨幅是50%。我从现在开始戒烟。"我问行吗，他则平静地表示，这无非就是一个不良嗜好，没什么改不了的。的确，他当时因吸烟过凶而经常剧烈地咳嗽。而我听到这个消息的第一反应，则是赶紧下楼给自己囤积一批香烟。但他却告诉我："晚了，今晚整个西宁市无烟可买。"

从那一天开始，表示戒烟的不只是昌耀一人，文联的烟民们似乎发起了一个比试决心的集体行动，包括新闻文化界我熟悉的许多人，也都坚定地表示要"重新做人"。但一个星期后都又纷纷倒戈。当文联的一位诗人再次和我坐在一起喷云吐雾时，曾心潮起伏地向我这样深刻了一句："我他妈的如果有戒掉这个烟的能耐，也就能成大人物了。""昌耀不是戒了吗？""昌耀？昌耀这样的怪人能有几个！"

关于昌耀戒烟一事，此后成了一则新闻。一位中年诗人在刊发于《诗刊》上一篇呼吁改善诗人生存状况的文章中，就专门以昌耀戒烟一事为例。

2. "赞美：在新的风景线"

从1981年开始，昌耀诗歌的基调开始变得多姿，变得多彩。在"流放四部曲"的前三部（此时《雪。土伯特女人和她的男人及三个孩子之歌》还未写出）那种铁色堆垒的粗莽画面上，幻现出了一片翠绿的藤萝，以及朱红、藤黄的花朵，甚至是诸多水色淋漓的风景。作为诗人,他迎来了自己人生中最绚烂的时期,并实现了一次社会角色的转换——

大约是在1983年的五六月份,青海省文联决定设立专业作家编制。在制订了每年的作品发表数量、发表作品的刊物级别、与之配套的工资奖罚系数等考核方案后,从作协的在编人员中招标。昌耀经过审慎的权衡之后,告诉我他决定投标。我问他有把握完成考核量吗?他回答说准备投标的不止他一人,别人如果能行的话,他觉得自己也问题不大。另外,也正好借此机会给自己增加一下压力。

他报了名,并很快得到了批准。于是,他正式脱开《青海湖》诗歌编辑的工作,和作协的几位同事一起,成了青海省文联创建以来第一批专职作家。长期以来,中国文学界有一道畸形的景观,文学期刊的编辑大都是作家或诗人,许多人在编辑位置上"一身两职"时,似乎特别容易出成果,一离开这个位置后,反而很快销声匿迹。什么原因呢?因为编辑的位置就意味着一个阵地,有了这个阵地,就可以与其他的同仁们在稿件发表上进行交换,就可以"不行也行"。

现在,昌耀放弃了这个权力。他失去了什么,又获得了什么?我所见到的事实是,他失去了两人一间的办公室以及办公桌。从此,他这个专职作家开始坐在家里办公,隔三岔五去作协取一次信件,并坐在别人办公室的会客长椅上,翻阅近期的报纸和期刊,一副专注的神态,就像坐在图书馆的期刊资料室。而他获得的,则是时间,以及不用坐班的自由。

这个自由对于昌耀是重要的。此时，在中国作协、《诗刊》社和各地文化部门的联手运作下，"振兴中华"背景中中国广阔的地平线，迎接着一批又一批诗人采风团的到来。

就是从这一时期开始，昌耀走出了青海高原这一古老的"彼得堡"，加入一个个诗人采风团的行列，频繁地行走于全国各地。

1981年3月到4月间，他与邵燕祥、梁南等诗人，先后在南京、杭州、长沙等地采风。

1982年9月，随团到了甘肃河西走廊的玉门油田和敦煌一线。

1983年9月，出席了新疆石河子"《绿风》诗会"，这是一次有近百位中国诗人参加的诗界盛会。

1984年6月，随中国作协的诗人代表团，到山东日照的石臼港采访并到达青岛。

1985年5月，参加了在西安举办的"大西北文学与科学笔会"。

1986年10月，参加了在兰州举办的中国西部文学研讨会。

…………

这一系列活动的结果，加上他坐居西宁的写作，就是其诗歌形态的缤纷多彩。大致归纳一下有这样几种类型.

其一，是江南或南方风景的抒情写生。诸如组诗《江南》和《长沙》等。这类诗作虽少，但却颇为重要。它们显示了昌耀在走出高原，面对截然不同的异地风物时，却同样具有那种直入物象的本质，并且是摄魂写魄的能力——"……还是毛毛雨。/沪杭快车/飘然一支玉笛"(《江南》)，仿佛是惊鸿一瞥，却已一派水乡风景的氤氲和淋漓。

其二，是"赞美：在新的风景线"，亦即热烈的时代脉动和建设开发中新的风景线。诸如《划呀，划呀，父亲们！》《轨道》《城市》《在玉门：一个意念》《花海》《赞美：在新的风景线》《垦区》《印象：龙羊峡水电站工程》《边关：24部灯》《黄海二首》《时装的节奏》《色的爆破》等等。

其三，是以青海高原为基点，对大西北呈扇形扫描的西部诗。这一类型的诗作如同行进的军旅般浩浩荡荡，是他此一时期写作的主体。

这里首先谈论一下他第二个类型的诗作。这是昌耀去世之后，随着有关他的研究或谈论文章的骤然增多，在一部分人的笔下受到诟病的一个写作板块。其主要观点是，这是一些时尚的主旋律情绪，而这样的诗歌一般而言都是廉价的。在这些论者的眼中，一个苦难深重的诗人书写的，应该是"流放四部曲"那样的作品。反过来说，也正是这类作品独一无二的昌耀特征，使读者们在潜意识中，给了昌耀这样一个相应的定位。

这不是一件坏事，当一位歌手或表演艺术家因改变原先的风格，而引来观众的不满或干涉时，说明他已是一个广受瞩目，并拥有庞大追星族的人物了。

然而，这一类型的写作并不是昌耀突然的斜枝旁逸，而是他整个写作生涯中时隐时现，从来就没有弃置过的一条线索。《昌耀诗文总集》中的第一首诗作《船，或工程脚手架》，就是这一线索的开始。

那么，到底应该怎样看待这个问题？很简单，它恰恰表明了昌耀作为一个诗人的真诚。一个诗人的真诚大致上表现在两个方面：心灵的真诚和艺术的真诚。我们从昌耀的人生经历中已经看到，他个人的命运沉浮，起码是到此为止的个人命运的沉浮，是那样密切地与时代和民族的命运连在一起，这是在中国20世纪60年代后期出生的写作者中，再也不曾经历过的一种现象。因此，时代和民族的悲欢，反过来说也正是他个人的悲欢。这也是昌耀那一代诗人的共同特征。因此，在这一代诗人的写作中，便有了这样一个共同情结：对于时代精神和民族情绪的承担。如同《离骚》中充满国运时势牵念的屈原。

因此，昌耀的这类诗作，正是对自己心灵世界真实感受的服从。如果不是这样，他的写作反而是可疑的。但与同时代另外一些诗人不同的是，在昌耀的写作立场中，诗歌从来都必须是诗歌，而不是时尚的宣传品，它是由诗歌的艺术准则所统摄的思想、情绪、语言、意象、结构等元素的集合体，亦即由心灵的真诚而至艺术的真诚。

《划呀，划呀，父亲们！》是这类诗作的代表，此诗的副标题为"献给新时期的船夫"，这当然是一个象征。"父亲们"

和"船夫"在与意识形态相关联的最高修辞指涉和限定中,是"民族"这个概念;而它具体的落脚点,则是黎民苍生。如果做进一步的纵向考察,这首诗的意念和物象原型,当来自昌耀20世纪五六十年代热衷的黄河船工题材,诸如《水色朦胧的黄河晨渡》等,尤其是《水手长—渡船—我们》一诗。船夫这个意象最本质的特征,是大河激流上的集体作业,是同舟共济。

然而,从1957年开始,作者却在民族这条大船的颠簸中,随许多人一齐被抛入水下。在经过20多年的挣扎,又随着这条千疮百孔的船只复航后,他不但感慨万端,并且思绪也更为深远。说到底,它既是这个民族本身的问题,也是整个人类历史进程中的问题——天灾人祸一直伴随着人类。而昌耀在此思考的关节点,则是推动人类历史进程的动力和阻碍历史前进的阻力,以及它们之间的关系是什么。于是,动力和阻力这对矛盾,被他在相反的方向上无限拉开后,进行探究与演绎。动力的终端并不仅仅到"民族精神"为止,而是人类生命的原欲。同样,阻力的终端不只是人类自身造成的劫难,而是造化先天派定的反作用力。所以,这首诗的空间场景,便从仅属于中华民族的黄河,转换到属于整个人类的浩渺无际的大海。这种意象空间的建立是意味深长的,我想它所暗含的,是昌耀从早先的一个国家民族主义者,向着人类主义世界观的转换。又正是这样的意象空间,注定了人类历史进程中,"流水之上抗逆的脚步"的悲壮。而这首中型规模的诗篇,就是把中国"新时期的船夫"们的复航,置放在这样一个广阔的场景中来体认的——"最动情的呐喊／莫不是我们沿着椭圆的海平面／一声向前冲刺的／嗥叫?""——划呀,父亲们,／划呀!"

在针对中华民族的"还来得及赶路。／太阳还不见老,正当中年"的呐喊告呼之后,是昌耀面对人类社会进程先天性的沉重感:

……今夕何夕?
会有那么多临盆的孩子?
我最不忍闻孩子的啼哭了。

这几行诗句,很难不让人联想到新哲农场时代,昌耀的窝棚里那在啼哭中接连降生的草原三兄妹,以及无数黎民百姓家庭那落雨般密集的新生儿。在人满为患、充满艰辛的这个世界,等待着他们的命运又是什么呢?这绝对是一个站在父亲角度上的、沉重而严峻的问题。然而,生命原欲的洪流却不可遏止:"我们仍然开心地燃起爝火。／我们仍然要怀着情欲剪裁婴儿衣。"正是基于此,所有父亲的使命,其实就是"负荷着孩子的哭声赶路",就是在这哭声的压力中,怀着心酸、无奈,和责任、诚勇的混合情绪,如醉如怒地扳动划向彼岸的船桨:

我们昂奋地划呀……哈哈……划呀
……哈哈……划呀……

这是昌耀在复出之后的写作中,一首最具亢奋感和主流意识的诗作。也是昌耀在苍生立场、个体立场和时代主流情绪可遇不可求的高度契合中,含纳着精神史诗感的诗作。它艺术物象上来自天文、地质纪元、民间本土的高密度的意象群,结构上以"划呀,划呀,父亲们"这种类似于音乐主旋律的变幻贯穿,主体基调上血脉偾张式的狞厉,与邃密的理性思考的兼容浇筑,使这首写作于1981年、刊发于1982年第10期《诗刊》上的开卷之作,成为该年度中国诗坛上一个标志性的作品。

这首诗让我想到了惠特曼,想到他来自开发期的美洲新大陆上,那首结实激迫的《啊!船长哟,我的船长》;想到了中国20世纪40年代在我眼中最伟大的诗人阿垅——由基督的悲悯神圣和宙斯之子式的暴烈叛逆所综合的那种品质,想到了他嘉陵江上让人惊心动魄的《纤夫》。

没错,这是一首基于时代主流情绪的重型之作。书写这首诗作的这一时区,正是昌耀一生中心情最好的日子之一。在这一线索上,他还写出了诸如《建筑》《轨道》《城市》《边关:24部灯》《时装的节奏》《色的爆破》等,这类带有"工业润滑油气息",以及在"同一个平面二度空间"演绎的现代城市诗。昌耀在情感触角的充分伸展中,似乎决意要将活跃多彩的所有时代信息,都纳入诗歌之中处理。这位心情晴朗的诗人,此时仿佛无所不能。

十三

西部大时空的史记

1."所思：在西部高原"

1982年5月，昌耀有一次小规模的外出旅行。具体的情况已搞不清楚，但感觉中应该是随青海省美协的三两个画家，带着一辆吉普车的采风写生式的旅行。

昌耀和青海省美协的画家们关系一直不错，前边说到的朱乃正，1979年后曾任青海省美协副主席、青海省人大常委。与昌耀有过更深层关系的方之南老先生，此时则任青海省美协主席、青海省文联副主席、青海省人大常委等。方之南和朱乃正在"文革"前都曾担任过《青海湖》的美术编辑，"文革"后《青海湖》复刊，另一位著名画家王复羊出任美编。他仍是昌耀的友人。1980年春，朱乃正、王复羊先后调往北京，美编工作由版画家、在20世纪90年代出任青海省美协主席的佐良接替，昌耀又与之成为相交甚笃的朋友。这其中一个特殊的佐证就是，在这一时期，昌耀曾托我找南广勋，为佐良打造过一套搞木刻的刻刀。我们那个工厂名叫青海农机工具厂，但却与农业日用刀具类产品的生产风马牛不相及，它是专门生产机床上使用的精密刀具——诸如钻头、插齿刀、剃齿刀、螺纹滚刀等刀具的，有的是好钢和锻工工艺。南广勋闻讯后欣然领命，请锻工车间的朋友，大材小用地打制了一套刻刀，成全了昌耀对于画家的友情奉献。

在1982年能够带上一辆吉普车去采风，应该是一种很奢侈的举动，只有文艺界的高级官员和著名书画家才能做到。这一次，诗人又享受了一回来自画家的友情。

从昌耀此后的诗作来看，此次的旅行路线应该是先从西宁到兰州，由兰州顺河西走廊西行至狭长走廊正中部位的张掖，再转头穿甘青两省交界的祁连山峪口，折入青海祁连县境内的峨堡，继而返回西宁。

这次旅行回来之后，昌耀断断续续写下了5首诗：《太息》《月下》《所思：在西部高原》《在山谷：乡途》《纪历》。5首诗虽然都是15行左右的短制，却颇值得一提。

上述的这条线路，对昌耀来说是一条意味深长的线路。他当年的流放地八宝农场，与河西走廊正好由祁连山一山纵隔。作为一个神思经常在地理山河中游走的诗人，他对祁连山另一侧的河西走廊，无疑有过心驰神往的猜想；而当他从河西走廊穿越祁连山的峪口,即将进入青海的祁连县境,对于睽违了15年的流放故地,应该更是心潮起伏。于是,他在《在山谷:乡途》一诗中这样写道:

> 在山谷,倾听薄暮如缕的
> 细语。激动得战栗了。为着
> 这柔情,因之风里雨里
> 有宁可老死于乡途的
> 黄牛。

流放岁月中一切苦难的记忆不但被他略去,更甚至,他还把祁连河谷看成了使自己获得再生的精神故乡;把自己,视作为山乡那苦涩而温馨的烟雨所召唤的黄牛。由此而在"近乡情更怯"的峪口眺望中,幻化出这样一重潮湿而明亮的意象:

> 前方灶头
> 有我的黄铜茶炊。

而这一意象,在紧接着的《纪历》一诗中有了进一步的延伸。这个"纪历"的含义在此应该是双重的:既是对流放岁月的记写,也是对此行历程的记写。对于前者,他仅以"大山浮动……牛皮靴/吸牢在一片秘密的沼泽",置换了当年大量苦难而艰涩的物象,继而,又从此时月黑峡谷中幽幽的峭石群,感受到的"肃穆如青铜柱般之默悼",追忆和祭奠那段难忘的岁月。最终从那个温暖在心头的黄铜茶炊,推置出那一时空中他自己的幻象:

> 黎民的高崖,最早
> 有一驭夫
> 朝向东方顶礼。

这是一个从"炼狱"上升到"净界"的人,对他自己当年精神形骸的写真。画面陡峭、清旷、热穆,有一种顶礼朝圣的肃然。但这个朝圣者却是一个"驭夫",如果你联想到他可能还提着一根赶马车的鞭子,并从昌耀此后经常头戴的那顶圆形礼帽,推演出他此刻头上的一顶卷檐草帽,那么,这其中便会透出一种中国西部平民兼具美国西部牛仔式的硬朗和浪漫。有趣和浪漫,这是一直潜伏在昌耀身上的一种天性,却因为人生的压抑过重而难得展现。20世纪80年代中后期,昌耀有几张头戴礼帽、眼扣墨镜、一身灰绿色夹克装、背景分别是峭壁或沙漠的照片,那种双手斜插于口袋,头颅微昂,呈气宇轩昂状的姿态化形象,颇有几分牛仔形象。

与这种硬朗和浪漫相反的,则是他心灵中的柔软与悲悯。也就是在这几首诗中,还有这样几个意象:面对由明月和山中溪流白水形成的如在梦中的幻境,他在诗中写到,他不知道自己不可名状的陶醉,"是不是因了匍匐茎上／那朝向山月昂首吹歌的／小小金蛇？"(《月下》)而在山谷深处的松林间,"似有簌簌羽翼剪越溪流境空,／追逐而过:是一群正在梦中飞行的／孩子?……"(《在山谷:乡途》)这种耽于家园幻象式的天真与温情,让人刻骨铭心。

多少年后,在我把昌耀这几首诗作,置放在一个特殊的背景中来考察时,突然发现了1982年5月的这次旅行,对于他的另外一层重要性。这就是通过河西走廊这一粘连着陕西、甘肃、青海、新疆的西北腹地的主干线,昌耀敏锐地感受到了一个相对于诗歌而言的、新的地理文化形态和板块。这其中一个极为重要的信息是,"西部"这个语词在其诗歌中的出现。这其中一首诗作的标题,就叫作《所思:在西部高原》:

西部的山。那人儿
听见霜寒里留有岁月嗡嗡不绝的
钟鸣。太寂寞。

是谁在空中作语:
——啊,世俗的光阴走得好慢!
我似乎觉得
高车部自漠北拓荒西来尚是昨天的事,
汉将军班超与三十六吏士的口碑
也还依然一路风闻,

可你们后来者

还听得敦煌郡献歌伎女反手弹琵琶么？

太寂寞。

凌晨七时的野岭

独有一辆吉普往前驱驰。

——远方

黄沙丘

亮似黄昏。

是的，此时是1982年7月，"西部"这个现今使用率极高的，指称"中国西部文学"或"中国西部地区"的语词，在此时的媒体和出版物上，却还没有"诞生"。我所说的是，在此之前，从未有人把它作为中国一片广大地域的指代名词来使用。

无疑，这首诗中所描述的这个地域，此前一直是用"西北"这个语词来指称的。若按此前的表述，也就是"所思：在西北高原"。但这个时候，昌耀的诗中却突然冒出了一个"西部"，这是出自他总是喜欢不同凡响的造词习惯呢，还是有什么其他用意微妙的考虑？我想，这两者都不能排除。

在西部这个语词之前，曾先后有两个指称相同地域的地理指代名词："中国西北地区"和"中国的大西北"。前者，是一个包括了陕甘宁青新五省区的行政区划概念；后者则是与建设开发相关的文学抒情概念。譬如，直到1984年，新疆著名诗人杨牧的诗作《大西北，是雄性的》、章德益的《我应该是大西北的一角土地》等。

而昌耀的这个西部呢？从诗中的表述来看，它已具备了一种历史文化内涵——由历史上在北方草原游牧的铁勒部族为代表的游牧民族（因其善造车轮高大的木车，故又被称为"高车"部族）、出使西域的汉将军班超及其部属、丝绸之路上的重镇敦煌以及歌舞等构成的，这样一个历史大时空。因此，这个西部的内涵，绝对不是上述的西北或大西北这样两个概念所能承载的。这是这个概念的历史文化指向。假如我们再联系到《纪历》一诗结尾的"黎明的高崖，最早／有一驭夫／朝向东方顶礼"——这一昌耀自喻中硬朗浪漫的美国西部牛仔式的形象，便很难排除他的这个西部，之于电影大片和小说中美国西部的联想和暗示。除了火枪加快马的传奇等元素之外，西部这个概念为昌耀所看重的，则应是那种卓绝无畏的拓荒精神、冒险生涯中的硬汉气质。这应是这一概念的人文现实指向。它带有时代召唤中的开发建设内涵，但着重强调的，则是个体的人面对荒旷的大自然时，强势的生命能量呈示。

当然，此时的这一切之于昌耀并不十分清晰，但他无疑已感受到了一种方向。不久我们就会看到，随着他游历的足迹和思维的不断推进，综合了历史和现实的一个辉煌的西部大时空，将在他一首又一首的诗歌中联翩展开。

而当我的笔触推展到这里的时候，是的，它将要转入对昌耀诗歌生涯一个重要区段——西部诗歌的描述。

2. 西部,"更是一种文学气质"

"西部诗歌"作为一个明确概念的提出,是 1984 年由西北师范大学孙克恒教授选编的《中国当代西部新诗选》一书。孙克恒为这部诗选所写前言的标题,就叫作《西部诗歌:拱起的山脊》。由孙克恒、唐祈、高平共同署名的此文的初始稿,刊发在 1984 年第 6 期的《当代文艺思潮》(双月刊)。

而在这个概念形成之前及之后进一步的确立与丰富中,还与这样几件事情相关:

其一,是 1984 年第 7 期的《大众电影》上,刊发了中国资深电影理论家钟惦棐先生《为中国"西部片"答〈大众电影〉记者问》的文章。这是在中国文学艺术界,西部这个语词第一次被用于一种地域艺术风格类型的命名。这个命名起始于电影界,也算顺理成章,因为它显而易见是来自对好莱坞电影中,"西部片"这一概念的联想和移植。但尽管如此,它都称得上是一个睿智的、几近于原创性的命名。因为正是这一命名,为渴望在作品中张扬个性和硬汉精神的中国文艺界,开启了想象力。与此同时,中国电影界相继出现了《人生》《黄土地》《一个和八个》等,这些和西北的黄土地与硬汉精神相关的影片。它们在稍后被追认为中国的西部片。再往后的电影《红高粱》,也被归入其中。

其二，是紧追着钟惦棐的这个命名，西部文学这一概念的出现。电影界有中国的西部片了，文学界当然应有中国的西部文学。虽然此后的诸多事实表明，中国的文学艺术界向来缺乏原创性的命名能力，但却一直怀有固执的跟风热情。而此时，事情却被纳入了热烈而又严肃的学术探讨范畴。甘肃的《当代文艺思潮》——这份当时国内极具影响力的文艺理论刊物，自1985年起开始辟出专栏，持续探讨有关西部文学的话题，包括《西藏文学》和西北五省区的文学月刊随之纷纷响应。同样是在1985年，西安电影制片厂的《电影新时代》杂志，改名为《西部电影》；原先的《新疆文学》更名为《中国西部文学》。

理论上的探讨，文学创作上的响应，文学艺术作品被纳入西部"美学"概念中的分析评论，使西部文学的声势出现了一个高潮，也使西北地区一直不得彰显的文学艺术工作者，感觉到终于获得了一面集合群体力量招展自己的旗帜。于是西部文学之外的西部民歌、西部音乐、西部歌舞、西部美术的称谓纷纷出现。

其三，是小说家韩少功《文学的"根"》这篇文化随笔的出现（刊载于《作家》1985年第4期）。此文的核心观点是：不同地域的当下文学创作，都应着眼于同本地域历史中的民族民间（包括民俗宗教）"文化之根"的联系，并从中获得启示（而最能代表他的这一理论主张的，则是20世纪90年代他的长篇小说《马桥词典》）。这是在20世纪80年代的文学发展中,一个具有支架意义的理论主张,它直接导致了全国范围内的文学艺术界,"文化寻根热"的兴起。

韩少功这篇文章的缘起,固然是出自一个优秀作家的文化敏感,但我想这其中应该还缘于当时既有的文学创作现象:早在1983年,诗人杨炼就写出了大型系列组诗《礼魂》,其中著名的组诗《诺日朗》,就刊发于同年第5期的《上海文学》。这同样是一个影响巨大的文化制品,整首诗作的主体,就是依托青藏高原(亦即此后的西部)的藏族宗教文化。

杨炼的诗歌文本昭示和韩少功理论上对这一问题的明晰化,使中国先锋文学艺术界中的一部分作家、艺术家,突然把文化寻根的方向,集中于敦煌、青海、西藏这一广阔高原。文学艺术界的地域文化寻根热,遂在此后的几年中,主要呈现为面向西部的文化寻根热。在这一人群中,以陈丹青为代表的画家们的介入(比如陈丹青深入西藏创作的《西藏组画》),使之显得分外壮观。

其四,是"新边塞诗"的兴起。"新边塞诗"这个称谓,以及在这一旗帜下群体性的写作集结,始于20世纪70年代末。其核心人物是新疆的杨牧,章德益、周涛以及李瑜和甘肃的林染等人。这些诗人中除周涛是军人身份外,其余大都是以支边等名义从内地进入西北从事农垦生产的开发者。这种身份构成以及与之相应的诗歌主题,恰恰与古代边塞诗中"屯垦""戍边"这同一主题上的二重合奏相吻合。于是,相对于古代边塞诗的这一新边塞诗称谓,无疑实至名归。而它在格调上于古代边塞诗悲凉慷慨之外的雄浑、阳刚之气，和新时代边地开发者那种"我骄傲，我拥有辽阔的地平线"的高亢，既为当时的中国诗坛送去了一股刚健粗犷之风，又与民族振兴的时代要求相合流。于是，从稍后的1983年到1986年间，包括了《人民文学》《诗刊》《上海文学》在内的全国一些主要诗歌文学刊物，时常有"新边塞诗专辑"于其中亮相。

这样一直到了1986年之后，随着西部诗歌这一命名在西部文学名义下更响亮地崛起，"新边塞诗"的称谓才逐渐为"西部诗歌"所取代。而上述的"新边塞诗人"们，也汇入"西部诗人"之中，并充当了主力。

严格地说，昌耀没有参与过作为诗歌群体的"新边塞诗"的写作。从1979年复出之后，面对相继涌现的诸多诗歌潮流，他一直是以一个独立的边缘诗人的身份而存在。我想，这既意味着，他是一个"被动"的人，还意味着他对自己写作的自信。因为任何艺术思潮群体，无论最终沉淀出怎样的创作实绩，都很难排除参与者对群体力量的借势这一出发点。而昌耀骨子中那种独立不群的天性，总是使他对此做出淡漠的反应。

但对于西部诗歌，昌耀这一次却表现出了特殊的兴致。我想，当他比中国的文学艺术界提前了两年，在诗歌中写出"西部"这个语词时，他应该的确是在锐利的直觉中，感觉到了一个阔大诗歌空间的昭示。

所以，1985年，当昌耀面对《当代文艺思潮》的一个调查问卷,回答诸如"提倡'西部文学'的声浪近来日见增高。您赞成这种提法吗?您认'西部文学'的基本美学特征是什么?"等问题时,并不以文学理论见长的他的回答,却触及了问题的本质——

"西部"不只是一种文学主题,更是一种文学气质、文学风格。而且,不能不强调"西部"的"当代"概念。
我所希望的"西部文学"自然首先是指植根于大西北山川风物及其独特历史,为一代胜利的开拓者乃至失败的开拓者图形塑像的开拓型当代文学……我宁可主张"西部文学"是文学的一种时代精神。它敏于对一切变革做出反应。它必然具有新的艺术眼光、新的审美形式,并相信能给予人以新的审美感受。它睥睨一切的虚假(最可憎莫过于感情虚假)、凝滞、程式化……它的存在可为中国当代文学宏构增添姿态、锋芒、锐气。其所展示的魅力应是无可替代的。

将这段表述中关于西部文学的主要观点抽取出来,可以有以下几点:

一、它植根于大西北的山川风物;

二、它植根于大西北的独特历史;

三、它不但应为大西北大地上胜利的开拓者,还应为失败的开拓者"图形塑像";

四、在注重西部的历史元素时,必须强调它的"当代性";

五、它的当代性除了内容外,更表现为当代新的艺术眼光和审美形式;

六、它睥睨感情的虚假,艺术形式的凝滞和程式化;

七、它是建立在以上条件中的全新的文学,因此,它的魅力应是无可替代的。

这个针对"虚假"的说法有什么具体所指呢?昌耀没有展开说明。但当理论家们把西部文学的根脉,上溯到从20世纪50年代开始的李季、李若冰等人的工业拓荒诗,以及新边塞诗群有关农垦拓荒主题的创作时,我们便会轻易地想到,顺着这一主干所萦绕的更广大的创作,几乎是一式的"革命乐观主义"的豪迈抒情,和田园牧歌式的浪漫。一方面,是由《在那遥远的地方》这支歌曲衍生的牧女、白云、蓝天、羊群等语词组合的牧歌模式;另一方面,是由荒原、烽燧、雄性、太阳等主要语词组合的、为胜利的开拓者"图形"的拓荒模式。这种诗歌基调,固然有其意识形态统摄下的历史成因,并且,后者已比前者天壤之别地前进了一大步,但到了20世纪80年代这个历史新时期,文学艺术界有了更广阔的认识参照系后,这种一味的高亢无疑是令人生疑的,并且,它业已形成的艺术表述上的程式化,对于它的发展的确已构成了一种危机。"预支五百年新意,到了千年又觉陈"——清代诗人赵翼的这两句诗,可谓说尽了艺术创新的迫切性。

就在上边这个调查问卷中,昌耀还写下了这样一段话:

"中国的西部文学"会使人联想到美国的西部文学那种关于"游猎、骑马和暴行的描写"吗?应当不至于。两个"西部"毕竟起点不尽相似,而历史内涵更不可同日而语。在我国西部,即便我是行走在戈壁大野,也会意识到足下的土地原是浸透了古老文化汁液的土地。周穆王"西征昆仑丘,见西王母"之类的记载永远使我们感到亲切。这种文化意识必为我们的西部文学构成增添深度与层次感。

这里又进一步强调了西部文学古老的历史文化内涵。是的,昌耀在这里对西部文学的一切本质特征都看到了,也说到了,但他的理论表述远远不及他的诗歌本身来得精彩,来得出人意料。是的,你能从他上述的文字中,想象得出他会写出什么样的诗歌来吗?

3. "亚当型巨匠"的金字塔建造

其实,从宽泛的角度讲,自 1979 年复出之后开始,昌耀的诗歌就呈现着浓郁的西部色彩,比如他的"流放四部曲",从主体骨架上支撑起这些诗歌的,正是"大西北的山川风物"和"独特历史"物象。而从 1982 年的《所思:在西部高原》这些诗作开始,他西部诗歌的写作线路逐渐清晰,并分为两条支线：一条，是这种纯粹的西部边地风貌的书写与情感发抒；另一条，便是上一章所说的"建设开发中新的风景线"系列。1982年9月，昌耀随中国作协的诗人代表团到甘肃玉门油田和敦煌一线采风，这类诗作由此开始。

而在这之后，随着1983年在新疆石河子参加"绿风诗会"，1985年5月在西安参加笔会，以青藏高原为基点的整个西部大地，呈扇形地在他的眼前打开，使他相继写出了一大批在西部文学意识统摄下的诗作，其中的代表性诗作有：《旷原之野》（1983年）、《青藏高原的形体》系列（包括《河床》《圣迹》《她站在剧院临街的前庭》《阳光下的路》《古本尖乔——鲁沙尔镇的民间节目》《寻找黄河正源卡日曲：铜色河》共6首。1984年）、《巨灵》（1984年）、《牛王》《秦陵兵马俑馆古原野》《忘形之美：霍去病墓西汉古石刻》（1985年）、《广板：暮》《达坂雪霁远眺》（1986年）。

《旷原之野》长约100行出头，一些单个诗行多为包孕了几个短句的长行。昌耀这种100行左右规模的诗作，无不融入了大量的历史、地理和文化信息，都是他某一阶段内倾其心力，在拼搏绞杀状态中写出的重要作品。此诗是昌耀首次进入新疆这一地域板块的写作，因此，它的副标题又叫作"西疆描述"，可视作将古西域与现今贯通起来的大时空描述。从作品的基调和色彩上看，它在昌耀的所有诗作中，呈现出一种罕见的豪华、斑斓与强盛。

我是十二肖兽恪守的古原。
我是古占卜家所曾描写的天空。

那个状如螺旋桨叶的卍字符,
是经我的驭手通向中华内廷,
好像风车。好像兽王额头毛发纷披的旋儿。
好像五花马脊背簇生的花团。
被看作是火与太阳的象征。
被看作是释迦牟尼胸部所呈的瑞相。
被看作是吉祥之所集。
被女皇帝收进了华夏的辞书。
我记得夫人嫘祖熠熠生辉的织物
原是经我郡坊驿馆高高乘坐双峰骆驼,由番客
鼓箜篌、奏筚篥、抱琵琶,向西一路远行。

我是织丝的土地。
我是烈风、天马与九部乐浑成的土地。

　　解读这首有关"西疆"的诗作时,我们的大脑中应该有这样一个参数:它与中国历史上最为辉煌的两个时代——汉代与唐代相关;与以此为中枢的丝绸之路相关;与这一大道上双向传输的丝绸、经卷、黄金象牙工艺制品、果蔬农林园艺相关;与西域三十六部族国豪强之间的战争、被战争的烈焰烤红的天

空有关；当然，更与西域各民族华丽的音乐歌舞相关。与青藏高原铁灰色的历史地理形态相比，它的最触目的色调，就是绚烂与豪华。它所呈示的，是中华民族历史上的正午时分。

以上是对于"西疆"历史大时空的描述片段，当昌耀的笔触转入当代，其图像呈示则是这样的：

> 曙日。
> 毡房。
> 红光倾注的大地一角，
> 拓荒者挥臂抡锤的鸟瞰图式：
> 地盖飘摇，钝器撞击，
> 有嗡嗡洪钟之幻听。

辉煌响亮的历史大时空，在此转现为辽阔的静寂。当代拓荒者钝器撞击地盖之声响，则与那一大时空融为一体，以引而不发的静寂，储守大时空中洪钟般的共振与合鸣。

在面对昌耀的这类西部诗歌时，我的大脑中一直存在着两种参照文本，其一，是新边塞诗人们的西部诗；其二，是杨炼包括了《诺日朗》的《礼魂》系列。

下面是新边塞诗代表诗人章德益《我应该是大西北的一角土地》中的片段：

> 大西北，雄伟辽远的大西北

> 奔驰着：风、云、烟沙、马蹄
> 列祖列宗开发的地方
> 悍野的自然，强者的领地
> 红柳丛点亮风沙中的辉煌
> 地平线展开梦幻般的神秘
> 遥远的沙柱摇摆着地球的旗语

从诗歌的构成元素，诸如地理形态、历史意识、拓荒题旨等来说，它与昌耀的《旷原之野》大致相同，但两者之间最终的效果却大相径庭，这是什么原因呢？

杨炼《诺日朗》中的描述则令人震撼：

> 高原如猛虎，焚烧于激流暴跳的万物的海滨
> 哦，只有光，落日浑圆地向你们泛滥，大地悬挂在
> 　空中
>
> 强盗的帆向手臂张开，岩石向胸脯，苍鹰向心……
> 牧羊人的孤独被无边起伏的灌木所吞噬
> 经幡飞扬，那凄厉的信仰，悠悠凌驾于蔚蓝之上

这是一种"气吞万里如虎"的强劲诗思，杨炼用他漫游高原直抵本相的直觉，以及非凡的想象力，一扫此前所有的模式化描述，呈示了一座文化史诗意念中的高原。同时，它又是凌

空蹈虚的幻象式的高原。而昌耀《旷原之野》中那辉煌的大时空，则也同样呈示着一种幻象的性质，但它们整体质地上的差异，同样是巨大的，这又是什么原因呢？

思维方式和文化感受力的差异，当是这三首诗显示差别的原因之一。章德益对"西疆"的描述是一种体认，他以自己在这一地域现时性的亲历为基点，而触及其历史，继而以对这一不凡时空形态荒蛮、神秘、绮丽的体认，凸现拓荒者与之一体化了的强态壮阔人生。而昌耀在《旷原之野》中，则是直接进入历史时空的腹地，在一片现在时态中什么也看不见的荒旷空间，以对地理历史民俗典籍资料的纵深进入，以20多年流放岁月中对西部大地山河的亲历和默读，以至最终与它们的魂化，还原出了一个响亮辉煌的历史大时空，进而以这种华夏历史上的汉唐气象，对现时形成召唤。

杨炼是在文化史诗的向度上着力于自己的构架和题旨，他显然走得更远，他由西部地理魂气和宗教原生文化，对"此在"形成的精神文化换血，似乎更具冲击力。然而，当我们从同样具有史诗指向的这两首诗作中，寻求一种具体的历史地理信息时，会在《旷原之野》的空间图像中一一找到确凿的物象对应。也就是说，它一切的邈远高古的描述，都有确切的事象依据，这因而使它的时空幻象，饱含着罕见的史记品质。由此而呈现出艺术幻象与事象原型对应的密度感和凸起感。而由直觉印象导入天马行空的《诺日朗》，则弃绝了与地面的"对接"，也因此无法给出这种确凿的信息。

西部大时空中的这些信息，散佚在各种史籍中。从某种意义上说，它属于一种公共资源，谁都有进入它的可能，但真实的事实是，却很少有人能做到这一点。虽然我们曾在一些新边塞诗人的诗作中，看到了一种以西部历史事件或故事为材料的叙述诗，但它却是对史籍中一些显在历史的诗歌复述，因此，它的信息价值，与"发现"因素相关的信息冲击力，都只能归入另外一个级次。

其实，对于西部这片地域来说，在散佚于各种史籍的显性信息之外，还存在着更庞大的隐性信息；即便是在它的显性信息中，还存在着难以解读的土著信息板块。而正是这两点，决定了一部艺术作品独一无二的"异质色彩"。但对于一般的诗人艺术家而言，这又是难以深入的"可可西里无人区"。

寻求异质文化的注入，一直是中国诗坛上那些卓越的诗人们，一个重要的诗学命题。而中国新诗最初的形式框架，以及语言方式、句式结构，甚至是意象方式，在很大程度上都来自对西方诗歌这一"异质"的凭借。在中国新诗史上做出了重要奉献的诗人们，诸如徐志摩、艾青、穆旦等等，无一不是谙熟西方文化艺术的人物。到了从1979年开始的文学新时期，中国新诗更是以对西方现代艺术思潮这一异质的同步吸收，形成了以先锋诗歌为标志的新诗潮，也形成了与之相应的理论批评体系。

对于中国新诗来说，西方的哲学文化艺术，是一种巨大的异质元素；而中国西部本土民族的历史文化，对于中国的现代汉语诗歌来说，同样是一种巨大的异质元素。从理论上说，前者能在中国新诗中焕发出什么样的能量，后者则几可与之等同。然而，由于前者的强势文化形态，它在中国新诗中遂成为主体性的异质资源；而后者，则因为它的弱势形态、隐性形态，在中国新诗中几近于缺席。然而，从20世纪80年代中期往后，它却是中国当代少数优秀诗人的一个梦想。但由于具体的人生经历和文化能力限制，这个梦想在写作中的落实仅只是斑斑点点。对此，一位当代诗人不无悲凉地叹息道："在严格的意义上讲，对于异族的东西是很难吸收的，气质的不同早已决定了。一个民族有自己的审美谱系，一切都是在这个谱系之间，无非是尽可能地扩展罢了……对于一个诗人来说，为了吸收一点美的异质，也许是需要终生努力的。昌耀的诗歌，有这样的意味，但他也实在是以整个生命浸了进去。他的《慈航》里，他已经是自觉和不自觉地，成了另一个人。"（人邻语）

一个什么样的人呢？

一个西部大地上，土著家族婚姻关系上的"入赘者"，精神文化关系上的混血诗人，由宿命派遣于西部地域的艺术秘使。

犹如20多年藏传佛教扎仓（学院）的密宗修炼结束，现在，关于这片广阔地域和历史大时空中的真相，他要开始说话。

我从白头的巴颜喀拉走下。

白头的雪豹默默卧在鹰的城堡,目送我走向远方。

但我更是值得骄傲的一个。

我老远就听到了唐古特人的那些马车。

我轻轻地笑着,并不出声。

我让那些早早上路的马车,沿着我的堤坡,鱼贯而行。

那些马车响着刮木,像奏着迎神的喇叭,登上了我的
　　胸脯。轮子跳动在我鼓囊囊的肌块。

那些裹着冬装的唐古特车夫也伴着他们的辕马谨小慎
　　微地举步,随时准备拽紧握在他们手心的刹绳。

　　　　　　　　　　　　　　　——《河床》

我们一代代走着。

走向五色光与十二道白虹流照的西界。

在我们前方很远很远——荣禄公都实佩戴着金虎符,
　　楚尔沁藏布喇嘛手捧《皇舆全览图》,乾清门侍卫
　　阿弥达身着河源专使的华衮……

我们一代代寻找那条脐带。

我们一代代朝觐那条根。

…………

看哪,西风带下,一枚探空气球箭翎般飘落。

而各姿各雅美丽山的泉水

依然在晨昏蒙影中为那段天籁之章添一串儿冰山珠

玉，遥与大荒铜铃相呼，遥与铁锚海月相呼，牵动了华夏九州五千个纪年的悬念。

　　——《寻找黄河正源卡日曲：铜色河》

牛王巍峨。

牛王方正的五官是青藏雪原巍峨的神殿。

牛王的乳房沉甸甸，是布帛托起的一片蓝海洋。是一片欲堕的卷云。是金屋。

牛王被簇拥在海盘车般的广场，看到人们沿着海盘车的五条腕足向这里聚拢。孩子率先爬上树背。……每一堵肩头后面亮起两只眼睛。

牛王看到星宿的海。

　　——《牛王》

这是我们此前所有的阅读中，从未见识过的一个文字世界。在这样的描述中，我们有关文学艺术的概念和想象力，经历了一次颠覆。面对如此浩瀚的图像，你甚至能体会到昌耀在落笔描画时，所怀有的骄矜和自负——凡是此前既有的，以及别人能够描画给出的，他一律拒绝。他所要做的，就是要从别人看不见，因而不能到达的地方开始，对西部大时空中那些隐匿的信息元素，以"唯我独知"的骄傲，开始"造物"。

于是，就出现了这样一幅幻化的场景：在西部的高天大野之间，渺小如一根火柴人的昌耀，在滚雪球般地，把由历史实体风化成的大气密粒,推滚粘连为越滚越大的石头。他在那里一步又一步地往前推滚,一直推滚到数十倍大于他的规模,然后再返转身去推滚另一个,另一个之后的另一个……直到它们聚合堆垒为一个荒原神殿般的石阵,耸入天空。就在这时,突然之间风起云涌。霎时,紫光赤电,雷声隐隐;白光流虹,气象万千。乘坐高骆驼的夫人嫘祖由西域乐师们奏乐护送,从华夏内陆一路向西的逶迤高峨;唐古特车夫高原风霜中的艰辛旷达;佩戴金虎符的女真、蒙古贵族大河寻源,统领江山的王者的武穆;各姿各雅山泉遥与铁锚海月相呼的旷阔绮丽;巡游于大地春社中牛王那春神式的雍容华贵……昌耀在这些诗歌中所呈现的,是一个民族鼎盛期那种大地型的力量和美学气质,其精力无穷的砍伐创造和滋育绵延的稳定承托力,显示着非西部大时空而不能具有的史诗气象。犹如一颗凌空悬垂的大钻石,直与古希腊、古印度史诗中其民族青春期那种湍荡蒸腾的大时代旗鼓相应。

　　大生命在大时代豪华的背景中前行。"宇宙之辉煌恒有与我共振的频率",他因之而在《巨灵》一诗中以巨灵的声音高喊:

　　　　照耀吧,红缎子覆盖的接天荒原!

　　从1982年到1985年进入西部诗歌的密集写作区,正是昌耀即将走向50岁年龄端线的人生时段。他整个的青春期都被扼杀，如今又将接受年龄的考验。但我们却看到了另外一种景观：他把自己未得释放的青春能量和宏富的中年期集合在一起，推土机般拱出自己黄金凸起的盛年时代。

如果说，1957年之后的昌耀是倔强而卑微的，1979年之后"流放四部曲"中的他是孤硬而沉郁的，那么，进入西部大时空中此时的他，则呈现出一种父性建造型人格的大生命图式——博大、强盛，并且是宽敞雍容，渥滋华美。

已故的天才诗人海子，在他的《诗学：一份提纲》那篇诗学文论中，把艺术家的创造型人格分为三种类型：母性式的、王子式的、父性的——亦即"亚当型巨匠"类型。

在他看来，母性代表着大地的实体，具有幽暗、迷醉、深刻、复杂，对于沉溺、深渊、死亡的天然趋向。这一类型的代表性艺术家，有卡夫卡、陀思妥耶夫斯基、尼采等人。在他们的作品中，沉潜着复杂、深刻和阴郁的品质，其生命大都在人生历程中半途而废。

父性则代表着原始生命力与大地合而为一的主体力量，呈示着人类生命的上升趋向。父性人格的建立，就是生命从大地沉溺性的束缚力中挣脱，把一切向下的力，向周围旁逸的力，转变集合为自己的上升能力。直观地说，就是崛起于大地而指向天空。这正是人类艺术中那种纪念碑和金字塔的造型。

"亚当型巨匠"无疑具有大纵之才赋，但他们凭借的却不只是这种天资。上帝为他们安排了另外的道路：流放的命运（如但丁），奴隶的体力（如奴隶般作画于西斯廷教堂穹顶下的米开朗琪罗),不懈的勤奋(所有的巨匠无不如此),伟大的耐力(如80多岁仍书写《浮士德》的歌德)。这因而构成了一种巨匠型的艺术能力,使他们通过对于各种信息元素的深刻发掘和把握,对于材料元素涡流彼此间冲突的强有力控制,在史诗性的宏大背景中,鼎立起纪念碑式的生命范本。

说出以上这段话的不是海子本人,而是我在《海子评传》这部书中,对海子这一理论展开性的描述。1999年书写这段文字时,在我意绪中顽强鼎现的一个个例,就是在西部诗歌写作中凸起的昌耀。从某种意义上说,他是中国新诗史上少有的,能与这种"亚当型巨匠"相对应的诗人。

纵观昌耀一生的写作,就心灵的能量、精神的饱满度、建造的激情而言,从伤残苦涩中走出来的他,在以苦难为底力的一轮又一轮的艺术堆垒中,至此走向了强盛的顶峰。

不光是他于此呈现的能量和气象,一位青年诗歌评论家在若干年后,更对他诗歌中那种排浪迭涌,直抵堂奥的语言奇观做出了这样的表述:

"我一直把大学者刘勰那句'蚌病成珠'理解为诗人的情感,例如痛苦、愤怒、悲悯、爱恨,只要一趋极端就能催生成传唱不衰的诗篇……放眼当代诗人,只有昌耀先生具有这种君临语言王国的仓颉式气度:接受字根、单词、短语、句与句群的投诚,进行大规模的个性化整编,随心所欲建立新秩序。"(胡亮语)

十四 荒诞生存中的百年焦虑

1. "你的一页电报摊开,早被强意奸淫"

> 静极——谁的叹嘘?
>
> 密西西比河此刻风雨,在那边攀缘而走。
> 地球这壁,一人无语独坐。

昌耀这首仅3行的《斯人》,给许多人都留下了深刻印象,并收录进多种诗歌选本。从西部诗歌写作中那种巨灵式的博大,到此刻浩茫心事中一人无语独坐的叹息,写于1985年5月31日的这首诗歌,显示了昌耀从精神巅峰向下回调的最初信息。而他的诗歌形态,也由此转入一种向下沉陷的深刻的荒诞感。

事情的逆转似乎颇为突然,因为他那首气质雍容的《牛王》就写于1985年3月13日,之后的5月21日、29日,他在西安参加了一个笔会后,还写下了《秦陵兵马俑馆古原野》等诗作。

> 壁立骊山,
> 你没听到那乘铜马车依然金光闪烁,铜色的汗气在太空横贯为一条环形带,铜的嘶鸣、铜的轮辐与十六铜蹄依然在御道日夜驰骤不歇,依然在冲撞你的胸襟,轰击你的脑门,践踏你的心肝肺,而使你,两眼顿生辉煌?

> 一千年往后,十万年往后,
> 与我一瞬息的印象将同样长久。

这第二句加上标点符号共85个字的长行,在大秦帝国时代铜车马奔驰的光焰和速度感中,被一口气地铺排开来,足见昌耀胸中浩气之汪霈、强盛。

那么,又为何突然一人无语独坐地叹息了呢?这其中到底发生了什么?

确切的回答是,并没有什么大事突然发生,它只是日常生存中的诸多不顺遂在逐渐的积攒中,由量变到质变的一个突然爆发。

从某种意义上说，昌耀之于西部诗歌的写作，既是个人能量的强势爆发，又是为获得能量补给的招魂。"流放四部曲"的完成，已几近于将他抽空，但民族振兴的时代主体基调与新兴的西部诗歌潮流，又适逢其时地为他调节出一个新的发力点。但与此前不同的是，他进入西部诗歌中的写作，不再是体内丰沛积储的外溢，而是外溢之后留下的基础部分，在心灵通过搜索"对映"的进程中，最终对西部大时空的进入和展开。在这个时候，他的内在心理也许存在着几个方向上，朝任何一个方向发展的可能，但适逢其时的外在因素却为他强化出一个唯一的方向，并形成了合力。而从昌耀由此往前一贯秉持的积极人生姿态来看，他无疑更需要这样一个方向。因此，与其他西部诗人着重于当下场景的关注不同，他的西部诗歌，无一不是着力于彼在——隐匿在岁月深处那一响亮的历史大时空。从而形成此在意义上的招魂——用那一大时空中的巨魂，对自己所处的时代，也对他自己实现能量充注。由此而在他的写作中，形成高能摄取与高能释放的良性循环。有鉴于此，仅仅一座青藏高原似乎还不够，他又由此而甘肃河西走廊，而以新疆为主体的古西域，而以西安，亦即古长安为载体的先秦与汉唐，对西部进行了一次全方位的扫描。也就是在这种几近于完成的形态中稍一停顿，他突然感觉到精疲力竭——犹如机械在超负荷磨损中，那种钢铁的疲劳。

而这其中的一个隐性事实是，他在这种招魂中为自己置换出了一种超强状态,并以这种状态抑止克制了大量的现实心灵郁积。如今,随着控制能力的减退,这种郁积遂以报复性的反弹,使他如同《秦陵兵马俑馆古原野》开头,那枚秦国士卒的头颅:"口啃波动的土地,如堕海者之吞咽大水。"

就在写出《斯人》之后的仅一个月,昌耀还的确就写出了《招魂之鼓——唐小禾 程犁〈跳丧〉壁画图卷读后》一诗。诗的结尾清晰而明确:"生的强音无可奈何,／竟落在招魂之鼓!"

那么,昌耀现实中的诸多不顺遂到底都是些什么呢?

他在《〈巨灵〉的创作》这篇"创作谈"中,透露了这么一个信息:"那些天我是如此苦闷,且怀有几分火气。我郁郁不乐,有如害着一场大病……我相信自己无可指责。终于,我不能不称对方为矫情者了,而称自己不敢矫情,也不敢应矫情之命。我……声称对方那种咄咄逼人的聒噪是我早在二十多年前就甚耳熟了。岂止于耳熟?国家、民族为之蒙难。得到实惠的也许仅是矫情者?"

《巨灵》一诗写于1984年9月初,也就是说,在这稍前的一段时间,昌耀同文联的某个人发生了一次激烈的冲突。从这段文字的表述中看,这应是一位有着文联主要负责人官职的人。冲突的起因,当是这位官员对于昌耀诗歌的(思想)艺术倾向和基调,在诸如高亢与低沉,明朗与晦涩,歌颂现实还是一味怀古……这类标准上发出指责,并提醒昌耀注意写作方向。这种指责和"提醒",无论在"反右"时期或"文革"期间,都是一个可怕的话题,而在1983年于文艺界开展的"反对资产阶级自由化"的背景中,这个话题仍然绝不轻松。尤其是对昌耀这类于此异常敏感的诗人,你可以说他的诗你看不懂,也可以表示不喜欢他的诗,但你绝不能拿思想艺术倾向——也就是政治问题来说事!

于是,就有了这次激烈的冲突,并因此而使昌耀"有如害了一场大病"。由此,便真应了"愤怒出诗人"那句经典性的俗话,昌耀随之而写下了《巨灵》一诗。虽然,这种具体的愤怒在诗中已转化为以祁连山为主体场景的浩然大气,但他也绝不息事宁人地在诗中留下了这样一笔:"请问:这土地谁爱得最深?"

在20世纪80年代初中期,从大的范围来讲,衡量诗歌的标准,并未完全脱弃"文革"遗留下来的政治考核指数。并且,一首诗除了所谓的思想倾向外,它的艺术基调和形态,也成了一个问题。譬如体现了复杂意识情绪和语言经验的"令人气闷的朦胧",譬如昌耀这种传达了特殊地域物象和经验的"看不懂的艰涩",都有了一种消极灰暗的嫌疑。然而,虽然有着同样的嫌疑,但诗坛上的青年朦胧诗人们,却因处在文化中心的北京等大都市,有更多的来自文化学术界的理解与呼应,反而领有了一份艺术先锋的荣耀;而处在边远省份的"缺氧"环境中,昌耀获得的,则只有郁闷。

在这同一时期,青海文化艺术界包括业余作者,除了一些昌耀诗歌的热衷者外,另外一部分人,对于昌耀的态度则暧昧而复杂。

第一类如上述这位官员,他就真的看不懂昌耀的诗歌,而认为自己必须对昌耀进行批评引导。

第二类,因为昌耀的诗作不断出现在国内诸多重要的刊物上,而感觉到昌耀绝非等闲人物,但却同样因为对其诗"看不大明白",而表示"不敢恭维"。

第三类,虽也不能完全明白昌耀的诗歌方式,却能充分意识到其诗歌价值。譬如作家孟伟哉,这一时期从人民文学出版社负责人的位置,来青海挂职文化厅厅长,并创办了大型文学双月刊《现代人》。昌耀的《旷原之野》那首长诗,就刊发在这份刊物上。记得他此后离开青海时,在欢送他的茶话会上,做了一次话题广泛的谈话,并就进入他视野的几位青海作家诗人进行了专门点评。他对昌耀点评的大意是:现在看来,昌耀的诗虽然不大好懂,但青海的诗人中,只有他写出了"气候"。

在其他场合表示了相同意思的,还有青海师大中文系的一位教授,中国研究老舍作品的专家。

持这类看法的,其实代表了一种"北京式的"文化视野和尺度,但这样的人在青海太少,也难以近距离地构成昌耀的生态环境。

第四类则比较特殊,大致上是构成了昌耀主要生态环境的业内人士。一般而言,他们对于昌耀诗歌价值的判断力,不会有大的偏差。但这其中的一部分人出于各自复杂的心态,有的对昌耀敬而远之；有的则故意漠然置之；另有极少数，则对昌耀的成就感到"难受"，时而放出一些阴阳莫辨的话，或做出一些不清不白的勾当。

譬如有一段时间昌耀曾多次告诉我，从外省给他寄到文联的信件常常丢失。最要命的是，曾有一家外地出版社，要编一套诗人丛书，并向被列入其中的他发来约稿通知。数个月后，当出版社已组稿完毕，并对他的没有反应表示不解，而再次来信询问缘由时，他才得知曾经有过这么一封信。然而，此时的他无论再做出什么样的反应，都已经于事无补。

更可恼的还有这么一件事：有次他去办公室，见到一封自己的电报，当他拿起电报正要拆阅时，才发现这个活儿早已有人为他"代劳"了。当他愤怒地追问是谁干的时，开始没有人作声；见他不依不饶，才有人轻描淡写地解释说，也许是谁看着给你的电报好奇，就替你拆开看了。

与文联的其他人相比，来自外地的编辑部、诗人、学者、青年诗歌爱好者寄给昌耀的刊物、个人诗集和信件是最多的。这样，就真的有人常常禁不住难言心理的驱使，而私自偷拆昌耀的一些邮件。私拆刊物似乎无关宏旨，拆开翻看之后再塞进信封，还原到属于昌耀的书报邮件架上也就罢了；而偷拆信件不是小事，于是被偷拆的信件也就随之永远"丢失"。

不知文联的其他专业作家，是否也有过类似的遭遇，但信件最多，又最容易引发一些人窥伺欲望的昌耀，无疑受害最深。

而邮件,则是昌耀通向全国并建立自己诗歌世界的唯一桥梁!

> 你叩打墙壁。你入室无门。
> 你爬上气窗看见房中邮件在你名下堆积。
> 看见你的一页电报摊开,早被强意奸淫。

这是昌耀 1986 年在《噱》这首诗中的诗句。不明原委的,把它看成是昌耀对现代生存中的荒诞感,荒诞性地描述,而无论如何都想不到,它竟是昌耀实实在在的现实遭遇。

2. 诗集出版反复受挫

个人诗集出版上的一再受挫,是导致昌耀心情郁闷的又一因素。

无论是作为一个专业作家的成果总结需要,还是作品的影响力和数量,昌耀都该有一本个人的诗歌集了。

某出版社那封组稿信函的丢失,使他痛失了一次机会。但很快,另一个机会又来了。大约是 1983 年底,由当时的《诗刊》社负责人、著名诗人严辰牵头,又要组织出版一套诗人丛书,而昌耀,再次被列入其中。他自然喜不自胜,遂很快将诗稿整理编妥,并为诗集起了《情感历程》这么一个名字。想来在起这个名字时,他大约很自然地想到了有过痛苦流亡经历的苏联作家阿·托尔斯泰的《苦难的历程》。昌耀自己的人生历程足够苦难,但他之在起书名时用"情感"置换了"苦难",除了避开与名著重名外,也许还有着苦难这个词太敏感,而必须回避这么一层考虑。《情感历程》编好之后,昌耀还于1984年3月为这部诗集写了一个序言,标题就取自他《纪历》一诗的诗句,"黎明的高崖,最早／有一驭夫／朝向东方顶礼"。这个标题明亮、硬朗,不难感觉到昌耀的心情颇佳。

然后就是兴致勃勃的等待。再然后,就是兜头一盆冷水。"到了出版社,唯独把昌耀的这本打了回票,理由是:看不懂。"(邵燕祥《有个诗人叫昌耀》)

这就意味着,在个人诗集出版的这件事情上,昌耀在两年时间里,当头挨了两棒。

中国民间有某人或某事打了你一棒,然后再给你一颗甜枣吃的这么一个说法,而昌耀则是在连着挨了这两棒之后,得到了一颗甜枣——1984年9月前后,青海人民出版社突然决定出版昌耀的诗集。由于有前边那本《情感历程》的基础,这部诗集编起来自然很容易。与上次不同的是,昌耀这次似乎来得更朴实,也更低调一些,给诗集干脆就起了《昌耀抒情诗集》这么一个直观、简单的书名,并仅仅以"后记"的形式,对这部诗集的缘起做了一个说明。事情来得突然,而且出版社催稿又紧。所以,昌耀在诗集编完之后,于1984年12月24日所写的后记中,就有了这样几句话:"本集讫打算约友人为序壮壮行色,自己也想趁便在书跋里纵驰一番笔墨,惜发稿在即，已不容我有暇。"

这段话的具体内情是，在大约一年之前，已成了《诗刊》社副主编的诗人刘湛秋曾向昌耀表示，如果昌耀要出诗集，他愿为诗集写一篇序言。这无疑是这位昌耀诗歌的知音，也是其重要友人的一桩夙愿，但时间紧迫得连这样一篇拟议中的序言，也只能忍痛割爱了。

接下来的情况，却不无戏谑之意。刘湛秋仍按自己为昌耀诗集写序的意愿，于1985年5月写出了一篇题名为《他在荒原上默默闪光》的文章。然而，直到这篇文章在中国学术界的权威刊物——《文学评论》1985年第6期上刊出，《昌耀抒情诗集》却并未出版！

事情到底又怎么了？原因有二。

一是这部诗集的征订数量不到3000册的开机印数。看来直到此时，昌耀仍是一个倒霉蛋。因为出版社要出这部诗集时，这个问题并不存在，到了中途却突然要"市场化了"，出版社才来了这一招。当出版社要求昌耀承担一部分包销任务时，昌耀表示自己将尽力而为，但能做到什么地步却无法保证。接下来，他向国内诗歌界的朋友，发出了20多份征订函求助，可谓煞费苦心，但还是没能达到开机印数。再接下来，因为出版社对这部诗集还抱有另外的期待，最终遂"权且如此"地没再难为昌耀。

其二，诗集从责任编辑跟前过手后，却在总编终审时延滞了下来，原因仍然是"看不懂"。尽管责任编辑介绍了昌耀在国内诗坛的影响，总编也相信这个介绍，但他还是认为这部诗集不过如此。一个最能支持他这一结论的论据是，诗集中存在着大量文字和构词上的低级错误。比如：明明应该是"年轻"，昌耀却一律写成了"年青"；再比如《边关：24部灯》这个标题，显然是词不达意。这首诗写的不就是西宁吗？而西宁什么时候又叫作"边关"了呢？你就是写了西宁的历史变迁，也应该把它称作"古城"，而怎么能是边关？于是，就径直改成了《古城：24部灯》。经终审如此这般兢兢业业地改下来，一部著名诗人的诗集，就成了一册文学青年的习作集了。昌耀本人就是一位资深文学编辑，对自己的文字能力一向都很自信。而这位负有终审之职的总编，则是一位资历同样深的出版社编辑，他相信自己文字上的严谨更是毋庸置疑。两位资深编辑在这里狭路PK，本该有一场好戏，但昌耀却在反复的交涉中败下阵来。"年青"与"年轻"本来就可以互相替代，按对方的意思把它改过来似乎也没有什么。而"边关"与"古城"呢？前者特殊的语词色彩和由此带出的地理历史信息能一样吗？关于"古城"这个称谓，西安可以叫古城，洛阳、开封、南京、北京都可以叫古城，中国可以叫古城的城市实在是太多了，这样一来，西宁这个曾经的边关古城与其他内陆古城的区别，又将何以体现呢？但此时的昌耀只能在高端话语权前妥协，妥协了的昌耀稍后悻悻然地在我面前发狠：以后再出诗集时，一定要把它再改过来。当然，在他最终的《昌耀诗文总集》中，他的确改了过来，但此时，这无疑是一个让他心头窝火的囊肿。

然而,这个囊肿接下来郁积得更大:诗集的出版就这样延迟了下来,而刘湛秋那篇已经发表了的文章,不是正好可以收进书中作为序言吗?在今天看来,这实际上已是为这部诗集做了让出版社求之不得的先期宣传。但这位总编却表示,按这部诗集的水准,能出版就不错了,根本没必要再放上这么一个序言。

1986年3月,《昌耀抒情诗集》终于下厂开印。这是继1957年8月胎死于陕西人民出版社的那本《最初的歌》,1984年初夭折于"诗人丛书"的那部《情感历程》之后,昌耀有生以来终于出版的第一部个人诗集;也是他在1954年发表了诗歌处女作《你为什么这般倔强》的32年后,出版的第一部诗集。这一年,昌耀整整50岁。

而到这一年为止,小昌耀10岁的西部诗人章德益已出版了5部诗集;长昌耀3岁的诗人邵燕祥则出版了10部诗集。

就当时诗集的印刷出版规格来说,这是一本算得上体面的诗集:大32开本,182个页码,封面分黑白两色,烫金的标题字在素洁、凝重中强调出一丝珍贵的气息。最引人注目的是封面上那幅雕塑图像,那是一位手拉小提琴的中年男子,他痉挛般弓起的脊椎和头部俯偎于琴箱的痴迷,似乎既是苦难的祭奠,又是爱的吟哦。这个图像是昌耀自己从大量美术出版物中挑选出来的,那无疑也正是他本人诗歌历程的象征。

1986年4月中旬的一天,省文联机关在西宁人民公园参加植树节的集体植树活动。昌耀从出版社的印刷车间拿到了《昌耀抒情诗集》的第一本样书，然后迫不及待地来到植树现场，向文联的同事们展示。大家遂先睹为快地传看了起来。当诗集再回到昌耀手中时，有趣的一幕出现了：此时与胞妹海翙一起在中国北方做诗歌周游，且已在青海待了十数天的云南女诗人海男，恰好就在现场，遂向昌耀索要这本样书。昌耀不舍，海男强要。正僵持间，海男突然果断出手，一把抢过诗集，然后蝴蝶般转身飞去。迟疑了片刻的昌耀随之撒腿追夺。于是，早春的这个公园，便上演了一出王（昌耀）郎扑蝶的喜剧。周围，一片开心的笑声。

毫无疑问，几年后将在诗坛和文坛上崭露头角的这个海男，此时实在是太想得到这本书了。而犹如壮年得子的昌耀，更珍重自己的这第一本诗集。

1986年下半年，昌耀带着厚厚的一摞诗集专程前往北京，把自己的这部"处女集"，一一分赠给了那些欣赏他、提携他，敬重他也爱他的编辑诗人朋友们：邵燕祥、刘湛秋、韩作荣、晓钢、雷霆……

关于这部《昌耀抒情诗集》，到了1987年秋有了这样两个好消息：其一是不被出版社总编看好的这本书，在书店几近脱销，因之，出版社决定再版。一直缺乏这种运气的昌耀逮着这个机会便不轻易撒手，遂命禁地往诗集中追加了从1985年到1986年以来，又发表的26首新作。再接着，理直气壮地把刘湛秋的那篇文章作为序言植于卷首。因此，这部诗集已经超出了再版的概念,而成了一部"增订本"。作为昌耀的第二部诗集,这部《昌耀抒情诗集(增订本)》,于1988年6月出版。

第二个好消息似乎比第一个更好,这部诗集在中国作协两年一度的评奖——"中国作家协会第三届(1985—1986)新诗(诗集)奖"评奖中,入围"评奖选目",也就是进入提名名单。

这正是这部诗集的责任编辑,当初就怀有的期待。因为一部图书的获奖,不光是作者的荣耀,同时还是责任编辑和出版社的荣耀。而这件事对于此时的昌耀呢?的确,他不但早该有一部自己的诗集,而且也真的就该与这个奖亲近一下了。当时在业内人士的感觉中,还有这样一个参照:在上一届这个奖的评选中,就有同为西部诗人的杨牧和周涛,分别以各自的诗集《复活的海》和《神山》,荣列16部获奖诗集的第二名和第六名。

第三届新诗奖提名名单在报刊上公布了。一些外地友人特地写信向昌耀表示祝贺,而同样心怀期待的昌耀则表示了一种低调的谨慎。他在1988年4月25日回复上海诗人宫玺的一封信中就此这样写道:"感谢您对拙著'荣列获奖选目'的祝贺!但由'选目'而'篇目'却不一定能顺利过渡。我实在是惮于这种'逐鹿'。固然是若有可能获此大奖荣誉,我也不致拒绝的,但过分看重则又不免坠入'患得患失'情绪,最终必觉晦气。"

就在他写这封信的数天之后，1988年第5期的《诗刊》公布了"中国作家协会第三届（1985—1986）新诗（诗集）评奖获奖篇目"，获奖者一共10人，但这10个人中没有昌耀。

昌耀落选了。虽然他在前面的这封信中，表示自己原本对此就未敢寄予厚望，但从此后写给其他友人们的信中，我们还是能够感觉出他极度的失望乃至耿耿于怀。

舆论界忽地一片哗然，许多人与其说是为昌耀鸣不平，更不如说是对这一奖项的公正性和公信力表示怀疑。

此时的诗歌界对另外一件事似乎还记忆犹新。就在1986年这个大奖的第二届评选结果出来后，对评奖结果异常反感的安徽青年诗人和评论家姜诗元，在《诗歌报》上针对评奖委员会的各位评委，撰写了一篇题名为《各位，少说几句假话吧》的文章，对此次评奖提出尖锐批评。此文一经刊出，本来在诗歌界就极具影响力的这份诗报，因此更是名声大震。

这一次，许多报刊决意效仿一回两年前的《诗歌报》，并约请了包括昌耀在内的部分诗人撰文，对此次评奖发表感想。

1988年5月4日，昌耀在给《诗刊》社编辑晓钢的一封信中，专门谈到了这件事："评奖事已见诸报端，我也写了一篇千字文约略谈了一点感慨，谈不上'抨击'，仅表明我对社会的认识又略通透了一点。事实代我剥去了一些'神圣'的东西，我原曾感受到的那一点更为赤裸了。但这不会使我厌倦人生，倒是更增强了我探究的兴趣。纵观我一生，我不无凄然地感到自己一直处在获得这种'认识论意义上的自由'的艰难行程中……"

这段话说得很克制,但却不难感觉到昌耀心境的"凄然"。

除了为昌耀鸣不平外,另有一些友人则从开导的角度上安慰昌耀,从同年9月份昌耀给身居海外的华人诗人非马的回信中,我们可以窥见一些端倪:"赞同大札对授奖所持理解('奖'是用来奖励年轻人的,对于有自觉与信心的作家并不重要)。实则我不以为然者仅是:为事业设置的'奖'本具意义高尚,否则视作糖人小贩操持'摇彩'博戏也无不可。我曾引刘叉诗句'野夫怒见不平处,磨损心中万古刀'以抒郁悒。惭愧。"

然而,正当一些媒体为此攒足了劲头准备热闹一番时,鉴于两年前《诗歌报》上那篇文章的前车之鉴,有关部门迅速叫停。昌耀的那篇千字文也因此未能刊出。

即便如此,仍有一些媒体以曲折的方式,对此做出了反应。1988年6月7日和9日,中央人民广播电台文艺部专门为这次评奖制作了一套节目,对获奖诗人逐个进行了介绍和点评,并请演艺界的专业人士朗诵获奖诗人的代表作。然而,就在这个专门为获奖诗人安排的盛宴上,节目主持人却特意延请了落选的昌耀"入席"。朗诵者声情并茂地朗诵了昌耀的《高车》和《划呀,划呀,父亲们!》,主持人对昌耀的介绍和点评更是抉幽发微,情动于衷,一时间竟形成了喧宾夺主的气氛。那两个晚上,昌耀在他青海的书房中,用两部收录机收听了这套节目。他在此后写给主持人的信中曾这样表示:"你的评语令我扬眉吐气，有你这样的理解即便不得奖亦无憾（可以从此不提评奖一类的事）。演员对拙作的朗诵效果也很好，比我希望的还要好……"

这件事情，是中央人民广播电台文艺部文学组的女主持人雪汉青干的。雪汉青1983年毕业于北京大学中文系，是青年诗人骆一禾的同班同学和友人。作为文学口的主持人和记者，雪汉青曾长期参加国内文艺界的各种活动和报道，与其中的诸多重要作家和诗人都有交往。因此，她的这次特殊之举，既是出于她自己对昌耀诗歌价值的判断，也代表了她所依据的背景中，一种广泛的声音和情绪。这其中，似乎还有一种"磨损胸中万古刀"的知识女性的侠义与慷慨！

多少年过去了，若干年后，在我意外地读到一篇介绍博尔赫斯的文章时，才发现世界上的事情竟是如此惊人的相似。这篇文章转述了这么一个事件：

1941年，博尔赫斯的代表作之一《小径分岔的花园》出版，在诸多好友的鼓动下，博尔赫斯以这部作品参加了阿根廷全国文学奖的角逐，最终的结果是，他的这部作品名落孙山，一部平庸的作品却榜首夺魁。随之，执掌评奖生杀予夺大权的评委会，遭到了群情激奋的抨击，许多著名作家在刊物上纷纷撰文声援博尔赫斯。其中一位作家在文章中这样写道：

"我们倒应该给这些有眼无珠的评委会的评委们颁发一项大奖，嘉奖他们善于进行地下文学的勾当（不知是否翻译有误，"地下文学"似应为"地下交易"——燎原注），毫无文学知识和品位,而且还把这种愚蠢的举动推向了极致!"

介绍这一事件的文章,标题就叫作《有眼无珠的内行》(载《中华读书报》1999年9月1日)。

这样的事情实在是荒诞。但这似乎正是博尔赫斯,也是昌耀等世界上这么一类作家诗人的共同命运。

3. "昂哀窕岛冈桑"

的确,昌耀就是在这样的人生历程中,进入了对于生存荒诞感的深刻感受。而作为一种起源于欧美的现代主义思想艺术思潮,荒诞主义的具体内涵又是什么呢?

按照存在主义的说法,自从上帝"死"后,荒诞便成了现代人的基本生存处境。因为失去了上帝的监督,人类在获得彻底的自由时,也失去了任何价值性的参照和依托,因而人所从事的一切都是无价值、无意义、徒劳的。它因之成为20世纪哲学艺术家一个最苦恼的课题。而这种荒诞感,它在雅斯贝斯笔下表现为人在现实中的反复受挫;在萨特笔下表现为生存的无意义;在加缪笔下表现为西西弗式的徒劳和悲剧精神;在马塞尔的观念中,则作为生命神秘的象征。当我们把这一切综合起来,与1986年后昌耀的诗歌世界相比照,就会发现这一切都不谋而合地杂陈在昌耀的精神直觉中。

现在,我们再把时间折回到1985年昌耀书写《斯人》时的端线,这当是他思想和精神上发生巨大逆转的一个分水岭。

从本质上说，昌耀一直是一个怀有集体主义和理想主义热忱的诗人，所以，他是绝不愿意对生存持有荒诞感的。荒诞主义核心的生存的无意义，与他在人生中一直追寻的意义，恰好背道而驰。

这也就意味着，在昌耀的这一人生区段，执着的主观意愿与现实中的尖锐感受，在他心灵中形成了不可调和的冲突。

而这样的冲突，正是一切深刻复杂的文学艺术作品产生的基础。它来自一个艺术家进入世界的深度，及其超乎常人的尖锐感受力。它是人类的艺术家们在经历了神话时代、英雄史诗时代、古典浪漫主义时代，而进入由现代国家政治权力体系操控的生存场景的产物。为这一荒诞感所笼罩的，是一个由哲学家和文学艺术家所构成的序列，在这其中站立着的，是陀思妥耶夫斯基、萨特、加缪、卡夫卡、劳伦斯……并且，更包括中国现代最伟大的作家鲁迅。这是一群"荷戟独彷徨"的、站在精神和心灵废墟上发出警世声音的艺术家。

不愿被这种情绪裹挟的昌耀，难以违拗地进入其中。而在这之后，我们首先在他的诗歌形态上，感觉到了一种反差强烈的变化。他原先在青藏高原和西部大时空中建立的语言物象系统，突然渐次隐退，继而代之以物理、数学、现代科技、音乐、美术，以及当下都市时尚流行元素的语词和物象，并与残存的西部物象相间杂，形成一种碎片式的驳杂和怪诞。

情绪的感受最紧迫：把帽子摘了

渥发泼墨，转体180度，倾此头颅写它一通狂草。

——《意绪》

小屋。魔方一样精巧，里面是白夜。
香槟和青年课题使文艺沙龙的对话有了浓度。

——《谐谑曲：雪景下的变形》

手持话筒声嘶力竭的男歌星：
"阿里、阿里巴巴。阿里巴巴是个快乐的青年……"
接着是许多人的合唱："芝麻开门芝麻开门芝麻开门……噢、噢、噢、噢……"

——《内心激动：光与影子的剪辑》

在这样的语言物象中，沉重苦难或浑穆镇定的昌耀退去，另一个集古代狂士和放浪形骸的当代摇滚族为一体的昌耀叠化而出。

你误入摄影家的暗房。
人家不动声色就将你半边身子左右对换。
自此太阳从西边出。
自此你的前胸变作后背。

——《嚎》

> 荒唐在两个潮汐之间徘徊，
> 常是骑驴寻驴的窘境。
> 醒见物欲肆虐，
> 卡车前肢骑上了客车后肢。
> ……………
> 但这世界有你无你无关宏旨，天下事本有天下事之解决。
> ——《刹那》

> 三个婴儿携手步出大门喃喃自语，
> 表情有了早熟的肃穆，
> 在身后投下了老人的虚影。
> ——《诗章》

这就是现代权力秩序体系和物化文明的双重压力下，这个世界的内部景象。看清了这种内部景象，卡夫卡笔下的人变成了甲虫，毕加索笔下的人变成了半人半兽的杂种，它在昌耀笔下呈现的，是秩序结构的支离破碎，精神心灵的无可附着，由此而在诸多个瞬间萌发的生命的虚无感和幻灭感。

从1986年往后直至90年代中期，昌耀的诗歌中不但时隐时现地亘贯着这条"荒诞主义"线索，与此相缠绕的，还有一种难以摆脱的焦虑感，乃至他1995年一首诗歌标题的表述——"百年焦虑"。在写于1986年的《幻》中，昌耀讲述了这样一个如梦如幻的故事：某夜，睡乡中的他因起夜走到无灯的狭廊时,突然患了梦游症似的"一转身南北莫辨",而心中遂生惶恐。思忖多时,待再回过头来找到自己的床褥时,却见一不知是男是女的人已鹊巢鸠占,呈一派独眠的安泰,以致他再也不敢回到自己的床上。而1994年的《火柴的多米诺骨牌游戏》则讲述了另外一个怪异的故事:一个深夜,送罢来访的友人独自在路上徜徉的他,突然被一从路灯灯杆背后闪出的大汉迎面逼住,就在那种不祥的预感已经出现时,对方却出人意料地向他问道:"有火柴吗?"第二天在邮局与一陌生女子相遇,数日之后再次与那位友人相遇,这两个人向他询问的竟都是同一个东西:"有火柴吗?"事情就这样像推倒多米诺骨牌一样,以连续的莫名其妙,形成一种神秘荒诞、让人不安的气氛——在这个世界的日常生活中,我们整天在同什么相遇,在被什么样的问题所纠缠?更以至于在梦中竟也无可逃遁,而张皇失措。

于是,一些最基本的人生课题便成了不可解的死结:生命的意义何在,诗歌的意义何在,理想的意义何在?"行者的肉体已在内省中干枯颓败耗燃/还是不曾顿悟"(《晚钟》),"东方诗国负笈山行的僧人……/略一迟疑,雄心已如古瓮破裂/倒扣在石岸宿命的白塔"(《广板:暮》)。一个生命在历尽沧桑的疲倦中,继而又开始经受百年焦虑的烘烤。于是,从1986年到1990年往后,他的诗歌中便横陈着这样一些诗句:

"大漠落日,不乏的仅有/焦虑""心源有火,肉体不

燃自焚"(《回忆》)

"无话可说/激情先于本体早死""人生有不解的苦闷"(《生命体验》)

"天理以数排列,长横短横/思想者的圆颅顶驰去虚无的马车"(《洞》)

"我之愀然是为心作"(《庄语》)

"淡淡的河/使凝望着的人们眼里浸满泪水"(《淡淡的河》)

"我感觉疲倦……/我为追求新生而渴作金蝉蜕皮。/明天不属于每个人"(《诗章》)

"生活总是一场败局既定的博弈?"(《盘陀:未闻的故事》)

继而,他在写于1988年底的长诗《燔祭》中,竟发出了这样不祥的声音:

死有何难?只需一声呜咽便泪下如雨,
蠕动的口型顿时成为遗言的牢狱。

是的,"失去意义的日子无聊居多"(《鹫》1990年),再寻求意义的昌耀即便是在阶段性地寻找到了(突破生存困境方式的)意义后,却又一再地否定着意义。1993年所写的《意义空白》,将这种否定推向极致:"有一天你发现自己不复分辨梦与非梦的界限。/ 有一天你发现生死与否自己同样活着。有一天你发现所有的论辩都在捉着一个迷藏……/ 有一天你发现千古人物原在一个平面演示一台共时的戏剧。"此中的昌耀,可谓陷入空前的荒诞感与虚无感之中。

就在这种情况下,他却写出了《象界》(1990年)这么一首天真而"诡诈"的诗作。该诗记叙了"像是在一个大雾的早晨",他听到一对童男女在空濛中唱起的一首歌谣:

　　古瑟古瑟当当
　　昴衰窕岛冈桑

这是一首什么样的歌谣呢?12个毫不相干、却又是古怪至极的(尤其是后6个)单字排列在一起,在你根本搞不清它的语义时,这样的字词色彩,让人怀疑它们是来自日语中用汉字拼写的诸如"聪明的一休"时代的什么童谣,故而或另有深意存焉。但这又仅仅是一种猜测,根本无法坐实。就在我于很长时间内一直对此耿耿于怀、大脑中纠缠不休时,有一天突然把它们的"意思"读了出来。在这首诗中,与此相隔了一大诗段之后,是昌耀引用的一支共18行的青海民间童谣:

　　故事故事当当
　　猫儿跳到缸上
　　缸扒倒,油倒掉

猫儿姐姐烙馍馍

馍馍呢？狼抬掉

狼呢？进山了

山呢？雪盖了

雪呢？化成水

水呢？调成泥

泥呢？拌成墙

墙呢？猪毁掉

猪呢？一榔头砸死了

…………

而前面的那个"古瑟古瑟当当／昂哀窕岛冈桑"，正是后边这个"故事故事当当／猫儿跳到缸上"的"音译"，不过，这个译音要用地道的青海方言发音才能读出。显然，昌耀在这里煞费苦心地跟世界耍了一个花招。但是，他究竟有什么必要，在此人为地设置障碍、把浅显的事情弄得匪夷所思呢？

当然，这样12个毫无瓜葛的古怪单字联结在一起时，会使我们的视觉立时产生一种陌生感，一种对于古奥、邈远、空茫时空的联想。当它们进一步作为一首童谣的象声词，并组合成一种音律时，很容易使人想到鸿蒙初辟之时，苏生的万物中童声与天籁的合鸣，且或是被泄露的天机，神与秘授的乐音符号。

然而，这却是在写作时很难精确设计的一种效果，也就是说,它并不是作者要表达的主旨。那么,确切的主旨又是什么呢?它实际上是对于意义的彻底否定。"故事故事当当"这首童谣,就其顶真修辞中对一个又一个衍生短句刚刚栽起又随即推倒的方式而言,它本身就象征着一种推翻——对语言的短句语义的推翻,而且是连环套式的彻底推翻。在这个基础上,再对其进行译音的改头换面,便将一个短句肢解抽离成了只能表音而无法表义的单字,进而形成了对语言单字字义的取消。这实际上是对一个语言单元从语义到字义的追加性抽空。

但是,世界并没有在意义的彻底抽空中终结,并且恰恰相反,却在这种由车轱辘话联结成的纯粹语言游戏中,生成了至高境界的意义。

"在某种意义上,童谣就是一种精神形式……它消除了语义,使语义服从于音韵的美妙,它是语义的消解和意义的狂欢化,也是语言的狂欢化。""它的叙述话语是无意义和意义充盈的悖论式组织。以歌谣的方式看待世界或者叙述生活,意味一种省悟和解脱:不再斤斤于意义的痛苦求索。童谣意味着把痛苦不堪的生活世界体验转化为欢乐的能力。童谣看似还不知道种种人生的悲苦,事实上又似乎是一切难言的经验都已经转化为欢乐。童谣意味着复杂智慧的简单形式,意味着生活世界与真理的传说化。"(耿占春《作为自传的昌耀诗歌》)

这一精彩的描述虽然是理论上的推演,但它无论如何都说中了昌耀精神世界中某些隐秘的事实。我们在此看到,在失去意义的无聊中,昌耀是如何通过这种语言游戏的罗织与摆布,把无聊变为一种兴致盎然的"文字工作",变为伏藏着智谋的文本——在对生存意义的否定中生成文化智能的意义。他不但由此体验到了忘忧的欢乐,似乎更还体验到了对于民间艺术资源秘密独享的"窃喜"。

从少儿时代湖南桃源的"牛角尖。飞上天。天又高。打把刀……"到青海流放地上"咕得尔咕,拉风匣／锅里煮了个羊肋巴,／房上站着个尕没牙",再到此时的这个"故事故事当当",这一古老世界中天真荒诞的童话叙事艺术,每每出现在昌耀陷于人生的大困厄之时,成为他的"清毒散""定神针"。进而在他的精神制衡世界和诗歌文本中,转化为一个大诗人的智慧。

然而,他不可能一劳永逸。也不可能永远地"不再斤斤于意义的痛苦求索"。对于意义的否定,正是他更深层地追寻意义的悖反式前提。尾随着1993年的《意义空白》,1995年,他的写作中便栽起了一首竟然是针锋相对的《意义的求索》。

十五　来自外省的致意

1. "读你的诗，总有神交已久的感觉"

2004年5月，我在威海与《十月》杂志的前副主编、20世纪80年代中国小说界四大名编之一的张守仁先生有一次闲聊。得知我原先曾在青海，张先生突然来了精神，笑眯眯地对我说：青海有两个好作家，不知你是否认识。谁？一个是余易木，另一个是昌耀。张先生是编小说的，居然知道昌耀？我也顿时精神大振。而我自己，也真的就和余易木打过交道，并在这个交道中涉及过昌耀。

1980年，在中国文坛一直表现平平的青海文学界，突然在北京"放了两颗卫星"：一个是刊发在《诗刊》第1期上昌耀的长诗《大山的囚徒》，另一个则是刊发在《十月》第3期上余易木的短篇小说《春雪》。从未在青海文坛露过面的余易木是谁，没有人知道。但余易木给人的惊讶还没有完，继《春雪》不久被《小说月报》转载后，他的中篇小说《初恋的回声》，又在1981年第2期的《十月》刊发。一时之间，余易木成了一位众所瞩目的传奇人物。而这两篇小说的责任编辑，都是张守仁先生。

1985年6月，我曾以记者的身份去采写余易木的专访，此时，正是这位命运多舛、落拓不羁的人物，此生最走俏的时刻。他在青海文艺界各种高规格的会议上，常被延请为座上宾；而身为座上宾的他，却不时出语尖刻，观点惊人，弄得主持人颇为尴尬。然而，偏偏就是这么一副我行我素的魏晋风度，余易木却享有遭受挤兑的豁免权。究其实，也的确没人能把他如何，因为他压根儿就不认为自己是文艺界的人士，而是在一个百十来人的小厂中吃技术饭的技术员。尽管他的个人生活并不顺畅。要采访的话题谈完后，就突然闲聊起了昌耀，而余易木的一句话，让我至今记忆犹新。他说："我挺为昌耀抱不平的，这么一个一流诗人，至今连个中国作协的会员都不是。"

当时中国作协会员的身份极为稀罕，但作为工厂技术员的余易木，仅凭他的两篇小说（当然是为文坛叫好的两篇重要小说），就成了这个会员，而身为专业作家的土昌耀，却尚在这个门槛之外。今天想来，年龄小昌耀一岁，皆为1957年"右派"同科的这个余易木，实在有着骨子中的洒脱。除了一部翻译小说外，他一生中其实仅仅只发表过三个中短篇小说，然后就"文坛与我有何干"的一个利落转身。相比之下，昌耀太拘泥、太苦涩，似乎太多地承续了他的湘楚先贤屈原的遗脉，已经行走在被放逐的路上，却仍然"长太息以掩涕兮，哀民生之多艰"。

然而，该来的终究要来，余易木为昌耀的抱不平没过多久，就在1985年的10月，昌耀加入了中国作家们的协会。不知此事对这位1956年就是西北行政大区作协——西安作家协会会员的他，是否算得上一桩心愿的了结。

而作为小说名编的张守仁先生，又何以如此看重诗人昌耀呢？这当然与昌耀的诗歌，尤其是昌耀刊发在《十月》上大批量的诗作有关；另一方面，则与该刊的青年诗歌编辑骆一禾，在张先生面前有关昌耀的长期"渗透"有关。骆一禾是张先生极为看重的学者型编辑和忘年交；而昌耀则是骆一禾眼中的"大诗人"和忘年交。

是的，这个时候的昌耀，虽然在青海活得有点别扭，但在外省同行们的眼中，却是一个不同凡响的诗人。与时而可闻的"看不懂"相反，他的诗歌在这些人的眼中，就是珍品。

昌耀当时经常给我看一些外地同行的来信，记得诗人牛汉的一封信中曾这样写道（大意）："读你的诗，总有神交已久的感觉。你诗歌中的许多描述，都曾经是我梦中的场景。"祖籍山西、有着蒙古族血统的牛汉长昌耀13岁，但在坎坷的人生遭际、北方草原背景的精神气质上，与昌耀有着许多契合之处。

跟昌耀保持过这种神交关系的，还有另外一个人物，那就是作家张承志。我曾在昌耀的家里，见到过张承志签名寄赠的中短篇小说集《北方的河》。再后来，从雪汉青那里听到过张承志对昌耀的评价：昌耀是当今国内最棒的诗人。雪汉青也就是由此知道了昌耀诗歌的分量。张承志的许多重要小说，从《黑骏马》到《北方的河》到《金牧场》再到《心灵史》，其地理场景和精神文化背景，无一不是建立在由内蒙古和新疆相联结的北方草原，以及陕甘宁青四省区回族聚居的农耕地区。这与昌耀诗歌的地理文化背景既有局部的交叉关系，又恰好形成了一种互补——昌耀依托的，是藏传佛教文化；张承志依托的，是伊斯兰宗教文化。这是中国西部地区影响最大的两大宗教文化板块。

另外一个特殊因素是，作为小说家的张承志在本质上是一个诗人，他不但真的就写过诗，其诸多代表性的小说，更无不充溢着汪霈的诗意内质。有趣的是，昌耀对小说也绝不陌生，我在前边说过，他曾经的确写过小说，并且在写于1988年的《以适度的沉默，以更大的耐心》这篇创作谈中，就专门摘引了张承志《黄泥小屋》这篇小说中的段落，并表示这段文字"就这样火辣辣地在我眼底酥动了，如饮醍醐"。

因此，他们两人对彼此作品中的真髓，无疑是心领神会。

就在1985年，山东的一位重要诗人，时任山东师范大学教授的孔孚先生，对于昌耀的诗歌发生了浓烈的兴趣。孔孚出生于1925年，1957年在山东《大众日报》副刊编辑的位置上成为"右派"，随之在农耕平原的山东黄河岸边，成为放牧羊群的"牧民"。关于诗歌这门艺术，孔孚复出之后最大的醒悟是：一直以"文以载道"为己任的诗歌，原先承担得实在是太多，多得不堪重负，而除了心灵和艺术之外，它其实什么也承担不了。基于这样的理念，身为学者的孔孚，于此开始了在当代背景下，对于新山水诗的写作探索，且于此后提出了在诗歌写作中使用"减法"这一著名的主张，借用钱钟书评严羽《沧浪诗话》的说法，就是"以不说出来的方式，达到说不出来的境界"。作为这一观念的实践，孔孚先生有一首题名为《大漠落日》的诗作，通篇仅两行，且一共只有两个字："圆／寂"。可谓他这一理念的一个范本。

新山水诗的核心，其实就是要将诗歌，从它不能承担的社会意识形态的负荷下抽离出来；或者叫作"隐去""逸出"，继而在心灵对于山水自然的融入中明心见性，也使诗歌自身呈现出轻盈灵动的纯粹。因之，孔孚先生又把它称为"新隐逸诗"，且随之产生了这样一个设想：由他本人、时在内蒙古《草原》杂志任编辑的诗人安谧，以及昌耀共三人，在中国诗坛成立一个"新隐逸派"，并于1985年向昌耀发出邀请。这个时间，与昌耀置身于西部诗歌的写作，处在同一时期。

诗人安谧也许的确与孔孚的诗歌旨趣相投，但写出了"流放四部曲"和《划呀，划呀，父亲们！》这类恰恰是最不"隐逸"的诗歌，并且在写作中不断地使用"加法"，使其诸多诗歌体量堪称鸿篇巨制的昌耀,和孔孚的诗歌理念有契合之处吗?而孔孚为何又偏偏将昌耀引为同道呢?

我想孔孚先生在确定这一人选时,肯定是感觉到了昌耀诸多诗歌与自己的契合。这无疑缘自昌耀的诗歌中,坚持诗歌必经首先是诗歌的那种艺术上的纯粹。在这里,即使把他"流放四部曲"中的那些长诗分拆开来,也会在无数的局部描述中,听到西部草原的自然山水中,那令人心醉的天籁。当然,在孔孚先生的眼前,更会浮现出昌耀那些草原荒甸上的自然风情写生小品。诸如《高车》《荒甸》《猎户》《莽原》《湖畔》《烟囱》等。长着一双特殊耳朵的孔孚,对于中国新诗史上如此的"山水清音"(孔孚一部诗集的标题),无疑比常人更能深解其中意味。

此外,在自然山水中寻求隐逸的孔孚,在本质上其实并不能做到对于俗世人生的超然。即以他的这首《大漠落日》为例,这"圆"与"寂"两个字中所透露的,实在是一种诗僧式的了悟,也是一种诗僧式的枯寂的幻灭感。而在时间延伸到1985年再一直往后,这实际上也正是昌耀几条主要的精神心灵线索之一。他不但在《斯人》中也如同孔孚一样地使用"减法",写下了这首通篇仅有3行的超短诗作,在1986年的《广板:暮》中,更是为自己勾勒出了一副与孔孚相似的"诗僧"形象——"东方诗国负笈山行的僧人/薄暮始达谷底阴冷的界河/涉渡。""略一迟疑,雄心已如古瓮破裂/倒扣在石岸宿命的白塔。"

但尽管如此，昌耀仍然绝不愿意"隐逸"。这固然出自他在写作中"荤素不拒"，"愿意多操几副笔墨"，因而不愿受流派共同"艺术主张"约束的"任性"，更源自他的精神主线上，恰恰要执意承担他难以承担的社会现实压力。他的写作，就是不断以诗歌来减轻这一压力，进而又置身于新一轮的压力中。而作为减轻过程中的能量转移，他的诗歌结果必然是重。

虽然如此，年龄上小孔孚11岁的小老弟昌耀，并没有拂逆这位兄长的美意。他表示了自己愿意加盟，但却要求不发表"流派宣言"，以便在"隐逸的总规定下各自发展"。从文学史的角度看，没有共同宣言便无以成为名实相符的流派，这显然有违孔孚这位学者的初衷。此事终而不了了之。但对于昌耀来说，他无疑从中感受到了当代另一位出色的诗人，对自己的欣赏和器重。

1986年，随着《昌耀抒情诗集》好事多磨式的终于出版，他在这一年的秋冬季节，进入了社会为一个知名诗人编制的名人生活程序。

先是10月上旬，他应邀前往甘肃兰州，参加了由《诗刊》社和甘肃《当代文艺思潮》杂志社联合举办的一个当代诗歌研讨会。

会议之后，返回西宁的他，又迎接了几位尾随而至的甘肃客人——在20世纪50年代就身为诗人、时任甘肃电视台副台长的段玫女士，以及她的一位搭档。他们是为了拍摄一部有关昌耀的电视专题片,而专门前来采访的。这次采访给了昌耀一个难得的机会:为了重走诗人当年的流放之路,段玫特意带了一部丰田越野吉普——青海人称为"巡洋舰"的小车。车子先是拉着昌耀和夫人杨尕三(这应是杨尕三对诗人妻子身份一次最为风光的享受),来到了湟源县下若约村这一昌耀最初的流放之地,又到了日月山以西的青海湖,环绕湖区周游了一圈,继而放下杨尕三,先是去了昌耀当年最后的流放地新哲农场,继而直趋祁连山八宝农场旧址。这是昌耀1966年底离开祁连整整20年后的故地重走。当年墨面囚徒,今日诗人华车,能不好有一番感慨?但昌耀似乎绝无得意之感。此行回来后,他写了三首诗:《达坂雪霁远眺》《眩惑》《锚地》。第一首和第三首,总体上呈现着一种高天旷荒中生命的渺小感和心灵的凛冽感,第二首《眩惑》是一首上百行长度的诗,其中有这样的诗句:

远不是那片积雪。

远不是那座营台。

远不是那个古人。

…………

不是那群披毛牴角嚎天悲血的月下野牛。

你觉不到一点访古的兴味。

红尘已洞穿沧海。

…………

再也寻找不回那些纯金。

　　仔细探究起来,昌耀于此表现出的这些情绪是令人惊愕的。此时对世风不古、红尘物欲无处不在而深恶痛绝的他,竟对当年的流放岁月生发出了深深的依恋,并慨叹"再也寻找不回那些纯金"。虽然这是从心灵关注的角度出发的,但他却显然淡化了其流放岁月中政治主体背景的荒唐。因而,这无论如何都是一种价值观念的偏差,并深刻地显现了他内心的矛盾。换句话说,如果那真是一个有着"纯金"心灵的年代,他愿意再度置身其中吗?而若干年之后,昌耀的这一矛盾几乎发展到了极致,他随后不无戏谑地表示,相对于自己当年的"右派"身份,他疑心自己天生就是一个"左派"。

　　段玫此行,对昌耀进行了一次全面的采访,随后"心潮起伏"地写出了以《铜色河》为标题的上下两集电视专题片脚本。再随后,就是"由于种种原因,这个剧本没有投拍"。

　　从祁连山返回不久,昌耀又迎来了一次礼遇——青海文联的文艺理论研究室,联合甘肃的《当代文艺思潮》杂志社,为《昌耀抒情诗集》召开了一个作品研讨会。此次研讨会,甘肃方面专程赶来的有:西北师大教授、西部文学研究所所长孙克恒,《当代文艺思潮》编辑部负责人余斌,编辑部青年编辑管卫中3人。青海方面除了诗歌和评论界的人士外,更特别邀请了青海高校的教师和研究生。这其中包括现今任教于中国人民大学中文系的教授金元浦,任教于厦门大学的教授周宁。而金元浦本人，在20世纪80年代前后的十多年间，以诗人的身份而闻名。

这是一个堪称豪华的阵容，这个阵容所面对的，又是一个重量级的研讨对象。尽管一些与会者仍从懂与不懂这样一个层次上发表意见，但另外一些新锐批评家则以艺术的陌生化效果，艺术的集体无意识呈现，本土土著经验元素、意象原型、宗教哲学文化背景等新思潮和新方法，对昌耀的诗歌进行了一次触及核心的解读。多少年之后，在我重新回忆这一幕时，觉得那实在是青海文学史上一次最有质量的研讨会。它大致上体现了西部文学鼎盛期，与之同步的文艺理论水准。但仅仅是几年之后，这其中的许多人便相继离开了西部，包括这其中的核心人物余斌，此后调往云南；而另一位人物孙克恒教授，则于第二年的晚些时候于兰州病逝。孙教授回到兰州不久曾给我写过一封短信，信中称："这次能和我敬慕已久的诗人昌耀相聚，也算了却了我多年的一个心愿。"

这次研讨会上，昌耀的表现颇为"沉着"。会议是由别人主持的，讲话发言的当然也是别人，而昌耀呢？那时节，坐在旁边的诗人肖黛突然用胳膊捅了我一下，让我看昌耀。是的，作为研讨会中心角色的昌耀，此时正坐在一个几乎可以被忽略的位置，煞有介事地低头做着记录。头上的鸭舌帽檐再往下一压，几乎完全看不见他的面部表情。其超级低姿态的谦逊，突然让我有了一丝作秀的感觉。随之，肖黛扑哧一声笑了出来。那时节，肖黛已经有了不时调侃一下昌耀的雅好。

2. 各地青年诗人们的造访

大致上是从 1986 年开始，昌耀的诗歌为他迎来了另外一类"知音"——中国诗坛上继朦胧诗人之后崛起的"第三代"诗人们。这似乎有点意外。在中国当代先锋诗歌此起彼伏的不同潮流区段，一拨又一拨的青年诗人们，一直是以"攻击、攻击、再攻击"这样一副挑衅的姿态，在对已名诗人咄咄逼人的挑战中，来实现自己的升起。而此时的诗坛，已经有了一个此后进入诗歌史的特殊术语——"Pass 北岛"。这个术语作为一个口号，就是从第三代诗人们的口中喊出来的。

但昌耀的诗歌却在这一群体中赢得了敬重。

年龄、阅历、不同地理文化背景的巨大差距，他们能"看懂"并欣赏昌耀的诗歌吗？真实的事实是，在中外现代主义文化艺术思潮中走得越深，知识结构和视野越是宏阔，艺术观念上越是注重现代性的诗人，对昌耀的诗歌感受力也就越是丰富。而第三代诗人中众多优秀的个体，大都接受过系统的学院训练；不曾进入过学院的，则更是在世界现代文化艺术的范围内饱读经典，对其中的大师谱系了如指掌。在这样的视野中看待昌耀的诗歌，他们时而也会从中发现"死穴"，但更多的则是惊奇，是从这些诗歌的本土元素、语言元素和精神迹象中，看到昌耀与那些大诗人们在诸多点位上的不谋而合，以及其本土经验元素中令人惊异的大诗人气象。

其实对另外一些青年诗人来说，这种感受还要更早一些。

早在1983年前后，浙江当时的一批青年新锐诗人诸如柯平等，就开始与昌耀通信，对昌耀的诗歌，表现出了与其江南文化背景不相符的特殊感受力。记得这其中的一位曾在写给昌耀的信中，借用李白的"生不用封万户侯，但愿一识韩荆州"，表达了对于昌耀的致敬。而心颜大开的昌耀则自谦而不失酬唱雅趣地在回信中表示，中国诗坛的希望不在什么韩荆州，而在于未来的李白们。后来的事实表明，这只是昌耀在中国江南地区受到推崇的最初信号，数年之后，昌耀更与这一地区结下了不解之缘。那将是我在后面要提及的，一个比较长的故事。

到了1986年，随着"文化寻根"热的勃兴，前往中国西部的青年诗人艺术家们日渐增多，而这其中的诸多诗人，除了要前往敦煌、西藏、青海做地理文化的"朝圣"外，其行程中的另外一项内容，就是到青海拜访昌耀。

这一年7月的一天上午，我因事到家里去找昌耀，昌耀不在，当我从他们家那种设在户外的二楼走廊下来时，发现两个外地青年一直盯着我，并听见一个问另一个，他是不是昌耀？另一个则摇头，表示可能不是。随之，我们互相迎了上去。一打问，其中那个说"可能不是"的，是当时在上海华东师大中文系任教的青年诗人宋琳。此时的宋琳已经写出了诸如《无调性》《致埃舍尔》《视觉的快感》等，那种呈现现代都市深层文化生存经验的诗作。而由这些诗歌所体现的，他对西方当代最新哲学文化思潮和视觉艺术的熟悉，严密的抽象思维能力，机敏诡谲的都市意象密码的捕捉，陌生化的艺术转换，都给人留下了极为深刻的印象。评论家朱大可当时用一种充满炫技华彩的语言,把宋琳称作"踩着无声肉垫,神情诡秘的哲学狐狸"。而从诗歌史的角度看,宋琳此时的这些诗作,已经以其成熟的品质,开了新时期诗歌史上"学院派"诗歌写作的先河。尽管他因在1987年与上海的另外三位青年诗人张小波、孙晓刚、李彬勇出版了一部题名为《城市人》的诗歌合集,而以"城市人"的写作闻名。

宋琳这样的诗歌方向和旨趣,应该说与昌耀并无共同之处。然而事实并非如此,在他们相异的表象之下,恰恰有一条贯通的暗河:这就是他们诗歌中对"陌生化"效果与原创性的共同追求。除了这个因素外,在宋琳的心目中,昌耀还是一个具有特殊艺术经验和超凡鉴赏眼光的诗人。

……昌耀回来了。聊天的地址转移到了附近一家餐馆的饭桌上。宋琳就他此前寄给昌耀的、一部自己诗作的铅字打印本,向昌耀征询看法。昌耀因为语词的斟酌而略显支吾地表示这种诗歌不好轻易把握,但在艺术探索上还是自行其是的好。不过……这么转折了一下之后,昌耀又试探性地说道:"你文章中的艺术主张,好像与你的诗歌作品不完全合拍。"

宋琳认真地倾听着昌耀这有些口吃的表达,他在这个听取"意见"的过程中,也许还有着对于昌耀本人的琢磨与打量。他表示同意昌耀的看法,继而就此话题做了进一步的解释和探讨。

宋琳与同事此次西部之行,目的是拍一个教学资料片。前一站是亚洲最大的马场——甘肃山丹军马场。他们在那里拍下了铺天盖地的马群，草原驰骋的场景，然后来到西宁，把镜头对准了"一人无语独坐"的昌耀。

两年之后的1988年，华东师大两位在校大学生来青海找我，说起了他们的宋琳老师，并特意前来面见昌耀。也就是这一年，昌耀受聘成为华东师大"夏雨诗社"的顾问。

宋琳走后不久，又来了两位青年诗人——浙江的伊甸和沈健。此时的伊甸，以他与几位江南诗人共同的"生活流"诗歌而活跃于诗坛。也许是就近的接触和从诗歌中想象到的昌耀形象反差实在太大，他们在回去之后所写的一篇昌耀印象记中，便有了这样一段文字："乍见昌耀有些失望：中等个儿，略略有些苍白的脸盘……一套灰不溜秋的廉价西装，一副地道的机关科员或中学化学教师模样。昌耀？这就是王昌耀？百读不厌的《慈航》的作者？"文章的最后则这样写道："再见，昌耀！再见，老师！在生活的最底层做着最韧性之嗥叫的水手！……"这篇题名为《嗥叫的水手》的文章，稍后刊发在1986年11月的《诗歌报》上。想来他们对昌耀的这种感受，应该是众多青年拜访者都有过的感受。而这篇文章刊出后，则进一步地将昌耀的这一形象固定化，并向全国关注昌耀的人们"推广""普及"开来。

1987年7月，一位蓄着一把现代主义大胡子的青年先锋诗人，先是在敦煌做了一次"文化朝圣"后，再弯过头来进入青海。他是来自四川的廖亦武。

廖亦武是当时诗坛上的一匹豪猪。在这位先后写出了《大盆地》《大循环》《巨匠》《死城》《黄城》等泥石流般黏稠涌动的大制作的诗人身上，呈现着一种原始人般的野蛮能量。他在《黄城》等系列诗歌中，虚构了一个以巴蜀之地为原型的古代城邦，而他自己，则在其中以首领、巫师、先知的混合身份自居，并以此在现代汉语诗歌的书写中，植入了诸多咒篆鬼符式的象形符号。廖亦武的这一写作指向非常明确，就是要以这种原始野蛮的文化生命形态，对他眼中已经糜烂了的现代文明实施重炮摧毁，最终实现彻底的换血。用他给我的信中的话来表态，就是"为了人类的童贞向现代文明复仇"。

在当时中国青年先锋诗界由北京、四川、上海三分天下的格局中，由犀利的文化变革意识和浓重的江湖气混成的四川袍哥们，是其中最具冲击力的一支。而廖亦武，则是这其中的核心人物。他不但直接或间接地策动了诸如《巴蜀现代诗群》等影响巨大的民间诗刊的创办，以旺盛的精力书写着大批量的诗歌，还不时以桀骜不驯的挑衅姿态，在诗坛上发难。譬如专门撰写文章，对北大教授谢冕先生以"现代史诗"指认江河《太阳和他的反光》发出质疑；比如在1986年安徽《诗歌报》和《深圳青年报》的两报诗歌大展中，发表声明与大展的策划人徐敬亚"决裂"；等等。

而在1987年，廖亦武又在诗坛戳下了一个粗重的个人标记，这一年《人民文学》1—2期的合刊上，刊发了他那首此前只能在民间诗刊上发表的长诗《死城》，体现了中国的官方刊物，对这种先锋性民间写作一种姿态性的接纳。又因为这一期的《人民文学》刊发了一组题名为《伸出你的舌苔，或空空荡荡》的小说，而成为一个政治事件（这一期的刊物因之而被要求收回），更使这首《死城》给诗坛留下了特殊记忆。

……廖亦武先来到我的办公室，闲聊了一段时间后，提出去见昌耀。

傍晚时分，我与廖亦武及肖黛一同来到了昌耀的家中。此时的肖黛在青海省政府综合处工作，作为昌耀诗歌的热衷者和具备良好社交能力的人，她此后在昌耀世俗生活的诸多"疑难杂症"中，不时承担一把出谋划策的角色，由此断断续续地直到昌耀去世前，并托人为昌耀的长子安排了工作。

1987年春节前，昌耀搬到了新居。那是西宁小桥地区一幢濒临大通河的楼房，昌耀住三楼，房子三居室，在杨尕三的操持下颇有新居气息。而昌耀此后诗歌中一些关于河流的意象，都与这个新居有关。

廖亦武的到来使昌耀颇为兴奋，尽管我们说明已吃过晚饭，但他执意仍要张罗，并强调哪怕是喝一瓶红酒。虽然昌耀本人并不喝酒。

比起宋琳的诗歌来，昌耀对廖亦武的诗歌，包括四川诗坛和中老年诗人的情况，都更为熟悉。谈话的气氛、范围松弛而宽敞，即使对廖亦武此时这些极端性的诗歌，昌耀的理解不但毫无障碍，并且，还从这些诗歌赖以产生的周边材料氛围中，感受到了一种混沌性的震撼。那实在是一个美好的夜晚，多少年间,我很少见到昌耀的兴致如此之高。而这样的一席之谈,随后在昌耀的诗歌中也留下了浓重的一笔——对此,我将在后面提及。

其实,在这之前的1986年8月,廖亦武就在给我的一封信中专门谈到了昌耀。他在信中写道:"在(中国的)现代艺术一派荒凉之中,昌耀默默开辟了一条从世俗生活通往上乘诗境的曲折小路,他成了诗界的一个事实,即人们害怕承认又不得不承认的事实。我热爱的当代诗人少得可怜,而昌耀却是我最推崇的好汉。几个月前,甘肃玉门的××来参加三峡诗会,我一听说是昌耀的朋友,顿时对之热乎起来。"

这是典型的廖亦武的表达方式。

与此同时,和廖亦武气质大相径庭的另外一位青年诗人,更深地进入了昌耀的友情世界——他就是清澈而锐利的骆一禾。在20世纪80年代中后期的中国诗坛,作为《十月》诗歌编辑的骆一禾,他的名字代表着可信的艺术眼光,以及公正和纯粹。中国诗坛因着天才诗人海子去世后的诸多回忆文章,知道了他与海子、西川三人之间的友谊。其实骆一禾之于海子,正如同庞德之于艾略特,他不但"发现"了海子,更延伸、焕发了海子的诗歌世界。而诗人西川,则称骆一禾为兄长和自己早期诗歌的引路人。但事情还不仅仅如此,骆一禾本人,就是一位卓尔不群的诗人,他的长诗《屋宇》,在我看来至今仍是20世纪80年代中国现代主义诗歌标志性的成果。

关于骆一禾的学识、才华和素养,诗界还有着近乎传奇性的说法。比如当时的诗人和《诗刊》社编辑，20世纪90年代后期先后以《铁齿铜牙纪晓岚》《乾隆微服私访记》等系列电视剧的编剧而爆得大名的邹静之，在当年《正午的黑暗》这篇文章中，对骆一禾就有着这样的记叙："与一禾相识，最初的惊异是他可以把（《圣经》）新旧约的原文背出来，他能精辟地说出自己的理论，尤善谈对长诗结构的设想，他善辩但绝无霸气。"

而昌耀此后则记下了骆一禾酒意微醺状态下的这样一幕："我们不太插话以免惊动他，唯听他独语：或阐发见解，或背诵《神曲》章节，或引述名人语录，一任思路所之。我暗自慨叹他超常的记忆力与知性。"

骆一禾是在1986年秋冬之际给昌耀写去了第一封信，此后两人便开始了持续的通信。这应是他在当代诗坛经过搜索筛选后对一位重要诗人的确认。骆一禾当时在刊物上开辟了《十月的诗》这样一个诗歌专栏，每期大批量地刊发一位诗人的作品，并以"编者的话"这种短论的形式，重点推介这位诗人。从此之后，《十月》成了昌耀一个重要的作品发表阵地。不仅如此，此后在一些私下的文学交谈场合，骆一禾还时常以发现的兴奋，成了昌耀诗歌信息的发布人，及其诗歌价值的鼓吹者。骆一禾的这些信件，有向昌耀约稿，谈稿件的处理情况和版式编排设想，更多的则是谈对昌耀诗歌的感想，谈自己的诗歌见解和诗歌理想。关于这些信件，昌耀在一篇文章中称："我将其看作是一禾方式的诗话。"

1988年初，骆一禾与其夫人张玞博士应《西藏文学》编辑马丽华之约，为该刊即将发表的昌耀的一组诗歌，书写了一篇约1万字规模的评论，标题借用了昌耀的一行诗句——《太阳说：来，朝前走》。

这是一篇在严密的学理论述和新的哲学艺术理念的观照中，处处闪烁着发现光华的评论。其中一个最为触目的表达，就是对昌耀做出的"大诗人"的指认。

骆一禾的论述镇定、自信而不容辩驳。这段话的原文是这样的："诗人不是自封的，评价要由别人来说，因此，我们尤其感到必须说出长久以来关注昌耀诗歌世界而形成的结论：昌耀是中国新诗运动中的一位大诗人。如果说，大诗人是时代的因素并体现了它的精神主题和氛围，那么，我们当然是在这个意义上使用这一词汇的。"

相信这一指认给诗界的许多专业人士都留下了深刻印象。1988年8月，在《西藏文学》于拉萨举办的"太阳城诗会"上，与会的谢冕教授曾在发言中这样表示："同意昌耀是大诗人的说法。"这句话，无疑是顺着骆一禾对昌耀的这一指认而来的。

而就在《太阳说：来，朝前走》这篇文章之后，骆一禾不久又写出了一篇系统论述昌耀诗歌的三万五千字的长文。论文的初稿完成后，他曾给昌耀写信介绍了内容概要，昌耀看过后"激动不已"，在1988年4月给骆一禾的回信中这样写道："我十分惊异……从你概略的陈述里我已大致窥得此文立意之高，角度之新。"继而在信的末尾表示："我还想说的是，您对我的评价太惊心触目了……"

3. "太阳城"投来的光束

1988年8月，由《西藏文学》编辑部在拉萨举办的"太阳城诗会"，给了昌耀，也给了我一次前往西藏的机会。能够深入到青藏高原腹地的西藏，一直是昌耀的期待和心愿。此前他朝向西边最远的抵达，是青海的格尔木。那里距离西藏还横亘着两条著名的山脉：昆仑山和唐古拉山。

这次"太阳城诗会"以西藏本地诗人为主体，兼及西藏周边省份诸如青海、四川藏族聚居区的诗人。另一批人选，则是来自北京的相关人士。参加这次诗会的除了昌耀外，此时与此后的知名人士有：北京方面的谢冕教授及夫人陈素琰，中国作协的顾骧，《当代》的资深编辑刘茵，以及唐晓渡、崔卫平、骆一禾、程文超，四川甘孜地区的诗人阿来，西藏本地的作家马原、扎西达娃，作为会议主办者的马丽华、秦文玉。

此后以小说《尘埃落定》而爆得大名的阿来，因故没有到会。同样对西藏之行满怀期待的骆一禾，因要参加同一时期《诗刊》社举办的"青春诗会"，在再三权衡之后，最终放弃了这 行程。那或许是出自西藏常有，而青春（诗会）难再的考虑。但仅仅过了大半年——1989年5月31日，这位一身光华的青年诗人便在北京去世。

与骆一禾这一命运相近的还有另外两个人。一个是程文超，此时正在读谢冕教授的博士生，此后去了美国伯克利大学留学，回国后到广东的中山大学任教，并成为知名学者和广东学术界的劳模。另一位是秦文玉，时任西藏作协主席。1989年之后，他被调往北京出任作家出版社副总编辑。然而，英才短命，先是秦文玉1994年在福建组稿途中死于车祸，之后的2004年，程文超在广州死于癌症。

　　但1988年的此时，大家却还都是大好年华。由文化寻根引发的西部热和西藏热正是方兴未艾。我曾在《海子评传》一书中，记叙了我当年亲眼所见的那一壮观场景。就在我和昌耀起程去西藏之前，先是海子等三位诗人来到西宁，稍事休整后，又继续西进，一路走走停停地晃荡着进了西藏。既而是另外一路人马：包括了作家陈建功、邓刚、郑义，翻译家高莽，诗人梁上泉等数十人组成的一个作家采访团。他们是应原总后勤部之邀，专门顺青藏公路兵站沿线采访，在西宁与青海文艺界举行了一个座谈会后，继续西行。数日之后，当我们开始了前往西藏的行程，在路上又和一个由港澳大学生组成的三四十人的团队相遇。而与此同时，谢冕等人则自北京取道成都，乘飞机从天空进入西藏。

　　还有另外两个特殊人物——

　　启程之前，我被会议主办方指令在西宁等待唐晓渡与崔卫平，会齐之后与昌耀一齐结伙而行。但我却等来了四个人。多出来的，是崔卫平在从北京到西宁的火车上，结识的两位瑞典女大学生。这两位体格健壮的北欧闺女，显然是继承了其前辈斯文·赫定探险家的气质，不懂一句汉语竟敢独闯西藏，并且，她们的计划更是气派：结束西藏之旅后，再穿越喜马拉雅山，由尼泊尔或印度返回她们的瑞典国。

相比之下，身居西宁的昌耀要精细得多。他不但先去医院向大夫请教了对付高原反应的措施，带上了相关药品，还更为周全地给自己配备了一个鼓鼓囊囊的大氧气袋。

从西宁乘火车到达格尔木后，也就到了中国铁路线这一方向上的终点。接下来将换乘汽车翻越海拔 4500 米的昆仑山、海拔 5200 米的唐古拉山。当晚，我们投宿在原总后勤部的格尔木兵站部，并再次同陈建功等人的作家采访团相遇。而接待我们的，是我事先联系的兵站部的一位中校。我想我应该特意写下他的名字，他叫张鼎全，一位常年来往于风雪青藏线上的军人和业余作家。1991 年，在他倾尽心血所写的长篇小说《雪祭唐古拉》出版不久，他自己，则在病痛的折磨中去世。年仅 38 岁。此事在这一年成了一个具有全军影响的新闻。

接下来的事情马上就要表明，昌耀为此次西藏之行所做的精细准备绝非多余。这天晚上，我与昌耀同住一个房间，没想到到了半夜时分，他就突然呻吟了起来。朦胧中，我觉得他先是摸黑为自己倒水服药，安静了一半个时辰后，复又发作，比上一次动静更人。于是，我拉亮了房间的灯，提议陪他去兵站部的医院。他说不用，也许过一会儿就会好的。就这样，断断续续直到天亮，躺在床上的他突然提出，让我去长途汽车站，把他去西藏的车票给退了。

事情至此已不容商量,我找到了张鼎全,说明情况后请他过去照应一下昌耀,然后就径直去了车站退票。再回来时,兵站部招待所大院已是人车嘈杂,大家都该启程出发了。被几个人陪着的昌耀,精神似乎稍稍恢复了一些,但体能尚不敢去冒翻越唐古拉山的风险。张鼎全让我们放心走,并保证能让昌耀平安返回西宁。

大家都要走了,昌耀的神情掠过一丝沮丧。这应是他无数人生尴尬的又一次尴尬——恰恰就是这位对应付高原反应做了最充分准备的人,却没能在这个关节上"反应"过来,只有眼睁睁地看着别人登车离去。

而他的那个堪称超级配置的氧气袋,则转换成了他对崔卫平女士的特殊奉献,并支持崔卫平顺利地翻过了唐古拉山。

第二天下午,我们到达拉萨的自治区人民文化宫报到,得知昌耀的情况后,已经到会的诗人们一片惋惜。

而最使我惦记昌耀的,是在当晚入住文化宫招待所的那排平房之后。晚上半夜时分,已经熟睡的我突然觉得有东西在头顶往复穿梭。我猛地拉开电灯,看见一条耗子倏然遁去。

我大骇。

昌耀曾在他的《寓言》这首诗中表示,"我平生最痛恨苍蝇",而我自己,平生最害怕耗子。此时我更害怕睡着后,床头的耗子会把我的耳孔当成它们的洞口,来回穿梭,遂拍床蹬腿,使劲弄出响动来以退鼠贼。但没过多久,却见一只耗子从墙角拱上红地毯,向周遭看了看,又招来另一只,开始了红地毯上肆无忌惮地嬉戏缠绵。思忖片刻,我悄悄地抓起一只运动鞋,以迅雷不及掩耳之势摔了过去,可还没等到鞋子落地,它们便倏然遁迹。许久,我正准备关灯睡觉时,两只耗子复又翻上地毯,并干脆舞蹈起来。

我再也不敢心存睡觉之念,于是,便走火入魔般地想起了昌耀,要是他在……是的,当年在祁连山流放地,昌耀曾多次直捣耗子们的老巢而与群鼠夺食。

信不信由你,我的意念导致了奇迹的发生——

第三天下午,当我们参观完大昭寺回到住地时,突然有人喊我:燎原,你看谁来了!我一抬头,看见了昌耀。

还没等我反应过来,崔卫平已燕子般地展翅飞过去,和昌耀拥抱了一下。这位在20世纪90年代末期崛起的知名女学者,不知当时实在是太惊喜了,还是为感谢昌耀那一大袋被她独吞了的氧气。

而昌耀的出现,仿佛就是置之死地而后生,只有在解除了氧气装备,并彻底失去了后援而孤身一人之时,才奇迹般地抵达目标。

他说:"我本来都准备回西宁了,但想到这可能是我今生唯一一次到西藏的机会,所以,我就来了。"

而他没有说的则是,这个西藏,还是他的伯父土其梅作为封疆大吏,长期生活工作过的地方;也是他1957年成为"右派"之时,一气之下要求"到我伯父工作的草原上"——所要投奔的地方。

还有一句根本性的话他没有说,这就是他在一首长诗中的表述——"听候召唤:赶路"。

这次的"太阳城诗会"上,昌耀成了一个不时被提到的话题。我在前边已经说过,就是在这次诗会上,谢冕先生在做中心发言时表示:"同意昌耀是大诗人的说法。"会议后期,在诗人们一拨又一拨,以不同的排列组合合影留念时,昌耀和谢冕成了核心。

西藏之行结束后,昌耀写了一篇题名为《悲怆》的散文性作品。又在同一时期写给海外诗人非马的信中,详尽描述了天风雪霰的高原之旅中,自己悲怆的感受:

> 当车行至昆仑、唐古拉,"屋脊意识"已极为强烈,煞白的冰山,凛冽的大气,困顿的行旅……此时即便一声孩子的奶声细语,也会如同一声号啕令男儿家动容,能不感受到人生的悲怆!……抵达唐古拉山口适值傍晚,司机曾特意停车让旅客稍做逗留,我也未失时机地从座舱爬出,刚一触地就觉下肢飘飘已在做着"太空走步",又觉煤气中毒似的(原就头痛),有心呕吐……这是一个具有威慑力的高度。是一个让人感到孤独的高度。也有可能成为"人生极限"。回忆起此次"闯关",我仍还感觉到那种异常,觉得山体那时是在脚底透射着一束束有魔力的光芒。那时我觉得自己就要晕厥了,但凭直觉又相信苦苦追

求者可得超越。自有了这番体验，后来我也似乎就能理解僧人米拉日巴、莲花生大师何以选择了海拔6714米的冈底斯山脉主峰冈仁波齐作为苦修处所……

而昌耀的诗歌精神行程，也就顺着原先隐隐约约的路径，开始逐渐凸现为一个诗僧——"诗歌行脚僧"的形象，并朝后延伸而去。

十六

听候召唤：赶路

1. "一个挑战的旅行者行走在上帝的沙盘"

在从1985年开始的"庸常生存的荒诞"这一主体性的写作中，昌耀的诗歌又分解出另外一条支线，这就是起始于1987年的"听候召唤：赶路"。它是昌耀这一年10月完成的一首长诗的标题，也是心境悒郁的他力图自拔，而选择的一条突围之道。它的另外一个重要的动因，则来自我在上一章描述的，当代诗坛的青年先锋诗人们，对他形成的激励，以及艺术竞技的刺激。

这个赶路，既是精神上的前行和冲刺，更从1989年开始，成为一种名副其实的"在路上"的行走。

而《听候召唤：赶路》，就成了昌耀这一精神行迹的，一个触目的信号和开端。

这是一首由7个带小标题的章节组成的，约220行左右的长诗。在注意到这首诗完成于1987年10月16日这个日期时，我们便不能不联想到上一年度，做西部之行的宋琳、伊甸和沈健们，尤其是这一年的7月，更能体现赶路者行色的廖亦武的造访，对他形成的心理暗示。

但是，这首诗的内容要庞杂得多，它是建立在密集的当下信息事件中，又将自己假设于其中的，一部酷烈而激迫的关于"赶路"的长诗。

比如第3章的《黄金虎皮》所记叙的，就是一个魔圈式的"赶路"故事：5个身藏沙金的淘金者，从河谷阴影至戈壁雪山做逃亡式的赶路（为了自己的沙金能被黄金贩子高价收购，而绕开设在关卡上的国家黄金收购站，并躲避搜索堵截）。没想到却被身后的另外一拨淘金者所觊觎，最终因沙金被盗，在痛哭绝望中跳崖身亡。而这个故事，则来自一个见诸报端的真实新闻事件。原本善良憨厚的淘金者们，为了世界上最贵重的、"色胆包天的黄金虎皮"而成为亡命之徒，最终在这种亡命式的"赶路"中，夺取了自己的性命。

第4章的《络腮胡须》，则是各色先锋艺术家形象的总汇。昌耀不但在这里为当时闻名全国的黄河、长江漂流探险队——这另一种形式的赶路，记下了特殊的一笔——"巨人的一只履履正冲向金沙江宿命的暗礁"，更以充分展开的描述，记叙了一位"沿途立起凿刀"的青年"旅行者"。这同样是一个有着现实原型的人物，与昌耀和我等许多人都曾有过接触。此后我不但在青海的日月山以及黄河源头，而且在宁夏的西夏王陵等许多地方，都曾见到过由他栽立的五六块雕有文字或图腾符号的石刻。对于这个青年"旅行者"来说，这是一种先锋性的个人艺术工程；而在昌耀的笔下，则是他"以无名雕塑家西部寻根的爱火／——照亮摩崖被你重铸的神祇"。

但有趣的是，对这位原本下颏干净、结实而腼腆的青年，昌耀却在他的腮部移植了一把廖亦武式的络腮胡须——这一西部寻根的先锋诗人艺术家们，标志性的符号。

非但如此，接下来还出现了一位同样蓄有络腮胡须，但却是"望月"的西部寻根者。比起前面这个"络腮胡须"的稚嫩（"你苦心经营的胡须并未带来你所歆羡的犷悍或西部汉子狡黠的美气质"），后面的这一位，则"络腮胡须苍老已如牛筋"。而依据其并非路上行走、仅是望月远眺这一姿态来看，这个形象，无疑寄寓着昌耀对于自己的假想。

这些青年寻根者们，他们以零落的个体，行走在旷莽的荒原戈壁；也贯通成一条影子式的队列，行走在心灵开花的自由长路。因此，不但刺激得这位"望月"的西部寻根者，如"呐喊的独臂探出瓶颈之外／迸如开花铁树"，更在他的心头引发了景从而行、纵身汇入的强烈渴望：

啊啊啊啊啊啊啊啊啊啊啊啊啊啊啊啊啊啊。
北去的白鹤在望月的络腮胡须如此编队远征。

这两行诗句,可谓用文字制造的一幅奇观。你不但能通过这一长串的"啊",恍然如见井然有序的队形中,悠悠徐徐的白鹤亮翅;更恍然如闻月夜鹤阵,清越的嘎嘎长唳。

但这已是该诗在充分展开后,"我"的心灵状态。而他最初的心灵启程,则是在懵懂慵倦中,听到了这样一声召唤:

太阳说:来,朝前走。

紧接着,气氛便陡然一转:

峡谷,我听到疾行的蹄铁
在我身后迫近。我不甘落伍。
而我听到疾行的蹄铁如飞掠的蝙蝠
在我身后逼近。我不敢懈怠。
我听到冰河破裂一泻千里,而我可能乘坐这裂帛似的
　一声惊呼逃之夭夭?
我深感落伍已不可避免。
我可隐身有术?
我可如脱衣一般抛却身后的影子,
我可否化入追逼的巉岩与追逼者合为一体!
…………
我跌倒。而他们终于逼近。

> 他们跨越我的目光奔驰而去了。

这个场景一霎时有了西部武侠片中峡谷夺宝的惊险,但它所隐喻的,却是艺术夺标。追赶他的,正是在他的假想中,各路杀伐凌厉的青年先锋诗人们。他不甘落伍,却感到落伍不可避免;他渴望能汇入其中与他们合为一体,但最终却眼睁睁地看着他们超越过去,弃他而去。

这是昌耀的整个诗歌写作中,有关竞技意识的唯一一次流露。当然,这并不意味着他此时真的已经落伍,但我们却看到了一个重要的信息,这就是他神经紧绷的竞技的危机感。而这一点,正是所有重要的诗人艺术家们在潜意识中,为自己建立的一种"预警机制"。也是他们不断刷新自己,"进入世界的角逐"的重要动力。获得这一信息后,我们便会明白,并不属于青年的昌耀,其写作为何能一直保持一种"老先锋"式的锋锐性,并与青年先锋诗人们彼此呼应。

当然,昌耀的先锋之路无疑更为沉重。他在第5章的《血路》中,用了长达20多行(包括一些超级长行折叠为3—4个诗行)的诗句,描述了一只曾在岁月中做过雄健搏杀而今伤痕累累的狗,在走向生命最后时刻的高贵、悲凉与无奈;描述了古代草原部落一支长途迁徙的部族(包括一位在鞍马上血崩咽气的母亲),在赶路的长旅中,浩瀚的艰辛与悲壮。

——这就是昌耀所看到的,包括了他自己在内的这样一类赶路者的宿命。岂不使之沮丧、气馁、绝望?

的确，这种情绪也就真的不时控制着他——"太阳沉落时我为归宿张皇"。但他似乎更清楚，那就是上帝为这类赶路者所安排的必由之路，正如张承志在长篇《金牧场》中所援引的，一部古代草原民族典籍中的箴言："经卑污之路至縻欲城邦，经死亡之路至黄金牧地。"所以，紧接着这个"为归宿张皇"之后，他终而果断地表示：

太阳涌动时水月隐形
我重又再生出征之勇气。

陷入城市生存困境中的昌耀要赶路了。

而1988年8月的西藏"太阳城诗会"之行，似可看作这一赶路的一次预演。1988年12月，昌耀又写出了一首题名为《内陆高迥》的诗歌。这同样是一首有关赶路的诗作，诗中描述了"一个蓬头垢面的旅行者西行在旷远的公路，一只燎黑了的铝制饭锅倒扣在他的背囊，一根充作手杖的棍棒横抱在腰际。他的鬓角扎起。兔毛似的灰白有如霉变。他的颈弯前翘如牛负轭……"与青年先锋诗人艺术家们的"美胡须"相比，这显然是一个已经人过中年，行色潦倒的赶路者。他的赶路也似乎并非为了"寻根"，而只是要以这样的行走，突破庸常生存的拘囿与苦闷，继而在历险的刺激中，实现生命能量的激活——亦即"一个挑战的旅行者步行在上帝的沙盘"。而他鬓发苍然的形象，则似乎更为确切地折射着昌耀自己的镜像:"我直觉组成他的肉体的一部分也曾是组成我的肉体的一部分。"因此,我们不妨把它视作昌耀在内心中,对自己即将开始的赶路,一次模拟性的预演。

蓄谋已久的赶路,是从 1989 年 8 月底开始的。

随后,我们在《昌耀诗文总集》中看到了这样一系列的诗作:首先是长诗《哈拉库图》,其后的时间标注为"1989.10.9—24 于日月山牧地来归"。接下来,是这样一些诗歌——《远离都市》《卜者》《故居》,"我行走在狼荒之地的第七天"的《紫金冠》,《极地民居》《在古原骑车旅行》《僧人》,直到写于 1990 年 4 月 2 日的《江湖远人》。这些诗作所表达的,都是昌耀"在路上"或有关目的地的信息。

如果再综合一切外围材料来看,昌耀这一时期的"赶路",还有一个让人意想不到的目的,这就是他的摄影"创作"。

昌耀在 20 世纪 90 年代已经成了一个经常"混迹"于专业队伍的摄影发烧友。想来当年与昌耀一起参加过一些诗会的诗人们,大都应该有这样的记忆:在会议游览期间,端着一部相机的昌耀,经常"上跳下窜"地为同行们拍照,或进行摄影创作的情景。而他的这一第二职业,又始之于何时呢?

我在翻检我自己 1988 年拉萨之行的一些照片时,在我与昌耀等共三个人的一张合影中发现,此时的他,胸前就吊着一部相机。随后我又在他写给别人的一封信中得到确证,他正是赶在那次去拉萨之前,为自己配置了这部相机。

当年大家出远门为了留影纪念,一般都会带上一部被称作"傻瓜相机"的自动相机。而昌耀不做什么事情便罢，要做，就一定要体现一种专业精神。譬如此时，他所购置的就是一部珠江牌 S-201 手动相机。这样的相机不但有了诸如测光、调焦等技术要求，当然还有装配变焦镜头的专业摄影功能。对此，我们既可把它视作昌耀为启程赶路所做的装备配置，还可把它看作昌耀力图在摄影这一艺术门类一试身手。从心理角度来说，这或许还是对他少年时代"画家梦"的一种代偿。接下来我们将会看到，正是在 1989 年 8 月底的这次"赶路"之后，他不仅拍出了一些被他视为"创作"的摄影作品，还从中精选出数幅，参加了青海省一个摄影展的选拔。从这个角度来看，在昌耀的身上，倒是真的映现着当年的豪门阔少，那种不吝"奢侈"物玩的天真，以及趣味的丰富性。

而就在同一时间，当他从诗人非马给他的信中得知，非马与其夫人正在跟从一位画家学油画时，不久他就在给骆一禾的夫人张玞的信中表示，他"于今还想学油画"，并且觉得自己"或又有必要重新学习外语了"。他在新哲农场流放时，就曾专门自学过英语。而到了 1983 年，他又曾托我帮他寻找一套名为"灵格风"的英语教材磁带。他说他近来尝试着阅读一些英文原著时，竟然还能粗通大意，因此，如果把英语给荒废了，觉得有些可惜。昌耀长期阅读的 本刊物是《世界文学》，他此时的外语情结，想来应该与此相关。

……昌耀此次赶路的目的地是日月山——他最初的流放地，其妻子杨尕三的老家。赶路的方式，则是骑自行车

"行走"。

从西宁到日月山,路程100多千米。所以,尚还谈不上是带有冒险性质的壮行。但如果考虑到此时的他已经53岁,大部分的路段不但一路上坡,并且还荒无人烟,似乎也不是一件小事。

尽管昌耀为这次赶路做了充足的准备,但还是栽了一个不大不小的跟头——他的自行车在中途出了问题——"滚珠坏了四五个,不得不推着车步行"。于是,他便真的体验了一回"一个挑战的旅行者步行在上帝的沙盘"的滋味。

虽然如此,但这次赶路总的来说有惊无险。他不但因此而练了脚、练了胆,也对自己的体能状态感觉良好。这因而使他心情大振。

接下来,他首先对自己的赶路工具,进行了一次升级换代——专门购置了一部类似于专业运动员使用的那种跑车。继而,便动辄搞起了"在古原骑车旅行"的漫游。在这样的诸多个时段,他的心情大约还算不错。于是,便情不自禁地在内心将这样的行动放大成了壮举,并向外地的友人们写信炫耀。而在获得赞扬之后,他更是得寸进尺地在自己的远程规划中放起了"卫星"。譬如他在1990年9月20日给诗人雷霆的一封信中,就曾这样自负地表示:"骑车环游青海湖绝对没有很大困难,但目前已是秋季,衣着必然增加负担,今年或许不便成行了。我的远程目标是北京、上海、江浙……谢谢你的夸奖。"

知道什么叫作顺着竿子爬吗?这就是。

非但如此,他还再次显示了他的专业意识,为自己制作了一张极富"专业"色彩的名片:在名片居于正中的"昌耀"两个大字下边,以套红印刷,打上了"男子·百姓·行脚僧·诗人"这样一行身份标识。并且,这还是一张颇富文化含量的名片,名片的右上角,是一枚体现中国传统文化的套红的"中国印"——"昌耀"两个字的阴文篆刻印章;名片的左上方,则是其名字和这串身份标识的三行英文。

接到他送给我的这张名片后,我当时真有些乐不可支。

但他还意犹未尽。不久,又在这张名片的基础上搞出了一个升级换代版:将"昌耀"二字及下面的那行身份标识,挪到了右上方;"中国印"调到了右下角;三行英文从左上方移至左下方;而在左上方空出来的那个位置,添加了一枚鸽子蛋大小和形状的图案。图案的上方,是黎明时分的寥落星斗;下方,是一匹状如火柴杆身架、瘦削颀秀的荒原马;而中间部位,则朝着这匹马依次拱形环围着"山、日、月"这样三个用三圈线条勾勒的象形文字。这还没完,"山"字的第二圈线条是粗线,"日"和"月"的第三圈线条是粗线,粗线的外侧都毛茸茸地放着光。昌耀在这里要表达的意思大约是:太阳和月亮的光芒都朝外辐射,而山的光芒——应该是那些金属矿藏之光,则在内部。如果把这三个象形文字串成一个词组,那么,它们恰好就是——日月山。

而就是这样一个图案,还在印刷时分成两色:底部是紫蓝色;星斗、象形文字与荒原马,则为红色,再加上整个名片上一部分字体的黑色，这个名片就成了三种颜色的套色印刷。

一张小小的名片，昌耀却如此煞费苦心，以此也足见他"雕虫"的兴致和能力。从某种意义上说，这应该是他此生始终未能实现的画家梦，在这张小小名片上一次报复性的超量施展。

于是，在他的《僧人》这首诗中，便有了这样的诗句——"一个闯荡人世而完全不知深浅的家伙／或有可能被上帝蠲免道德体验的痛楚。／但你是一个没有福分的人"，所以，"你必须品尝道德体验的痛楚。／在你的名片上才有了如许头衔：／——诗人。男子汉。平头百姓。托钵苦行僧。"

《僧人》这首诗写于1990年2月，从时间和内容上看，无疑是此次日月山之行的情绪积淀。这首长约80行诗歌的主体内容，就是由上述"行脚僧"的行走，延伸为攀爬高山极顶的纪历——一场死去活来的心灵与体能的角力："你于是一直向着新的海拔高度登攀。""这是惶恐的高度。／这是喇嘛教大师笃行修持证悟的高度。／你感觉呼吸困难而突然想到输氧。""你懊丧了吗？你需要回头吗？／但你告诫自己：冷静一点。再冷静一点好吗？／你瞪大瞳孔向着新的高度竟奇迹般地趔趄半步。""被抽筋似的快意，你又向前趔趄了半步。"

这是一首在意绪表达上极为酷烈的诗作，它无疑是昌耀悒郁沮丧生存中奋力自拔的象征；也是他在一个诗人大半生的沉重行程中，自强不息、向死而生的象征。

一个无神论的社会理想主义者，于此转换为一个有神论的苦行僧。而这个神,是他在验证了尼采"上帝死了"的那句名言之后,在没有上帝的时代为自己幻想的一个上帝。这个上帝的唯一功能,就是能够引发他"向上攀登"的信仰,并值得他去信仰。

而此诗中攀爬高山极顶时,如此深切的肉体感受,绝不可能来自昌耀想象的虚构。那么,这次日月山之行,他就真的可能爬了一次山。日月山一带,并没有足以吸引人去攀爬的名山,因此,他所攀爬的,很可能就是日月山的主峰阿勒大湾山,其海拔为4455米。在青藏高原,由于陆地的海拔本身就高,所以一座山的海拔并不能表明其自身的绝对高度,但阿勒大湾山作为日月山的主峰,其高度应该足以挑战昌耀的体能极限。此山就在下若约村的正西方向,直线距离约8千米。登上山顶,西边的青海湖就豁然如在眼底。

昌耀此行在日月山下待了十多天。活动似乎颇为丰富,他以在周边亲戚家中轮流居住的方式,不但在下若约村这个地方登了一次山,还向南约8千米,到了他当年大炼钢铁的哈拉库图村,又登上建在一座断崖上的哈拉库图古城堡。而昌耀此行另一兴致所在,则是风光摄影。他一共拍了两个胶卷。为此,他在给张玞的信中颇为专业地谈道:"我使用的彩卷全系'柯达',此种胶卷色泽浓重,层次丰富,有油画般的效果。而'富士'胶卷色彩则如水粉画般明亮,人秀丽,似不适于我所理解的西部景观。此次在日月山摄得的照片有两帧尚可,我已分别题名《蜡染》《图画》,总之,不虚此行吧。"接着,又就他数月前拍摄寄赠张玞的一幅摄影作品特意介绍道:"《壮思》一帧已选为我省国庆摄影展览参展作品。"

不难看出,昌耀对他的摄影创作颇为郑重其事。但最终的事实是,这次的摄影展览入选,也就成了他摄影才华所能抵达的"极顶",仅此而已。很显然,他的上帝没能让他在这个领域获得更高的成就。而此时的昌耀似乎还没有完全明白,既然上帝把他规定为一个必须用生命的痛楚体验服膺于写作的诗人,那么,就不会允许他过分的心猿意马。而这个摄影,则是上帝送给他的一件用以调整心情的玩具,必须见好就收,不可没完没了。

2. 落日中矗立的《哈拉库图》

的确,当上帝把昌耀控制在一个末流摄影家的位置时,却再次让他的诗歌才华大放光芒。也就是从日月山归来一个月之后的 1989 年 10 月,昌耀写出了他一生中又一部堪称伟大的诗篇——《哈拉库图》。这首诗歌与 1980 年的《慈航》一起,成为昌耀诗人生涯中并峙的纪念碑。在迄今为止有关昌耀诗歌的大量评论中,我尚未发现一篇专门谈论这首诗作的文章,想来这正符合这样一个潜在的事实:一切伟大的作品都有其天机独予的秘密,虽然它并不拒绝阐释,但绝不可轻易阐释。

与 500 多行的《慈航》相比,《哈拉库图》只有 180 多行。但它的信息荷载却近乎一部长篇小说的容量,就其整体特质而言,它让人联想到的,是南美高地上加西亚·马尔克斯那部不朽的《百年孤独》。

哈拉库图城堡是一座依山而建的城堡,是清乾隆年间修筑的一个边防工事兼具的边贸商城。早在唐开元年间,唐与吐蕃会盟修好,在日月山划界立碑,"定点互市",随之,日月山便成了青藏高原上最早的以"茶马互市"为主要物贸形式的边贸集市。到了清代,随着哈拉库图城堡的修筑,距日月山十数里地的这个地方,逐渐取代了前者的地位。据史料记载,哈拉库图城内除兵士防区外,其中心区商铺林立。湟源、西宁许多商贾大户在此设立商务办事机构,经营畜产业务。哈拉库图城设防的前后二百年间,蒙藏商人及内地客商云集于此,盛况空前。继而,这其中的许多人便从此在城堡之外安家定居下来。再接下来,就是周边地区的汉族农耕者和藏族牧民,朝着此地的逐渐围拢,形成一个地域人群单元。他们在彼此的经济社交往来中,不但相互接纳着对方的饮食、服饰等习俗,甚至包括对方的语言,甚至包括通婚……也因此而积淀出这一地区百姓特殊的文化心理生态。

哈拉库图村则因哈拉库图城堡而得名。

而昌耀之与哈拉库图村的关联,是在1958年。尽管那时已成为被管制的"右派"、流寓边关的诗人,但留在他记忆中的,却是"炉火照天地,红星乱紫烟"中大炼钢铁的哈拉库图;是留在了他那首《哈拉库图人与钢铁》中,回荡着洛洛的螺号,喜娘的婚嫁,高炉前"放飞铁老鹰"的期待中,整个山村为之兴奋的哈拉库图。与此同时，它还是风展红旗中，半山腰上兴修水利的哈拉库图。那是一个在时代的乌托邦幻想中，做集体主义狂欢的山村。

而1989年的此刻，当昌耀重返哈拉库图时，他所看到的，却是形同经历了一场霍乱后的凋敝——

坡底村巷，一长溜倚在墙根晒太阳的老人，已经是日薄西山，皱缩木然的"脸部似挂有某种超验的黏液"；当年光荣的哈拉库图城堡虽然还在，但却如"岁月烧结的一炉矿石"，残破委琐，湮留于满坡疯长的"狼舌头"荒草之中。村民们昔日挖掘的盘山水渠还在老地方，但这个水渠，从来就不曾"走水"，此时更"衰朽如一个永远不得生育的老处女"。

而哈拉库图村那位当年的美人呢？那个浑身充满了青春的醉意，乌黑油亮的辫子如一盘解开的缆索，散发着金太阳炙烤的硫黄气味的美人呢？当她擎举着自己青春的花朵走向婚寝之后，继而就进入了那个数代人都走不出的魔圈：先是她的大儿子一病不起，小儿子服药耳聋成了哑人，接下来是她瘸腿的丈夫被山洪冲倒，从此胳膊残缺不全。而她自己，随之常犯癫痫咬啐舌头。

再接下来，是正午独自行走在村巷中的他，与为一少妇出殡的灵车意外相遇，年老的吹鼓手从灵车驾驶室的门窗探出腰身，可着劲地吹奏一曲凄艳哀婉的唢呐曲牌。他自己跟随灵车向墓地缓行，"心尖滴血暗暗洒满一路"。

这就是昌耀眼前的哈拉库图村：老的已老，残的已残，死的已死。

而在这个村庄遥远的和不太遥远的历史背景上，却是先民们匪夷所思的文化智能图像：

> 想那活佛驻锡，巫祝娱神，行空荒之地千里。
> 想那王子百姓衣皮引弓之民驰骋凭陵插帐筑墩。
> 想那金鼓笛管简板木鱼布先王八卦书童诵《易经·天地定位》之章。
> 想那锦盖幡幛绅民皇皇。

此外，更有他们舒展豪放的人生和顽健强悍的生命活力：

> 那时古人称颂技勇超群而摧锋陷阵者皆曰好汉。
> 那时称颂海量无敌而一醉方休的酒徒皆是壮士。

但是，那令人沉醉的一切，如今安在？

> 一切都是这样的寂寞啊，
> 果真有过被火焰烤红的天空？
> 果真有过为钢铁而鏖战的不眠之夜？
> 果真有过如花的喜娘？
> 果真有过哈拉库图之鹰？
> 果真有过流寓边关的诗人？

> 是这样的寂寞啊寂寞啊寂寞啊,
> …………

那么,到底是一只什么样的手,在操纵着这一切?是什么在这只手的操纵下震动、颤抖,又是什么居于其中而岿然不动?

我们从这首诗中所能找到的答案是:操纵着这一切的,是看不见的时间之手;在这只手中颤抖震动的,是人类的生命和雄心;居于其中岿然不动的,则是以太阳为代表的超生命物质。

"时间啊,/你主宰一切!"(《雪。土伯特女人和她的男人及三个孩子之歌》)——尽管这只看不见的时间之手,早在1982年就被昌耀看见了。但解读的内容却迥然不同。早先的这个时间,是一个历经了沉沉冤案被洗刷之后,胜利者眼中的时间。它代表着公正和耐力。而此时的这个时间,则是一位体会了深刻的失败感的诗人,眼中的时间。它所代表的,是消解和摧毁的力量。昌耀在此几乎是带着残忍的快意,说穿了一个被天真的乐观主义者们一再矫饰的事实:人类在与时间的对峙中只有失败。时间不仅会摧毁任何一个人的生命——"没有一个倒毙的猛士不是顷刻萎缩形同侏儒";更会在人类那些精英们走过自己的鼎盛期后,开始蚕食消解他们的抱负和雄心。不是吗?在这个端线上,才华横溢的李叔同走向了青灯黄卷中的弘一法师;伟大的唯物主义者牛顿走向了唯心主义者心中的上帝；无数的天才诗人和艺术家以生命灿烂巅峰的猝然自杀，来向时间致敬；而怀着谵妄狂想的秦始皇，则在寻找长生不老神丹的疯狂中，暴卒于巡游途中。

并且，昌耀还在该诗这样一幅绮丽的画面中，再次体认了生命的徒劳感和虚幻感——

那是雨后月明的夜晚，坐在哈拉库图村农家土炕上的他，由房东撑开小木屋雕花的窗棂，被指看远山下自己的一匹白马：

马的鞍背之上正升起一盏下弦月
雨后天幕正升起一盏下弦月，
映照古城楼幻灭的虚壳。
白马时时剪动尾翼。
主人自己就是这样盘膝坐在炕头品茶
一边观赏远山急急踏步的白马
永远地踏着一个同心圆，
永远地向空鸣嘶。
永远地向空鸣嘶。

这样一匹渴望驰骋的白马，虽有纵驰万里之志，却被同心圆核心那个宿命的橛子牢牢控制，无论怎样地壮心不已，朝天嘶鸣，却只能在缰绳给出的半径长度中，做徒劳的圆周运动，不能向外超出一步。毫无疑问，在昌耀的眼中，这就是生命的定数。

这一切的描述都足以让人沮丧,但这却是一位深入时间腹地的诗人,所看到的生命真相和秘密。当他从这一腹地抽出身来回到现世,在诸多灾相的另一侧所看到的,则是生命继续传宗接代、生生不息的内在活力:

> 啊,你被故土捏制的陶埙
> 又在那里哇哇呜地吹奏着一个
> 关于憨墩墩的故事了。
> 唯有你的憨墩墩才是不朽的大事业么?
> 啊,歌人,憨墩墩的她哩为何唤作憨墩墩哩?
> 你回答说那是谁也说不清道不明的事哩,
> 憨墩墩嘛至于憨墩墩嘛……那意思深着……
> 憨墩墩那意思深着……深着……深着……

在这个几乎有点智障的"歌人"身上,昌耀看见了什么呢?他发现了生命另外一个伟大的秘密,那就是平民百姓生命的鲁钝形态和喜乐精神。你可以把它理解为对于苦难的麻木,更可以把它看作对于苦难视而不见的大智若愚。由此再联想到为那个少妇出殡时,年老的吹鼓手"可着劲儿吹奏一支凄艳哀婉的唢呐曲牌"的情态,那种忽略了少妇新丧的哀痛,却专注于唢呐吹奏的绝活表演——这一情感注意力的错位,可谓与"歌人"的心理特质相一致。他们可以对苦难、灾难习焉不察,却绝不放弃体味生命中的快乐感、满足感，乃至"成就感"。

这正是平民百姓生命的内在机制，也是他们在苦难中生生不息活下去的支撑点和理由。

现在，诗人视角中人生深重的灾难感和虚幻感，与平民百姓鲁钝、皮实的喜乐精神形态，这两种完全相反的世界观，同时呈现在了昌耀面前。两者同样的真实，并从生命的认识论和生存的方法论上，同样抵达了本质。因此，它们在昌耀的精神世界不但不再发生冲突，并且还形成了合力——这是一位大诗人此刻所做出的反应；一位在对人生的痛苦、虚幻等复杂情感亲历中的诗人，此刻要整合这两种形态：要以后者的生存方法，对前者进行浸渗和补充。要为生命深刻的徒劳感，寻找生存的理由，乃至快乐生存的参照——亦即生命的喜乐精神。

秋天啊，秋天啊，秋天啊……
高山冰凌闪烁的射角已透出肃杀之气，
…………
竟又是谁在大荒熹微之中嗷声舒啸抵牾宿命？
贩卖窑货的木轮车队已愈去愈加迢遥。

人类生命之旅的洪流尤疑是沉重的，但这个浑浊苦难的洪流仍要朝前涌动。那么，对于这沉重和苦难本能性的，同时又是最高智慧的反应又是什么呢？我们将在昌耀以后的诗作和他的人生行迹中看到：正是这种民间喜乐精神的融入，强化了他性格中固有的幽默与顽劣，使这位悲剧性的诗人，时而发出喜剧性的光彩。

而即使在这首诗中，这种光彩已足以让人解颐。我所说的是前面援引的关于"憨墩墩"的那段描述。在青海方言中，"憨墩墩"是用以指称憨厚得近乎发蔫，却冷不防有出人意料、意趣的男性青年。另一方面，它还是青年女性对于自己情人的昵称。那么，这样一个憨人，又有什么值得这个"歌人"时常吹着陶埙来讲述的呢？真实的事实是，这位"歌人"并不是为了讲述"憨墩墩"的故事，而是把这种讲述本身当成了自己的特技，在引来乡亲们的关注或调笑时，使自己获得存在的被重视感和满足感。这无疑是一个因智能缺陷而经常被忽略的人，才具有的心理动机。

于是，每当他以陶埙吹奏作为开场锣集合众人讲述这个故事时，乡亲们就故意调侃并刁难他，怎么老是讲这么一个故事呢，难道你只会讲这么一个故事吗？难道只有你所讲的"憨墩墩"和你的讲故事才是"不朽的大事业么"？即便这样，那么你解释一下"憨墩墩"的相好为何把他叫作"憨墩墩"呢？——也就是说，他俩之间到底有什么让人想入非非的故事细节呢？

"歌人"讲不出来，但却有自己的应对智能。他不但丝毫不为之窘迫，更甚至是一脸的高深莫测，"那是谁也说不清道不明的事哩"，"'憨墩墩'嘛，至于'憨墩墩'嘛"——"歌人"一边这样满嘴搅动舌头应付，一边绞尽脑汁地找词儿，就突然灵机一动："那意思深着……深着……深着……"所以，并不是我说不明白，而是我说了你们也不明白。这个回答真是聪明极了，这位智能上存在障碍的歌人，的确有着令人匪夷所思的哈拉库图式的大智慧。

而每次读到这个"深着……深着……深着……"时，我都会忍俊不禁，既而心生惊叹，因为这个句式结构，是青海乡村中一种时而可闻，却并不被外人注意的方言口语句式。但是，当昌耀突然把它作为一种文学资源，凸现到这么一个特殊的语言环境中，青海山乡百姓那种颠顶狡黠的机智，顿时被妙不可言地传达了出来。

但是，别问我到底是怎样的妙不可言，不是我说不明白，而是我说了你也不明白，反正那意思深着……深着……深着……

此刻，我还不由得为加西亚·马尔克斯假设了如下情景。

问：《百年孤独》开篇的第一句——"多年以后，奥雷连诺上校在行刑队面前，准会想起父亲带他去参观冰块的那个遥远的下午。"而这个"参观冰块"，到底有什么意思呢？

觉得三五句话说不清楚的马尔克斯突然灵机一动："冰块嘛至于这个冰块嘛，那意思深着……深着……深着……"

于是，这个说不清的问题就有了最深奥，也是最方便的回答。

当昌耀的精神世界转现出这种哈拉库图式的喜乐智能元素的时候，他紧窄的人生轨道在诸多时刻随之变得宽敞轻松了起来。仅仅是9个月之后的1990年7月,我们便看到他以不无得意的昂然之色,开始了"头戴便帽从城市到城市的造访"。那将是他人生的另一时段和另一个故事的开始。

中国当代诗歌史上伟大而痛楚的20世纪80年代就要结束了,而昌耀在"听候召唤:赶路"中写出的《哈拉库图》,就像一位中国诗人留给这个年代的精神里程碑和纪念碑。

而昌耀自己,非常看重自己的这部作品,他在1990年给《诗刊》社编辑雷霆的一封信中这样写道:《哈拉库图》"属我几十年生活的结晶,我不知别人读了感受如何,但我自己觉得溶入其间的心血(就一生追求而言,并非特指创作),袅绕有如鸡血石中所见,丝丝血痕盘错还十分新鲜,固然可以把玩,却也不无惊警之意"。

从1987年到1989年,昌耀的经历中还有这样几件事情值得记取:

1987年1月,当选为青海省文联委员(直至去世)。

1988年1月,出任青海省第六届政协委员。

1988年3月,经华中师大友人喻大翔介绍,开始与海外诗人非马通信,并应邀为非马主持的《诗与散文》寄去个人资料和诗作。这是他一生中首次与海外华人诗歌世界的联系。

1988年5月,加入青海省九三学社。

1988年6月,为入选一套"诗人丛书"的个人诗集之事前往北京，首次与青年诗人骆一禾，及骆一禾的同学、中央人民广播电台文艺部节目主持人雪汉青女士相聚。1989年5月底骆一禾去世后，为骆一禾之事开始与其夫人张玞博士通信。

1988年12月，当选为青海省作家协会副主席。

1989年2月，当选为青海省九三学社文化委员会副主任（直至去世）。

1989年3月，经四川诗人孙静轩介绍，与香港诗人蓝海文通信，继而成为由蓝海文牵头筹备的"世界华文诗人协会创会理事"。

1989年5月，上述入选"诗人丛书"一事正式落实，昌耀编选了自己的又一部诗集《噩的结构》，寄"诗人丛书"的牵头人邵燕祥。但最后却无果而终。

1989年对于昌耀来说还有一件大事，也就是从这一年的下半年起，他与夫人杨尕三分居，在自己的书房中，开始了以沙发当床的独居生涯。

十七 婚变：日暮天际的火烧云

1. 夫妻关系中的裂纹

20世纪80年代中后期，导致昌耀精神郁闷的，还有另外一个重要原因，那就是他与夫人杨尕三之间紧张关系的升级。

我在《负荷着孩子的哭声赶路》一章中，曾有这样的记叙：随着杨尕三到西宁后逐渐找到了自己的朋友群体，干上了临时工，她也从此走上了不断跳槽、步步登高的打工之路。男朋女友越来越多，其从服饰打扮到生活理念的现代化进程也越来越快。

而她与昌耀之间的缝隙也由此产生，并逐渐加宽。

昌耀去世之后，在我对杨尕三的两次专程采访中，谈到与昌耀的夫妻家庭往事时，她都向我表达了这样一个意思：结婚之后，昌耀一直对这位小他20岁的日月山下的美人不放心。担心她独自在外交往时，情感生活"随便"。

这个说法，自然可以从杨尕三本人讲述的当年一些往事中得到印证。比如他们新婚后第一次到西宁住在南关街旅社时，那位开长途车的卡车司机打杨尕三的主意；再比如在新哲农场时，昌耀担心她被农场男职工引诱，而在出工时，将她反锁在家中，等等。

当然，这都是从杨尕三口中发布出来的信息，但这也从另一方面反映了，被农场职工称作"杨美"的杨尕三，其身上的确有着"诱人"的气息。

昌耀家庭生活的不太和睦，我曾在周边的朋友那里时而有所耳闻，最严重的情形就是昌耀与杨尕三争执起来时，他们家当时只有十四五岁的大儿子王木萧也参与了进来，帮助母亲向昌耀动手。但这样的情形我从来没有遇到过。根据我的感觉来看，昌耀虽然是一个富有浓重情感世界的诗人，但那却是一种形而上的情感，他对夫妻生活的情感要求并不高。因之，家庭夫妻关系的不太和睦，在我的感觉中主要是因为两人之间不同的出身、阅历、教养所形成的性格因素，两人对物质生活的不同要求尺度，以及不能舒展的家庭经济状况造成的磕磕碰碰等。而这一切，都未超出当代社会所有普通家庭的日常烦恼。

因此，大约是在1988年，当昌耀有一天突然气哼哼地向我表示他打算离婚时，我不假思索地予以劝阻。我当时的表述大约是这样的：你们是患难夫妇，你的"一个土伯特女人"那首诗,记叙了你们那样不同寻常的患难感情,如果这个婚突然离了,诗坛上将再也没法把你的形象和那首诗,还有与那首诗相关的其他诗统一起来。起码在我的感觉中,这就成了一个出名后的诗人厌弃糟糠之妻的故事。会让我觉得非常别扭。

昌耀很认真地听完了我的表达,然后神色怏怏地说:"你说的也是。"

我当时的这种表达无疑是正确的,但许久之后我才突然意识到,我考虑这件事情的出发点错了。我本能地把离婚归结为昌耀的主动意愿,却没有意识到这其中他潜在的被动性。

此后这样的信息就逐渐浮出水面:杨尕三的打工事业在步步登高中已经呈现出风光气象。她先是在一个工程包工队干小工,但因为处事活泛,"脑子特别好使"(杨尕三与我交谈时的自我评价),很快就干上了工程队的材料员。材料员是干什么的呢?就是在外面为工程队跑建材。这其中包括材料价格的比较、砍价,供货渠道的选择、确定,当然还有必不可少的公关技巧,交际应酬。

一个基本上没念过什么书的藏族山乡女人,在城市中能把"事业"干到这一地步,足见她非同寻常的个人资质。如果不是起点上的差异,各自专注的方向不同,那么,在社会的综合评价体系中,杨尕三的个人能力未见得就差昌耀多少。当然我们还可以从相反的方向上认为,昌耀当年之能选定这朵日月乡之花,也的确是眼力不凡。

要交际应酬,就得有饭局要喝酒,并且饭局之后还要跳舞,杨尕三于是也就常常是深夜才归。专业作家王昌耀,也就时而成了在家里做饭并照料孩子的保姆。这倒也罢了,让昌耀恼火的,是杨尕三在外面那种乐不思蜀的陶醉感。他从中解读出来的,是一种情感生活中的霉变。杨尕三对昌耀的这种心理,无疑心知肚明,所以在此后与我的交谈中,她曾说出这么一句意味深长的话来:"唐老师,我这个人年轻时爱玩,朋友也多,但我从来没做过对不起老王的事。"

杨尕三在这样晕眩多彩的事业中(用哈拉库图人的话说,应该叫作"不朽的大事业")当然不可能刹车,继而还把与男朋女友的饭局摆到了家里。这次的家庭饭局,想来杨尕三事先肯定以各种待人接物上的理由,说服并征得了昌耀的同意,而不可能与包工队三教九流们坐在同一个饭桌上的昌耀,便选择了在外边凑合一顿。昌耀虽然心中不悦,但回家后还礼节性地同各位打了招呼,然后就扎进了自己的书房。青海人的饭局一般都是从礼仪性的程式开始,继而在酒精的作用中步步走向猜拳行令、放浪笑谑的狂欢。隔壁书房中的昌耀不愿听这个,尤其是不愿在自己的家中听到这个,胸中的怒火没法不噌噌地往上蹿。待狂欢的夜宴结束,酒客们散去之后,他胸中的火药终于爆炸了,不但炸得狼藉的杯盘瞬间飞起,也炸得喜滋滋的杨尕三突然满眼金花……

但是,受伤最深的却是昌耀,诗人从中感受到了不能容忍的侮辱。

我在稍后多次听到了这个故事,这才发现自己上次劝阻昌耀时，思维方向上的错误。

所以，在这之后，当昌耀对我再次做出他要离婚的表示时，我的回答是：没什么不能离的，现在离婚的人到处都是。

但是，当昌耀郑重地提出离婚时，杨尕三却无论如何都不同意。为了表示自己决心已定，昌耀随之把铺盖卷搬到书房，开始了同杨尕三的分居。事情发展到这个地步后，长期纠缠在昌耀心中的一团乱麻，也就突然被斩断了。他的心宅，应该随之豁然晴朗。我在前边说过，这个时间是1989年的下半年。

尽管昌耀与杨尕三的契约婚姻关系，一直拖到3年后的1992年底才正式解除，但从事实婚姻的角度上，昌耀认为自己已经成了一个独立的人。虽然，他还要从经济上负担几个子女。尤其是他们家的老三王俏也，父子俩的感情极深，当年在许多能够允许的公共场合，昌耀总是带着他。而这个时候的王俏也，也早已开始上学。

2. 头戴便帽从城市到城市的造访

1990年7月22日，昌耀写出了一首从格调和色彩上都非常晃眼的中型诗作——《头戴便帽从城市到城市的造访》。这其中除了触目的哈拉库图式的谐谑格调外，更荷载着一座南方大都市密集的现代信息，诸如商业主义的广告风景，一座府宅中纵横捭阖的诗人沙龙，等等。这是昌耀以少有的快乐心情，写出的一首色彩斑斓的诗作。在这首诗歌之后，昌耀的情感生活世界开始了一个新的转折。接下来的事情则是,他不知道"这究竟是幸福还是残忍"。

在写出这首诗之前的近三个月,昌耀的诗歌写作是一片空白,那么,这期间他都干了什么,而这首颇显突兀的诗作又是因何而来?下面,我将根据相关的材料对此做出还原。

应该是在这一年的 4 月底,昌耀首先应浙江的大型文学刊物《江南》之邀,为该刊举办的一个诗歌大赛担任了一次评委。而工作方式,是由主办方将相关材料邮寄给评委,评委填写了选票后再邮寄返回。

能够被邀请担任诗歌赛事的评委,无疑意味着这位诗人在主办者乃至当地诗歌界所拥有的权威性和影响力。的确,在青海本地颇显冷清的昌耀,在江南——如今被称作"长三角"的这一地区,却近乎炙手可热。在历史上产生了诸多书画艺术大师,善于透过作品而以艺术家的境界、人格高下为鉴赏标准的这个地区,它的现代诗人们,想来仍承续了这一文脉,而从昌耀涩辣的诗歌中,感受到了人格的震撼。

这次的评委工作刚刚做完,仅仅时隔一个多月之后,昌耀又接到了来自杭州市文联《西湖》杂志社的邀请,为其举办的"西湖诗船大奖赛"担任评委。这一次的工作方式,是亲赴现场参加整个诗会活动。

而与杨尕三分居后,在蜗居里憋闷得只能骑着自行车到处转悠的昌耀,则抓住这个难得的机会,为自己设计了一次壮行——

从西宁乘火车启程之后,昌耀的第一个目标是直达上海,于6月5日晚来到上海诗人黎焕颐的家中。两位当年在青海的农场度过了21年青春岁月的"囚徒",于此实现了一次期待已久的诗人相聚。黎焕颐似乎为此进行了精心准备——特意张罗了一场具有国际主义色彩的诗歌沙龙聚会。如约前来的,有美国某州立大学的一位教授和几位留学生,另外,还有一位陪同教授来访的中国女大学生。

这个沙龙聚会,是他此次江南之行所享受到的第一道盛宴。

昌耀是以一种谐谑的、雅皮士式的行止和神态进入这座城市的:

> 从城市到城市
> 我以铲形的便帽向着沿途的城市致意,
> ……………
> 黝黑的河流盖满色彩斑斓的货船了,
> 而老街镶嵌的古井意兴阑珊,那里
> 涮净的马桶排立石栏形如古风淳朴的酒罍。

把排立的马桶比作"古风淳朴的酒罍",想来他是执意要领受一番恶作剧的快感。

正是因为怀着这样的心态,所以,当他向人打听通往诗人府宅的弄堂而遭到白眼时,不但并不感到窘迫,反而解嘲式地把原因归之为"他们不喜欢我的便帽"。

虽然这是一个冷漠的排斥他的城市,但在这城市一个小小的角落,却有一处恭候着他的温暖空间。当他终于被要拜访的诗人迎接到了府宅,首先得到的,是对于他的便帽无保留的赞美。

当沙龙的客人陆续到齐,进入诗人们的话题之后,他"才真正觉得进入城市的快乐了",并且如坐春风:

> 于是我以铲形的便帽频频致意。
> 我讲给他们便帽的故事。
> 他们说那时还有聂鲁达、勃洛克、马雅可夫斯基、洛尔迦……惠特曼。
> 当然还有S·M·阿垅……
> A国学者W侧转他那列宁式的椰果似的脑颅,
> 讲说彼岸他的北美大陆正在兴起希克梅特热。
> 而我插言说早在50年代我们就已热过了。
> 硕果仅存的一代只是唯一的我们。

诗中提到的这些诗人,无一不是20世纪50年代的昌耀在奠定自己诗歌理想时,供奉在他心目中的神圣。令昌耀意想不到的是,当他们已在商业主义潮水漶漫的中国成为过时人物时,却被来自西方的学者重新提起,而且北美的A国正在兴起希克梅特热。这些信息一时让他颇为兴奋。

那么，上述的这些诗人对昌耀到底意味着什么呢？

洛尔迦轻盈幻变的民谣风，惠特曼雄浑的北美新大陆气质，聂鲁达与南美高地同化了的人民、祖国情怀，中国七月诗人阿垅（阿垅曾用笔名S·M）地质纪元感的语词物象和孤野的灵魂长唳……正是这样一些诗人，深刻地影响了昌耀的诗歌行程和内质，并成为他精神艺术上的导师。

但是在这里，让我们特别记下勃洛克和希克梅特的名字，这是两位早年和现在，都对昌耀有着特殊意义的诗人。

勃洛克（1880—1921）：苏俄时代著名诗人，其代表作《十二个》以十月革命前夜大风雪中的圣彼得堡为场景，描述了由十二位赤卫军战士组成的巡逻队——又被象征为耶稣基督的十二使徒，在肃穆悲壮的踏步巡逻中，跟着耶稣走向穷人和无产者革命的天国。

希克梅特（1902—1963）：土耳其诗人和革命活动家，曾被土耳其当局判刑28年，在狱中写成史诗《人类全景》，后被提前释放并于1951年侨居苏联。他早在20世纪20年代就与苏联诗人诸如马雅可夫斯基等有密切往来，成为那个时代被称作无产者诗人群体中的一员。

无产者诗人在当今已是一个含混的语词，而在苏联的十月革命时期，却有着世界性的感召力。他们诗歌中一个重要的主题，就是对穷人、工人等下层民众，在革命和劳动创造中，摧毁极权专制和剥削制度，建立人人平等富足的大同世界的讴歌。这是这类无产者诗人的终极社会理想，也同样是伏藏在昌耀心灵中,根深蒂固的社会理想。即使当年作为囚犯在监狱工厂的高炉前从事化铁工的劳役时,昌耀也从那粗浊、沉重却又是壮观的劳动场景中,"以无产者诗人自居的眼光审度劳动与炉火的壮美"(《工厂:梦眼与现实》,1991年9月)。继而如评论家耿占春对昌耀这一情结的指认:"在诗学与美学化了的政治梦幻中获得了他自己终生梦想的合法身份:无产者诗人。"

那么,昌耀在这首诗中为什么要一再提到他的"便帽",尤其是"铲形便帽"呢?

所谓的铲形便帽,也就是从中华人民共和国成立后的20世纪50年代开始,在中国的工矿城市广泛流行的那种鸭舌帽,当年又被称作"工人帽",也是1979年之后长期扣在昌耀头上的一件已经落伍了的行头。而昌耀又为何对它情有独钟呢?好长时间之后我才突然意识到:聂鲁达的头上扣过它,马雅克夫斯基和希克梅特的头上也扣过它。所以,它在昌耀的眼中,实际上是工人无产者和"无产者诗人"一个群体性的标志。在弄清了这一事实后,我不能不为昌耀如此固执的"无产者诗人"情结感到惊讶。

而20世纪90年代的此刻,昌耀之执意要以他头顶的这顶铲形便帽招摇过市,其实就是要以堂吉诃德式的自不量力,与这个城市"从脸孔似的面具直到面具似的脸孔"和"从风景似的广告"直到"广告似的风景",坚持一种小小的挑战姿态。

> 我猜想这定然是一座歧视帽子的城市了。
> 那么谁还记得土耳其诗篇《关于便帽和呢帽》？
> 那么谁还记得诗人希克梅特每周六天头戴工人便帽
> 骄傲地走向土耳其城市大街？
> 诗人梦想着自己将占有两千万顶呢帽。
> 那是一个护卫花冠如同生命的乐观时代。
> 那么谁还记得有过一代纯真而可爱的遗老？

然而，这座城市中他所拜访的这位诗人喜欢他的便帽；沙龙中的异国教授，与他倾谈钟爱便帽的希克梅特。这似乎是在其他任何地方，都难得享受到的一次精神盛宴。

而这次沙龙聚会的现实结果是，这位美国教授约请昌耀就希克梅特的诗歌写一篇文章，交给陪同他的中国女大学生翻译之后，再转寄给他，用于在海外发表。

接下来的6月7日，昌耀来到杭州，正式开始了他江南之行的主题活动。

这次"西湖诗船大奖赛"，由当时在《西湖》文学月刊任职的诗人嵇亦工操办。那是一次郑重其事的，立足本地又面向全国的诗歌赛事。所邀请的外地评委除了昌耀外，还有著名诗歌评论家谢冕教授、著名诗人公刘、青年诗歌评论家唐晓渡。

而参加诗会的，除了广东的获奖青年诗人赵红尘外，其余基本上是杭州本地的诗坛新秀：才子才女，风华正茂，柳绿花红，满目锦绣。

会议期间，除了评奖、颁奖、座谈等内容外，就是在杭州及周边文化名胜景区的游览，以及各种场合见缝插针的诗歌交流。在这种场合，昌耀本来是一个落落寡合的人。但此番却大为不同，首先是他北方式的沉重峥嵘的诗歌，原本就在江南反差成了一道触目的风景；而他命运多舛的苦难人生传奇，则更使他在青年诗人们，尤其在女性青年诗人心目中，成为一枝"受难的花朵"。由此生发的好奇和敬重，形成了昌耀特殊的人气磁场。接下来，当昌耀不时举起他的"珠江S-201"，面对殊异的江南风景进行"摄影创作"的时候，这群欢乐的青年诗人们还会发现，这是一个天真的人、有趣的人。随之，诗人兼摄影家的昌耀在一群男女小朋友间，忽地忙碌亢奋了起来。

总结起来，昌耀所做的事情主要有这样两件：一是接到诸多青年诗人向他请教，或通过他向刊物推荐的诗稿；二是以摄影家的身份，为众多青年诗人拍摄"风景与人"的留影或不断重新组合的合影。这部"珠江S-201"，这时的确成了使昌耀和众人开心的一件"玩具"，尤其是拍合影时，每每看到昌耀一副专业技术主义的煞有介事，开心的小朋友们总会发出诸如"摄影大师忘了调光圈"的调侃和起哄——先是A男这么喊了一句，B男和C男随声附和；接下来，则是D女、E女、F女们一片欢乐的笑声。就这样，忘情于江南风景中的昌耀，反过来成为江南人眼中的风景。作为一位负有盛名而又孤独寂寞的诗人，昌耀在温润的江南和这群才子佳人中间，简直就有一种倚红偎翠的沉醉之感。是的，此地原本就被称作"人间天堂"。

这样的欢乐一直持续了10天。6月16日，昌耀离开杭州，又调头北上直抵北京。到了北京后，他先是前往《诗刊》社拜会了几位友人，又特地前往中央美院，看望了当年同在青海度过艰难岁月，此时身为中央美院副院长的朱乃正教授。既而又去了张玞的家，拜会了张玞的父亲——地图出版社副社长张学良先生，并获得了张先生赠送的两大本地图册。

上海—杭州—北京，这样大江南北地壮游了20天后，昌耀于6月24日回到西宁，回到自己书房兼卧室的蜗居。但欢乐的快行列车并未就此刹闸。他虽然人已下车，却依然心在江湖。稍事调整后，他又从6月28日起，给刚刚告别了的一干人众大肆回信。仅给杭州的回信，就有丽萍女士、徐萍女士、惠敏女士、继文仁弟、梁晓明、余刚等等。这些信件的大体程式和内容有如下几点：其一，对在杭州时受到的热情礼遇表示感谢；其二，寄上由他拍摄的各位的照片，并对拍照时的情景进行了回忆和评述；其三，对青年诗人们交给他的诗作，做出点评或说明处理意向；其四，告知对方已寄出了自己的《昌耀抒情诗集》。

昌耀对杭州的青年朋友们的确是情深义重。回西宁不久，他便转给我两位诗人的诗作，希望能在我任编辑的报纸副刊刊发。待诗作发出之后，他又专门给对方去信通报了信息。

3. 日暮天际的火烧云

这样昏天黑地地回了一通信之后，7月6日，昌耀又给一位此后被他称作 S 或 S·Y 的杭州女诗人写了一封信：

××女士：

从《浙江作家报》公布的"奔马杯"诗赛获奖作者名单方确知你的通信处。我们曾经有过几次交谈，但我不曾问及你的通信处。我也不知王玲婷的通信处。温岭那位女高中生的名字也回忆不起来了，我更深深感到歉意。其所以如此概因活动安排过紧，交谈不深，自然不好贸然询问别人的通信处。

这样，我在大禹陵与你、王玲婷、温岭那位女生合影的照片就只好请你代劳转寄给她们二位了。请代我向她们问候并致歉意。

…………

杭州之行是难忘的，我将记着那些可资回忆的日子。也许有一天我将在诗中倾吐我对此行的感受。也盼望读到你们的同一主题的诗篇。

这封信沿袭了给杭州其他青年诗人所写书信的模式，但比之先前信中的热情和调侃幽默语气，它则显得客气和陌生。

是的，这是一封没有任何特殊信息，却符合人之常情的中规中矩的信件,但谁也不会想到,昌耀人生中的另外一个区段,竟会由此而开始。

很快,昌耀收到了S女士的回信。遂又于8月12日,写出了给对方的第二封信。全信的篇幅很短:

××女士:

近好!

我已收到8月5日以你的名义写来的非常客套的信,言过其实的措辞令我骇然,其与我曾经点评过的《瓶花》作者所具之慧心莫不判若云泥?感到十分生疏。

俗云"礼多人不怪",不知此话确否?请恕我多怪!

劳驾转寄的玲婷、小橹玉照已经投递,借此机会我谨向你致以谢忱。这样,我的一点义务也就全数完成了。

能让昌耀感到"骇然"的客套和"言过其实的措辞"是什么呢?从这封回信中无法看出,但从信中的表述来看,两人的通信似乎就要到此结束了。但事实上,这种通信非但没有结束,却随着对方回信中信息量的不断加大,反而才拉开了帷幕。

8月25日,昌耀写出了给S女士的第三封信:

××女士:

近好!8月18日信悉,很感谢!

读了来信心中不由生出一丝忧戚,自忖给你的复信或也有所过言而伤害了一位青年友人?但恕我直言,当我读到如是话语——"渺小而卑微的自己,能够有幸结识了像您这样诗品、人品俱了不起的前辈,是一种缘分也是一种福分。……它将永远鼓舞我更新我,直到有朝一日像来时那样平淡地离开这个尘世,也将无怨无悔"——确感夸饰,以至觉得有了反讽意味,惭愧极了。请想想,一个人能无怨无悔地离开尘世需要多么巨大的精神补偿可为凭托,而我究竟又何德何能?故感到惭愧极了。

相信你是真诚的,更无意伤害我,只是我对信里的用词分量略多挑剔一些了吧。请原谅我之不甚豁达!

无以慰你,仅寄赠我拍摄的两帧风景照片聊博一笑……请消释前嫌。

从这封信中摘引的S女士的文字,我们大致可以想象到昌耀在第二封信中所说的,S女士那些让他"骇然"的"措辞"。面对昌耀,那似乎是一种仰望高山的崇敬。

9月11日,昌耀写出了给S女士的第4封信,这是一封约1200字的长信:

××女士:

九月一日大札并照片二帧敬收。我读着你以仁爱与宽厚之德对我表示谅察的文字,我感动得眼睛都觉湿润了。

....

在目前许多人都习以物质功利作为行为得失判断标准的人际环境，一个仅以求得个人本真的自适为满足的青年诗人是多么难得，是透明得几无杂质的冰晶，给人身心以无比的爽洁，我想，这正是我们终究能够沟通的缘由吧！我还想以此说明我对你那张美丽照片的感受——虚化了的背景有如一幅墨绿的绒缎衬托着你轮廓分明的头像。没有廉价的笑容。闭拢的双唇加重了你面部凝重的个性，而一双大眼炯炯有神……我就这样放肆地称美着你，我相信这是我心底的歌，或者说，是从我心底秘藏的一尊理想化的美神偶像流逸出的赞美诗，而我现在只能以一种陀思妥耶夫斯基的感伤笔调写出这种惊异。因为世上美善是如此稀少，而待发现已近日暮。

....

我猜想你与徐萍、王玲婷二君常通消息，是吗？我不知你们读到我这封信时会如何地奚落我的愚蠢！我将感到难堪！但却真实！

....

我对这些信件的集中援引至此暂告一个段落。接下来，再做一个大略的梳理。

如果说，昌耀的第一封信是出于交际往来中人之常情的礼貌，第二封信在获得一些意外的热情信息后，他甚至还表现了一种避免自作多情的冷漠，那么，在这第四封信中，他已被S女士不断续加的升温柴火给烤化了。

难道不是吗？他寄出了自己的两幅摄影作品，得到的，却是S女士自己两帧"美丽照片"的回赠，这在昌耀的眼中，很难不被看成一种特殊的信息。因为这对于任何一个男性，都是一个不能不使之浮想联翩的礼物。而S女士本人，也绝对不会意识不到这一点。随之，在昌耀的心目中，两人的位置和形象陡然间发生了逆转：他自己从S眼中诗品和人品的"高山"，转换为S这尊"美神偶像"前美的奴仆。

这种令人眼花缭乱的变化，简直就是一个魔术。

始之于一次诗会的这一信件往来，至此外溢出诸多含混、复杂，而在昌耀心目中却是明确的心理情感信息，并因而使当事人之间有了属于自己的秘密。所以，第四封信最后部分的"我将感到难堪"，实际上便成了对S女士"此信勿给外人传看"的曲折提醒。

昌耀此生中从来不曾经历过这个——一个年轻的"美神"因敬重仰慕他的诗品和人品，而一步步地向他走近。他在第二封信中曾本能地推拒了一下，接着便发现美神的莅临不可抗拒。面对这一情态，虽然时年已54岁的他不能不发出感伤的慨叹："待发现已近日暮。"但天际那块红的火烧云，不止是日暮时分独有的景观吗？一生中从来没有在情感和精神上得到过异性的真正滋润，且与妻子已分居一年的昌耀，至此终于热血沸腾了。

于是，昌耀开始在他 6 月份杭州之旅的回忆中，不断搜索、放大着 S 的影像。显然，具体的特写镜头并不多，但即便是一些相关的信息，经过此时的情感处理，也强化为一组组有着特殊意味的画面。

其一，是诗会开幕的前一日，诗人嵇亦工和昌耀各骑着一部自行车，在杭州做小范围的游览。在经过杭州大学时，嵇亦向昌耀介绍说，杭大旁边的邮局里有一个写诗的女孩，叫×××（也就是昌耀后来所称的 S），写作的"起点颇高"。而在昌耀此后的回忆中，嵇亦工向他介绍 S 时，"有伯乐谈及'马驹儿'时的兴奋"。

其二，第二天颁奖时，昌耀便把嵇亦工的介绍和 S 本人对上了号。因为 S 正是获奖作者之一。"我看着亭亭玉立的她从座中起立，有些腼腆地走近颁奖台"，昌耀之特别注意到了 S，还因为 S 的获奖，正是昌耀评奖的结果，并且其获奖作品的颁奖词，也是昌耀亲自所写。

其三，在游览郁达夫故居期间适逢下雨，多数人冒雨而行，会议组织者借来的两把雨伞特别优待了昌耀和谢冕，并由两位青年诗人在旁边代劳张举，而为昌耀撑伞的正是 S。

这就是昌耀对于诗会上的 S 所有的记忆。

关于 S，这里且介绍如下：1968 年生于杭州，1990 年的彼时在杭州大学旁边的一个邮电所工作。她大约于 1989 年初写作并发表诗歌。S 的诗龄虽短，但路子走得颇为顺利，此番获奖之后，接着又时而在杭州地区获奖，甚至获大奖。她于1991年初入复旦大学作家班进修，同年加入浙江省作协；1992年出版了第一部诗集，同年下半年进入杭州的一家报社工作。

由此可以看出，S在她的诗歌道路和人生道路上，都是一位极为用心之人，从1989年起步到1992年这短短的三年间，她环环相扣的人生路径和成果组合，是一般的同龄写作者很难企及的。

两人的通信已经开始，而从昌耀的第四封信起，他们在西宁与杭州之间，正式建立了邮路热线。

这些信件中的21封，此后被收入了《昌耀诗文总集》的附录部分，这是昌耀临终时的意愿。而昌耀之所以看重它们，我想它们首先是昌耀原本就丰富的艺术心灵世界，更为丰富的延伸和打开——我们在这些信中可以看到，昌耀对世界上众多经典诗人作家的纵深解析与领悟，也深切地感受到昌耀特殊的阅读方式和感悟力。其二，昌耀在这一情感激流中，曾写下了诸多诗作，而这些信件对相关事象的显示，无疑与其诗歌构成了一种可以互读的文本。其三，这些信件展示了只有被这种情感外力突然激活和完全打开后，一个笨拙、可笑、机敏、善良、真诚、炽热的更为本真的昌耀。他的缺陷和可笑，也是我们许多人的缺陷和可笑；而他的真诚和善良，则并不是我们许多人所能具备的。

昌耀与S之间的私人热线建立起来了。作为诗人，他首先想到的表达方式，就是如同普希金等俄罗斯诗人那样，或者专门为对方写诗,或者在一首诗歌的标题下,加上"致×××"的副题,以作为献给对方的礼物。于是,在《昌耀诗文总集》中,便或隐或显地,出现了大量与S相关的诗文。首先是从1990年9月10日开始的《她》,接下来依次是:《冰湖坼裂·圣山·圣火——给S·Y》《涉江——别S》《非我》《91年残稿》《呼喊的河流》《盘庚》《圣桑〈天鹅〉》《莞尔——呈献东阳生氏》("东阳生氏"是昌耀对S的另一称谓)《一滴英雄泪》《面谱》,直到1992年9月25日的《烘烤》而基本结束。但只是基本结束,昌耀临终前的诗歌绝笔,2000年3月15日写于病榻上的《一十一支红玫瑰》,仍与S相关。

非但如此,早在写于1988年7月的《酒杯》这篇随笔性的作品中,其副标题中就蹊跷地出现了S女士的本名。为什么会如此呢?这是由于此文写出来后,一直不曾发表,待1991年第2期的《诗潮》决定刊发此文及昌耀的"七首近作"时,正处在这一情绪亢奋期的昌耀,遂决定追加上这么一个副标题,并在给S的信中做了"或见允"的意见征询。S无疑愉快地接受了昌耀的这番美意,所以,才在作品刊出时有了这个副标题的出现。

昌耀在诗歌中以这种副标题的形式向S致意,正是从1991年《酒杯》这组诗文的发表开始的。当这组作品即将刊发出来时,昌耀在给S的信中这样表达了自己的心情:"只要想到这件事我就激动不已。只待看到S·Y的名字与我一起就已感动不已。"不过,他第一次在这个副标题中使用的,则是

S的本名。当时，S·Y这个密码式的昵称，昌耀还没有"发明"出来。关于这个昵称，可见于昌耀在给S的一封信中，这样一段文字："我想，我终究找到一个表意准确又颇传神的词儿来呼唤你了，是你在信中描述的'业余回家折腾那种叫诗的东西的傻丫头'给了我灵感，这样的话，如我不用'女士'而改称'傻丫'并以杭州方言的儿化语音念出，你听了不会提出抗议的吧？"接着，他又把"傻丫"加上"儿"，用汉语拼音做了表述——Shayar。在之后的应用中，又把它简缩为S·Y，进而简缩为S。想来，昌耀到底是受过哈拉库图文化熏陶之人，他的这个"傻丫儿"与哈拉库图人的"憨墩墩"，简直就是绝配式的命名。

接下来的1991年3月，昌耀又在应《诗刊》社之约，为纪念西藏和平解放40周年所写的《冰湖坼裂·圣山·圣火——给S·Y》这首约70行的中型诗歌中，借上一年采集亚运圣火的藏族少女的形象，伏藏了对于S的诸多信息，并在副标题中首次使用了"S·Y"这个称谓："我把对于S·Y的情感凝聚在这一诗作的副题，除你我而外无人知晓这一标示的蕴涵。由此你可以理解S·Y对于我有着怎样的至关重要。"昌耀在另一封信中这样写道。

随之，他又在紧接其后的《涉江》一诗中，把S·Y简化为S。

再下来，应该是S女士觉得这样做显得有些张扬，于是昌耀此后的信中就有了这样的文字："近日写了两则文稿，拟于不久后投给它刊。当然是献给你的。但我遵嘱不再另为具名。"

除了这种表达外,两人之间还有着更富专业性质的交流。1990年10月,在由《诗刊》社组织策划的又一套"诗人丛书"中,昌耀第三次被荣幸地纳入其中。还没等到这部题名为《淘的流年》的诗集整理完毕,昌耀又突发奇想,约请S为这部诗集写一篇序言:"你乐意为这本诗集写一几百字序言吗?几百字而已(我是说长短随意,几百字也很好),内容任选,纯出于纪念。"

为昌耀的诗集写序,应该是一种荣耀,S能不愿意吗?十多天之后,S的这个序就写了出来。虽然这篇序文仅约500字,昌耀读了后却表示"我非常满意"。

实在是事有凑巧,就在这一摊子活儿刚交接完毕,S也获得了一次出版诗集的机会,便顺理成章地要昌耀为之作序。昌耀获知这一信息后,简直兴奋莫名:"让我替你的第一本诗集写序太令我高兴了,我只怕被贵省的诗界朋友将这份荣耀抢去呢……"他遂于1991年3月,为S写了一篇约2700字的序文。

当叙述进行到这里时,我突然想起了两件往事。20世纪80年代初期,我也曾突发奇想,并向我的朋友南广勋表示,极想为昌耀将来要出版的诗集写一篇序言。虽然这个想法从未向昌耀表达过,但此后看来,昌耀也从未有过成全我这一宏愿的思路。再往后,我也曾得到了出版一部自己诗集的机会,我原本就打算自己写序,而出版社却建议我找昌耀来写——原因很简单,昌耀是"名人"。不料我向昌耀提出后,他竟支支吾吾，面有难色。大致的意思是：你曾给我写过多篇评论，现在我再给你写序，会给别人以互相吹捧之嫌。随后，他大概觉得这样拒绝对我不起，便找来一组19世纪的法国田园风景油画，建议我用其中的布拉斯卡萨的牧牛《角斗》图来做诗集的封面，认为这幅美术作品与我的诗歌风格比较吻合，但对写序一事从此只字不提。当年我知道他的确怕给别人的诗集写序，看到这些信件后才知道，他竟还有着如此的作序热情。当然，这个热情仅限于对S。

写序的过程，也就是深入发掘对方内在光芒的过程。当这个过程又恰恰被设置为一种互相发掘时，光与光的碰撞就变成了燃烧。那是让昌耀终生都刻骨铭心的记忆，一场迷乱的火烧云，就燃烧在1991年5月的上海黄浦江畔——

这一年的4月，昌耀收到了中国作协拟于5月10日在广西桂林召开"全国诗歌创作座谈会"的通知。他随之做出了新的谋划：等会议结束后先回湖南的桃源故里探访，然后直达上海，看望在复旦大学作家班读书的S。继而在接下来的信中，他又邀请S同行："你若有意访彼请早拍电报给我，我可汇款给你（或我径去上海转桂林）……（愿与你同行）"——在这5个字的下面，他特意加上了着重号。

带一位年轻女士参加这样一个会议，会是一种什么样的效果？这样做似乎太过张扬，而此时的S则不喜欢张扬。

于是昌耀只身前往桂林，在会议进行到一半时，又从所住的甲山饭店给 S 写信，告知自己前往上海的行期，且顺便告知对方："我从西宁还给你带来了一枚铜佛浮雕像。"

5月22日下午，头上未再戴"铲形便帽"的昌耀，出现在他刚刚告别了一年的上海，并在一招待所住了下来，期待着与 S 的会面。

此后的几天，在昌耀的人生字典中，难得地蹦出了"幸福"这个词。

S·Y：

…………

5月25日……27日、28日是我此生最可纪念的、幸福的日子。在这三天里我像一个粗俗的凡人突然被恩准进入我冥想一生的圣洁之境而得一睹我意中的佳人。自此，我可目空一切了。借此机会我愿对你说一声已在心底默诵了千万遍的话语："啊，你这么可人，我是多么爱你，永远，永远。"你不会为我的这种鲁莽而觉窘促？

我还要重复一遍在外滩时对你已说过的一句话："我不愿失去你。"请理解我此语之沉重。请相信我此语之郑重。

——这是昌耀5月31日返回青海之后，给 S 信中的一段文字。当即将结束上海之旅，昌耀在外滩与 S 告别，却又难舍难别时，S 曾这样向他表示："以后还有机会。"此时的昌耀无疑把它视为一种承诺，也由此而获得了信心和力量的源泉。

然而，昌耀和S诗集的出版都遇到了麻烦。先是S诗集的出版突然中途受挫。感觉到了S的情绪低落后，昌耀如同热锅上的蚂蚁，极尽个人的想象力和为数寥寥的关系网为S出谋划策。最后在各种努力都没有结果的情况下，竟然豪迈地表示，这部诗集若自费出版，"请让我个人为你凑补尚差码洋的五分之一，我将随时秉承旨意"。

我想只有一个在经济上捉襟见肘，却又决定郑重践诺的人，才会计算出这么一个有趣的"五分之一"来。这无疑是昌耀经济能力的极限。想来S也并不忍心昌耀如此，便探讨另一种途径：可否由昌耀用"拉广告"的方式来解决费用问题。因此，昌耀的后一封信中就有了这样的文字："我在上封信里曾提出资助事，如出版有了着落请随时告知（所谓'拉广告'我还不太理解，我所指是由我代你支付部分所需资费）。"

此时是1991年9月，拉广告、搞赞助出书这个"新生事物"，在东部经济发达地区已经流行，但处在中国西部经济欠发达地区的我们广大的青海人民，尚还搞不明白这个。然而，在人情、世情日渐淡薄的此时，诗人的这番痴情和慷慨，难道不足以让人唏嘘？

起码是在这样一个时段，S被昌耀打动了。在翻过年来的1992年1月底，她给昌耀写了一封使之热血沸腾的信。这是一封什么样的信呢？我们从昌耀2月中旬的回信中可以有一个基本感受：

> 这是我一直想得到的一封信,自前年西湖"船赛"结束北返以来我一直怀此奢望,——可笑吗?但只要你不以为是非分之想而嘲弄我,那么我足可以处之坦然……至此,你让我确信"默契""共振"乃非虚妄……我可以自信进入了这样一种精神境界:流浪者寻找到居所。

非但如此,S这封烈火熊熊的信,竟烧得昌耀有了古代才子书生式的癫狂:

> 多么了不起,大札包蕴的信息是如此丰富……这样说吧:你是思想家,我是一个到老也不见成熟的孩子;你是游侠,我是求护的懦夫;你是夫子,我是你懵懂待启的晚生;你是阿姨,我是一个弱智的病儿……而若我是一个浪漫主义诗人,你却是一位严于剖析人生百态的批判现实主义文学大师……

在这封信的最后,昌耀还提出了这样的要求:"如果不以为过,敢请在寄我的信笺中赠以S·Y长长的七根或九根青丝?"这实在是太浪漫,也太疯狂了。

但若把上面的这些比喻排除在各自的诗歌艺术能力之外,而放在他们的社会处世能力中来考察,昌耀说的难道不句句都是实情?

的确，就在3个多月之后的6月份，S这部题名为《听任夜莺》的诗集突然就出版了。诗集的名字是昌耀起的，他写的序言也随着诗集的出版而面世。反倒是昌耀自己那本出版把握最大的《淘的流年》，却因组织者筹划的资金不能到位而泡汤，S给这部诗集写的序言，也因之踏空。这实在是大具讽刺意味，也太令人尴尬了。

那么，昌耀还能干什么呢？他曾帮助S向刊物推荐过诗歌，但仅在西北的一家诗刊上推荐成功了一次。至于精神交流，至于读书与艺术上的倾谈，它固然极为重要，但随着S本人的阅读积累和文学艺术视野的不断开阔，这在S的心目中，还能如同她在文学上刚起步时那样富有魅力吗？

虽然他们的交流内容还要丰富许多，比如互相寄赠一些有趣的小纪念品，S寄赠生日贺卡、雨花石，昌耀回赠青海出土的陶罐残片、石铲、石斧、恐龙牙化石，等等；比如互相寄赠音乐磁带和书籍，谈用西洋排箫演奏的《蓝鸟》，谈排箫的来历——由希腊神话畜牧神潘，向山林水泽之神绪任克斯求爱而演绎的故事；谈陀思妥耶夫斯基的《地下室手记》，陀氏与其速记员安娜小姐让世人羡慕的老少恋，以及安娜对于陀氏"复活"的伟大作用等等，并且，尽管这其中有着唯昌耀这位诗人才有的独到领悟，但它事实上还是昌耀对于S关于爱的导向性灌输。一个19世纪的俄罗斯爱情神话，又岂能在20世纪末期商业主义畅行的中国再版？

也就是在1992年2月这封疯狂的信中，昌耀首次向S表示了自己要离家出走的想法：先从家中书房的蜗居中出走，在办公室谋一铺位过渡；继而在北京或上海谋一文化打工者的职业，并问 S "有无兴趣去北京"。随之，他便向上海、嘉兴、苏州等地的友人投出信函，开始联系。比如他在给苏州青年诗人车前子的信中就曾这样写道："不知古城苏州有无可供外来人干干的打杂之类的文化差使？我窘促、拘谨一生，忽有了浪迹天涯之妄念。"不难看出，昌耀对上述这些"长三角"城市的选择，正是对于 S 所在的杭州的围拢。

于是，写于1991年7月20日的《盘庚》这首蹊跷的诗作，就在这样的背景中凸显出了它的谜底：

> 远征。排箫还在吹。
> 远征。超越痛苦的遗产无论从舟车或飞船
> 都是一样痛苦。
> 长途列车已在黎明燃烧。
> 奔驰的列车已在奔驰的长途燃烧。
> 黎明留下了炭精；焦黑的炭精。
> 不不，长途列车还在燃烧中奔驰。
> 东方红霞，理想者的排箫，
> 吹呀，吹呀，以整个身心。
>
> …………
> 我的胸口在燃烧，手心在燃烧。

我的呼吸在燃烧。

理想者的排箫还在吹呀，吹呀。

这样一首充满现代意象的诗作，为什么题名为古奥的"盘庚"呢？这正是此诗的玄机之所在。所谓的盘庚，是商代的一位国王。由于商王朝曾多次发生内乱，致使国势衰败。盘庚即位后为摆脱困境，遂从现今的山东曲阜迁都到位于河南安阳的殷地，由此使陷于困厄中的王朝获得新生。因此，我们只要从盘庚这个符码中抽出"迁都"——亦即迁徙之意，再与此诗中作者之于"排箫"的激情、燃烧中奔驰的列车等元素集合在一起，就会恍然大悟：离家出走，奔赴再生之地的想法，这时已在他心中如火如荼。现在，他终于把它表达了出来，而且开始付诸行动。

这是一个可怕的信号——因执拗的行动感和孤注一掷的冒险性而显得可怕。

那么，昌耀在自己的想法中这样得寸进尺、步步推进，到底想干什么呢？他与S能有结果吗？

这是一个他并没有考虑透彻，却怀着侥幸冲动的问题。

而真实的事实是，昌耀至此陷入了一场爱的灾难。

考察昌耀与S的通信，我们会发现这样一个特殊的现象：从昌耀全身心地投入其中而成为爱的奴仆开始，两人之间的信件，便基本上是在冷热交替中往来。S不是忽而长时间的没有了信息，就是仅仅只寄上刊发有自己作品的报刊而不见只言片语,待昌耀极度失望和沮丧时,又突然发来一纸祝福昌耀生日的贺卡或电报,再或者寄上甜蜜的中秋月饼,当然还有使之热血沸腾的信。但当昌耀随之而疯狂抒情时,S又温度陡降,因而使昌耀常常为之惶恐。那么,这是一种可调控的情感往来,而调控器,就抓在S手中。

对于这种现象,我所能做出的理解是:首先,这符合人的涨落起伏的情绪生理节律;其二,专业作家的身份使昌耀成为一个单调的"闲人"。所以,除了写作之外他可以一门心思地专注于感情之事,直到钻感情的牛角尖。而年轻的S所置身的,则是一个繁华的、各种炫目信息纷扰的世界。年轻的她需要解决的自身问题太多,她要追取的和必须追取的东西也太多。因此,以一个"忙人"对待一个"闲人",她很难不顾此失彼。

但是,这只是我所做出的解释之一,它并不能使这其中的所有情节,在逻辑关系上完全成立。

令人意想不到的是,这场注定不会有结果的情感魔幻大片,在紧接着的5月份突然就接近了尾声。

5月2日,昌耀在给S的信中这样写道:"天气渐热了,我定于明日给你汇去100元钱,供你买几杯'雪碧'消渴。据称'雪碧'是美国饮料'妖怪'的译音(猜是spirit?)故请饮用时多加小心。"

看来昌耀的英语水平不但日益见长,而且甚是幽默、顽皮。但很快,这种幽默和顽皮就变成了无趣。

——他自己感觉中沉甸甸的100元钱,竟像飞去来器般地从上海轻飘飘地飞了回来。S什么也没说地把钱退给了昌耀。的确,这100元钱算个什么呢?此时S的那本诗集已经进了印刷厂,她有办法自费出得起一本书,这100元钱对她不是太可笑了吗?

但在1992年,这100元绝非无足轻重。此时昌耀的月工资为370元。除去每月支付两个未成年子女的生活抚养费各50元后,剩下的,只有270元。

我们清苦的诗人羞辱极了。

S·Y女士:

一张"老前辈"钞票飞翔了几千里(飞得真不赖),绕行一周之后又落到了我的手上(算是画了一个大句号),我总得略微表现一点绅士般的幽雅故作轻松地收回这张可憎的有价证券才好。

…………

祝你一切皆好。不错,友谊永存。谢谢。

这是昌耀6月2日的回信,并且还是一封不失风度的信。但在后面注明是写于1986年7月18日,但却应该是修改于此时的《号啕:后英雄行状——为S君述》这首诗中,昌耀却写出了自己屈辱和痛苦交加,以至于崩溃了的精神状态:

> 一声惊悸，宝瓶爆裂，
> 相持的沉默宣告终结——
> 大男子的号啕使世界崩溃瘫软为泥。
> 鹰爪解脱。
> 羞耻委地。
> 死亡变色。
> 日月无光。
> 硬汉子从此消失，
> 而号啕长远震撼时空。

6月30日，昌耀又写下了《一滴英雄泪》——他号啕得只剩下一滴泪了，但却终于有了愤怒：

> 大巫师诅咒了：那是致命的一击。他将死。
> 不错，从伤口钳出的骨刺确属蛇的毒牙。
> 血流汹涌。但人还活着。说也惭愧竟还活着。

昌耀至此已经是死去活来，但他已终于清醒。

然而S并未就此结束，又揿动手中的调控器为降至冰点的昌耀升温：在6月27日昌耀的56岁生日之际，S又发出了祝福的电报，并由她到青海旅游的同学，给昌耀捎去了音乐茶杯、丝帕、西藏邮票等礼物。而不长记性的昌耀又隐隐地心生幻想，并径直给S去信，"想在杭州谋一发挥'余热'之处

（或购一可为'隐居'的一间郊区小屋）"。

在这种情形下竟还做着这样的梦，昌耀已经变成一个什么样的人了？但他总算看清了这件事情从始至终的本质，并确认了一个能够确切表达的语词，这就是"烘烤"。9月25日，他写下了《烘烤》一诗，他一直接受着被架在火上的烘烤，但却不能自拔，他只有蔑视自己：

> 这是承受酷刑。
> 诗人，这个社会的怪物、孤儿浪子、单恋的情人，
> 总是梦想着温情脉脉的纱幕净化一切污秽，
> 因自作多情的感动常常流下滚烫的泪水。
> ....
> 烘烤啊。大地幽冥无光，诗人在远去的夜
> 或已熄灭。而烘烤将会继续。
> 烘烤啊，我正感染到这种无奈。

对于昌耀来说，一个灾难性的情感故事至此结束了。在这个他以导师的形象出场，而以"社会的怪物、单恋的情人"的形象退出的故事中，他最终除了"血流汹涌"的重创之外，还几乎是自尊丧失，颜面扫尽。那么，是因为他自己太自作多情呢，还是由于S无力担负不能承受之重？如果这两个问题都能得到肯定的回答，那么，唯一的问题仅仅是：向来谨慎、冷静、木讷的昌耀，又是被什么一步步推向痴心妄想的峰巅？

作为一个男性诗人，昌耀无疑会像所有的男人一样，对许多优秀的女性心怀好感。比如在1990年的西湖诗会后，昌耀起码与4位女诗人有着书信往来，但却没有与其中的任何一位，建立起私密性的情感关系。这起码说明，即便是对那些优秀的女性，甚或是崇拜者，昌耀也并没有滥用情感、动辄走火的习性。恰恰相反，他往往还是一个把自己包裹得很严实的人。但是，S为什么就偏偏能后来居上，进而导致昌耀走火入魔呢？

如果S只是怀着对于一位著名诗人的尊重和敬仰，希望在更密切的交流中提升自己，是昌耀自己在这种纯净的交往中突然心生妄念，那么，调控器一直在S的手中，她完全可以立即发出明确的信息，阻止一场烘烤的大火于即将燃起之时。如果接收到这样的明确信息后昌耀仍不止步，而执意要赴汤蹈火，那么，此后的结果便是他咎由自取。

但是，S这样做了吗？

因此，昌耀心头的大火虽然泼灭了，他与S的通信却欲罢不能，这样断断续续地直到1998年，在由人民文学出版社这一年出版的《昌耀的诗》的后记中，他竟费尽心思地把S在1990年给他写的那篇短序作为引文"镶嵌"在其中，并且以故态复萌的亢奋这样介绍道："我必须在这里刊出一篇朋友的短文。由于她的光临，岂止让蓬荜生辉，实有着被人间纯情带来的感动。"

这还不算，1999年7月，也就是去世前的8个月，昌耀又为S的第二本诗集写了一篇题名为《沙漏下的乐章甚美》的序言,并几经辗转,最终把它刊发在12月份的《文艺报》上。昌耀为了S可谓鞠躬尽瘁。如果再联系到与S相关的《一十一支红玫瑰》那首诗歌绝笔,简直还是"死而后已"。

  需要附带一提的是,S的这第二本诗集出得颇为气派,因为她一次就调动了两位著名诗人为她写序。除了昌耀外,另一位,则是新疆的大牌诗人和散文家周涛。周涛与S并不认识,但却是昌耀的铁杆友人。因此在这篇序言的一开始,周涛就这样表示:"我曾说过不为人作序,但是现在,食言而肥了。"这篇文章虽然仅有500多字,但却写得意味横生。在对S所寄的个人资料做了概略性的复述后,又专门提道:"另外剪报上的一张玉照,有'沉鱼落雁之貌'。"随之笔锋一转:"这样的人为什么要写诗呢?她不去电视台当一个节目主持人,却来写诗写散文,证明了确实是人各有志……"

  …………

  本书关于这场"火烧云"的叙述,且先就此翻过。

十八

无家可归的大街看守

1. 解除婚约

　　1992年7月初的一天，昌耀到家里来找我，说想把他的一只皮箱寄存在我这里。接着告诉我，他已向法院提出了与杨尕三的离婚申请，担心这只皮箱放在家里，会成为发泄对象。我问皮箱里的东西很重要吗？听到这样的问话后他打开了皮箱，并拿出几件东西专门向我展示：他的残废军人证书，有关当年"右派"问题的申辩、平反材料，20世纪50年代的家书（我们谁也不会想到，这些资料最终又回到了我的跟前，成了我写这部书的资料）……所占空间最大的，就是他已发表作品的剪贴件，整齐蓬松的厚厚一摞。锁上皮箱后，他又告诉我，他已决定从家中搬出，但现在还没找好地方，待找好地方安顿下来之后，再来取这只皮箱。

然而，偌大的一个省会西宁，却并没有可供他单独栖身的空间。若干天之后，他带着类似志愿军战士急行军时简单的铺盖卷和炊具，挤进了省作协的一间公用办公室。白天，本无公事可办的他，与别人在这间办公室里一起"办公"；晚上，则拉开铺盖卷睡在一张长条木椅上（他在给 S 的信中把它称为"沙发"）。这其中的巧合，简直让人不可思议——1988 年夏天，途经西宁前往拉萨的海子一行三人，就曾在这间办公室斜对过的那间大会议室，在同样的长条木椅上睡了三个夜晚。这就是被昌耀称作"孤儿浪子"的这类诗人们，标志性的人世生存景观。早逝的海子并不知道：1991 年，他的昌耀大叔还曾受张玞之托，在西宁为他和骆一禾，推销过他们各自的诗歌单行本《土地》与《世界的血》。

昌耀此后经常提到"宿命"一词，比如一篇访谈录的标题——《宿命授予诗人荆冠》。的确，这就是昌耀的宿命：他 13 岁时离家出走，从国门之外的朝鲜战场至河北、青海，至青海的劳教农场，就这样近大半生地浪迹漂泊，待到已经 56 岁，并且成了一个著名诗人之时，重又成为一个有家不能回，无家可以归的浪子。

4 个月后的 1992 年 11 月，经法院裁决，昌耀和杨尕三的婚姻关系正式解除。他因此而在给 S 的信中表示："我仍领有一份解脱后的自在心境，但也未必轻快，当然，我会记得你的话，'无论身在何处，也不要忘了 S·Y 的祝福'。"可见 S 给予昌耀的,简直就是"终极关怀"。

再下来,即便是作协的这个办公室,也不能让昌耀再住下去了。因为文联的机关系统和包括作协的下属各协会,要搬迁到一幢新建的政府综合办公大楼上去。而这幢新楼,则不允许任何单位的工作人员在其中住宿过夜。就在这样一个狼狈关头,青海省摄影家协会的朋友们伸出援手,接纳了省作协的昌耀住进了省摄协的办公室。摄协和美协的办公室,原先就独立在文联办公机关和其他协会之外,在位于市区西大街一座五层小楼上占了几间房子。省文联此次搬迁,这两个协会仍留在了原地。摄协在楼上,美协在楼下。看来,昌耀与视觉艺术的缘分实在是根深蒂固,而搞视觉艺术的艺术家们,似乎比其他行业的文人们更能明白昌耀的价值。的确,从1979年开始的中国文学艺术的新时期,诗歌、美术,继而是摄影,一直走在艺术变革的前沿,并且相互影响,相互激励。此时,这恰恰成了昌耀作为诗人,与美协、摄协关系的内在链条和外在象征。

昌耀不是在社会生活中无能吗?但他在艺术领域,却是那些"有能"的人不可企及的通才。1991年3月,他曾应美协的朋友之邀,为美协在西宁举办的著名版画家彦涵的木刻邀请展,撰写了一篇渊源有自、宏富精湛的评论,那样的内行程度和紧扣题旨的艺术哲学外溢,可谓非老辣的昌耀而不能为。

1992年12月,昌耀正式搬进了摄协的办公室,此后除了短暂的离开外,他在这间办公室一直栖身到去世前夕。

而这一年的年底,我也调离了西宁。

从昌耀此后的诗文和其他资料来看，这样的居住性质，给他提供了两种日常生存方式：其一，时而跟随摄协组织的创作团队外出采风；其二，在黑夜降临，人去楼空，"无聊的日子居多"之时，不时一个人发呆地在大街上徘徊，担任一把"大街看守"的角色。

现在，就在这样一系列的人生变故中，昌耀又为自己的诗集出版而心神不宁了。那套包括了昌耀《淘的流年》的"诗人丛书"因资金问题而流产后，没想到原先准备出版这套丛书的漓江出版社，居然会单独为昌耀网开一面——该社的总编辑聂震宁特别写信向昌耀表示，虽然"丛书"无法推出，若昌耀愿意将自己的这部诗集从中抽出，出版社将准备单独出版，并"咬紧牙关"，为其"力争打开销路"。

20世纪90年代前后，位于广西桂林的漓江出版社，因出版"获诺贝尔文学奖作家丛书"系列，在中国出版界迅速崛起并名声大噪，出版社老总聂震宁也因此而于此后一步跨入北京，执掌人民文学出版社社长的帅印。聂震宁虽然一直都不是诗歌界的人士，但从对待昌耀诗集这件事来看，到底是眼力不凡。

聂震宁向昌耀做出这一表示时，是1992年4月下旬。

昌耀闻之欣然，并迅速做出新的谋划：将原先约5个印张左右、作为丛书出版的《淘的流年》，扩充至12个印张的容量，所收作品上自20世纪50年代他初到青海之时，下至1992年4月的现今为止。并将诗集的标题改为《命运之书》。

到了5月6日，他已将书稿挂号寄给了聂震宁。

然后，就是喜滋滋地等待。

但没想到，等来的却是惨重的一击。但这"一击"不是来自漓江出版社——我在前面已经做了交代，这便是来自5月底，从S那里退回的100元"消暑费"所传递的信息。

昌耀在此前刚刚把书名改成了"命运之书"，痛不欲生的他，此时对于所谓的"命运"更是思绪万千，遂不能自抑地于6月11日，又为已寄出的这部书稿补写了一个《命运之书》自序"。而这篇自序一开始便是："我活着。因为我还活着，命运到底为何物倒显得更像是那么来路不明似的让人费猜想。"就在这篇一千余字的自序的结尾，仍然是纠缠于"活着"的车轱辘话："但我还活着。在惯于以'据说'设疑从而提出判断的人那里，事实或许可以被轻率地抹去，但是'昌耀还活着'也确乎荒诞不经，几可看作对于命运的嘲弄。"

乍看起来，这段话实在让人摸不着头脑。它不但颓丧之至，而且还有着莫名其妙的攻击性，比如，谁说过昌耀就"没有活着呢"？但只要明白了这一背景后，我们就能想象得出，他起码是在自己的内心认为，他已经死过了一次！

正是因为这一剧烈的情感变故，S那篇原本为《淘的流年》所写，随之应变更为这部《命运之书》的序言，才被昌耀毅然撤掉，以自己的"自序"来取代。接下来，因为诗集并未立即付印，昌耀又郑重地约请了自己最为重要的友人邵燕祥为诗集写序。邵燕祥的这个序于9月份写出，标题叫作《有个诗人叫昌耀》。作为中国诗坛广受尊敬的名流,邵燕祥认为昌耀的实际成就,尚还远远未能获得公正的认可。因此,才以这样的语态,向诗坛介绍、强调昌耀。并在这篇文章中表示:"我欣赏他,并且尊敬他。"平和深邃的邵燕祥,又是一个严谨的人,能让他说出这种话来的中国当代诗人,可以说是为数寥寥。

然而,《命运之书》在漓江出版社最终还是搁浅了。也许是这部诗集第二次扩张得太厚,出版成本过高,因而出版社实在爱莫能助。一年前还为 S 诗集的出版坐卧不宁、四处张罗的昌耀,实在是连自己的事情都解决不了。而无产者连自己都解放不了,又何谈解放全人类呢?

接下来,青海作协的一位青年作家挺身而出,带着《命运之书》的书稿前往北京,不但在各出版社,也在书商中寻找机会,结果仍是无功而返。

昌耀突然愤怒了。《情感历程》《噩的结构》《淘的流年》《命运之书》,他先后荣幸地获得了四次出版诗集的机遇,但结果却无不一一告吹。这仿佛就是命运一次又一次地挑逗了他那么一下,待他浑身发烫地奉迎上去后,人家却突然没了踪影。这是在涮谁呢?昌耀终于愤怒了。

1993 年 7 月,昌耀为《命运之书》的出版,书写了一则题名为《诗人只有自己起来救自己》的昭告天下的广告:他决定以"编号本"的形式,自费出版这部诗集,现在开始在读者中征订印数。所谓的"编号本",就是在每本书的版权页,打上按顺序排列的编号。当他把印数设定在1000册这个四位数时,那么,第一个交付定金者所获得的第一本书的编号,就是0001号。接下来依次类推。这样的形式,无疑会给人以新奇感,甚至还会有一种获得了珍藏本的感觉。昌耀到底是昌耀,虽然这样的方式依稀有前例可援,但仍不乏某种程度上的"创举"意味。

在这篇杂文式的广告中,昌耀首先为自己这样做的缘起,怒气冲冲地纵横了一番笔墨。继而笔锋一转:"好了,教训已经够多、够惨,但我好长岁月依然难得狡猾,譬如为出版事就一再轻信、盲从、贻误时机,直到几天前才警觉然,才重又记起鲍狄埃的诗句'从来就没有什么救世主',诗人们只有自己起来救自己!"

这才是作为诗人的昌耀:别人能做出来的事,他做不了;别人干不了的事,他却能干得不同凡响。这则杂文广告中的昌耀,简直是酷极了,他向这个时代发了一通脾气。

就在发这一通脾气时,昌耀又多了一重颇为显赫的身份——"享受国务院特殊津贴的国家级专家"。这一特殊津贴政策由国务院于1992年颁布实施,青海省是1993年开始评定执行。于是,昌耀便成了青海省的首批国家级专家。所获得的特殊津贴数额为每月100元。并且是终身享受。

但每月的这100元钱,并不能解决眼下诗集出版费用问题,且还引来了杨尕三要求对子女抚养费的加码。而这个国家级专家的身份,不但帮不了诗集出版的忙,且反倒更使昌耀显得寒碜和尴尬。

即便是眼下的这则广告，它又将靠怎样的媒介方式形成传播呢？在这样的问题上，昌耀的办法其实非常有限，他将这则杂文广告打印了 30 份，分发或投寄给相关的媒体和个人（我自己的手头，就至今仍保存着这份"传单"）。然后，也就只能听天由命。

然而，再一次让人意想不到的是，这样的诗人之怒兼具匹夫之怒，居然就震动了诗界的"朝野"，中国作协所属的《诗刊》，不但在当年第 10 期上把这则杂文广告给刊发了出来，并且还在前边加了个编者按，为昌耀，也为中国的诗人们而呼吁。与此同时，其他几家文学报刊和地方诗刊，也同样刊发了这件杂文广告。这在 20 世纪 90 年代的中国诗坛，无论如何也算得上一个事件。

虽然这则广告刊发后，诗集的征订量骤增，但离保本的印数仍有差距。这当然不是这部诗集的问题，而是昌耀为之发脾气的这个时代，它根本就不喜欢诗歌！但让昌耀欣慰的是，这部诗集的订购者除了诗歌界的人士外，另外一大部分则是来自中国的知识界，包括许多的高校教师。作为一个极端的个例，竟有人一订就是 10 本。这显然是出于一种道义上的支持。

这样的前期工作做了一大通后，《命运之书》最终又回到了青海，由青海人民出版社于 1994 年 8 月出版。诗集中所收的作品也随之进一步后延，截止到这一年的 2 月。昌耀每一次诗集的出版，都给人以机不可失、时不再来，而必须将所有作品清仓扫库,以彻底交付出版的那种"绝望感"。

也还是1994年,昌耀又意外获得了一次出版诗集的机会。甘肃的敦煌文艺出版社组织策划了一个"长城外长篇精品系列"的选题。这其实是一个针对长篇小说和长篇散文的选题,但策划者却将昌耀的诗歌作为一个创品牌的特例纳入其中。这一次,昌耀虽然未敢轻信,但却以不妨一试的心态,编选了一本题名为《一个挑战的旅行者步行在上帝的沙盘》的诗集。这是一部昌耀诗作的精选本,共250来个页码,所收作品的下限,进一步后延到1994年底。

也许是那一通脾气真的起了作用,这一次,命运没再敢戏弄昌耀。这部诗集基本上没费什么周折地就出版了,虽然时间是在两年之后的1996年。

《昌耀抒情诗集》《昌耀抒情诗集(增订本)》《命运之书》《一个挑战的旅行者步行在上帝的沙盘》,到1996年为止,昌耀一共正式出版了这么4部诗集。但在1998年由人民文学出版社出版的《昌耀的诗》这部诗集的作者介绍中,他对后3部诗集一本都未提及,却把根本就不曾出版的《情感历程》和《噩的结构》列在其中。这实在是让人搞不明白。

2."篁:我从来不曾这么爱"

现在,让我把时间再拉回到1992年7月——也就是昌耀无家可归,挤进青海省作协办公室的这个时间。在他由此开始所写的诗作中，出现了另外一个女性的名字：修篁。

"修篁"是昌耀在诗歌中对这位女性使用的一个别称。她本人姓吴，出生于20世纪50年代初，此时在青海省九三学社工作，后任九三学社组织部副部长。

认真考究起来，在更早的时候，修篁与昌耀之间就存在着一种隐形的关系。在当年昌耀被流放的祁连河谷尽头——距八宝农场约180千米的高山台地，有一个归属于海北州的托勒牧场。当昌耀们于1966年底离开祁连河谷之后，1968年，作为知青的修篁却来到了河谷尽头的这个高山牧场，担任放牧羊群的牧工。此地海拔约4000米，而彼时的修篁，则无异于一朵青春苦寒中的高山雪莲。

4年之后，修篁作为工农兵学员进入西宁的青海师范学校（中专），毕业后先后在海北、西宁的中小学任教，1985年调入九三学社。修篁在婚姻和感情上也是一波三折，并于1992年离异，独身带着两个女儿。

除此之外，昌耀与修篁的父亲还有着颇为相近的经历。修篁的父亲原为军人，1954年转业到北京，担任卫生部一位副部长的秘书，并且喜欢古诗词。也是在1957年，他被打成"右派"发配到青海。在西宁的劳改局新生工厂将家属安顿下来后，他自己则到了海北州的浩门劳改农场，以戴"右派"帽子的干部身份，在农场医务室干挣号之类的工作。1979年平反后回到北京。所以，当修篁开始了与昌耀恋人关系的交往，其父亲吴老先生在听了修篁讲述的昌耀经历，看了昌耀的诗作之后,觉得与昌耀在心理上很是相通。因此告诉修篁,这样的男人是可靠的,你不要在乎他的年龄。而昌耀也对吴老先生非常尊重,在后来《悒郁的生命排练》这件作品中,把吴老先生称为"天方长老"。

昌耀是1988年加入九三学社的,但与学社的工作人员修篁并无往来。此后,修篁曾在学社社员、当年与昌耀同在祁连流放的刘启增家中,见到了一本《昌耀抒情诗集》。对此,修篁后来这样向我回忆:在她把这部诗集大略翻阅了一遍之后,立时觉得昌耀是"中国当代最伟大的诗人"!

我无法对修篁的这个判断做出评价,但另外一个事实是,修篁对诗歌绝不外行。因为她本人就曾像模像样地写过诗,并在新疆的《绿风》等诗刊上发表过诗作,所用笔名为"箫青"。有缘于此,加上她本人又喜欢竹子,所以,昌耀此后就在诗歌中称她为修篁。还由于修篁时而喜欢将脑后的长发挽作一个髻,以及她本人自小信奉佛教等原因,她在昌耀的诗中,有时又以"螺髻""迦檀""天方长老的女儿"等称谓出现。两人开始相恋之后,修篁曾为昌耀写过这么一首诗:

为 你

从遥远而来
为你白色的忍冬
只在云霭深处

云霭深处

遨游夜色

为你，我模仿毒蛇的舞姿

吞吃山野的丁香

从此，苍白的十字架

不再成为路途的沉重

不再沉重

你是一柄红烛

我便是烛底的托盘

独守你的清泪

任星转斗移

总也铭记你的辉煌

　　　　　　　　92.9.27　赠昌耀

　　修篁与昌耀的正式接触是在1992年初。当时，九三学社赶在农历春节前召开茶话会，作为学社工作人员的修篁前后张罗接待。与昌耀坐在一起的刘启增见修篁走过来后，就指着昌耀对修篁介绍：这就是那位诗人。读过《昌耀抒情诗集》的修篁，此前一直觉得昌耀有一种神秘的悲剧感，此时看着表情悒郁的昌耀木然地坐在那里，心头顿生怜惜之情，就热情地递上了几个橘子。昌耀拘谨地接了过来，然后想回报对方一个表示谢意的微笑，但那表情却似笑非笑，像"半僵的棉桃"——这本是诗评家唐晓渡在《行者昌耀》一文中对昌耀的描述，而修篁回忆到这里时，突然对我说，唐晓渡的那个描述太形象了。她显然读过那篇文章。

修篁与昌耀就这样攀谈起来，并开始了交往。再往后，昌耀讲述了自己的家庭婚姻现状，也说到了自己意欲从家中搬出的想法。听得修篁一会儿身上发冷，一会儿心头发酸。两个都曾经历了人生坎坷并仍在经历坎坷的人，都有了心灵上相互取暖的需要。再后来，当两人有了第一次热烈的感情哺喂后，昌耀竟对修篁说出了这么一句话来："我真想叫你妈妈。"

——这个情感和心灵上的孤儿浪子！

由此开始，《昌耀诗文总集》中，就有了他与修篁诸多欣悦、别扭的情感记叙，梦幻中各种离奇的图像，现实中两人常常漫野西宁郊外的记录。

诸如从1992年7月底开始的《致修篁》，继而依次为《傍晚。篁与我》《花朵受难》《螺髻》《有感而发》《自审》《在一条大河的支流入口处》《小满夜夕》《迷津的意味》《戏水顽童》《悒郁的生命排练》《裸袒的桥》《风雨交加的晴天及瞬刻诗意》《我的死亡——〈伤情〉之一》《无以名之的忧伤——〈伤情〉之二》《寄情崇偶的天鹅之唱——〈伤情〉之三》，直到1997年1月底的《两只龟》为止。

篁：我从来不曾这么爱，

所以你才觉得这爱使你活得很累么？
所以你才称狮子的爱情原也很美么？
我亦劳乏，感受峻刻，别有隐痛，
但若失去你的爱我将重归粗俗。
我百创一身，幽幽目光牧歌般忧郁，
将你几番淋透。我已不胜寒。
你以温心为我抚平眉结了，
告诉我亲吻可以美容。
我复坐起，大地灯火澎湃，恍若蜡炬祭仪，
恍若我俩就是受祭的主体……

　　这是昌耀在写给修篁的第一首诗《致修篁》中的诗句。虽然刚刚与Ｓ情感关系上的藕已断但丝却连，仍让他"别有隐痛"，但相对于和Ｓ情感关系的缥缈、小心翼翼而又备受煎熬，昌耀此时的状态则有一种饱满的质感，在深情、欣悦中焕发着男性"狮子"般沉雄的覆盖力，以及置身于"灯火澎湃"的天国福乐中圣洁的幸福。

　　昌耀在这里突然变了一个人似的，丧失的魂魄复又归位，体内的河流上大气蒸腾。

　　然而，两人的情感关系并未从此就扬帆远航。

　　那么，又怎么了？修篁说，她崇拜他的诗，但并未想到组合家庭。这又是为什么呢？现实条件的确使人无奈——修篁所住的房子，仅仅是一个单元住房的二分之一，这个二分之一里却住着母女三人。而此时的昌耀我们已经知道,他根本就没有房子。这样的居住条件又怎么能结婚成家呢?因此,修篁提出,假若昌耀愿意将两人的这种关系一直走下去,并走出结果,那么,就等她6年,等到她的两个孩子都上了大学再说。当然,到了那个时候,这二分之一的单元住房也就可以容纳昌耀了。但6年之后的昌耀呢?也将62岁。然而,昌耀没有别的办法,他答应了。

房子在这个时候,就显示出爱情温床的功能。没有房子也就没有了爱的温床。虽然昌耀经常去修篁的家里坐一坐,聊聊天,但我们通过昌耀的诗歌就会发现,他们更多的时候是在西宁的郊外漫游原野,再做一些"亲吻可以美容"之类的动作。而从另外一些迹象上看,在最初的热烈过去之后,昌耀期待着持续的热烈,而另一方则有点漫不经心。

1993年1月,昌耀曾写过一首题名为《有感而发》的8行短诗:

> 今晚有无感应:卿若不至,吾将有意永诀。
> 这誓词听之俨然煞有介事卿或觉着可笑?
> 也是,八仙过海的人生吾已鉴赏万千种绝活,
> 恍若隔世的我该是早已超脱生死。
>
> 据信上帝仅为爱护人类才使人生绝少甜蜜,
> 但心路阻隔无疑是施虐最为残酷的一种。

气血在蒸馏中消歇，吾才如此形枯影瘦。

今晚吾若不幸永诀亦是对于卿的恶意之报偿。

1993.1.22 除夕

　　这首诗似乎颇为有趣，昌耀在诗中成了一个赌气的无赖儿童：今晚你若不来相会，我就死给你看！

　　但除了有趣之外，它还让人感到寒冷。这一天是什么时间呢？昌耀在诗后特别注明是"除夕"。那么，有了修篁之后，在万家团圆、其乐融融的这个夜晚，昌耀也应该有一个温暖的除夕，一个在他寄居的办公室中属于两人私有世界的除夕。但从诗中的情态看，他们之间缺乏起码的默契，因而让他对修篁除夕之夜能否到来，只能是猜测、期待，进而在内心中以死要挟。这首诗中还有一个极为重要的语词，这就是他与修篁之间的"心路阻隔"。

　　在半年之后的《自审》中，进一步地又有了这样的文字："生命是一个异常酷烈而劳累的过程，即便有默契美德，也难免偶一失声。那么，那使我寒心者莫不就是这样的疏忽，好像不经意间打了一个哈欠……"昌耀在此更有了"寒心"的感觉。在此后，他还在诗文中多次有过"我曾为之深感痛苦的友人"这个说法。这一切，都折射着昌耀与修篁之间在欣悦之外的别扭、苦恼，或者称为"开展不畅的对话"。

　　1994年10月，昌耀在一首诗中就人与人之间的交流沟通

还写下了这样的诗句:

> 完全的交流是拥妃喜金刚式地融合一体。
> 而开展不畅的对话缘自童男女不负责任的贞守。

所谓的"拥妃喜金刚",就是藏传佛教中的"欢喜佛",在藏传佛教的唐卡绘画和雕塑中,就是男女坐拥对抱的那种特定姿势。它是藏传佛教密宗修持者在修持的高级阶段,称为"灌顶"的修持方法。昌耀在这里借此来表述男女之间,肉与灵没有任何阻隔的"完全的交流"——它既是"肉"的,又是"灵"的;是必须通过"肉"方能抵达的,深层的"灵"的交流。这是昌耀在形而下的事物中,所获具的形而上的领悟。他因此而曾在一张纸片上孤零零地写下过这么一句话:"性爱是两个人生命信息的内在传递交换。"然而,他们的交流或交换却严重梗阻。

在这之后的1995年8月,昌耀更写出了一首让人惊愕的6行短诗,此诗的标题叫作《淘空》。

> 淘空,以亲善的名义,
> 以自我放纵的幻灭感,而无时不有。
> 骨脉在洗白、流淌,被吸尽每一神经附着:
> 淘空是击碎头壳后的饱食。
> 处在淘空之中你不辨痛苦或淫乐。

当目击了精神与事实的荒原才惊悚于淘空的意义。

这个"淘空"描述的是什么呢？稍加琢磨就可明白，他写的是"手淫"。按照西方性心理学家们的研究，这是世界上每个男性都曾有过，但却羞于承认的行为。是的，对于一般的人来说，这只是一种日常性的生理自慰方式；但对于此时的昌耀，它却意味着情感和心灵的绝望——当他将这种极度私密并被视之为不洁的行为，以诗歌的方式坦然而残酷地呈现出来，正是只有身处绝望之境才导致的、无所顾忌的言说冲动。言说在此成为绝望之人唯一能使用的权利，并以此形成对于绝望的缓释。

而这样的诗，竟是写在他的恋情关系正在持续之时。

关于这一恋情状态，我在昌耀遗留的手稿资料中，发现了他用铅笔写在半张纸片上的这样一段完整的文字：

你有负于我一片爱心，试问：我给你赠送的礼品有哪一件你认真保存或使用了？鞋子你让给了××。保温杯你让给了××。包金石英坤表你戴了不足一年，据说被偷或丢失了。为结婚准备的铜床、组合家具、办公桌等你全部变卖了。金笔你给了××。……古人说，"礼轻人情重"，又说，"人而无信不知其可"，你最后将自己的肉体也整个儿卖给了一个不法商人——走江湖的粗俗男人。

这段文字中的这个××，由我特意隐去名字，她应该是修篁的长女。根据后边的这句话来看，这张纸片应是写于1996年底或1997年初，也就是修篁决定嫁给一个"走江湖的药材商贩"，昌耀因之写出了《我的死亡》等那3篇诗文之时。但这里罗列的其他一些事情，则应是他们相恋不久就断断续续出现的。

因之，这一郑重其事的相恋，并没有让昌耀找到踏实的爱的归宿，他依旧还是一个无家可归的流浪者。因此，也就有了1993年8月他所书写的《大街看守》这首诗，以及他将自己无聊的街头晃荡，雅称为"大街看守"的日常状态：

> 无穷的泡沫，夜的泡沫，夜的过滤器。
> 半失眠者介于健康与不净之间，
> 在梦的泡沫中浮沉，梦出梦入。
> 街边的半失眠者顺理成章地成了大街的看守。

接下来，是他在这样的夜晚看到的，一幅幅末世幽灵般的图像：醉鬼们的狂歌，深夜迟归者狠揍已经关闭了的大院铁门，远处陪送殡葬灵车而吹得天花乱坠的唢呐……就这样一直到黑夜结束，"黎明已像清澈的溪流"贴着地面贯注过来，继而在大街上弥漫。

如此看来，心事重重百无聊赖的昌耀，就这样在大街上晃荡了整整一夜。而且，这样的晃荡也绝不仅仅只止于这么一个夜晚。

当我们弄清了这一切之后,也就不难明白,昌耀在 S 那里遭受到"致命一击",并且与修篁处在恋人关系中时,为什么还要与 S 通信,并期望那一缥缈的情感风筝不要断线;同样还不难明白,也就是在与修篁的这种"现在进行时态"中,他的情感世界为什么又于 1996 年,出现了另一位身居南方的女性。

3. H,西岭雪山诗会上的风景

昌耀在这种恋情的懈怠松弛中逐渐失去了耐心。他没有把握来判定,这种漫长、含混而令他苦恼的等待,最终会有什么明确的结果。

1996 年 7 月,由四川著名诗人孙静轩主持,在位于成都以西大邑县境内的西岭雪山风景区,召开了一个"中国·西岭雪山诗会"。此次诗会共邀集了 50 多位海内外著名诗人,老一代诗人有牛汉、曾卓、黎焕颐、屠岸、蔡其矫、郑敏、郑玲、王尔碑……青年诗人们则有西川、王家新、廖亦武、翟永明等等。可谓规模盛大,名流云集。令人意想不到的是,应邀出席的昌耀,又一次成了诗会上的"明星"。

关于这次诗会,昌耀在稍后写给他人的一封信中有这样的表述:"年轻一代诗人朋友对我的热情令我难忘,老一代诗人对我甚为友善。"

昌耀后来保存了这次诗会上的诸多合影照片，其中一幅是三位"归来者"的合影：在一片墨绿的稻田田埂，昌耀与诗人曾卓并肩站在前边，身后的居中位置，是体魄高大的牛汉用双手环搭着两人的肩膀，三个人的表情亲密融洽，笑容怡然。

但使昌耀成为"明星"的，则缘自他的一位常德小老乡——时在珠海一文学杂志供职的女诗人H。

那天乘车出行时，昌耀与H恰好就坐在了中间仅隔着一条过道的相邻位置。礼节性地闲聊了几句后，当昌耀得知H是他的常德老乡，顿时就来了精神，一边向H打问常德的一些情况，一边兴致勃勃地回忆起了往事。常德，正是昌耀的出生地。昌耀在此前虽然不知道H，但H则通过诗歌早就熟悉了昌耀，并且深怀敬意。见昌耀兴致如此之高，并且还不时流露出天真的神情，深受感染的H也同样开心，两人就这样浑然不觉地聊了一路。

H出生于1957年，在故乡常德生活至师专毕业后从事教师职业，1984年离开常德，先后在湖南的两家媒体任职，1989年调入广东珠海。还是在常德师专时，H就开始写诗，并参与了校园诗社诗报之类的诗歌组织活动。进入2000年以来，我断断续续地读到过H刊发在《诗刊》等刊物上的一些诗歌，感觉到她的作品虽然数量不多，但对于诗艺却有着深层次的理解和表现分寸上的精微把握，呈现着一种也曾阅历人生之后涵澹虚冲的上乘品相。

H当然也品尝过人生的酸涩，此时的她已经历了婚姻的变故，离异独身。

两位"他乡遇故知"的人就这样兴致勃勃地聊着，他们忘记了车上的其他人，可车上的其他人并没有忘了他们。这时，已经成了老太太的四川女诗人王尔碑，就突然那么心中一动。事后，王尔碑找到与她年龄相仿的另一位老太太——同H私人关系极好的广东女诗人郑玲商议，能否促成这两位独身诗人的一段姻缘。随之，其他的老爷们儿似乎也觉察到了一些端倪，包括孙静轩、黎焕颐等在内的一干诗人极力撮合，并尽可能地为两人提供单独相处的环境。比如，外出游览时就有意把两人留在了山上；回到宾馆晚上相互串门聊天时，又设法使两人待在一起，且不许他人干扰。这大致上都是这一帮老诗人们干的事。他们中的大部分人年龄都略大于昌耀，并且大都从20世纪五六十年代的诗坛上消失过。现在，苦尽甘来的这群人在昌耀这件事上，仿佛都成了一个个老顽童，极尽他们年轻时曾使用过的伎俩和勾当来促成此事，从内心深处希望昌耀这位小老弟，能有一个美满的个人生活。

因此，也是在这次诗会上，作为群龙首领的孙静轩竟侠肝义胆地表示，假如昌耀愿意，他可以通过自己的影响力把昌耀调到四川。

但这件事情和由此环绕的氛围，竟惹恼了另外一个人，这就是著名诗人蔡其矫。他当时并没有表示什么，但在昌耀去世后，北京的《阅读导刊》制作了一个题名为《让我们聊聊死去的昌耀》的纪念专版，面对记者的电话采访，蔡其矫表达了他显然是耿耿于怀的不满:"他这个人我不太喜欢,我和他本人有点接触,觉得他为人和为诗不大一致,有一个诗会上,他跟一个女孩有点亲密,别人对他有议论,他就非常愤怒。"

1929年出生的蔡其矫是一个在进入人生暮年之时,却依然青春焕发的诗人,热爱大自然、热爱女性、热爱一切美的事物。2004年,海峡出版社出版了一部关于蔡其矫的传记,书名就叫作《少女万岁——诗人蔡其矫》。以蔡老先生的世界观和个人风格,他应该是对此事最能表示理解的人,没想到他竟这般的不满,实在是让人费解。

然而,这次诗会上众人撮合下的"浪漫",并未带给昌耀什么梦幻。一个明确的事实是,昌耀在返回青海之后,曾写出过与这次诗会相关的诗文,但其中并没有H的信息。写于8月22日的《你啊,极为深邃的允诺》,曾让我把它疑似为写给H的作品,但其中的这段文字"而这时,你啊,如同每回已有过的感应,我及时听到了你能带给我走出危亡,给我信念与无穷幸福感的极为深邃的允诺",却否定了我的猜想。因为他与H从相识到分别仅一个多月,显然谈不上"如同每回已有过的感应"。再参照昌耀7月23日给浙江S的信中"你真是'仍然牵挂'我的一切么"这句话,此文倒仍像是写给S的。

那么,这说明了什么呢?这说明了H在对待这件事情上,负责任的谨慎态度和良好的分寸感,在未能决定走出关键的一步时,她不能让昌耀为自己白白做梦。

而昌耀呢？他虽然此时仍在为 S 做梦，但那大致上已是空幻的精神之梦。他与修篁已经有约定在身。

昌耀很快又有了与 H 第二次见面的机会，也就是这一年的 10 月下旬，"第三届国际华文诗人笔会"在广东的中山和佛山两地举行，昌耀又接到了与会邀请。但就在这之前，却发生了另外一件事：修篁因病住进了医院，病因一直不明。于是我们就在《昌耀诗文总集》中见到分别写于 10 月 12 日的《风雨交加的晴天及瞬刻诗意》和 11 月 23 日的《晴光白银一样耀眼》，这样两首以医院为场景的诗歌。诗中除了陪护"她"在病房和楼下花园散步的描述外，更有着对于疾病、治疗、生命、死亡的深层思考。

当此之时，昌耀一边履行着对于修篁伴护的义务，一边在回顾着"对话不畅"的交往和看不见希望的未来中，而渐渐地心生倦意，继而终于对修篁做出了这样的表示：要不咱们就算了吧，你也不能让我在你这一棵树上吊死。

这话要是说在修篁没有住院之时，似乎也就是一个平静的分手。对此，修篁后来这样对我说道："因为要等的时间太长，昌耀可能等不住了，我也认为他有另做选择的权利，我至今认为他的人格是高尚的。"但是，此时的修篁正在住院，这也正是她情感上最脆弱的时候，可昌耀偏偏就是在这个时候提出分手，这也实实在在地让修篁感受到了一次什么叫作"寒心"。

而昌耀则似乎是决意要把事情弄个清楚分明——在这里与

修葺把彼此间的关系交割清楚后,再去广东的诗会上,和 H 进行两人关系发展走向的认真探讨。

昌耀提前动身去了广东,珠海则是他的第一站。继而,他与 H 一起参加了诗会。在这次诗会上,昌耀做了题名为《诗人写诗》的大会书面发言。在这个发言中,他强调了"精神感召力"——他又称之为"众望所归"的神性——之于诗歌的重要性:"神性已意味着澄明、镇静、无惧,因拥有的生命意义而可带我们走出困境。"

这已越来越像西方那些大诗人,通过自身的生命困境,而对艺术本质做出透彻指认的那种境界。

而他与 H 的事情呢?在 11 月 28 日他从广东返回后所写的《今夜,思维的触角》中,传递了这样的信息:"那是在一个雨后红透的晚霞,面对大海,我们坐在防波堤上的一轮石椅……夜幕终于覆盖大海,涛声更迷蒙地倾泻在了海滨公园的草坪。灯火蔼然可亲。有两个孩子适时跑过来向我们售卖手中鲜花。我至今仍觉得那夜辜负了花仙子的好意。"

这是一幅与珠海有关的迷人、恬静的场景。虽然迷人,但却恬静。H 是能够让昌耀感觉到恬静的一位女性。

但 H 之于昌耀的信息仅仅就这些吗?我曾在电话中询问过她对昌耀的真实感受。H 的回答是这样的——

她首先认为昌耀与自己的生活方式差别很大。所以,两人可以做那种互为知己的朋友,而要结婚成家却很难。但 H 承认,她觉得自己与昌耀还是有缘分的,不但为昌耀动过心,也曾考虑过是否与之走出关键性的一步。假若昌耀是一个洒脱的人,一个拿得起又能放得下的人,那么,她就可以与昌耀不妨一试。她最终之所以没有这样做,是觉得自己走出这一步之后如果感到不行,还可以把脚收回来;而昌耀一旦走出这一步,就再也收不回去了。那样以来,对于已经伤痕累累的昌耀的打击,将是致命的。

H的这种考虑,无疑体现了一种深远的爱心。她此后果真就成了昌耀真诚的朋友,并为昌耀的婚姻和其他问题而操心费神。

2000年昌耀去世,心绪难宁的H,曾写下了一首疼痛深挚的诗篇:《千年之祭——悼昌耀》:

> 丧钟齐鸣
> 二十世纪最后一个悲情诗人死了
> 一个本质深刻的诗人
> 精神与肉体双重负重者、苦行僧
> "城市里的苦瓜脸"。他的存在
> 未能给奉行快乐原则的人们
> 带来虚妄的福音。但他的消失
> 却令这个失去根基的世界
> 重心倾斜,摇晃不定
>
> 诗人之死

> 为新千年蒙上驱之不散的阴霾
> 不会有第二个诗人转世再生
> 以悲悯救助之心,替人类有罪的灵魂
> 承受酷刑。不会有第二个诗人
> 用词语的魔力,将地狱硫黄之火
> 化作天堂的圣焰,烛照我们内心
> 幽闭抑郁的渊井。而生之惨酷
> 源源不绝,源源不绝
> 诗人啊,你高贵的歌哦已赋予
> 青山、碧水和长风。只留下
> 永恒的沉默,与时光对峙

毫无疑问,这是一个对于昌耀的精神艺术世界有着深刻理解的人,一个堪称昌耀知音的人,所写出的诗篇。

到了从广东返回一个月后的1996年底,昌耀与修篁的关系也进入了尾声。

昌耀不是已经提出过要与修篁"算了"吗?但这毕竟是长达4年的恋人关系,很难一句话就彻底了断。所以,从广东回来后,他又去医院看望修篁。此时修篁的病情已经查明,并且做了手术,随后还引发了一场轰动全国的医疗官司。怎么回事呢?原来修篁一直查不清的病情,来自数年前的一次手术后,因止血纱布留在了体内所致。修篁遂决定起诉医院,而昌耀,则以甘效犬马之劳的架势，帮修篁找来媒体的记者造势。后经《中国青年报》等多家媒体对于此事的披露，修篁最终打赢了这场官司。而通过这样的"并肩作战"，昌耀其实又把自己与修篁绑在了一起。

然而，修篁对自己最需要昌耀的时候，昌耀却提出分手一事伤心透顶。此时经人介绍，已相中了另外一个男人，这是一个有钱的商人。用昌耀给这位"情敌"的命名便是——"走江湖的药材商贩"。但此人却为修篁开出了令其炫目的价码——亦即修篁用报复性的快意，向昌耀这样炫耀：他答应在北京给我买房子，抚养我的两个孩子，还要为我打造一艘豪华游艇，带我周游全世界。

昌耀闻之目瞪口呆，然后找到他的"私人顾问"肖黛，第一句话就是："我完了。我被金钱打败了！"

接下来，我们从《昌耀诗文总集》中可以看到，他从1996年12月底到1997年1月底，为此专门写下了《我的死亡——〈伤情〉之一》《无以名之的忧伤——〈伤情〉之二》《寄情崇偶的天鹅之唱——〈伤情〉之三》这样三首诗作。而事实上，这个系列的诗作一共有五首，没有发表的另外两首，就留存在他的手稿资料中。以此足见这一情感地震在他心中的震痕之深。但这一次在昌耀心中引发的，不光是痛苦，更有一种几近于死而后生的精神裂变。

"今天是我最为痛苦的日子：我的恋人告诉我，她或要被一个走江湖的药材商贩选作新妇。"

对此，痛不欲生的他，首先做出了这样本能性的极端反应："与其清醒地承受痛苦，我实在情愿重新进入到昏睡状态，即便是一种偷安、一种藏匿、一种真正的死亡。死，也是一种自我保护。"不能承受的痛苦，使昌耀进入了对于死亡这样一种哲学性的体认。

"但我仍旧深深依恋着她，称她是'圣洁的偶像'。她本也是圣洁的偶像，而金钱才是万恶之源。"这是昌耀做出的第二个反应，认识论范畴中的激烈反应。"金钱乃万恶之源"这个原本古老的说法，却是20世纪90年代中后期，成为亘贯在昌耀诗作中最重要的命题之一。它虽然体现为昌耀自己的切肤之痛，但更是社会财富重新分配的这个年代，那些被称为"人民"的广大黎民百姓的屈辱和疼痛。曾经以人人平等为理想的这个社会，在20世纪90年代不但重新分化出富人和穷人、老板和打工仔，而且，金钱还以它的气焰嚣张之手，实施着对于底层百姓的精神宰割，诸种权利的剥夺。尽管这被说成是社会转型期一个阶段性的弊病，并且有着理论上的堂皇理由，但事实就是事实，是诗人从大面积的社会生态中，感受到的一个尖锐的事实。对此绝不愿意麻木不仁的昌耀，遂以鲜明的黎民百姓的立场站位，将笔触转入广大的社会底层空间，由此而在自己的写作中，集结出一个庞大的题材板块。对此，我将在后面专门论述。

　　我记得一个布道者的话：肉体只是生命的物质形式。

只是人的诸种形体之一。

那么，还应有生命的纯精神存在形式？

但我正因精神追求而痛苦。我无罪的肉体已为痛苦所株连，那么，永生的精神于心何忍？

我的物质形式消亡了，但我为之殉情的她还活着，——一朵花将为恶所玷污。

这是昌耀的第三个反应，仍然是认识论范畴中的反应，但却潜含着一个质变性的飞跃。"我的物质形式消亡了"是什么意思呢？联系前面的"肉体只是生命的物质形式"这个前提，这就是说，昌耀认为自己生命的肉体形态（物质形式）已经死去，而现在的他，则是以"生命的纯精神形式"而存在。尽管这个精神仍在罹受着痛苦，但它已经经历了"涅槃"，因此，来自世俗世界的伤害不能再对他构成伤害，它们只有在具备了形而上的意义之后，才能对他的精神世界产生作用。这也就意味着，在他的写作中，任何个人性的问题都不仅仅是一个人的问题，而必然折射着人类生命共同的处境和问题。

从生存的方法论这一角度来说，这是一个非常有趣的现象：昌耀在他多难人生的不同阶段，都要为自己寻找一个顽强活下去的精神"靠山"，或者心灵之神。在流放岁月以及"流放四部曲"中，他的靠山就是祁连山和青海高原的大地河流。在荒诞无聊的庸常生存中，他的靠山是"赶路"。在婚姻裂变的无家的孤独中，他的靠山是异性知音。而此刻，在金钱肆虐而使自己陷入肉体死亡的绝境,他又为自己联结出了"人类共同生命处境"这一靠山。因此,一直行走在狭窄人生长廊中的他,总能在陷入绝境之时,为自己转换出一个更为阔大的精神空间。正如他在"第三届国际华文诗人笔会"的发言:"神性已意味着澄明、镇静、无惧,因拥有的生命意义而可带我们走出困境。"这无疑是他的自话自说,是他以自己已经获具的"神性"而说出的话。

1996年12月,中国作家协会第五次全国代表大会在北京召开,怀着"被金钱打败了"的感觉,昌耀作为代表出席了会议。从青海作家代表团8位代表在天安门广场的合影纪念照片中看,本该有些沮丧的昌耀,却一脸的镇定。

4. 入赘穆斯林平民院落

昌耀在感情和婚姻上的双脚已彻底踏空,没有任何留待他去幻想的空间。就在这时候,昌耀突然有了一个连他自己都吃惊的发现——在婚姻问题上,他与任何一位文化女性都没有缘分。

这就是他的命。造化给了作为诗人的他,以过人的文化艺术才情,他必须将此拿来,与人间那些缺少文化的女人们分摊。现在,昌耀终于弄清了造化的旨意。

因此,在稍后参加青海省政协文史委召开的一个会议时,他与一位专治地方民族史的教授在闲聊中提出,希望对方能为自己介绍一个女友,并明确表示,最好是回族女性,因为在他看来,回族的妇女都比较贤惠、能干。

大概真是由于顺从了造化的旨意,这件事情竟出奇地顺利。就在1997年3月,他在给雪汉青的信中这样介绍道:"本月16日,我经一位教授介绍,结识了一位寡居的回族妇女,45岁,贩卖大饼为生,文盲、生有三个女儿……她五官端正,体形偏胖,不算丑,心地是善良的……她唯一的担心是我能否成为一个真正的穆斯林……"

信中所说的这位妇女姓王,按照青海人将回族中年妇女称作"阿娘"的习惯,我们且在此称她为王阿娘。

什么是"成为一个真正的穆斯林呢"?与藏族民众全民信仰藏传佛教一样,回族民众也是全民信奉伊斯兰教。所谓的"穆斯林",就是"教民"的意思。而要成为一个"真正的穆斯林",就要遵从伊斯兰教的礼仪习俗,包括饮食上的戒律。

关于这些问题,昌耀应该事先就考虑过了。所以,除了没有从形式上皈依伊斯兰教之外,其他的一切,他都遵从了伊斯兰教的日常生活规范。

1997年8月,昌耀与王阿娘正式结合了,并且,他还带着王阿娘前往北京,搞了一次郑重的旅行结婚。

旅行结婚需要数额不会太少的钱,而此时的昌耀则发了一笔意外的横财——这一年的6月份,他因刊发在上一年度第6期《人民文学》上的《昌耀近作》这组诗与随笔,而获得了《人民文学》的年度奖,奖金:8000元。他此番去北京旅行结婚,就有着领来这笔钱用之于消费的意思。

然而,历史常常有着惊人的相似之处,尤其是在昌耀这个始终都被命运监管、操纵着的诗人身上。

还记得1973年的元月,昌耀带着他的土伯特新娘子杨尕三游览西宁,在饭店吃饭时,提包给贼娃子提溜走了那件事吗?24年后,当他带着新婚的穆斯林王阿娘刚刚走进西宁车站时,又一次不知所措地发现,自己的钱包和身份证,给1997年西宁火车站上的窃贼顺走了。狼狈的他随之给《人民文学》的韩作荣打了电话,火车到达北京后,朋友们及时赶到,把他接走。

接下来的一些细节,足以体现昌耀对王阿娘的真诚和尊重。两人在北京游览时,有些时候是由《人民文学》的青年诗歌编辑商震陪同的。穆斯林吃饭有自己的讲究,所以,好几次用餐,都由商震陪同着专门前往牛街的清真饭馆。昌耀本来是一个绝对不愿麻烦别人的人,但为了王阿娘,也就管不了那么太多。到返回青海之前,他又为王阿娘购买了包括首饰之类的一些新婚物品。

这是一桩在诗歌界的朋友们眼中,很难理解的婚姻。远在珠海的H在得到昌耀最初的信息通报后,心中甚是凄惶,遂打算在老家常德给昌耀找一位女友,最终却因为没有合适人选而作罢。

而对于昌耀来说,这是没有了选择之后的一种选择,他太想有个家了。与王阿娘结合之后,他竟然又成了穆斯林人民的

"赘婿"——没有家的他，再次以"倒插门"的形式，入住在女方家中。

这段婚姻一共持续了 8 个月，并且还是一桩没有履行法律上的正规手续，而按伊斯兰教的习俗，由阿訇做了"口唤"的婚姻。1998 年 3 月，昌耀从王阿娘的家中搬出，又回到了他所寄居的办公室。

行文至此，我突然有些忍俊不禁：这个时候的昌耀，简直就进入了彻底的归真返璞之境。他就这样像一个皮实的皮球一样，忙忙碌碌地满世界打发自己，在一面又一面的墙壁之间弹来弹去，并且，还在青海这一多民族和多宗教的特殊文化场域：从杨尕三的藏族——藏传佛教，到修篁的汉族——佛教，再到王阿娘的回族——伊斯兰教，之间的弹动中，恍然成了民族修好交流中一位忙碌的民间特使；多种民族宗教的研修中，一位沉实的俗家弟子。

很好，命运在为诗人"脱魅"，把尊贵的诗人赶向大街，赶入滚滚红尘中灰头土脸的芸芸众生，让他在成为一个彻底的平头百姓之后立地成佛，显现大诗人的真身。

的确，昌耀居住了数个月的王阿娘家，位于西宁东关大街以回民为主的平民聚居区，从鳞次栉比的四合大杂院的上空看下来，黄土轧碾的半房屋顶波涛般起伏。沿着街巷铺开的，密密挨挨的穆斯林的各种生意商铺和摊位，以及喧闹嘈杂的市声，构成了一幅无与伦比的俗世风景。而在它的核心，则是国内著名的西宁东关清真大寺。

十九 "地底如歌如哦三圣者"

1. 鲁迅《野草》的投影

昌耀是在1992年7月离家出走之后,成为"大街看守"的,但他自己的"无家"状态,则应始之于1989年底,他与妻子杨尕三的分居开始。因之,从1990年初,他便开始了无家状态中"在古原骑车旅行"这样的漂泊。这也是他向着"大街看守"角色转换的过渡期。

也就是从这样的1990年开始,昌耀的写作中比较密集地出现了一种特殊的文体——类似于散文诗的不分行的诗歌。随着时间的推移,这种文体在昌耀的写作比例中不断放大,以至最终呈现出近乎垄断的态势。

对此,我专门做了一个数据统计,从1990年初到2000

年3月昌耀去世的10年间,《昌耀诗文总集》中共有166件作品。除去其中的诗论、诗集出版后记、访谈、散文等8件作品外,所余共158件,而这种不分行的诗歌作品,总数为79件,所占比例恰好为二分之一。

这在昌耀的同辈诗人中,是一种独一无二的特殊现象。

对于自己的这种写作,昌耀曾专门做过阐释,他明确地表示,他不认为诗一定要分行,"没有诗性的文字即便分行也终难称作诗。相反,某些有意味的文字即便不分行也未尝不配称作诗"。但这只是事情的一个方面,另一方面,他还指认了自己这种风格转变的深层原因:"我并不贬斥分行,只是想留予分行以更多珍惜与真实感。就是说,务使压缩的文字更具情韵与诗的张力。随着岁月的递增,对世事的洞明、了悟,激情每会呈沉潜趋势,写作也会变得理由不足——固然内质涵容并不一定变得更薄。在这种情况下,写作'不分行'的文字会是诗人更为方便、乐意的选择。"

由此看来,他其实更为珍视那种分行的诗歌。而他之所以不分行,则由于一正一反两个方面的原因:一方面是缘于对世事的洞明了悟,即使不分行的诗作,也会使之获具相同的诗意内质;另一方面,则是由于激情"沉潜"而心力有所不逮。因此,这种不分行的写作也就成了不可选择的选择——正如同他不可选择地成为"大街看守"。

因此,这里也就潜伏着这样一种逻辑结果:听命天意!

然而,他并没有意识到,这种写作风格上的巨大转折,则是他从人生和艺术上同步进入归真返璞的重大标志——由文人性写作之雅,而入大街众生题材之俗;由在艺术构成元素上"语不惊人死不休"的紧张、刻意,到大化流行的松弛,而进入随心所欲,大道独步之境。这正如评论家程光炜注意到的这样一种现象:"好的诗,其实往往都不是当诗来写的,而是当非诗来写的,也就是说,好的诗所要表达的意思一般都超出了诗的文体形式,超出了诗歌的局限。"

但是,这到底是一种什么样的文体呢?他在上述的阐释中,始终没有提到"散文诗"这一文体名称。

那么,什么是散文诗呢?《辞海》中的定义是:"兼有散文和诗的特点的一种文学体裁,是诗的一种。篇幅短小,有诗的意境,但像散文一样,不分行,不押韵。如鲁迅的《野草》。"根据这个定义,把昌耀的这类作品称为散文诗,应该是一个最准确,也最方便的说法。但很明显,昌耀拒绝这种归类,并且,昌耀在多次谈到鲁迅的这部《野草》时,除了仅有的一次缘于表述的方便而称其为"散文诗"外,也并不愿意把它归类为散文诗。如果与现今流行的散文诗做一比较,那么,《野草》中的大部分篇章,的确都与"散文诗"无关。

散文诗在当代已是一种公众熟悉的文体,20世纪80年代,不但出现了中国散文诗学会这类全国性的群团组织,并且在1986年还创刊了一份《散文诗报》。我不清楚昌耀为何拒绝把自己的这些作品归类为散文诗,而就我自己对当代散文诗浮光掠影的阅读感觉而言,它是一种方便的文体,一种易于畅怀达意并因诗化的文字而具"华彩"感的文体,犹如时尚的轻音乐。其标志性的范式就是"散文的叙事＋诗歌的抒情＋哲理的味精";再或者是"叙事的抒情化＋抒情的哲理化＋哲理的形象化"。而鲁迅的《野草》的确与之大相径庭,在这部包括了作为前言的《题辞》共24篇作品汇集的集子中,绝少诗化的叙事和哲理抒情。其中大部分的篇章,都呈现着诡谲的寓言故事形态,或者是离奇的梦境故事复述。仿佛庄子《秋水》现实与幻象的杂糅,仿佛先秦诸子拙朴的寓言故事。在梦境故事或特殊现实故事的超现实讲述中,弥散着不可名状的意味。

这与发展到了20世纪80年代的散文诗,几乎没有什么共同之处。

而昌耀的这类作品,竟令人惊奇地复合了《野草》的特征;或者说,那是时隔60多年之后,鲁迅《野草》的当代再现。

这里可以举一些简单的例子,比如昌耀诸多的这类作品,都是一种半梦半幻故事的复述,诸如《工厂:梦眼与现实》《梦非梦》《悒郁的生命排练》《醒来》《兽与徒》,乃至1983年的《排练厅》、1986年《内心激情:光与影子的剪辑》,等等。为此,昌耀还专门借用尼采的话表达了这样的感慨:"梦中,我们消耗了太多的艺术才能。"(《悒郁的生命排练》)而在鲁迅的《野草》中,竟然存在着一个由7件作品相互衔接的"梦幻系列",且每一件作品的第一行都句式相同——"我梦见自己在冰山间奔驰"(《死火》),"我梦见自己在隘巷中行走"(《狗的驳诘》),"我梦见自己躺在床上"(《失掉的好地狱》),"我梦见自己正和墓碣对立"(《墓碣文》),"我梦见自己在做梦"(《颓败线的颤动》),"我梦见自己正在小学校的讲堂上预备作文"(《立论》),"我梦见自己死在道路上"(《死后》)。

再比如,《野草》的《复仇·其二》中,讲述了一个古以色列时代的故事:一个"自以为是神之子,以色列王"的人,被以色列的兵丁钉杀在十字架上的残酷过程。由此映现出人性的愚昧、残忍和大恶。而昌耀在1985年所写的《巴比伦空中花园遗事》中,则讲述了一个古巴比伦时代的故事:一个巴比伦少年,为他们的国王在空中花园之上还要加造"九层别馆"这一奢靡之举,而忧心如焚,因为他已在这座通天悬苑的石墙基座中,看到了一道蛇形裂纹。在近乎以啼哭劝谏无果的情况下,为了巴比伦的臣民和百姓,少年纵身而起,将自己当作一颗铆钉,铆进了石墙中的蛇形裂纹,从而挽救了悬苑于即将坍塌。昌耀对这个故事的慨叹是,若干个世纪过去之后,少年"对王国的耿耿忠心反倒给虚无主义的现代人留下了可为奚落的口实"。

这两个故事的题旨虽然不同,但故事的东方古国题材和讲述方式,却是如此接近。

是的,昌耀是在接触到了鲁迅的这本《野草》后,创作思路发生了一次重大变化。但让人奇怪的是,在1990年之前,他竟然没有读到过这本书。

1994年11月,他在应一家报纸之约而写的《读书,以安身立命》这篇文章中,谈到了自己特别钟爱的四本书:惠特曼的《草叶集》、《聂鲁达诗文集》、陀思妥耶夫斯基的《地下室手记》和鲁迅的《野草》。继而专门谈道:"鲁迅先生的《野草》,是在数年前从街头一处席地而设的旧书摊以两角钱购得。哲人的深刻与冷峻,不仅以语言的,而且以思维的美感形式透射出锋芒。我为自己终于没有错漏过阅读当代中国最高水准的散文诗集而称幸。"——这是他唯一一次对《野草》使用"散文诗"的称谓。

而这个"数年前"又是什么时间呢?在他当年给S的一封信中可以找到答案:"鲁迅先生的《野草》尤其值得一读,非常深刻、非常富于引爆力,汉语文的韵味隽永之至。我一直想买此书而未得,幸不久前从街头一个地摊旁边经过时而偶然发现了这本久觅无处的《野草》,兴奋不已。"写这封信的时间,是1990年12月24日。以此可以确证,他是在1990年才读到这本书的。

然而,昌耀这种文体的写作,却始之于1983年。从这一年3月所写的《浇花女孩》到1989年的《骷髅头串珠项链》,已经写出了9篇。这其中包括与《野草》中一些作品风格和题材酷似的《巴比伦空中花园遗事》(1985年),《内心激情:光与影子的剪辑》(1986年)。

这说明了什么呢?我想这种从文体到内在意蕴与鲁迅蹊跷的不谋而合,象征着昌耀在连自己都没有觉察得出的无意识中，朝着鲁迅所在的那个方向和位置的趋近。

这也是中国当代文学艺术界的一个特殊现象：无论是作家、诗人、艺术家、学者，他们长期潜心于自己的专业领域，并穷尽目力地在各自的领域逐渐对应出一个大师系列，但是，当他们一旦进入优秀或重要，一旦从自己的专业领域进入思想家的思考方向，便无不九九归一，在对鲁迅的重新发现中，归流于说不尽、读不完的鲁迅。比如，既是20世纪80年代艺术上的叛逆者和浪子，又在东西方文化艺术史上堪称饱学之士的旅美画家陈丹青，在进入21世纪后所推崇的第一人，便是鲁迅。

尽管1990年之前，我们在昌耀提供的他的阅读信息中很难找到鲁迅的影子，但却可以发现他的那些诗论、随笔类的文章中，与鲁迅在语言文字和行文风格中的契合。譬如共同的文言文、民间方言的生僻语词色彩，正常语词顺序的倒置，由此形成的语体风格的枯涩、古奥和大树之根的那种抓着力和奇崛感。

有一个语词引起了我的极度好奇，这就是昌耀写于1980年的《慈航》中，"摘掉荆冠／他从荒原踏来"中的这个"荆冠"。这是一个字典或辞典中没有的语词，我曾一直以为这是昌耀相对于"桂冠"一词的一个首创。然而，也就是在《野草》的《复仇·其二》中，却有着"兵丁们给他穿上紫袍，戴上荆冠"的"荆冠"。仔细想来，这应该是在《圣经》之类的典籍中出现过,从而为他们特别留意记取的一个语词,以此可见两人对这种冷僻、刁钻语词共同的注意力和特殊兴趣。

还有一个类似的个例,在昌耀1993年所写的《我见一空心人在风暴中扭打》里,出现了"女吊"这么一个语词:"一袭白色连衣裙,悬空吊晾在摩天楼台。啊,这女吊,孤零零,正随吊钩飞旋……"这个语词,也因为极少见而使我一直耿耿于怀。然而,当我再次翻阅鲁迅的《且介亭杂文末编》时,却发现其中一篇文章的标题就是叫作《女吊》。

根据鲁迅在文章中的说法,女吊是绍兴地方戏中对女鬼的称谓,但作为绍兴人的鲁迅,却对这个词的源流与内涵并不十分清楚,所以,他又这样写道:"'女吊'也许是方言,翻成普通的白话,只好说是'女性的吊死鬼'。"当然,从鲁迅在这段文字前的交代来看,更确切的翻译似乎还应是"含冤上吊的复仇女鬼"。而根据我为这个词所做的专门查询,昌耀老家的湖南常德地区没有这个"方言",但他在对这个词的使用上,却几乎有着脱口而出的熟悉。那么,他使用的这个词的出处应该就在鲁迅这里。但我想由此体现的,则是他如同鲁迅一样的,对于一个生僻而又体现了某种特殊情态的语词,共同的敏感和兴趣。

2. 底层世界的超凡众生

在论述了昌耀与鲁迅之间诸多相似和疑似的共同点后,我要表达的核心问题是，1990年之后的昌耀，与1925年前后写作《野草》时期的鲁迅，处在大致相同的精神问题和艺术观念变革后相似的走向中。他们面临的共同问题，就是理想在现实中反复受挫后精神的大苦闷，以及生命的虚妄感与虚无感。进一步地说，是那种大苦闷击穿精神底线后的绝望感。

　　人类的思想者和艺术家们到了这一地步后，世界观都会发生不同量级的重要变化。轻者比如鲁迅，他在《野草》中的《希望》里这样写道："这以前，我的心也曾充满过血腥的歌声：血和铁，火焰和毒，恢复和报仇。而忽而这些都空虚了，但有时故意地填以没奈何的自欺的希望。"而就在这样的绝望中，他借用匈牙利诗人裴多菲的诗句，表达了自己置于绝望之地而后生的奋力挣扎："绝望之为虚妄，正与希望相同。"也就是说，他在绝望之后更执着地寻找希望。

　　而人类历史上伟大的释迦牟尼，则在对于人生虚无感致命性的体认中，进入了宗教，创立了安放精神和灵魂、普度平民众生的佛教体系，作为对苦难尘世永恒的解脱之道。

　　而昌耀呢？由此出现的一个重大转折，则是世界观上的亚宗教状态。其标志性特征，就是经历了精神底线被击穿的"情绪死亡"后，对由权力、利禄、规则混成的体制世界，由金钱拜物教主宰的物欲世界，从心理网络中的删除。转而对尘世最底层那一聚集着芸芸众生的世界，从精神和心灵上的确认与融入。这是一个被体制的现世关怀抛弃了的世界，又是一个宗教的悲悯、救赎，乃至自我澄澈之道显示功能的世界。而昌耀正是在这一最广大的尘世黑暗中，感应并看见了那些扭曲残损生命内部的亮色。

于是，在昌耀那些用不分行的诗歌来表述的世界，在中国当代诗歌的物象谱系之外，就出现了一个特殊的都市底层人物和物象系列——他们甚至不是通常意义上的平民百姓，而是一个带着"异相"，甚或是"灾变异相"标记的人群和物类：

边城黄风中推着婴儿车的老妇人；监狱工厂中忠诚于劳役职守的囚犯；"以手掌代步浪迹国土"的残疾乞丐；摩天楼台外狂风中扭打的"女吊"（白色连衣裙）；深夜街头因"憋闷极了"而发出长嗥的"灵魂受难者"；在"通向天堂的木梯上"，因受到干扰而愤怒复仇的青蛙似的小动物；城市落日余晖中目空一切，高视阔步的挽车马队；都市过街地道中的独腿艺人、盲眼笛师、流浪儿童；马戏班场地外与蟒蛇对吻的小男孩；垃圾堆前刨食、误将避孕套当作"肉虫"美食的母鸡；在寒冬清晨空荡荡的大街上蹬车疾驰，以雄豪的男中音歌唱的大块头女人；婚纱影楼橱窗前欣赏红粉佳人玉照，因受到干扰而表现出高贵愤怒的蓬头垢面的乞丐；雪后空旷的厂区推着铁斗煤车的小男人；城市红灯区眼神复杂的三陪女；躲进"曾有三代人悬梁自尽的老屋"，又"追随冥冥中的祖辈而去"的乡下女人；街区中"剔刀磨剪子"的民间工匠；深夜商店门窦席地而坐，抱头抽泣的孩子；医院中鼻梁四周用红色涂料标明"镭照射野"的癌症患者；以男女携手环围的踢踏舞，父子"探颈交互抱吻"，呈现"普遍的人性之爱"的土伯特艺术家；

公共浴池中披裹浴巾，盘膝对坐聊天的老人；遭受电殛的树懒似的童话人；城市中拾荒的农民；街市中拄着双拐穿行的孤苦母女；油腔滑调的乞丐；临刑前愚昧天真的少年犯；神经与思维被无妄之灾所控制的中年妇女；用导盲手杖的末端在大街金属护栏上叩击出"音乐之路"的盲人……

是的，当体面的体制世界的风景，无一不发生了霉变之后，处在社会底层那一广大的黑暗区，遂在昌耀的笔下一一显相，并生发出异相之美的光彩。

——那是在一个民间马戏团演出场地附近出现的一幕：演出结束后，马戏团的一个小男孩带着他演出时的道具和伙伴——一条盘缠在他脖颈上的粗壮的大蟒蛇，来到围帐之外溜达。也许是刚才讨好观众的过分表演，伤害了蟒蛇的"情感"，而小男孩要对它进行安抚；或者是彼此间已冷落了许久，小男孩要带着他的这个伙伴亲近逍遥一番，于是，在走出了他们共同谋生的表演区后，小男孩以双手在蟒蛇头颈上的交替摩挲，表达对自己这一伙伴的爱抚。

一条以凶残的冷血动物而著称的粗大蟒蛇，一个人类种属中的烂漫少年，假如在他们各自生命的正常轨道，都可能成为互相躲避或互相攻击的敌人。然而，就在这个时候，令人为之动容的一幕发生了：只见那条在我们的感觉中，根本不可能懂得人类情感的蟒蛇，却在这样的爱抚下——

圆睁双眼，口中，不时抽动的信子电闪一般频频朝向孩子，仿佛是一种讨好乞怜，一种问询，一种近似阿谀的试探。

感觉到了那种呼唤。那孩子噘起嘴唇与之对吻作无限之亲昵。他微微启开圆唇让对方头颈逐渐进入自己身体。人们看到的是一种深刻而惊世骇俗的灵与肉的体验方式。片刻，那男孩因爱恋而光彩夺人的黑眸有了一种超然自足，并以睥睨一切俗物的姿容背转身去。

蟒蛇不同于猫狗之类这些人类的近亲，但是，两个互相排斥的生命于此却演绎了一场超越生物种属，甚至是高于人类的情感交融。这样的奇迹之所以能够发生，在我的解读中则有着一个重要关节，就是缘于他们共同的生命背景：蟒蛇是脱离了它们野生种属家族的"孤儿"，男孩则是自小就失去了受教育的机会，被排除在同龄伙伴之外的浪子。不光是小男孩，即便是这条蟒蛇，其生存都有着靠在马戏团的演艺中讨生活的性质。相对于各自的同类，他们的天性无疑都受到了更深的潜在伤害，而又正是由于这种共同的命运，才使他们成为这个世界上唯一相依为命的一对。而蟒蛇之于小男孩口吐信子的"讨好乞怜"，以及最终达成的亲昵的缠绵，则确凿地显示了低等级的生命比之高情感的人类，有着更深刻的情感渴望和灵魂能力。

当然，这是由昌耀为我们揭示的生命与灵魂的秘密，是他在这一中国的吉卜赛群落，以一位底层诗人内心的光束，所映照出的那么一个奇迹性的瞬间。

于是，这个小男孩脖颈上盘缠的大蟒，恍然就成了盘架在演奏者脖颈上的萨克斯管，而这个小小的江湖浪子，就成了矗立在城市街头"少年萨克斯管演奏家的优美造像"（《与蟒蛇对吻的小男孩》）。

在《地底如歌如哦三圣者》中，昌耀又描述了发生在人与人之间的类似的一幕。

那是在以北京为原型的"一座举世闻名的都会"的地下过街通道，由三个"异人"构成的一幅"异相"。此时正是日近黄昏，原本充满熙熙攘攘人流的过街通道，因着行人的各自回家仿佛被突然抽空。夕照在地表之上投射的金光，却对这"地下"通道形成了"强光之遮盖"，而使之恍若晦明参半的"隐者的洞窟"。

这样的日暮时分，世界上所有有家的人都已回家，或正在往家中匆匆赶路，仿佛只剩下这样的三个人：一个体魄高大的独脚男子，一个吹笛的盲眼青年，一个懵懂的流浪儿童，来吞咽无家可归的凄惶。从各自的神情来看，这是三个相互之间没有亲缘关系的人，他们被苍凉的命运之风吹撒在茫茫尘世，又被不可知的机缘吹聚在了一起，构成了一个显然是在独脚男子的主导下，经过磨合的小世界。因此，恰恰是在这样的一个时分，他们开始了似乎是每天必修的精神日课：笛声响起了，看不见独脚男子的面部表情，但从他腋下架着拐杖站立的、那份有"老军人的坚毅"的背影，却可以想见他对笛声中的境界沉入之深。而相向而坐的盲眼吹笛者,"不时眨巴的布满云翳的眼窟神采飞扬","使人相信他决计将自己理解的对于艺术的真诚全数奉献于面前这位不可视见的至尊导师"。而那个小男孩,则根本不知道忧虑和不幸为何物一般,交替以两人为圆心,口中呜呜有声,舒心地奔跑欢叫着。

这样的三个天涯沦落者,他们被地表上的世界所抛弃,却在这座大都会的"地底",以彼此心灵间的默契与仁爱,获得了置身于天堂般的怡然与自足,那是在"高山流水"的吹奏与倾听之间,被音乐化和天堂化了的境界。

以上的两个场景,是发生在底层众生中,温暖的情感故事。而在《灵魂无蔽》中,昌耀却记写了一个乞丐高贵的愤怒。

这是一个比之其他的同类来,似乎患有深度精神病症,因之身体体能条件更差的乞丐。他不但从来都是蓬头垢面,鼻孔下拖拉着长长的绿涕,而且经常上身近乎赤裸,破损撕裂的裤裆需要不时腾出手来捂盖。寒来暑往,他永远地跋踏着一双破鞋,永远地神情沉默。但就是这样的身体条件,他却耻于像其他乞丐那样低三下四地去乞食,而是从沿街的果皮箱中翻拣扔弃物以充饥。因此,在好几个隆冬到来之前,诗人都预感到再也不会见到他了,但他总是出人意料地活了过来。这因而使诗人为生命承受磨难的潜力而惊叹。

但让人深感意外的是,在一个雪融春暖的正午,当诗人行至一座婚纱影楼的橱窗前时,看见这个乞丐手捂前裆,正神情专注地盯着橱窗内一帧红粉佳人的玉照。这样的一个人,在他常规性的生存指数底线早已被击穿后,竟"还保留着对于美的感受能力"!

令人更为惊骇的一瞬就在这时发生了,当他从橱窗玻璃的反光中觉察到诗人在他身后出现,感觉到自己"美的沉浸"被干扰,遂猛地回过头来——"烧得火红的白眼仁里心灵的炭火竟喷发出轻蔑与愤怒"的烈焰,然后,不置一词地扭头而去。

这样的表示真是高贵至极,真可谓"至高轻蔑乃无言"(林锡纯诗句)。在这样的一个瞬间,仿佛无意中干扰了他的诗人,更包括物欲滚滚中的红尘,都不值得他正眼一顾。

这个时候,我们会突然意识到这位乞丐精神上的强大。人在精神上的强大与渺小,取决于其欲念的大小和对外物的仰仗程度。欲念愈大,仰仗程度愈高,其自身就在"仰人鼻息"这一成语的表述中便愈发渺小。而体制世界的权力者所要建立的,正是这样一种赐予和仰仗的关系,在对于仰仗者的赐予中实现精神上的支配。社会底层的乞丐世界虽然摒弃了体制世界那种名利渴望的仰仗,但行乞过程中屈辱的低三下四,仍然带有精神上的求告性质。因为他们必须依靠他人物质上的赐予才能存活。而昌耀笔下的这一位,在他宁可捡拾扔弃物以果腹而拒绝乞食时,他和这个红尘世界的依赖关系已彻底解除。这就意味着,除非他的肉体生命被夺去,已经没有任何东西可以在精神上对他实行支配。

活到这样一种状态中的人,是一种什么样的人呢?从社会学的角度上说,一个完全和社会解除了依存关系的人,便进入了社会学层面上的情绪生命终结——情绪生命死亡。但这个人,他奇迹性的生命形态则在于,在他已经进入这样的死亡之后,他的精神生命,却与红尘世界中的美直接对应。也就是说,在摒弃了对红尘世界的物质依赖之后,他的生命,只剩下了对于红尘世界美的感应功能。富有意味的是,除了因自己对于美的审视被干扰而瞬间一怒之外,他既不睥睨这个世界,也绝不仰视这个世界,而是以"踽踽独行"的低姿态,在精神上呈现着与这个世界的平行关系,显示着生命历经涅槃之后高贵的超然与镇定。

然而,在面对这样一个形象时,另外一个问题却凸现出来:这是一个可以接受深度分析的人物,却又是一个拒绝接近、拒绝考察、拒绝心灵探视的人物,而昌耀,又何以能直接切入其生命中封闭得最深的那一世界呢?

我想回答应该是这样的:他是昌耀自己心灵和精神世界对应性的书写。

无疑,昌耀这一人物世象系列的写作,集中地体现了他作为一个诗人的底层关注和平民情怀。但题材并不决定作品本质。尤其是当某种题材成为多种选择中的一种选择时,它什么也不说明。然而,当这种题材成为诗人不可选择的选择,它便意味着这位诗人灵魂性的光束聚焦。

其实,昌耀以上所描述的三幅图像,并不显示特殊的题材性质。因为它们都是太普通的存在,因此而在我们的视觉疲劳中，浑浊为无法对神经系统产生任何作用的灰色。所以，当这样的三幅图像（包括整个底层人物系列）在昌耀笔下形成强曝光时，便无疑显示了昌耀自己精神世界深处的复杂信息。他们是昌耀笔下客观记写的人物和图像，却又分别是带有主观性质的昌耀自己心灵体认和解读的结果，因此，他们便成了昌耀自己诸多个精神心灵图像的分解和外现。

《与蟒蛇对吻的小男孩》中，人与动物之间的爱，即便是冷血动物也所具有的爱的能力；《地底如歌如哦三圣者》中，流浪者之间由爱与音乐组成的和谐的小世界；《灵魂无蔽》中自绝于俗世之外的乞丐之于美的高洁意念……这一切，既是现实生存中的昌耀所匮乏的，又是因着匮乏而渴望，而用自己渴望的心灵分泌出来的幻象。

于是，在探究这一底层群体"活下去"的理由时，我们从昌耀的这一系列作品描述中，得到了这样的答案：

是爱拯救了人类。

是美拯救了人类。

是艺术拯救了人类。

搞清了这个问题，我们就会明白，此时已无家可归的昌耀，在诗集出版的问题上一再受挫的昌耀，在婚恋情感上一再受到重创的昌耀，当他发出了"既没有可托生死的爱侣，更没有一掷头颅可与之冲杀拼搏的仇敌，只余隔代的荒诞，而感觉自己是漏网之鱼似的苟活者"（《深巷·轩车宝马·伤逝》，1994年）这一绝望之声时，他自己的生存动力和创作动力，他艺术世界发生巨变的根由。

是的，正是这样的写作，使曾经一再否定意义的他，在否定之否定的认识论的艰难行程中，感受到了意义之于世界基石般的重力与定力，并于1995年春节伊始的新雪中，写下了《意义的求索》一诗：

> 疏离意义者，必被意义无情地疏离。
> 嘲讽崇高者，敢情是匹夫之勇再加猥琐之心。
> 时光容或堕落百次千次，但是人的范式
> 如明镜蒙尘只容擦拭而断无更改。
> …………
> 灵魂的自赎正从刚健有为开始。
> 不是教化，而是严峻了的现实。
> 我在这一基准确定我的内容决定形式论。
> 我在这一自信确立我的精神超绝物质论。
> 时值乙亥年正月初二早晨我见户外漫地新雪。
> 再三感动。我投向雪朝而口诵洁白之所蕴含。

那么，这应是昌耀在绝望、虚无之至的境地，对灵魂自赎之道的豁然了悟。

在此，我愿意转述一位名叫白绍兴的读者，在1998年写给昌耀的两封信中，就这一问题的相关表述：

绝望是进入伟大的法门,只有世俗的大门关闭了,天堂的大门才打开。伟大是和绝望成正比的,人们绝望的程度,也正是人们伟大的程度。《说文解字》中说"真"是人死亡以后升天的样子,真理是死亡以后的事情,而伟大的作品也是死亡以后的产物。什么样的死亡?当然不是生命机能的死亡,而是"情绪死亡",也即我们常说的"绝望"。

白绍兴还这样指出:

超越了极限的苦难,使您钻破了生命与世界沟通的壁垒……您的生命具有了您抒写对象的性质,对象已进入了您的生命中。

…………

曾经如此物质化的您,现在已音乐化了。这说明由于苦难的洗礼,您的生命已经非常的纯净、圣洁了。

以上的这些话,是有关昌耀艺术世界的体认中,近似于"道破天机"的指认。最终我们将会看到,一个行走在澄明的"音乐之路"上的昌耀。

二十　一个中国诗人在俄罗斯

1. 世纪末涛声中驶向深海

纵观昌耀整个的艺术生涯我们就会发现，从朝鲜战场上的诗歌起步，到 20 世纪五六十年代有关黄河的抒情，到 1979 年复出后的流放四部曲，到 80 年代中期"新的风景线"的赞美……他一直是一个民族主义或国家主义立场上的诗人，直至 1993 年写出《大街看守》，大规模地进入社会底层芸芸众生的书写，他才从国家主义诗人的立场上遁出，将自己"混迹"于街头流浪汉们的行列。

也是从这个时候开始，曾经使他处于激情、紧张中的日子开始变得松弛。在商品主义彩色气球蔽空招摇的大氛围中（他在 1999 年所写的《20 世纪行将结束》一诗中，更把它称作

"华夏族群自杀式的堕落"），已经很难有什么对他的国家主义情结，形成精神上的召唤。

　　他拒绝遁世，遁世却成为他不可选择的选择。虽然他正是在这样的遁世中，实现了对于社会底层更深刻的进入，并由此呈现出一位大诗人才具有的精神化境，但对他而言，这样的写作绝无痛饮光明的惊喜与激动，相反，那还是一种痛苦得漠然之后，他自己的常态生命书写。

　　在这样的背景中，他在情感婚恋问题上一波三折的忙忙碌碌，也就有了通过形而下的世俗之道，获得自我救赎的形而上的色彩。然而这样的忙忙碌碌最终都成了碌碌无为，这似乎使他进一步体会到了日子的索然寡味。

　　1997年9月，他在给友人雪汉青的信中这样写道："我生活得并不如意。我以为自己只在履行人生在世作为一个不如意者的种种义务，尽可能有一个好的交代，其中包括对我的家属……

　　"我终日都难摆脱焦虑。出于自我保护的本能需要，我将大部分时间用于练习写大楷，只在偶尔心有所动的时候写点千字左右的小文章（然而，写了也就写了，并不急于整理，一年来已写了三十来篇）……"

　　是的，就在这种情况下，昌耀又为自己琢磨出了一个解脱之道——练习书写大楷。这也就意味着，在精神上每每陷于走投无路之时，他只能通过艺术以实现自救。

　　我在前边介绍过昌耀的伯父和五叔极见功力的钢笔字，而昌耀的钢笔字也同样可堪称道，有一种脱化于法帖渊源的规范和老道感。他通常惯用行楷，其字体形态属于鲁迅书法那一路，呈现着敦厚、拙朴、内敛的颗粒状。快速书写时笔画流畅而不轻飘，在绝无苟且点划的简约自然中，保持着饱满的笔意。这似乎与他儿童时代私塾课业中练习大字的童子功有关，当然也来自他个人的天资禀性。

其实在20世纪80年代初期，昌耀就曾练过一段时间的大楷——在旧报纸上临摹颜真卿。写满一张，放在写字桌的右下方，累积到一两尺高时再打捆移走。有一次，他还拿出最下面的和最上面的字向我分析比较，认为练习书法是一个日积月累的功夫，觉得自己的字已在不易觉察中有了长进，然后颇感慨地告诉我，练习书法最好还是用宣纸，这样才能更准确地感受笔墨在纸上的洇渗效果，训练笔墨控制能力，只可惜用宣纸练字太奢侈，一般人用不起。

还记得1980年的一个中午，我去家中找他时，他刚从外边回来，手里卷着一卷书法，并且罕见地小脸喝得通红，一副兴致勃勃的样子。他说是上午文艺界为即将离开青海的朱乃正送行，朱乃正现场写字分赠友人，特意给他写了两幅。他随之将书法展开，为我品评了一番之后说到，把字能写到这个地步也就算是行了。然后他将书法卷起放进书橱里，有一种很珍惜的感觉。

如果说他20世纪80年代初的这段书法练习，带有一种提高自己的用意，那么，他90年代的修习书法，更多的则是为了排遣。

也是在这一时期前后，昌耀在青海省文联系统，似乎给自己搞了另外的身份归类。从他留下来的大量照片看，身为诗人、从属作家协会的他，却与美协、书协和摄影家协会的人过从甚密，打得火热。这些照片中，或者是他与当时的省书法家协会主席王云等人神采飞扬的交谈；或者是他穿着印有"青海摄影"字样的紫红马夹，与摄影家协会的采风团成员，在会议室听取情况介绍，并煞有介事地低头做着记录；或是在青海石油局敦煌生活基地的宾馆前与众人合影；再或者，是他以敦煌的鸣沙山为背景，为一少女模特拍摄的肖像。除了照相机这个道具，昌耀的书法似乎也练出了火候——起码是他觉得已到了敢于在公共场合现场题字的那种程度。所以还有几幅照片，就是在一个茶话会的场合中，他以正楷大字，神态专注地当众题字。案头旁边，放有朱红印泥和印章，且有工作人员在一旁伺候端详，一副专业书法家的模样。这样的情景让我心生感慨：昌耀的诗歌和在其他艺术门类中的光彩，竟然都是由苦闷的日子和无聊的日子逼迫压榨出来的。

昌耀就是在这样的艺术移情中，换取对于无聊的遗忘。但两三年后当他躺在病床上，突然觉得尚有诸多设想中的写作——比如一个中篇小说规模的自传已无力完成时，却对身旁的友人自责不迭，叹惜自己不该在书法练习中浪费了太多时光。

但无论日子是多么无聊，1997年对于昌耀来说都是一个大年份。我在前边已经说过，这一年的6月，他先是获得了《人民文学》的年度作品奖；8月份，又带着新婚的王阿娘前往北京，搞了一次郑重其事的旅行结婚。而9月中旬，他又在西宁迎来了一位特殊的客人——睽违了6年之久的S女士。

此时仍在杭州一报社任职的S，是跟随一旅行社组织的"丝路之旅"旅行团，沿青海、甘肃、新疆的"丝路"线路来旅行的。从昌耀保留下来的信件看，在1992年6月他与S的情感往来中断后，经过一段时间的情绪调整，两人又断断续续地有了书信往来。1996年，S还应昌耀的要求，寄上了自己的"近照"——在马来西亚旅行时的两帧留影。可以想见，此时的S已过上了可以时而选择旅行社出门远游的日子。

S来了，见面的地点选在了其住宿的宾馆大厅。想来S早在启程之前就把这个信息告诉了昌耀，虽然这已远非当年那种满怀期待的会面，但昌耀还是为这位特殊的友人做了得体的礼品准备：一本诗集，两瓶体现青海特产的虫草酒。另外一件礼品颇为特殊，是昌耀请一位金石家特意为S女士刻制的印章，边款上的记事文字为"S·Y女士青海之旅志念　昌耀赠　石涛刻　一九九七年九月十日"。S无疑从中体会到了一种分量，这因而使她陡然间"心中涌起一份受之有愧的感伤"——S在数年后有关昌耀的一篇回忆文章中这样写道。

往事肯定并未如烟散去，但此时的昌耀却风轻云淡，在平静真挚中显示着一种真君子的仁义和仁爱。

也是在1997年前后的几年间,当昌耀的写作从那种精神冲突的重力绞杀状态趋向松弛散淡时,他在中国诗坛上的天地,却意外地宽敞起来。命运对他难得地显示出了喜剧性的面目——他的作品发表不但不再成为问题,甚至还显得供不应求。国内的一些重要刊物,尤其是《人民文学》,时而会以十多个左右的页码,对他一个年度内的作品实施一次性的"垄断"刊发,该刊对一位当世诗人如此的礼遇,在其编辑史上应该说是极为罕见。

放眼此时的中国诗坛,我们看到的是迥异于20世纪80年代的另外一幅场景。这个时候,以北岛为代表的众多朦胧派诗人,不是成批地远走异国他乡,就是在诗坛上偃旗息鼓,而转向随笔、小说类的写作。再稍微往下的第三代,则在商品主义时代的风潮中转型或分流,一部分人成为自己文化公司的老板,或别人公司的文化经纪人;另一部分则在进入"中年写作"中,以诸如此类的理论,开始为自己在文学史上寻求定位。更年轻的一代已经登场,他们在呈示着艺术上的冲击力的同时,已不学而能地致力于名分的炒作。而昌耀的同辈诗人或再稍上一代的诗人,绝大部分已失去了艺术上的活力。失去了艺术活力的老诗人们,反而对中国新诗的方向、路线之类的问题,多了一重监护者的使命感,时而痛心疾首地对诗坛现状,对年轻一代的写作发出抨击。

这样的抨击,在1998年于江苏张家港召开的全国诗歌座谈会上，形成了一个小小的高潮。昌耀也参加了这个会议，并且还在大会上做了题名为《急于想说的话》的书面发言，但他发言的主旨，则是为当下诗歌的辩护，并赞成"以不争论为好"。

然而，新的争论接着便开始了。这次诗会上老诗人们刚刚展开了对先锋诗人们的抨击，紧接着的1999年，中国的先锋诗人们，又在北京平谷县（今平谷区）盘峰宾馆的一个诗歌会议上，以"知识分子写作"和"民间写作"的名分，开始了先锋诗人内部的争论和攻击。

此时的中国诗坛，是一个注定了要发生论争的年代。虽然这是两个看似偶然的论争或者事件，但从中国诗人的生长氛围和秉性看，这两场论争的发生又有着必然性。此时20世纪行将结束，在面对世纪末的盘点时，谁将进入文学史，以什么样的定位，什么样的形式，多长的文字表述进入文学史？这种潜在的焦虑，成了这两场论争的曲折动因。

出国的走了；分流的流了；风头正劲的和已经写不动的，开始了名分的哄抢。那些嗷嗷叫的更年轻的一代，还没有在经得起推敲的意义上长大成人。这个时候，在1930年前后出生的老一代诗人中，昌耀与牛汉等寥寥可数的几位诗人，就成了硕果仅存的一代。如果说，作为良知和硬汉象征的牛汉，早已受到了诗坛的普遍推崇和敬重，那么，此前仍处在模糊状态中的昌耀，此时也已水落石出。

对于中国的批评界和学术界，昌耀一直是一个艰涩的命题，他诗歌中苍茫的人文地理和历史背景；他避开公共诗歌资源和艺术方式，卡通巨兽般在"艺术史前区"的诗歌再造，曾经长期地造成了他自己"不可阐释"的尴尬。而此时，他的尴尬则成了学术界的尴尬——面对当代诗歌史上一个无论如何都再也绕不过去的诗人，却无法做出有效阐释的尴尬。这情形若用小品台词来表述，就叫作"太伤自尊咧"。

在这种情形下，诗歌界诸多诗人对于昌耀及其诗歌的敬重，则变成了对于学术界和"文坛大人物"们的不满与愤怒。1995 年，身居新疆的著名诗人周涛在当年第 4 期的《绿风》上发表了一篇题名为《新诗十三问》的文章，挑衅性地向诗坛抛出了 13 个问题或者叫作质问。其中的第 12 个问题是："如果说诗歌界或诗歌评论家不懂诗，是不是能算刻薄之词？"这仿佛是一个铺垫，紧接着的第 13 个问题便是："诗人昌耀以其四十年的成就活在当世，'两鬓苍苍十指黑'，'心忧炭贱愿天寒'，请问识人者谁？那些有影响力的文坛大人物都在干什么？"

对周涛的这篇文章，1997 年第 2 期的《星星》诗刊又做了转载，并对"十三问"所提出的问题，展开了为时近一年的讨论。周涛文中就昌耀不平之鸣的声音随之进一步扩大。

然而，周涛并没有到此为止，1997 年 6 月，他又写出了题名为《再谈新诗问题》的文章，先是刊发在 8 月 19 日的《新疆经济报》上，继而又在同年第 12 期的《星星》诗刊上发出。这篇文章，似乎就是要把昌耀的问题专门展开来理论一番。

周涛在这篇文章中写道:"昌耀是大诗人,无论从品格、阅历、学识,还是才华、成就诸方面看,都是与艾青、臧克家这样的大师并世齐论的诗人。"

"昌耀的诗之所以好,恰在于他的熔现代诗精神与中国古典诗歌本质于一炉的独特创造,还在于他的诗不是外国现代诗流派的汉语副本,而是从自己的生命、土地当中呼吸了时代风云长出来的,他不仅吸收了古典诗歌营养,还吸取了民歌民谣。我还要强调的一点是,正因为昌耀的诗与新诗发展的主潮形态不一致,所以才屡遭误解和偏见的排斥……放着那么多号称'诗歌理论家'的人都在干什么?写一点应景的,巡礼式的玩意儿就能称理论家吗?"

"新诗的地位首先是大诗人的地位。如无艾青、臧克家等诗人的存在,新诗的地位可以想见;现在我们有了昌耀,为什么一定要让他死了以后像穆旦一样被'挖掘'出来呢?"

周涛这位曾经以书写西域大地上的《野马群》而著名的诗人,此刻仿佛一位骑士,朝着"有眼无珠"的理论家和大人物们的头顶,就这样抽去一记"炸鞭"。

昌耀先是在《新疆经济报》上看到了周涛的这篇文章,并就此而在给一位友人的信中这样写道:"此文几乎可以看作是为我'鸣不平'。"此后他又写了《一个早晨——遥致一位为我屡抱不平的朋友》。在这篇作品中,他顺着周涛一义的话题,把自己置放在青藏高原的地理场景和时代变迁的坐标上,对自己的一生做了一番社会学角度上的检视与回顾,最终把自己视作"不合时宜"的象征,但却愿对这样的命运泰然处之。

身为军人和著名诗人的周涛,以这种愤怒的使枪弄棍而为昌耀打抱不平;另外一些知名和无名的青年诗人们,则以另外的方式向昌耀致敬。此时国内的一些文学诗歌刊物上,就不时有以昌耀为题或专门写给昌耀的诗歌冷不丁地冒出。比如1995年的《人民文学》上,就曾刊发了甘肃青年诗人叶舟题名为《致昌耀》一诗。

作为诗人的昌耀,此时却成了诗人们笔下的题材,并以这样的方式出现在刊物上,这无疑体现了诗人们与刊物编辑对于昌耀的共识。

20世纪90年代初诗坛舆论中的昌耀,就像海滩上一半浸入海水,一半搁浅在沙滩上的木船,而此时,随着以上呼声的潮水上涌,这条船终于驶向了深海。

1997年,北京的《诗探索》——这份由北京大学新诗研究中心等学术机构联办的中国唯一一份专业诗歌理论刊物,在第一期上专门辟出了一个"昌耀研究"专栏。专栏中的文章一共有三篇,一篇是甘肃青年诗人叶舟有关昌耀印象记式的文章《昌耀先生》,另一篇是昌耀本人提供的个人生平和创作概况式的资料性文章《一份"业务自传"》。而置于专栏头题的,则是我的一篇近九千字的昌耀专论《高原精神的还原》。

20世纪90年代以来,我基本上没有再书写过有关昌耀的文章,该说的话我已在80年代说完,更为有力的话我似乎还说不出来。所以,一直期待着来自学术界的新锐批评家们,以新的理论视角给出让我耳目一新的阐释。但当这样的期待一再落空时,我才恍然意识到,这其实是他们力不从心的一件事情。所以,当《诗探索》的刘福春来信约我写这篇评论时,我心头突然有了一种隐隐的兴奋。

我在这篇文章的开头这样写道:

> 昌耀以他的诗歌为我们显示着一位大诗人的气象。而大诗人的一个重要标志就是能够在同时代的创作中,奉献出一种前所未有的精神艺术品质,并进而以持续的个体建造,使之凸现为一座山峦。
>
> ……庞德曾经说过,艾略特是靠自己的力量培养了自己,而就一种非主流形态的边缘性写作而言,这句话似乎更适合于昌耀。而昌耀培养了自己的力量,则是来自这种大地性的底力。他奉献于中国当代诗歌的,正是生命于苦难感、命运感中显现的大地性的诗篇。大地不同于土地,它不但具有血脉、根系的特征,更具有矿石和元素的特征,是大地的地质史和地域的民族史、文化史、创世神话、英雄史歌在广袤的时空跨度中所有信息密粒的聚合。

文章的最后这样写道:

> 这是一种不可复制的诗篇,它在对于一座高原大时空

的能量放射中,还原了那座高原。因着独属于它的命运行迹和生命细节而显示着他的唯一性。

这篇文章可谓"气概非凡",十年后的今天再次引述它的时候,仍然让我激动。当时的昌耀也激动了吗?我不知道。但他去世前嘱我为拟议中出版的《昌耀诗文总集》书写序言,也许与这篇文章不无关系。

2. 在俄罗斯,灵魂与肉体的浸礼

是的,1997年是昌耀的一个大年份。来自各个方向的呼声所形成的合力,一再地确认并还归他大诗人的地位。

而就在这一年的9月初,昌耀接到了中国作家协会的一个电话,通知他作为中国作家代表团的成员,准备出访俄罗斯。

10月17日,昌耀出现在了莫斯科的红场和莫斯科作家机构的长条会议桌前。接下来,则是身着黑色风衣的他,在薄雪初降的俄罗斯第二大城市圣彼得堡的一幅幅照片:阿芙乐尔巡洋舰上,涅瓦河桥头,阵亡烈士纪念碑广场,俄罗斯国家博物馆,林木枝冠金黄的文化公园和作家故居……

到了1997年这个年代,对于不少的中国人而言,不用说走上一趟毗邻的俄罗斯,就是再远一些的法兰西、英格兰、美利坚,甚或是更远更小的洪都拉斯、毛里求斯,也算不上什么。但对于昌耀来说,这却是他人生中的一个大事件。

这个自小就在自己神秘的血液冲动中，自作主张到处闯世界的人；这个 17 岁时就表示要"以郭老为榜样"，怀着作家梦想的人；这个接着就在专业作家的道路上，付出了沉重人生代价的人，此时终于以一位中国诗人的身份，出现在了国际文学交流的"圆桌会议"上。因此，这应是他抵达自己人生理想一个最具象征性的标志。

还记得 1953 年进入河北荣军学校不久，昌耀在寄给五叔王其榘的明信片上，"想主攻俄语，打算将来做些翻译工作"的宏愿吗？还记得他从此时就开始的，对于莱蒙托夫、勃洛克，包括侨居苏联的土耳其诗人希克梅特等大量苏俄诗人作品的悉心阅读吗？后来诸多的迹象表明，从这个时候起，俄罗斯就已成了昌耀隐秘的精神故乡。

是的，这个世界上再也没有第二个国度，能超过俄罗斯对昌耀的吸引力。它广袤、雄浑、严寒的大地，大地上无垠的山川、河流、森林、草原以及"新垦地"，与昌耀所置身的中国西部高原，有着最为相近的地理物候特征。在这样的大地上隆起的那种具有史诗感的文学艺术，早在 20 世纪 50 年代就通过俄罗斯作家们的作品，对昌耀形成了美学气质上的召唤。

当然，那更是一个由无数伟大作家艺术家汇聚成银河星系的俄罗斯。假若由我站在昌耀的视角上看过去，这个灿烂的星系起码可以划分成这样三个系列：

其一，是沙俄时代的托尔斯泰、普希金、莱蒙托夫、屠格涅夫、涅克拉索夫、陀思妥耶夫斯基，创作了油画《伏尔加河纤夫》的画家列宾，写出过交响音画《在中亚细亚草原》的作曲家鲍罗丁。

其二，是"十月革命"稍前至"卫国战争"之后的勃洛克、叶赛宁、马雅可夫斯基、高尔基，写出了《铁流》的绥拉菲摩维支，写出了《毁灭》《青年近卫军》的法捷耶夫，写出了《静静的顿河》《被开垦的处女地》的肖洛霍夫，写出了清唱剧《森林之歌》和诸多著名交响乐的作曲家肖斯塔科维奇。

其三，与第二类诗人艺术家们生活的年代重合或稍后，但却应该用"斯大林时代和后斯大林时代"来称谓的作家们：蒲宁、阿赫玛托娃、茨维塔耶娃、帕斯捷尔纳克，以及1997年仍活在当世的索尔仁尼琴——他们又是被称作"流亡者"的一群。此外，还有一位时间更晚的流亡诗人，1940年出生在圣彼得堡的布罗茨基。

当然，这远非一个详尽的名单，而只是一个在我看来与昌耀有着重要精神联系，或者应该具有重要精神联系的诗人艺术家的名单。而就是在这样的名单中，先后有5人获得过诺贝尔文学奖。他们是：1933年获奖的蒲宁，1958年获奖的帕斯捷尔纳克，1965年获奖的肖洛霍夫，1970年获奖的索尔仁尼琴，1987年获奖的布罗茨基。

并且，事情还不仅仅如此，这还是一个点燃了昌耀红色人生理想，曾以穷人的天堂为目标，缔结了昌耀人类大同梦境的俄罗斯。

现在，昌耀来到了这个国度。

或者说，他用大半生的艰难跋涉，回到了自己的精神故乡。

三个月之后的1998年2月，昌耀在对这次俄罗斯之行经过充分反刍消化之后，一气呵成地写出了《一个中国诗人在俄罗斯》，副题为"灵魂与肉体的浸礼：与俄罗斯暨俄罗斯诗人们的对话"这部作品。这部作品约8000字，既是昌耀面对这一题材，也是由此引发的他对自己人生和社会理想回顾总结的，一次穷尽性的书写。

就形式而言，这是一篇无法用现成的文体归类，但却可视之为交响乐式的作品。整部作品共分5个部分：《之一：独语》《之二：与俄罗斯的对话》《之三：我们在涅瓦大街狂奔》《之四：与俄罗斯诗人对话》《之五：独语》。从文体上看，除了居于中间的"之三"是分行排列的诗歌外，两边的其余篇章都是"独语"或"对话"式的诗性散文文体。这样，又使这部作品显示出交响乐式的严谨结构：中间的这段诗歌仿佛一个中轴线，外侧的"之一"和"之五"以作者的"独语"构成一种对称；内侧的"之二"和"之四"以"对话"的形式构成了另一种对称。

这只是就它的形式结构而言，把这部作品视为交响乐，更因为其中以时政评论所统领的有关历史、山河、人生、社会、现实、理想等广阔场景中，多声部的宏大叙事，以及作者风起云涌的言说语势和激情。

这样的现象几乎令人惊诧：自作为中国作家代表团的成员踏入俄罗斯的那一刻起，昌耀这位在20世纪90年代长期流连于社会底层的"诗歌流浪汉"，立时恢复了他封存已久的民族诗人或国家诗人的感觉，其诗思更是如喷泉组群，喷冲出此起彼伏的壮观花雨。

　　尽管这是一个他所熟悉的、说不尽的俄罗斯，但当两个早年以"社会主义"——人类大同之梦而结缘的国家，几十年后的此时又都处在社会经济转型期，纠集在昌耀心中一个核心性的情结，则是彼此共同面临的社会现实问题。于是，他以一个中国诗人的身份，发表自己之于俄罗斯过去与现今的感想；并与拟人化了的整个俄罗斯，与俄罗斯的诗人们——甲、乙、丙、丁，以及来自黑山共和国、阿尔泰共和国他的同代诗人们，展开对话。他如数家珍地列举着一个个俄罗斯作家诗人的名字，复述着他们作品中的人物、情节，乃至细节；他纵横捭阖地在理想与现实问题中出没，语锋犀利地回应着俄罗斯同道相同方向上的话题，可谓参人类忧患同心，骋诗人天纵之才。终而在与同代诗人共同的精神背景和现实立场上，达成了高度的默契。于是，在一种沉醉性的气氛中，他甚至情不自禁地用俄语朗诵普希金的诗篇，以作为对俄罗斯同仁的报谢。

　　无论是在已往的现实生活中或是诗歌作品中，我们从未看见过一个如此光华照人的昌耀，这位曾经做过画家之梦摆弄过画笔的人，志愿军文工团的器乐演奏员和内行的音乐鉴赏者，时常跻身于专业采风团队的摄影发烧友，汉字书法的热衷者和墨客，早年发奋学习俄语的少年——这一切佚散、零落在他迢递人生历程中的文化艺术才具，此刻都突然集合在了一起，成了他一生中这唯一一次国际文学论坛上发言的光源。的确，那是一种只有回到故乡的场景中，才能焕发出来的状态。此中的他，激烈、峻厉而又汪洋恣肆；雄辩、宏富且机锋迭出，一派腹有诗书气自华的大国诗人气象。

然而，我们随即便会发现，被昌耀视作精神故乡的，并不是整个的俄罗斯，而只是十月革命时代的俄罗斯。对于现今的俄罗斯，他的笔下则充满了绝不认同的荒芜和忧患。在他的眼中，这还是一个"美丽而又万事荒废的俄罗斯"。为此，他用大量笔墨，对比性地描述了他之亲眼所见：

"我看到历经艰辛的俄罗斯人，至今有效享有的巨大财富仍是十月革命创造的物质成果：结实的房屋，镶木地板，煤气管道提供的热流，为每一个百姓冲洗去隆冬的寒气……"

而作为鲜明的对比，其他大量图像显示的，则是现今俄罗斯的"万事荒废"：

"这已经是在通往帕斯捷尔纳克故居的乡间路途，翻耕过的田野拖曳着涡流状的漩儿……有数垄向日葵，过分成熟，蓬乱如苍老之蒿莱，聚在地头一角，性情沮丧。"

"有一只渡鸦——或者是椋鸟，悄然飞临了莫斯科作家组织的庭院，落在托尔斯泰铜像的额头啼唱，留下了 泡污，带着铜锈，好像老人颅顶永不愈合的伤痕……"——这也就是说，连雀鸟都敢站在文豪头上拉屎，肆无忌惮地亵渎神圣。

而在他们所住的彼得堡宾馆,"妓女的电话每夜轮番骚扰,睡卧不宁/'要不要SEX?十八岁。炉火纯青'"(所谓的"SEX",亦即"性活动"——燎原注)。

不只是如此,他还看到了这样让他疼痛的一幕幕:

"啊,我看到工人巴维尔的母亲,手持圣像,跪在彼得堡街头求人施舍小钱。离她不远,排列在过街地洞门,迎着穿堂风,浑厚的和声,是四个挽臂相依的盲妇人,微摆着身子,以四个声部演唱一首似曾相识的民歌。人们匆匆走过,不忍看到她们朝天仰望的瞽目充溢艺术女神屈辱的泪流……"

即便是他们与俄罗斯诗人们地下室餐厅简朴的聚餐,也仿佛成了一种地下活动,就像出席当年布尔什维克分子的秘密会议。

而与以上这些形成鲜明对比的,则是莫斯科的新贵们,带着保镖的车队在大街上呼啸。

这一切的描述,似乎都支撑着昌耀的这样一个倾向和结论:原本在十月革命后,已进入人人平等和社会富足生活的俄罗斯广大民众,重又回到了革命之前的日子。

然而,这样的倾向和结论,在我看来却是令人生疑的。我要说的是,在昌耀如此描述了他亲眼所见的真实事实时,却忽略了大量相反的事实。

我与此相关的疑惑,还来自昌耀对俄罗斯诗人作家们不同的兴趣和情感倾向。在这部作品中,他如数家珍般列举的作家诗人们都有哪些呢?他们是:普希金、莱蒙托夫、陀思妥耶夫斯基、勃洛克、高尔基。被他复述其作品的作家诗人，则有屠格涅夫、肖洛霍夫、绥拉菲摩维支、法捷耶夫、老托尔斯泰，以及作曲家肖斯塔科维奇。我在前面已把俄罗斯的诗人作家们归类为大致上的三个系列，这其中提到的普希金、陀思妥耶夫斯基和老托尔斯泰为第一系列，生活于沙俄时代。他们的作品，或代表着俄罗斯诗人先天性的崇尚热爱大自然的情怀（如普希金），或体现了俄罗斯文学那种大地性的品格和苦难感（如陀思妥耶夫斯基和老托尔斯泰）。其余的诸如勃洛克、高尔基、法捷耶夫等，则为第二系列，属于十月革命前后苏俄时代的诗人作家，他们的作品所贯穿的，则是穷人、无产阶级和红色革命的主题，这也是中国现当代的作家们，从20世纪30年代的抗日战争直到50年代初的经济建设期所仿效的样板。但是，对于第三系列那些他最该有感受的诗人作家们：帕斯捷尔纳克、阿赫玛托娃、索尔仁尼琴等，他不是施之以沮丧性的笔触，就是只字不提。而恰恰是这些人，曾与他处在相似的社会人生遭遇和命运轨迹中。他们不但是在俄罗斯的苏联时代受尽屈辱的一群，并且是在这样的屈辱中坚持艺术家的良知和人性尊严，以他们辛酸、苦难而伟大的作品，赢得了俄罗斯人民乃至世界普遍尊重的一群。正因为如此，这一系列中就有4位获得过诺贝尔文学奖。由他们所经受的监禁、流放或被驱逐出境的遭遇，集中地折射了俄罗斯的苏联时代最黑暗的部分。然而，在昌耀强调着"煤气管道提供的热流"这类十月革命的物质成果时，竟完全忽略了如此触目惊心的相反史实。

而昌耀自己，就是从1957年的"反右"到1979的"文革"结束，这长达22年的岁月中，遭受了与之极其相似的一幕，并在自己的《慈航》这部长诗中表示："我不理解遗忘。"

然而，在进入这部作品的书写时，他却"遗忘"了。

这显然折射着昌耀精神世界中的巨大矛盾——由他所秉持的"社会平等"这一一贯立场，与转型期的社会现实之间的矛盾。

这种矛盾，在他书写于1993年的《一天》中，就已显现出了端倪。

从主题上看，这首《一天》与《一个中国诗人在俄罗斯》之间，存在着一种深层的内在呼应关系。或者说，它是昌耀书写后面这部作品的前奏。

《一天》一诗长约100行，由于意象密集，压缩了书写这首诗作时缤纷的社会图像，以及昌耀自己人生片段的诸多信息，所以，在感觉上具有一首中长型诗歌的容量。

写作时间是解读这首诗歌的一个重要参数。此诗写于1993年的1月23日至24日，这是一个什么样的日子呢？它是农历1993年的正月初一到初二，也就是这一年的农历新年。所以，这个"一天"中首先贯穿了新年的主体信息——"今天终于是一个痛快的日子，炮火连天"——亦即爆竹声震耳欲聋，更还有"肥羊佳禾美食，鼓乐吹歌吟诗，是百姓年景"这样的诗句。但就是在这样的"一天"中，昌耀起码又剪贴叠合了另外三幅图像。

其一是:"大街涌动着去海上游泳的人们。/ 底楼沿街的墙面正被凿开,闺中名媛冲决而出,/ 她们披发朝前追赶,投入海上游泳的队列。"这种乍读起来莫名其妙的意象,其实是带有隐喻色彩的写实。它所指说的,就是1993年前后的数年间,中国社会中全民性的"下海"经商浪潮。那也是我曾在省会西宁亲眼所见的图像:处在西大街闹市区原本是省属各机关的办公大楼,底楼沿街的墙面一一被凿开,改造成了经营服装之类的商铺商场。所谓的"闺中名媛",也就是服装店中那些身着泳装和各类服装的木制模特。她们尾随"去海上游泳"(下海经商)的队列,披发朝前追之唯恐不及的情态,无疑表达了昌耀的一种揶揄。

其二是:"鼓号队的少年齐立城中之城热烈吹奏""红地毯使集会猛然提高了规格。/ 我亦将自己的尊容佩戴前襟,窥如镜中之镜。"这显然是在元旦过后至春节之前这一段时间,昌耀参加每年一度的省政协会议开幕式的场景。不过这一次,昌耀的身份已不同于以往,他已从1988年开始的第六届省政协委员,在1993年于此时召开的第七届省政协会议上,晋升为常委。想来作为参政议政的政协委员继而是常委,他也的确具备了一个参政议政者的素质。因为就在这一场合,他政治经济学方面的潜质,就"大当量"地释放了出来。话题还是顺着全民经商的热点顺延下来:"有人碰杯,痛感导师把资本判归西方,/ 唯将'论'的部分留在东土。/ 但我更欣赏一位经济学家的智慧:/向东?向西?请予我们的战略以可操作性。"

此中关于"资本"与"论"的表述,显然是把马克思的《资本论》这一经典著作标题拆解开来的发挥——在我们把《资本论》奉为经济理论圭臬的几十年间,西方国家一直实实在在地积累并占有"资本",唯有处在东土的我们,似乎只对理论感兴趣,因而一直在"论"的问题上纠缠不休。这几行诗句,可谓犀利尖刻,但却在调侃性的语气中,隐含着对于社会转型方向的深切关注。这也是昌耀在《一个中国诗人在俄罗斯》中进一步延续,并充分展开来的话题。

第三幅图像,是昌耀自己几个人生片段的回顾:朝鲜战场、中小学时代体育课上的跳跃木马、母亲被农会关押并将他"啼哭不止"的小妹送人——而昌耀自己,就是在这种家破人亡的创痛中,跨过"鸭绿江、清川江,奔赴三八线"的。对于这一行为的本质,他当年也许并不明晰,但若干年后的此时却非常清楚:从那时起,他已将自己投身于实现民族社会平等理想的队列之中,并一直朝着这个理想奔赴。

的确,这是让他悲欣交集的"一天",尽管后来成为囚徒的他,此时已贵为省级政协常委,并在这样的会议上高谈阔论,参政议政,但眼下的社会现实并不能安抚他的心灵。到底是什么地方出了问题?此时的他似乎还未梳理清楚,但他最直接的反应,就是心理上的不能认同,并因此而情感另有所寄。那么,又到底是寄往何处呢?在这首诗的最后终于水落石出:

> 下雪了。向日葵炫目的色彩照亮空间。
> 我见公园缤纷的气球在儿童手心里牵动。
> 但在我的心际仍留有彼得堡飞雪的大街,
> 耶稣和十二门徒随着诗人勃洛克的红旗行进。

也算是天遂人愿,4年之后,他果真来到了作为自己精神故乡的俄罗斯,站在了他憧憬已久的圣彼得堡大街。但此时,飞雪之后的圣彼得堡大街没有勃洛克的红旗。

那么,十月革命之后苏联时代的俄罗斯,是否真的存在过一个昌耀理想中的社会呢?这其实是一个他所不能回答的问题。但有人却可以回答,那就是曾对十月革命后的苏联怀有美好情感,并在那里有过亲身经历的法国作家罗曼·罗兰。罗曼·罗兰在访问苏联后的1935年写成了一部《莫斯科日记》,由于其中的内容所涉敏感,他特意立下遗嘱,要求这本书在50年之后才能公开出版。而在1985年终于公开出版的这部书中,人们看到了罗曼·罗兰对彼时发生在苏联大地上狂热的斯大林个人崇拜,极端的厌恶和忧虑。尤其令人震惊的是,早在那个时候,他就看出了这个政权中许多危险的征兆,并深怀痛苦地发出警告:"可要小心震动,有朝一日,在一个美丽的日子里,那震动也许会突然发生!"果然,那个震动——"苏维埃社会主义共和国联盟"的解体,就真的在50多年后的1991年发生了。罗曼·罗兰不愧是一个具有深刻洞察力的作家,他对自己这部"日记"50年后解密的时间期限,基本上与苏联解体的时间相吻合。

而昌耀,又凭什么认定那里存在过一个他理想中的社会呢?对于这个问题,如果我们再更深一层地推究就会明白,那其实只是昌耀心目中的一个幻象;他为对应自己的理想,而拼接出来的一个概念。这个概念的核心,就是他在《一个中国诗人在俄罗斯》中所归纳的:"我一生,倾心于一个为志士仁人认同的大同胜境,富裕、平等、体现社会民族公正、富有人情。"以此可见,这实际上是一个乌托邦式的、终极性的人类社会理想。而这样的理想国,又正是当年的十月革命宣称自己所要建立的。尽管这样的社会图式并没有真正实现过,但它却置换成了昌耀的精神信念。他不但要坚持这一无疑是美好的理想,并且还需要证明它能够在世界上实现,于是,就以自己的意念嫁接,把它落实在了十月革命后的俄罗斯身上。

而1997年10月,当他终于来到俄罗斯,按图索骥地展开自己的视野时,却发现眼前的所见几可是面目全非。在社会财富的分配上原本已人人平等(尽管是低水准上的平等)的这个社会,重又分化成了穷人和富人的两个世界,并且贫富鸿沟正一再加宽。财富来路可疑的一夜暴富者趾高气扬,曾经使俄罗斯骄傲的文学艺术家们则灰头土脸。金钱,重新主宰了这个社会。

但这又岂止是俄罗斯的问题,在1993年书写《一天》这首诗时,昌耀已为他所置身的现实中,类似的问题所困扰,而这其中的关键症结,同样是一个金钱问题。

1993年,在他的《命运之书》被挤兑到自费出版的行列时,他曾为出版资金而投书告呼。

1994年12月,他收到了"第二届国际华文诗人笔会"在深圳召开的邀请函,因青海省作协不能报销车旅费而忍痛放弃;待后来得知邀请方可以负担费用时,他已来不及如期到会。

1995年2月,他在给诗人邵燕祥的信中做了这样的省情困境讲述:"传闻我单位当月的工资年前(春节前——燎原注)已难发出,而且事实上已拖欠十几天了,工会先给每家无偿发放了一袋面粉。真是人心惶惶,前景堪忧(我省州县拖欠职工工资事常有所闻,且一拖数月)。不过,目前工资尚可保住。12月份工资虽难产了一阵,终于在年前发了……老实讲,这些年一提起钱我就心灰意懒,觉得做人'没劲'。"

1996年底,他与修篁长达数年的恋情,因对方选择了一个有钱的"走江湖的药材商贩"而分道扬镳,但痛心之至的他并未怨恨修篁,而是直指事情的根源——"她本也就是圣洁的偶像,而金钱才是万恶之源"。

于是,正如我在前面的描述,也就是在这一时间区段的数年间,当整个社会以金钱为神明时,他却在对于中国社会底层大规模的书写中,烛照出自己心灵中的神明。

而饱受金钱折磨的,又岂止个别现象?从他此前集中书写的中国社会底层众生,到圣彼得堡"工人巴维尔的母亲"跪在街头求人施舍小钱，昌耀所看到的，是曾经被他视作理想社会的整体变形。于是，在《一天》中梗塞于他心头那一未曾梳理清楚的症结，至此豁然开朗，并被他追溯出了更深一层的根源：金钱固然是"万恶之源"，而操纵这个金钱肆虐之手的，则是"资本"和它的"主义"。因此，一直闷气淤胸的他，便突然地唇枪舌剑："看哪，滴着肮脏的血，'资本'重又意识到了作为'主义'的荣幸，而展开傲慢本性。它睥睨一切。它对人深怀敌意。它制造疯狂。它蛊惑人心。它使几百万儿童失去父母流落街头……"

而俄罗斯诗人丁响应着他的话题，同样是语锋犀利："我们的祖国正成为西方的人质。一个政府应让多数人生活得好，如果只让少数人富裕，那么连傻瓜也能办到……"

于是，时间仿佛回到了俄罗斯十月革命的前夜——国际无产者诗人的秘密聚会。在黑山共和国诗人随之发出了"工人的事业天然无国界"的声音之后，来自阿尔泰共和国的诗人更是意欲重举"英特纳雄耐尔"的旗帜："全世界的左派都不喜欢资产阶级政府。如果我们不能肩并着肩，我们就会背对着背……"

这是我们曾经非常熟悉的声音，但于今听来却恍若隔世。

那么，是他们落伍于这个社会了呢，还是这个社会变得让他们看不明白？当他们再次申述这些过时了的话题时，该是觉察到这个社会在它总是宣称正确的发展轨迹中，其实只是走出了一个圈套性的圆周？——原先趋于平等的社会复又产生了大批的穷人，而享有话语权的主流社会，则对此视若无睹。

就在这样的背景中，沉潜在茫茫浮世这不同国度的诗人们，却以诗歌的名义不期而遇，在层层递进的深入交谈中，他们几乎同时惊喜地发现，各自那些不合时宜的思想，原本有着超越国界的广阔国际空间。这因而更使昌耀有理由相信，这种不合时宜的思想，在本质上非但没有过时，反而因世界性的贫富鸿沟的加宽，正在凸现为一个严峻的时代问题。而这样的思想和立场，不但不分国度地为一些诗人和知识分子所持有，而且更与这个世界上的广大穷人，以及弱小国家和民族的现实处境相联结。不是吗？就在这一纯粹是不期而遇的场合，他与这些完全是陌生的异国诗人却一见如故，并在思想光束的相互映照中，达成了一个国际主义的精神同盟。这因而使昌耀产生了一种"吾道不孤"的惊喜，进而做出这样的陈述："我在物欲横流的世间，'堕落'为一个'暧昧的'社会主义分子……而现在，我能够用平静的心境，称自己是半个国际主义信徒。"

什么是"'暧昧的'社会主义分子"呢？他在四个月之后的《〈昌耀的诗〉后记》中，有了进一步的表述："我从创作伊始就是一个怀有'政治情结'的人。当如今人们趋向于做一个经济人，淡化政治意识，而我仍在乐道于'卡斯特罗气节''以色列公社''镰刀斧头的古典图式'，几疑自己天生就是一'左派分子'，或应感到难乎为情？"而由这段文字中的语气来看，昌耀不但对自己这样的左派情结并不感到"难为情"，并且还有一种调侃意味中的坦然。

一直以来,作为政治术语使用的"左"与"右",是被用来表述思想上的"激进"与"保守"的。激进谓之"左",保守谓之"右"。非但如此,在中国的20世纪50年代直至70年代,"左"与"右"还有着更为骇人的象征语义和色彩——"左",代表着红色、革命;"右",则代表着黑色、抵触革命。因之,在那样的几十年间,"左倾"红色风暴可谓在中国大地上"横扫一切"。这种情形,直到1978年底中共中央的十一届三中全会之后才告结束。继而,"左倾"或"左派"的称谓从此声名狼藉——中国的"反右运动"和"文革",便被归结为"极左思潮"为祸的结果。

这的确是集结在昌耀身上,一个极为耐人寻味的现象:当年"左倾"思潮大行其道的时候,他被打成了"右派";眼下"左倾"声名狼藉的时候,他却坦然地自诩为"左派"。他似乎真是一个放在任何时代,都显得不合时宜的人。那么,昌耀果真是一个老"左派"吗?他早期的诗歌并不能对此做出证明。尽管他的写作中时隐时现着一条政治情结脉络,但政治情结并不等于思想上的"左"或"右"。

然而,到了20世纪90年代的这个时候,令人惊奇的一幕出现了。此时的昌耀,不但在当代诗人中罕见地表现出这种不合时宜的左翼思想,并且,这种思想更与1997年以后,在中国思想界漫延的"新左派"思潮不谋而合。

关于中国的"新左派"思潮,是一个比较复杂的话题,并且迄今为止仍有着诸多未明的内涵。但它的一个基本理念,就是针对当代社会之于市场主义的狂热崇拜，资本与权力的狼狈为奸，坚持反对弱肉强食的社会关切。然而，它的内涵却要更为复杂一些，比如，在坚持公平正义的社会理想，持守拯救众生的使命感这个核心，又以单纯理想主义的诗意顾盼，满怀对于20世纪五六十年代的传统社会主义的眷念。与此相应的，是对市场经济主宰社会生活的绝不认同；继而希望通过强有力的民主政治的影响，实现社会生活中的人文关怀。关于"新左派"的脉络，还可以追溯到20世纪30年代英国等西方国家思想精英的学说。而作为世界性的"新左派"思潮，还有一个共同特征，那就是与资本主义强国霸权的尖锐对立，亦即"全世界的左派都不喜欢资产阶级政府"。

对于中国"新左派"思潮的社会起源，从1997年起在《天涯》杂志发起这一讨论的该刊主编、作家韩少功，此后有过这样的描述：从社会均衡发展这一点来看，20世纪80年代前期和中期应该说是做得最好的。但进入20世纪90年代以后，贫富分化开始出现，地区之间，阶层之间，行业之间，个人之间，都分灶吃饭，吃得有咸有淡有多有少不一样，差距拉得非常大。共存共荣的社会纽带在松弛甚至断裂。比如，医疗产业化以后确实"发展"了，医药工业赚了大钱，医院赚了大钱，但社会广大下层居民反而看不起病了，有病只能自己扛着。到2000年，世界卫生组织对世界各国在医疗卫生方面的公正性给予评估，中国已经退步到188位，倒数第四，比印度、伊拉克、埃及、孟加拉国还要落后很远。说"发展是硬道理",那么到底是谁"发展"了?

韩少功因此对中国的"新左派"思潮做出了这样的评价:它对于打破20世纪90年代以来物质主义、发展主义、市场主义、资本主义的一言堂是有积极意义的。贫困问题,生态问题,消费文化,道德危机,国际公正秩序,权力资本化与资本权力化……这一系列问题,如果不是因为尖锐刺耳的左翼批评出现,恐怕很难清晰地进入人们视野,就会在市场化的高歌猛进和莺歌燕舞之下被掩盖(见《韩少功、王尧对话录》)。

当然,这是韩少功归纳并认同的新左派的主潮,在这个主潮之外,还有各种极端性的新左派思潮。

应该说,对于主要是在学术思想界出现的"新左派"思潮,昌耀并不熟悉。但他却凭着一个诗人深刻的现实忧患和尖锐直觉,早在这一思潮远未形成气候的1993年,就在中国诗坛独自操戟出场。由此我们不难明白,还是在这一年,曾经作为"右派"的他,何以书写了一首题名为《毛泽东》的诗歌。那应该是基于当下现实,而对秋收起义时代的毛泽东的指认——"因为他,就是亿万大众心底的痛快"。

在我看来,也就是从这个时候开始,昌耀真正进入了一个大诗人本该具有的博大、矛盾和偏执。虽然,对他此时拿出俄罗斯的苏联时代作为"人人平等"社会理想的参照,而无视其极权专制的精神控制本质,我绝对不愿认同;但另一方面,我们却由此看到了一个在社会学的着陆点上,获具了人类普世襟怀的昌耀。他站在底层大众立场上所展开的激烈的现实批判,无疑体现了一代理想主义诗人直面现实的犀利,以及庄严的社会道义承担。应该说,正是在这种极端的状态下,他打通了自己之于世界的道路。

因此,就在对自己刚刚做出了这种"左派"同盟性质的国际主义者的体认后,身处异国的昌耀,眼前突然幻现出一片奇观:"看啊,这是太阳向着南回归线继续移行的深秋。天有些凉。空气湿润,弥散着磨砂玻璃似的苍白。倒是在月明的夜空,天际高大、幽蓝。从波罗的海芬兰湾涌起的白色云团,张扬而上,铺天盖地,好似升起的无穹宫。而东正教堂的晨钟,已在纯金镶饰的圆形塔顶清脆地震荡。"

铺天盖地的云团和教堂塔顶震荡的福音,这是何等辽阔而澄明的景象。在笔底幻化出这段文字时,这一年的昌耀62岁。在他迢递的人生旅途上,世界是如此辽阔,而日子又是这般紧窄。此刻,既有的一切并没有改变,但蓄积已久的精神势能,却在一个必然的瞬间使他化蛹为蝶。无疑,这是他一生最具华彩的经典时刻,苦难、疲惫、孤独的一生,在与无产者诗人们国际性的精神结盟中,徐徐幻化成人类大同梦境上空瑰丽的云朵。作为一个"黎明的高崖"上,始终朝着东方顶礼的诗人,他一生的精神之旅,至此已经完成。

但我的叙述还不能到此终止,因为在昌耀的遗存资料中,还有着另外一份不曾发表的作品手稿,似可进一步地与他"体现社会民族公正"的社会理想,以及他的"新左派"立场相印证。这件作品写作于 1999 年 3 月 30 日,起因于数天前的 24 日,以美国为首的北约八国军事集团,对前南斯拉夫联盟的轰炸。面对这个属于联合国安理会讨论磋商范畴的问题,蜗居在遥远的西宁斗室中的昌耀,却突然血气上涌,发了一通国际主义的脾气。在此,与这一事件相关联的一系列复杂的政治历史问题,被昌耀简化,让他看不过眼的仅仅是,一个独立的主权国家,被"大国强权的凌辱":

瓦尔特再次保卫萨拉热窝
——一个中国人对北约八国联军侵略南联盟所持的民间立场

关于前南斯拉夫我还能说什么呢,前南联邦已被肢解,后组的联盟版图已不再包括萨拉热窝。这是一段痛苦的历程。于今,当我们面对科索沃——塞尔维亚共和国不可分割的领土,全体南斯拉夫军民为领土完整而战斗的英勇献身精神,仿佛重温了瓦尔特保卫萨拉热窝的战斗。
一个受辱的战士究竟应该如何面对匪徒?
敌人说:就范吧,不要抵抗,我的意志就是世界的秩序。
战士说:不,我们只按照自己全体民众选择的意志生活。
敌人说:你听说过我们无敌的 F117 隐形战斗机么?这个宝贝儿它是隐身的。它的飞行像黑夜。如果说它是扑食的蝙蝠,那么你所能瞧见的身子全部也仅及其眼睛一般大小，那样飘摇而来——一只蝙蝠的眼睛，很恐怖，而且它正向着你扑来……

战士什么也没说。因为对于不惧牺牲的战士这不啻是一个笑话。于是，有一天这个"宝贝儿"坠在塞尔维亚地面成了与在常态下毫无二致的一堆废铁。什么"隐身""隐形"的，战士不相信"皇帝的新装"。

这一被击落的事实后来被北约军方解释为"自动坠毁"而讥笑南联盟拿这一拾到的"便宜"大造舆论。然而，我以为这未免太有点教师爷似的故作镇静了。

我记述这一"新闻"是旨在说明：难道我们葆有的国家独立主权面对西方大国强权的凌辱仅得有五体投地、诺诺连声、筛糠般发抖的义务？

1999.3.30

没错儿，昌耀14岁时就在朝鲜战场上，曾与"美帝国主义"们刀枪相见。

二十一　生命中最后的日子

1. 音乐路

在"一个中国诗人在俄罗斯"之后，昌耀又迎来了一桩好事——1998年12月，人民文学出版社的系列诗歌丛书"蓝星诗库"，推出了《昌耀的诗》这部诗集。

这同样是昌耀诗歌生涯中的一件大事。首先，出版这部诗集的人民文学出版社，是中国级次最高的一个出版社，具有一种国家规格上的庄重感。其二，"蓝星诗库"是该出版社在世纪末，意欲总结中国当代先锋诗人写作成果，而着意打造的一个品牌。它的选编宗旨是"在当代诗歌史上已经成名，并构成了中国新诗新的传统"这类诗人的诗集。颇富意味的是，由于是总结"中国当代先锋诗人"的写作成果，所以，"蓝星诗库"

的入选者，无一不是中青年先锋诗人，诸如海子、西川、食指、王家新、于坚等。而就是在这样一个年龄群体中，时年已62岁的老昌耀，却被纳入其中。还记得昌耀的《听候召唤：赶路》一诗吗？在该诗那段与青年先锋诗人模拟性的竞技中，他曾表达了"我不甘落伍"的深刻渴望。而眼下的这个事实，仿佛就是对他永不落伍的老先锋形象，特意给予的一个认定。

对于昌耀来说，这部诗集还有这么两个特征：其一，它厚达420多个页码，是他此前所有诗集中容量最大的一部。其二，首印一万册。这是当代诗集出版中一个顶级性的数字。而这样一个印数，则无疑体现了出版社对昌耀诗歌之于读者召唤力的信任。

这部诗集的序言是诗人韩作荣写的，他对昌耀的诗歌，用了"诗人中的诗人"这样一个标题，进行了定位。这个说法来自海德格尔对荷尔德林的评价，海德格尔在《荷尔德林和诗的本质》的演讲中这样说道："我们之所以选择了荷尔德林，并不是他的作品作为林林总总的诗歌作品中的一种，体现了诗的普遍的本质，而仅只是因为荷尔德林的诗蕴含着诗意的规定性而特别地诗化了诗的本质。在我们看来，荷尔德林在一种别具一格的意义上乃是诗人的诗人。"此时，韩作荣把它拿过来移植在昌耀的头上，应该是在反复掂量了之后，觉得不再需要掂量的一个定位。就在这篇序言中，韩作荣这样写道："我在一篇文章中曾这样评价昌耀：他的作品，即使和世界上一流诗人的诗作相比，也不逊色。今天，我仍然认为此言并非夸饰，他是当代为数不多的、用汉语写作最好的诗人之一。"

也是在1998年，还有一件迟来的好事：昌耀与青海省的另外6位作家，一齐被正式评聘为国家一级作家。这一工作在全国其他省区早已开始，但在青海却是首次。评聘了职称，便有相应的工资兑现。这件大事解决了之后，两年前就已到了退休年龄的昌耀，于这一年的7月正式退休。

《一个中国诗人在俄罗斯》中精神之旅的完成感，人民文学出版社出版的《昌耀的诗》，国家一级作家的评定，这三件事情在1998年聚合在一起，形成了昌耀诗歌人生的一个巅峰。

但事情还没有完，接下来的1999年，由北京大学教授洪子诚编写的《中国当代文学史》、复旦大学教授陈思和主编的《中国当代文学史教程》，赶在20世纪即将结束之时相继出版。而"世纪末谁将进入文学史"的争锋与期待，也由此给出了答案。被这两部文学史所描述的"中国当代文学"区段，上自1949年的中华人民共和国成立前夕，下至它们出版的1999年之前。而中国一北一南的这两部文学史，都给予了昌耀以特殊的位置。北大版的文学史将昌耀置放在《"归来者"的诗》这一章节。该章节专题论述的诗人共11位，从艾青开始到昌耀为止。复旦版的文学史在近50年的时间区段中，专题论述的诗人总共17位，从胡风起始到海子为止，其中的昌耀被放在《来自大西北风情的歌唱》这一节进行了专门论述。在此书附录部分的《当代作家小资料》中，对昌耀有这样的介绍："他的诗以张扬生命在深重困境中的亢奋见长，感情和激情融于凝重、壮美之中。其新边塞诗将饱经沧桑的情怀、古老开阔的西部人文背景、博大的生命意识，构成协调的整体。近年的诗作趋向反思静悟，语言略趋平和，有很强的知性张力。"

由此，已经自我完成的昌耀，被嵌入中国当代文学史的"星光大道"。

翻开《昌耀诗文总集》可以看到，自1998年2月的《一个中国诗人在俄罗斯》之后直到他2000年3月去世，在这两年的时段中，他仅留下了7篇诗文。虽然，他实际上的写作量不仅仅只有这些，在他未最终修订的遗稿中，还有《苏州歌舞团三人舞〈春之韵〉》《月亮地的伐木者》等，共11篇诗文，但这所有的作品，已是松弛、散淡心境中的写作，不再能看见精神痉挛状态中的那种奇峰突起。

关于昌耀在这段时间中的日子，我们在他去世后大量的回忆文章中，会发现这样一个现象，这就是众多的内地青年诗人，前往位于西宁西大街昌耀所借居的办公室，对这位江湖隐士式的诗人的造访。此外，便是一些电视台或摄制组对他的访谈，包括中央电视台的一个摄制组，为"西部诗人昌耀"录制的一个电视专题片。这个专题片在昌耀去世前和去世后多次播出，其中有昌耀在高原草场上行走的镜头，有当年生活在青海的瞿弦和，此时作为一个朗诵艺术家，在青海朗诵昌耀诗歌的镜头。对于昌耀来说，这似乎算得上风光。一种熬到了这个份儿上的恰当的风光。

但有人却仍从电视专题片中看到了辛酸并感觉到了心酸。比如新疆的青年诗人沈苇，就因他所看到的一个电视画面，写下了这样一段文字："而在此前——中央电视台播出《中国大西北》，摄制组将昌耀作为西部文化的代表人物之一而给了几分钟的镜头，我们的诗人显然受了摄像机的惊扰，在青海作协（应该是摄协——燎原注）那间办公室兼宿舍的房间里忙乱着，说些听不太清楚的话，我在电视画面上突然看到桌上一大堆书稿旁边放着一只脏脏的醋瓶，就是西北贫穷农家常见的那种——那时，我流泪了。"

这原本是一个现实主义的醋瓶子，但出现在这种性质的镜头中，就成了一个现代主义的、不无反讽意味的黑色幽默符号。

一位青岛青年诗人的文章还有这样的记叙：终于见到昌耀后，昌耀张罗着用电热器为客人烧水，但却久烧不开，仔细一看，原来是电热器早已坏了，他却不知道。这位青年诗人随即跑到楼下买来一个新的电热器，才喝上了水。

总之，这些文章所记叙的，无一例外地是昌耀日常生活的清苦、寒碜，但在我的解读中却凸显着这样一个信息：昌耀对这样的生活早已安之若素。正如他自己诗歌中的描述："尘埃落定，大静呈祥。"（《螺髻》）

就是在这样的状态中，从1999年初起，昌耀开始动笔书写他的一个自传体作品——《我是风雨雷电合乎逻辑的选择——昌耀自叙》。

据雪汉青女士回忆，她和周围熟悉昌耀作品的朋友，都对昌耀的经历感到好奇，并渴望知道其中的细节。但昌耀似乎并不愿意多提及他的往事，因而始终给人以含含糊糊的感觉。所以，她曾建议昌耀把自己的经历写出来，昌耀则表示以后的日子还多，他愿意先写诗，"经历"以后再写。

那么，昌耀在此开始书写这个自传时，是在潜意识中感觉到，是书写它的时候了？并且，作为对自己一生的回顾与检视，这还应该是一种舒缓、从容的书写，一种直到他告别写作生涯之前的最后的书写。但他却没有料到，自己的人生竟是如此地紧仄，就在他悠悠徐徐地启动了这一书写，又时而被其他题材的想法和写作所中断时，没想到致命的病魔突然来临。最终，面对从北京赶到他病床前的韩作荣和雪汉青，他只能悲哀地感叹：来不及了。

是的，这是一篇昌耀至死都未完成的作品，仅写了约6000字。从他的出生到小学毕业为止。大致上是他的童年时光区段。我曾对这篇自叙的框架进行过猜测，这是他整个人生的一部自传呢，还是延伸到某个区段为止？我的猜想结论是后者，亦即他整个人生中，不为公众所知的那些隐性区段。在"童年时光"之后，接下来应是他少年时代在报考桃源县中学和湘西军政干校之间的折腾，再到投笔从戎；再到朝鲜战场——河北荣军学校——奔赴青海，直到辗转于祁连和新哲两个农场的流放岁月结束为止。到了他1979年复出之后，便成了公众大致熟悉的显性区段。假若果真是我猜想的这样一个框架,那么,后面剩余的,就是他没完成的部分。而按照他在这6000字中呈现的惜墨如金的行文风格,这应该是一部4万字左右的作品。

但即便是现今这6000字篇幅中的童年时光,无论从它提供的超量的细节性信息,还是那种图像拼贴式的传奇性的表述方式,都可让人把它视作昌耀晚期最重要的作品。

这篇作品共分5个部分,下面,我将顺着每一章的小标题和章节概要,对它做一个概貌式的介绍。

开篇为《如梦乍醒》,记叙了他出生之后留存在记忆中的两个镜头:一是拽着一位夫人的手,顺着一架红漆楼梯蹒跚走步——这是在他的出生地,也就是他父母常德的宅居;二是被一位夫人抱坐在一部小汽车的后座上,在另外一个城市的某个关卡接受剪票——记叙的实际事件是他作为祖父的"特使",随大人到武昌登报寻找外出投奔革命的伯父和父亲。第二章为《女眷留守的城堡》,记叙了他桃源乡下王家坪的老家,作为当地的豪门大族,一座城堡式的建筑布局和萦绕在牌位、匾额、烛烟中空旷没落的诗书气息。由于这里的男主人们先后外出闯荡,所以,这又是一座只为三两个女主人与家丁留守的空城堡,他童年的大部分时光,就在这里度过。第三章《无意于宴居的父辈们》,对他的父辈——五男两女传奇经历的介绍。第四章《早年,我是一个比较爱哭的孩子》,对自己从小爱哭秉性的回忆:没有缘由的哭,姑母和母亲以爱抚或吓唬来阻止,仍禁不住地要哭。"直到我成人之后,我才理解孩子的哭除了因病痛原因而外，多半是出于内心的躁动，是一种感情的发泄"——这也许正是他此后作为诗人的天性因素之一。世界上许多天才性的诗人，都有着异乎常人的"缺陷"或者叫作特性。然而，"及至我走入社会……每当内心郁郁不平无处诉解，也曾希图有一种欲哭的冲动，但泪泉却似乎干涸了"。第五章《难忘的尚忠小学》，他在先是自己家族私塾的王家祠堂，而后改为尚忠小学的这个地方，从私塾启蒙的童子到小学生的回忆："填红帽儿"的毛笔字练习，背诵儿歌童谣，以及一个躲逃进学校的男子，被冤家扭出教室，连开十几枪当场毙命后，冤家骑马扬长而去的惊心动魄一幕……使人油然联想到湘西山地民风的强悍。

这当然是属于昌耀的私人时光记忆，而我之所以认为它是重要的，首先因为它是昌耀这样一位在当代诗歌史上占有重要位置的诗人，童年人生区段的完整资料。假若没有它，昌耀早期的身世背景，就可能成为"终古之谜"。

其二，在这样的个人记忆中所萦绕的，是一个时代、家族、地域风土的纷纭信息。而由于昌耀大量细节性的描述，它实际上给出了一个可以依托这些细节来联想推断的，更广大的信息空间。

其三，它是作为诗人的昌耀，在诗歌、理论随笔类文字，以及散文之外，唯一一篇带有小说结构和叙事元素的作品。一位大诗人在叙事世界呈现的卓尔不群的文本意蕴，不但使作品本身意味盎然，也使我们通过这件文体意义上的孤品，领略了昌耀在叙事世界的特殊能力。中外诗人操持小说笔墨的为数不少。大部分是以诗为主，有的是平分秋色；另有一些最终是小说成就大于诗歌，比如帕斯捷尔纳克。但还有其他的个例，比如以诗人身份著称的莱蒙托夫，却以他的小说《当代英雄》，占有了一个专业小说作家不能抵达的高度，并被称作"俄罗斯社会心理小说的开端"。昌耀对《当代英雄》传奇性的叙事风格和神奇的地域风情感受至深，而他的这篇"自叙"，便凸现着一种民国乱世时期，湘西山地潮湿神秘的传奇品质。

诚然，这仅仅是一部带有小说元素的纪实性作品，但即便是这样的电光一闪，也让人对昌耀的小说能力无法不产生遐想。

在这之后的 1999 年 8 月，昌耀又写出了一篇文体角度上标准的散文——《故人冰冰》。此文约 3500 字，写得饶有趣味。

冰冰实有其人，与昌耀和我都打过交道，属于 20 世纪 80 年代西宁文化艺术圈子中的一个知名人物。概括地说，他是一个具有良好的表演艺术天分和号召力，却因不被体制内的文艺界认可，时而陷入尴尬的艺术青年。他曾经的艺术身份为西宁某区"工人文化宫业余文工团团长"。这个头衔算得上显赫，但却是"业余"的。

应该说，冰冰是中国同类艺术青年中，较早体会到体制性尴尬的人。一方面，他天生才赋难自弃地要在表演艺术上有所作为，并受到他的"团员"们的拥戴；另一方面，则被体制内人士视作志大才疏而冷落。但冰冰还必须为了自己的"事业"而造访名流寻求认可；在许多时候，也就必须以在自己的文工团受到崇拜的心态，而在另一个世界去委曲求全。

以此可见，冰冰虽不属于昌耀笔下社会底层人物中的一员，但却是社会夹层中的一个尴尬人物。从他身上折射出的这种尴尬，使昌耀"为之难过"，为之不平；而从他身上焕发出的那种奋斗者的顽健，以及时而灵光一现的喜剧色彩，则又在昌耀笔下唤起了一股亲切幽默的情感。

冰冰和昌耀其实只有过一次往来，这就是作为文工团长的他，带着他的一位"次长"，登门造访昌耀，为文工团筹划的一场"昌耀诗歌作品朗诵专场"，而征求昌耀的授权。但这唯一的一次接触，却给昌耀留下了极深的印象，但见冰冰体魄魁梧、气质不凡，为了赢得昌耀的认可，他还把原本就"振荡如洪钟的膛音"，尽量控制得丝丝入扣，凸现其低音区音质的华美。而一个业余文工团果真能操办成功此事吗？自己的诗作又是否适合朗诵？昌耀以试试看的心态，回应了这位先锋艺术青年的美意，然后就慢慢地遗忘了此事。

但若干时日后，文联的一位同事却向昌耀转述了"演出成功的喜讯"，并描述了当晚在一个大学礼堂，冰冰对昌耀《大山的囚徒》的精彩演绎：当帷幕开启，冰冰身穿一件破棉袄，腰间扎一圈儿草绳，两手袖在破袖口中立于舞台中央。一圈暗绿色的舞台灯罩在其前额，使之如同面带菜色，一副哀矜的模样。俄顷，他忽地摊开双手，仰面苍天朗声告呼：

> 我是大地的士兵。
>
> 命运,却要使我成为
>
> 大山的囚徒……

如此准确还原历史情境的到位演绎,既使昌耀感动,又使他心生疑窦:冰冰在表演设计时,何以会有囚徒腰扎草绳这一灵感呢?最后几经打听,才得知冰冰原本就是西宁南滩"新生区"劳改单位的管教人员。那里,曾是1958年的昌耀劳动改造的地方。

但接着,冰冰就从昌耀的视野中彻底消失了。数年后,当昌耀无意中得遇冰冰文工团的那位"次长",方得知冰冰早已远渡重洋,成为一个身居新西兰的皮毛商。比之当年尴尬的表演艺术家的身份,在众人的眼中,此时的冰冰就无异于一位当代英雄。这使昌耀为之深深感慨并怅惘:"在遥远的新西兰,'皮毛商'或将衣锦还乡。然而那个被历史定格的'艺术家'不可能再回来……"

又一个不无传奇色彩的故事至此戛然而止。

然而,这个传奇故事的续集,却上演于昌耀去世5年之后的2005年7月。此间,"第6届中国青海结构调整暨投资贸易洽谈会"大型文艺晚会——《同一首歌·走进青海》,在西宁举行。那天晚上,无意中打开电视的我,恰好就看到了中央电视台转播的这台节目。接着,让我惊奇的一幕出现了——我看到了冰冰。

他是被两位节目主持人,以特邀嘉宾的身份邀请上台的,随之,是主持人对冰冰这样的身份介绍:出席此次洽谈会的海外投资商,新西兰某皮毛公司总裁。"大家大概还不清楚,他原先就生活在咱们青海,并且从事过表演艺术。现在,请大家鼓掌欢迎他和我们一起主持节目……"接着,就看见冰冰以成功人士的得体和意气风发站在麦克风前,并用曾使昌耀倾慕的音质向世界致意:青海的父老乡亲兄弟们……

这是一出堪称绝妙的喜剧。不知早已成为骨灰的昌耀,此时是否在另外的世界,成为冰冰一个"骨灰级"的欣赏者?

而《故人冰冰》这篇带有温暖的轻喜剧色彩的散文,则是昌耀整个写作生涯中的绝笔。

在昌耀的晚期,还有这样两篇作品引起了我的特别注意:一篇是完成于1998年1月22日的《音乐路》,写的是一个盲眼乞丐,每天顺着城区固定的线路行走,而他之能在人海车流中避免意外,是因为夹在他腋下的导盲杖,在沿街的金属栅栏触出愉悦的乐音,一路导引所致。从而使之恍若每天行走在能听到天堂福音的"音乐路"上。因此,原本更应绝望的他,"脸上总是比常人更多挂满笑容"。

另一篇,是1999年1月,昌耀对自己写于不同时期的若干个"断章"残篇,整理汇总成的《20世纪行将结束》这首长诗。此诗的"残编7"——也就是整首长诗的结束部分,没有实质性的文字，只引用了德国诗人海涅的一行诗句："文词结束之处，音乐即告开始。"

是的，"音乐"这个此前零散在昌耀作品中的普通语词和概念，此时却以在这两件作品中的集中出现，显示出一种特殊意味。昌耀一生的写作历程所呈示的，是一条从轻到重的道路。由1957年前后洛尔迦民谣体的轻灵飘忽，而逐渐凝重；至1979年复出后的"流放四部曲"，而为大块堆垒的沉重；至20世纪80年代末期的《听候召唤：赶路》和《哈拉库图》，而为内心撕扯的痛楚；继而进入荒诞生存中无以言说的荒凉；直至《一个中国诗人在俄罗斯》里，走向最终的宏大和庄重。而此时集中显现的"音乐"意识，却体现着从重到轻的幻化——人间俗世物质性的肉身，向着超越尘世的灵魂化和音乐化的转换。这一切，无疑都是发生在他的潜意识之中，是顺从着超越意识支配的心灵福音的指令。由此，如同那位罹受着人生之大不幸而又乐天知命的盲人乞丐，他踏上了一条脱离苦海而抵达澄明的音乐之路。

2. 身患绝症与《昌耀诗文总集》

1999年12月5日，这一天是星期日，上午9点半的时候，我在威海的家中接到一个电话——是昌耀从青海打来的，这让我有些意外。说来奇怪，自1992年底调离青海直到此时，我竟从来没有和昌耀通过电话，并且也没有书信往来。而在这期间，我不但经常和诗歌界的朋友谈起昌耀，且还专门写过他的两篇评论。另外，我平时更是从诗歌文学刊物和媒体上，一直关注着他的信息。但怎么就从来不曾联系过呢？此刻想来，也许正是因着心理上的这种熟悉透顶，才便如此的"相忘于江湖"。但我知道，我不给他打电话，他也不会给我打的。因为他很少有电话消费的闲情逸致，更不必说这对他还意味着一种奢侈。

因之，这天接到这个电话后，还差点闹了个误会。电话铃响过后，我拿起了话筒，但里面却没有声音。片刻后我禁不住地问道："谁啊？"接着听到那头声息微弱地问道："燎……燎原吗？""是燎原，你是谁啊？""我……我是王昌耀。"

这样的电话方式，我以为是外地熟悉我和昌耀关系的朋友，在跟我开玩笑。但突然就觉得不对，因为对方说的是"王昌耀"。一般的人即便知道昌耀姓王，也不会在开玩笑时考虑到这个细节。我心头忽地一紧："哎哟，真是昌耀吗？你的声音怎么就根本听不出来了？"

渐渐的，他的声音恢复了连贯性，但仍非常微弱。他告诉我，他正在住院，是由儿子俏也陪着回到他的住所给我打这个电话的。进而告诉我，他已到了肺腺癌晚期，由于化疗，头发大片脱落——"我已经不成形了。"肺腺癌是一种什么病呢？我此后从一位医生处得知，它是肺癌中最恶的一种，此时的病毒肿瘤，已在人体内"遍地开花"。但这时，我的大脑中却突然涌现出媒体上有关昌耀赴俄罗斯访问，又在1998年底参加张家港全国诗歌座谈会等一系列的信息，觉得这几年来，他似乎已进入了一个苦尽甘来，坐享人生成果的阶段，却没想到……于是，我的心中突然生出一股无名的恼怒，遂大声说道："这到底是怎么了？在我的感觉中，你好像才把自己的一生理顺，怎么又会这样！"

接着，昌耀哽咽了。尽管他曾在文章中说过，自己"从小就是一个爱哭的孩子"，但这是1979年我与他认识交往以来，第一次听到他这样的动静。哽咽着，他接着我刚才的话题说道："我也想不通，好像上帝让我到这个世界上，就是专门来受罪的。"然后转换了一下话题："我已经不行了，就想着跟外地的几个朋友打电话做个告别。但一想起我们的交往，我就情不自禁地想哭。"

这时我正在书写《海子评传》一书。此前，我对自己能否写好这么一本书并无把握，但随着此时的写作已到了结尾，我也对自己从事这种写作的能力有了一个大概的感觉，便在电话中脱口而出："昌耀，我给你写一本书。一本你的评传。"

昌耀沉默了一下。然后向我介绍到了修篁，以及他们两人之间的情感磨难，最后向我说道："我的所有资料都保存在她那里，这些资料都可以由她转交你使用。"说完，又告诉了我修篁的电话，以及他所住医院住院部的电话：0971-6143314，青海省第二人民医院肿瘤医院住院部二楼32床。但我感觉到，这很快就是一个再也打不到他耳边的电话。

这一天真是鬼使神差，跟昌耀的通话刚刚畅通后，我就感觉到事情不妙，遂拿过纸笔一边通话一边做了上述记录，这次通话共15分钟，到9点45分结束。

昌耀患了绝症，而这已是他第二次住院。根据我此后的了解以及综合有关信息，事情的具体脉络是这样的：

1999年9月26日，昌耀感到身体不适，胸闷、头痛，并伴有咯血。而此时，他的身边却没有那种足以依靠并且是生死相托的亲人，遂让儿子俏也去找修篁阿姨。这是从1996年底两人分手后，昌耀与修篁的第一次联系。与昌耀分手后，修篁与那个药材商经过数个月的短暂婚姻，接着便果断离异，重又过起了独身生活。此时，昌耀在陷入绝境又举目无亲的情况下，再次想到了修篁。修篁闻讯后二话没说就赶了过来，一看事情不容懈怠，就先把昌耀从办公室接到自己的家中，随之又告知了省文联。10月12日，昌耀住进了青海省人民医院——西宁人习惯沿袭"文革"时的名称，把它叫作"东方红"（医院）。

仔细想来，昌耀与修篁真是在情感和缘分上"斩不断，理还乱"的一对冤家。昌耀在咯血时分与修篁的这种依存与扶持，以及昌耀自身的人生影像，让我禁不住就想到了他写于1961年的那首《踏着蚀洞斑驳的苔原》："在我之前不远有一匹跛行的瘦马。/听他一步步落下的蹄足/沉重有如恋人之咯血。"

而昌耀不就像那匹伶仃的瘦马，一对恋人重聚在他咯血之时？

昌耀住院后，随着"腺性肺癌"的确诊，省文联办公室的同事建议他转往专业性的医院——青海省第二人民医院的肿瘤医院治疗，以增加治愈希望。

10月28日，昌耀转院。但此后经过近两个月的治疗，并无明显疗效，就在这个时候，昌耀却突然要求出院。何以如此呢？出自一个让人非常沮丧的原因：因为医疗费的20%需要个人自负，而昌耀则希望省钱。

12月22日，昌耀离开医院前办理了家庭病床，住进修篁的家中。

据修篁后来向我描述，那是一段让昌耀死去活来的日子——昌耀精神上的痛苦已经结束了，现在，是实实在在的肉体上的痛苦。修篁说，每天晚上，他都要好几次地问她几点了，觉得自己已实在熬不下去了，好像都等不到天明。

2000年1月16日晚9点半，我把给昌耀的电话，打到了修篁的家中。这时，那本《海子评传》的书稿及其他事宜已全部交割完毕，现在，我想就拟议中的《昌耀评传》，听听他本人的意见并得到一些相关的人物线索。昌耀对此似乎已经有所准备。他首先提到了他的那篇"自叙"——这是除他之外没有人再能清晰了解的一段经历。进而解释道："我原先以为我的时间还很长，所以准备写长，写我自己的经历，还有我的叔叔、伯父。现在只写了几千字，不过已简单写出。"然后，向我提供了他北京的大弟王昌煜、湖南的幺妹葛惠仙的电话，以及与他军旅生涯相关的保定38军干休所的线索。那里，有一本《38军文工队战友名录》。

接下来，昌耀向我提到了第二件事——他自己的大事，这就是《昌耀诗文总集》出版的相关事宜。他说此书已由他整理编辑完毕，并交给了全程操办此事的编辑班果，由青海人民出版社出版。但"我恐怕看不到这本书了"。

因之，关于这本书，他交代给了我两项工作，其一，以该书编审的身份，替他校对把关，并做相应的技术处理，但"内文审定按我的来"。也就是说，他已编就的篇目内文，不要再添进他未收入的作品。他特别强调："我不放心的是校对，他们有时只按自己的猜测乱改。你替我改，希望你替我改好。"

他交代我的第二项工作则是："你有时间的话，给这本书写个序言。"

最后，应该算是闲聊吧，他对我说："我的骨灰希望回到湖南母亲的坟地。"

从1992年算起，我在昌耀的眼前消失了8年，没想到在他生命临终之际，我却以这种影子的形式出现在他的临终托付中。写一本《昌耀评传》，按他的意愿做好《昌耀诗文总集》的出版，这是我能做的两件事。应该说，他对未来的《昌耀评传》怀有期待；更看重《昌耀诗文总集》出版的尽善尽美。现在，这两件事情在理论上已经落实，接下来的其他事情，是我力所不及，也是他在意识中无须委托我的。这两件事交割完毕，他心中应该石头落地。然而，事情却由此出现了一个尖峰时刻式的惊险。

修篁后来告诉我，昌耀办理了家庭病床护理后，"本打算在我这里就这样等待着死去，但那天晚上和你通过电话后，他显得非常激动，差点死了。第二天又立即住院"。

修篁的这个说法，在昌耀去世后青海省文联的一份公告中得到了证实："2000年元月16日，（昌耀）病情突然恶化，在省文联办公室负责同志的耐心劝说下，昌耀同意回医院，但不再去肿瘤医院，遂再次去了省人民医院呼吸科，并立即办了住院手续。"元月16日，正是我与昌耀晚上通话的那一天。

叙述进行到这里时，我想先停留片刻。因为我突然意识到了这样一个问题：昌耀在病重期间除了治疗，忍受病痛折磨，继而是等待死亡之外，他还做了些什么？答案是令人吃惊的。在意识到自己身患绝症后，昌耀所做的第一件事，是加速了那篇《自叙》的写作，并终于赶在他还有动笔的气力之前，做了一个区段性的完整了断。一篇6000多字的文章，昌耀却使尽了力气。在他的遗存资料中，光是这篇文章，就有三个不同的"版本"。一个是他用铅笔抄写的已经成型的文稿，然后又在上面反复圈划修改。其二是修篁用钢笔抄写的一份，昌耀又在上面做了校订性的修改。其三是修改完成后的一个电脑打印稿。

第二件事情的工作量更大，这就是编辑整理《昌耀诗文总集》。

昌耀在1998年12月刚由人民文学出版社出版了《昌耀的诗》，时间不到一年，他又何以会有再出版一部诗集的奢侈念头呢？

关于这部《昌耀诗文总集》的出版，该书的责任编辑班果起了关键作用。班果：1967年出生，藏族，诗人。1988年在北大作家班学习，90年代初从青海的果洛草原调入青海人民出版社，此时在文艺编辑室任负责人。他不但深知昌耀诗歌的价值，更是当年青年诗人们聚会时，经常谈论昌耀诗歌的一位。

所以，尽管已经有了一本《昌耀的诗》，但在班果看来，该书的容量还嫌不够，便于1999年7月代表编辑室和昌耀商谈，再出一本"内容较全面的本子"。但此事却因出版社突然遭遇的一个意外变故，还未操作便已搁置。然而，这却勾起了昌耀新的念头。接下来，当他得知自己患了绝症时，便深感有必要出一部内容"更全面的本子"，以总结自己的一生。于是，再次与班果谈及此事，并在探讨中把原先"内容较全面的本子"，明确为一部"诗文总集"。

形成这一协议后，已经到了1999年10月下旬，于是，昌耀又拼全力投入了这一工作。

这部《总集》共分两个部分，其一是作品主体，其二是附录。

昌耀此前共出版过5部诗集：《昌耀抒情诗集》《昌耀抒情诗集（增订本）》《命运之书》《一个挑战的旅行者步行在上帝的沙盘》《昌耀的诗》。现在，把这5部诗集合并后再删除其中的重叠部分，这部书似乎也就成了，但事情并没有这么简单。首先是当年由于篇幅所限,许多诗作前5部诗集都未收入。现在昌耀要全部找出这些诗作,再从其中重新遴选,选定后还要进行修改,修改完再用钢笔重新抄写清誊一遍——即便是这个手工活,托付给谁他似乎都不放心,因此只能自己动手。其二,作品主体部分除了诗歌之外,又增加了理论、随笔、散文、为前5部诗集(以及为其他流产的诗集)所写的前言或后记等等,这一"文章"类型(故而称为"诗文"总集)。由于此前的5部诗集都未收入这类作品,这就需要他在自己的剪贴资料中重新寻找,集合,继而再遴选、订正。然后再重新剪贴复印。

这其中还有这样一个技术性的细节问题:昌耀的每一件诗文下面都注明了写作时间,在刊物上发表时,编辑一般都会尊重作者的习惯予以保留,但在报纸上发表时,则又常常会被删去。遇到这样的情况,就需要找来底稿核对准确后重新注明。这无疑是一件极其麻烦的细活,而且并不是所有的底稿他都会保存。在这个工作上,虽然昌耀做得几乎就要无懈可击了,然而却终究未能避免百密一疏:其《昌耀诗文总集》764页有一篇题名为《请将诗艺看作一种素质》的文章,其后的时间为:1992年2月。但在我的印象中,这应是他1998年11月在张家港诗会上那个书面发言的节选。我在写这部书的过程中发现这个问题后,先查对了保留在我这里的《昌耀诗文总集》一书的校对初稿,才发现他未在这篇文章后面注明写作时间。而上述的这个"1992年2月",则是从此文发表的《青海日报》

上复印下来时，版面右上角的报纸出版时间，并且还是一个紧接着又被出版社的编辑搞错了的时间——由于文末没有写作时间，出版社在编辑环节上就把这个发表时间移植为写作时间，但却再一次弄出了差错：报纸上的发表时间本为"1999年2月17日"，移植下来后则成了"1992年2月"。而在我终于翻找出昌耀的底稿原件时（幸好恰恰就有这一原件），才发现此文的写作时间为1998年11月9日，与他11月12日参加张家港诗会的时间完全吻合。

《昌耀诗文总集》是2000年7月出版的，而包括了这一底稿原件的部分资料，我是在2001年4月才得到的，所以当初无法核对。但原先校对书稿时，对于这样一个比较明显的差错，我却并没有发现并提出疑问，则无论如何都使我感到难堪，觉得有负于昌耀的托付和信任。

以上所说的，是昌耀编辑《昌耀诗文总集》"作品主体"这一部分工作的细碎和费神。而《昌耀诗文总集》的"附录部分"，也就是他与众多外地友人或出版社、评论界人士的通信，选编起来工作量更大。对于许多诗人来说，这其实就是一个根本不能形成的"作品"板块——写给众多友人的信件已经寄给了收信人，多少年之后你还能记得都写给了谁，并能要回来吗？然而，昌耀的确是一个文字自珍意识极强的人，或者说，是一个对自己的文字有着极强的资料档案意识的人。因之，一些他自认为写给别人的重要信件，在20世纪80年代他大都是重新抄写一份以"备份"（或保留底稿）；到了90年代，则用复印机复印"备份"。

《昌耀诗文总集》附录中共选入了他写给16位人士的44封信件，但实际的人数和信件远远不止这些，因此，他还要翻出所有的信件存稿，在反复阅读之后再进行取舍上的权衡斟酌。

以上的这一切，就是编辑这部《昌耀诗文总集》的工作量。并且是在忍受着巨大的病痛折磨，要赶在去世之前来完成的。注意到了这一事实之后，我从此时的昌耀身上，感受到了一种英雄式的镇定：在生命救赎无望的情况下，昌耀选择了一种残酷的方式，他以生命加速的自燃，在加速走向死亡的同时，置换出《昌耀诗文总集》的诞生。

从这个意义上说，昌耀在与命运的致死角力中，总算赢得了最终的这一回合。而代价则是以命相抵。

到2000年1月17日，昌耀第三次也是最后一次住院之前，《昌耀诗文总集》的编辑整理工作，由他全部交割完毕。而此书的责任编辑班果，则在接下来的流程中快马加鞭。

2000年4月11日，在昌耀去世后不到20天，我收到了班果寄来的《昌耀诗文总集》书稿的复印件。

关于这部《昌耀诗文总集》，我从编审兼校订的角度做了这样几件事情：

其一，从中撤去了一首标题叫作《马的沉默》的诗作。此诗原为长诗《山旅》中的一节，共28行。《山旅》曾收入昌耀的第一部诗集《昌耀抒情诗集》之中，1994年昌耀出版《命运之书》时，因力图收入更多的新作，又对《山旅》难以割舍，便切取了其中的这一节，加上《马的沉默》这一标题，并将原先的28行折并成13行收入诗集中。而在编辑《昌耀诗文总集》时，昌耀则忽略了这个问题，将《山旅》和《马的沉默》一并收入其中。故此撤去了衍生出来的这一首。

其二，"修订"了《浮云何曾苍老》这首诗作末尾的写作时间。此诗的副标题为"悼诗人陈幼京、骆一禾英年早逝"，诗作末尾的时间为"1989.4.11"。这个时间肯定有误，因为骆一禾是在这个时间之后的1989年5月31日去世的。但这首诗的确切写作时间又无从查考，所以，参考排在此诗前边《记诗人骆一禾》一文文末"1989.7.12匆草"这一时间概念，推测该诗为该文之后意犹未尽的余绪，写作时间比较接近，故与班果商议后改为"1989夏"。

其三，统一了附录部分给S的21封信件中，对S·Y的称呼。这其中一部分信件的抬头是S·Y，另一部分使用的是S·Y的本名。这些信件S原本不愿公开，后遵从昌耀的意愿而允诺。昌耀之所以要收入这些信件，首先因为它们是昌耀一段重要个人情感的真实记录，更重要的，则体现了昌耀对诸多经典作家的作品、音乐、艺术等问题的重要看法，乃至在漫谈的形式中，他艺术思想的"闪电"。对于这些信件的公开出版，S虽然遵从了昌耀的意愿，但她在给班果的一封信中又专门谈到了"比如称呼的问题"。有鉴于此，便对S的本名做了匿名化的处理,而以"S·Y"统一起来。

接下来,便与我编审兼校订的工作无关,但却与这部《昌耀诗文总集》有关,这就是快马加鞭地为《昌耀诗文总集》书写序言。想来世事真是太富戏剧性,20世纪80年代初,昌耀还不曾出版诗集时,当时年轻的我就曾异想天开,想为昌耀将来出版的诗集书写序言;近20年后,我早已没了这个想法时,昌耀却在临终成全了我当年的"宏愿",但此时,我的心中却五味杂陈。这篇序言共18000多字,却写了30多天,标题叫作《高地上的奴隶与圣者》。"奴隶"与"圣者",这是两个距离非常遥远的形象,但在昌耀苦难的诗歌生涯和他最终的精神境界中,却合二为一。

3. 在桂冠与情义的潮水中

昌耀大概从来没有想到,这个"文革"中曾更名为"东方红"的青海省人民医院,成了他人生的终点。而直到此时,他仍没有摆脱如影随形的尴尬。

住院之后,身为著名诗人,并且还是青海省政协常委的昌耀,却没有够格的实际行政级别入住"干部病房",而被安排在嘈杂的大病房。2000年1月20日,因同病房中一垂危病人吵闹不宁,实在无法忍受的昌耀坚决要求搬出。由于其他病房同样人满为患,便要大夫为他在走廊增设了一张病床。这应是他尴尬人生处境又一个小小的象征:他不但在社会生活中无家可归，即使住进医院后，仍无容身之所。关于这一事实，上海的《新民晚报》随即做了报道。

但也就是从此开始，他漫长的孤独人生，却逐渐趋向高潮性的繁华——陷入生命绝境的昌耀，突然成了国内众多媒体和西宁公众关注的焦点。据昌耀去世后青海省文联的那份公告描述："住走廊之事被不明真相者炒作，一时间西宁城沸沸扬扬。"青海省委常委、宣传部部长田源在得知这一消息后，立即亲自出面，并明确表示，根据昌耀的成就和影响，他可以住进"干部病房"。其实昌耀本来就是"干部"，干部住进干部病房应该不是一个问题。而这里的"干部病房"，实质上是"高级干部病房"的通俗性称谓。于是，3天之后的1月23日下午，昌耀撤出走廊晋身为"高干"。

接着，还是这位田源部长，又多次前往医院探望昌耀，并与院方商谈治疗方案。与此同时，青海省文化、新闻、艺术界与昌耀相互敬重的一些官员和友人们，不断地来到昌耀的病床前。

随之，1月26日的《西宁晚报》又爆出这样一个信息："《昌耀的诗》备受读者欢迎，在市内几家大新华书店销售火爆。外面有许多人都在关注着他的病情，众多的读者都在祝福他早日康复。"

再随之，还出现了这样的一幕，一对下岗的青年职工夫妇，带着《昌耀的诗》和水果前来探望昌耀，临走时又掏出了400块钱，要留给昌耀治病——这是下岗职工的思维，也是最真诚的人民的方式。昌耀流泪了，但他坚决退还了钱，心头贮满了情。

也就是从这个时候起，青海的诸多媒体开始密切关注昌耀的病情和医疗进展，并进行跟踪式报道，继而对昌耀进行人物访谈。还有一家媒体，派出它们的摄影记者跟踪拍摄"昌耀的最后时刻"，并约请当年身居青海，此后调往外地的昌耀的故人们，书写有关昌耀的文章，以组织专版。此外，北京、上海、广东的一些媒体，也通过各自的信息渠道，开始加大报道昌耀的消息。

昌耀的"亲友团"闻讯次第赶来。

修篁在病床前全程负责，昌耀的女儿王路曼和次子王俏也昼夜轮流看护。孩子们他娘杨尕三也时而来到病床前。另外一个在时间上遥远的人物，则以影子的形式在昌耀面前出现，这就是20世纪60年代昌耀的恋人，此后他应该称之为"二姨姐"的杨尖尖。昌耀于此再次感受到了一种民间方式的情义——尖尖在日月山下抓了十只野鸽子，指派儿子送到昌耀的病床前。按民间的说法，野鸽子能对人体起到大补作用。

然后，这十只野鸽子又被送到杨尕三的家中，由杨尕三动手炮制：每次一只野鸽子，四个冬虫草，再加上人参、党参混合炖煮，然后送到昌耀跟前。在一段时间内，昌耀的一日三餐，都由杨尕三做好后派子女送去（2003年10月5日下午，尕三在向我回忆到这里时突然就哭了）。另据杨尕三介绍，日月乡她娘家的一干亲戚，闻讯后也要到医院探望，但此时的昌耀心情已非常烦躁，因此表示了谢绝。

昌耀与杨尕三离婚后，经过数年的冷漠期，又逐渐回复到一种"故人"的状态。有一次，昌耀专门去杨尕三打工的单位，谈有关房子的问题。他对杨尕三表示，假如你以后不再嫁人，这套房子就永远留给你和老三（王俏也）。此后，文联在市区的北大街新建了家属楼，比原先的房子面积大，但需要为差额部分交一笔钱，昌耀又去征询杨尕三的意见，问她是否愿意调换。仍然是由于钱的问题，杨尕三决定放弃。昌耀随之表示，这样也好，现在的这个房子也足够住了。

1997年，昌耀与王阿娘结婚后又与杨尕三见了一面，杨尕三对昌耀开玩笑道："听说你这次给新娘子买了项链、戒指，但当年给我什么也没买，我亏了，你得补偿我。"几天之后，昌耀就果真"补偿"了杨尕三500块钱。

到了1999年上半年，昌耀又过起了单身生活，这时的杨尕三患了胆结石，为了省钱，便决定去她娘家所在的湟源县住院。临走之前尕三去找昌耀："你搬回来住，我去湟源住院。"昌耀说："你住完院还能再不回来吗？"尕三赌气曰："不回来了，回来后家里也没个人，太寂寞，没意思。"

据杨尕三讲，与昌耀离婚后，她一直有复婚的想法。当初自己年轻，心野、爱玩，现在这么一把年纪了，就想着该有个完整的家踏踏实实地过日子。因此，她此番找昌耀的这么一种表达，也就有了借此机会先把昌耀请回来再说的这么一层意思。但昌耀已断无此意。虽然如此，他却颇为友好地给杨尕三出主意：一个人待在家里也的确寂寞，可以买两只鸟儿来务心慌。后来，杨尕三就真的买了一绿一黄两只鹦鹉，养在笼子中。但是，杨尕三用一种略显异样的神情告诉我，两三个月之后，其中的一只鹦鹉用嘴抬开笼子的门——飞了。接下来的三几个月之后，昌耀就住进了医院。

…………

昌耀的长子王木萧也来了。对于这位曾跟自己动过手，然后形同陌路的长子，昌耀至此仍未捐弃前嫌。此时26岁的木萧不但已经结婚，而且不久就要做父亲了。木萧来到病床前伺候，昌耀冷漠拒绝。木萧拿出自己的手机，让父亲与湖南的姑母、姑父（也就是昌耀的小妹葛惠仙及其丈夫）通电话，昌耀仍然拒绝。木萧苦苦相劝，昌耀终于被说动了，但他要求木萧离开病房，之后才通了电话。

对自己与父亲间的恩怨和此时病房中的情景，王木萧在几年后所写的《父亲，我长大了》这篇文章中，做了这样的回忆：

"相信每个人都会有叛逆期，我好像在那段时间里特别讨厌看到他，甚至诅咒他死掉，如今父亲不在了，留给我的是无法弥补的悔恨和思念。

"……我守候在他的床前，默默地注视着熟睡中的父亲……看到父亲的满头白发和瘦骨嶙峋的身体，我的眼泪夺眶而出……在我的哭泣声中父亲醒了，我突然感觉到要为父亲做些什么，从小到大，我没有照顾过父亲一次，今天我要为父亲洗一次脚。我马上打来一盆温水，放在床下，轻声地说：'爸爸，我给你洗洗脚吧！'父亲没有应声。我轻轻地托起父亲的双脚，父亲固执地缩了回去……我又一次捧起父亲的双脚，这次父亲没有拒绝……

"目光相视中，我看到父亲眼角隐藏的泪水……我庆幸在他的有生之年能给他洗一次脚，并且还得到他的原谅。"（《西海都市报》2006年4月13日"青海已故文化名人系列报道之昌耀卷"。）

其实昌耀表情上的冷漠，并不能否定他内心血缘亲情的炽热。这其中还有这样一个插曲：就在这最后一次住院之前，当他得知王木萧的妻子，也就是自己的大儿媳不久之后将要分娩，便开始为自己未来的长孙起名字。不知这期间他进行了多少奇怪而有趣的文字组合，最后留在一张纸片上的名字则有两个：汉风、唐仪。住院之后他又为此郑重地嘱咐杨尕三，生下的要是男孩，就叫王汉风；若是女孩，就叫王唐仪。

2000年4月25日，在昌耀去世一个月零两天之后，他的长孙女王唐仪出生。小人儿王唐仪没有见过她的爷爷，但随着年龄的增长，她将会越来越深切地感觉到，自己有过怎样一个珍贵的爷爷，并会因此而自豪。

还有一个大家意想不到的人也来了——与昌耀有过八个月婚姻的王阿娘。王阿娘是在女儿从报纸上看到昌耀病重住院的报道后，得知这个消息的，于是，就带着回族人的美食羊肉汤和大饼，前来看望昌耀。至此，病房中的修篁、肖黛和昌耀的友人——青海省美协主席左良，才知道昌耀还有过这么一段婚姻。

王阿娘是一个非常实在的人，看到昌耀的病情已治愈无望，就征询昌耀的意见，是否愿意按伊斯兰的规矩办理后事，如果愿意，她将负责料理。因为昌耀虽然早已从她的家中搬出，但并未办理教规性质上的离异手续，因此，她觉得自己有义务对昌耀的后事负责。以此来看，王阿娘的确是一个善良而负责任的人。

而昌耀则明确表示，他死后将与母亲合葬。

这样，昌耀与王阿娘之间的关系，算是彻底交割完毕。

再往后的3月8日，远在杭州的S乘着飞机从天而降，也在昌耀的心中激起了"死水微澜"。关于这期间的情况，以及与昌耀交往的回顾，S在昌耀去世的第二天就写了一篇《花在叫》的数千字的文章，进行了描述，并刊发在同年第6期的《人民文学》上。此后，她又在这篇文章的基础上，整理出一篇1万多字的文章，标题改作《一十一支红玫瑰》或《追忆昌耀老师》，刊发在另外的数家刊物和诗歌网站，传播的范围极为广泛。因此，这里不再复述。在此，仅记下S文章之外的两件事。

据青海方面的朋友讲述，S到青海之前已和昌耀有过电话交谈，因之，昌耀是在有所准备的期待中，等到了这位故人的来临。S的到来使昌耀激动，在相互表达了关切并进行了信息交流后，昌耀用眼睛向病床旁边的床头柜做了一个示意。S走过去打开柜门，里面是一个黑色公文包。再打开，是 S 多年来写给昌耀的信件。之后，昌耀说道："全部都在里面。"然后就由 S 收存了起来。这大约算作"完璧归赵"吧。从这些信件交接的默契程度看，两人无疑已在此前的电话中说好了此事。这也应是 S 此次青海之行的主要目的之一。

S 在此后的那篇文章中提到了这件事，但却一笔带过："我带回了曾经写给你的信。它们和信封一起保存得那么好。"

第二件事，是 S 走后，昌耀写了一首题名为《一十一支红玫瑰》的两行一节，共 18 行的诗歌。开头一行便是"一位滨海女子飞往北漠看望一位垂死的长者"。这无疑是指 S，也当然是写给 S 的。但根据肖黛在这期间所记录的一些资料，其中却有这样一段文字："S 走后，修篆发现他（昌耀）在写诗，并躲着她写。几次询问后，他拿出写好的诗对修篆说：这首诗是绝笔，是向所有爱护他，关心他生死的朋友们的告别，也是写给韩作荣、小雪（雪汉青）、肖黛、班果、燎原、西川和很多很多人的。"

此诗完成于 2000 年 3 月 15 日，的确是昌耀的绝笔。是他此前不曾预料到的，特殊状态下衍生出来的一个绝笔，并追加进了他已经编辑完毕的《昌耀诗文总集》之中。

2000 年 1 月 20 日，病床上的昌耀迎来了他人生中的一个高潮，这一天，新华社播发了《首届"中国诗人奖"颁奖》的消息，昌耀与另一位"将军诗人"朱增泉，获得了由中国诗歌学会组织颁发的"中国诗人奖——1998年至1999年年度诗人奖"。另外两位老诗人：臧克家与卞之琳获得了"中国诗人奖——终生成就奖"。颁奖大会当天在北京人民大会堂举行。

这则新华社的电讯稿约五百字，却用一大半的篇幅专门介绍了昌耀。消息的全文如下：

> 新华社北京1月20日电　在我们这个拥有几千年诗歌史，被自豪地称之为"诗的国度"，第一次诞生了以"中国诗人"为名的荣誉奖项——厦新杯首届"中国诗人奖"今天颁奖。
>
> 获得首届"中国诗人奖——终生成就奖"的是老诗人臧克家、卞之琳。
>
> 一生蹉跎多舛却始终卓然独立的高原诗人昌耀，获得了"中国诗人奖——1998年至1999年度诗人奖"。作为一个曾长期被放逐的"囚徒"，他经历了太多的冷寂、孤独和苦难，但他自由不羁的灵魂中却充满爱和良知，凝聚着强大的精神能量。他把自己的生命感受和哲学思考全部化为了《昌耀的诗》，感动了越来越多的读者。他的创作被认为是中国当代诗坛"不可替代"的、独特的现象。遗憾的是，因种种原因尚未获得过任何诗坛大奖的昌耀，今天不能亲来领奖，两个多月前，他被发现身患癌症，目前正在青海治疗。
>
> 另一位获得本届年度诗人奖的是"将军诗人"朱增

泉。代表获奖者发言的朱增泉，第一个举动就是把自己的5000元奖金转赠昌耀，他希望自己的一点心意和所有景仰、喜爱昌耀诗的读者们的热情一起，化为一种力量，让昌耀得以早日康复。

这件事在我看来真是绝了，一生中从来没有缺席过苦难和灾难的昌耀，却就偏偏缺席了这唯一一次在人民大会堂接受桂冠加冕的荣耀。

2000年2月8日，这一天是农历新年的正月初四。时任《人民文学》副主编并身兼中国诗歌学会副会长的韩作荣，偕同中央人民广播电台的编导雪汉青女士，从北京赶到西宁，代表中国诗歌学会，为病榻上的昌耀，补办了一个颁奖仪式。韩作荣在宣读了授奖词之后，依次向昌耀颁发了奖杯、奖金、获奖证书，以及朱增泉转赠的5000元奖金。这篇授奖词是中国诗歌学会委托韩作荣写的，其中有这样的词句："昌耀是不可替代的，如青铜般凝重而朴拙的生命化石，如神话般高邈而深邃的星空，我们深深感谢他，留给诗坛一个博大而神奇的认知空间。"

为了表达对这个仪式的郑重，这一天的昌耀特意刮了胡子、换了衣服。

然而，这位天真而庄重的诗人，终究没能表现得更为体面一些。

韩作荣此后在一篇文章中对此做了专门的记述："面对荣

誉和友情，情动于衷的昌耀哽咽着，像受了委屈的孩子，在被理解和抚爱中断断续续地倾诉，鼻孔上仍插着输氧的软管，靠在一把椅子上，艰难而又诚挚地表达了自己的心境。"

"昌耀哽咽着，像受了委屈的孩子"，这就是此情此境中的昌耀，也是只有在此时的韩作荣面前，才能引发的悲欣交集而又一言难尽的反应。

在此时的昌耀眼前，韩作荣的身份是多重的。他首先代表着颁发这个奖的中国诗歌学会，进而代表着中国诗歌界众多的诗人个体，对自己的认可、情义和奖掖。而正是由于他们的存在，他的诗歌才有了一个公正、准确的价值评判体系；他的写作才能在社会生活的层面凸现出意义。

而假若没有这样一些人和这一评判体系的存在，昌耀在诗坛上的处境将是难以设想的。在此我还想举一个就近的例子。

——前面我已谈到过，在20世纪80年代中期的青海文学界，昌耀的成就曾使一些人感到"难受"，故而在提起昌耀的诗歌时，不是故意不置可否，就是不时放出一些阴阳莫辨的话来。而就在距离此时不久后的2000年6月，兰州的一名文学青年，已迫不及待地赶写出了一篇《昌耀的悲剧》，对此情此景中的韩作荣，对此前研究昌耀的相关人士及昌耀本人，进行了一次全方位的扫荡。比如对韩作荣刚刚宣读过的，明明是向昌耀致敬的这个授奖词，此人却从中解读出了"恶意"，并这样嘲讽曰："我真是难以想象，知书晓礼的韩作荣是怎样面对面，把热泪盈眶的老朋友昌耀说成是化石的？这哪里是致予活人的授奖辞？这分明是提前宣读的悼词！"——你以为这是在为昌耀鸣不平吗？错了！此人进而又这样挖苦昌耀——"在自己被神化、圣化的社会形象和世俗生活的召唤、诱惑之间失去了决断的能力，他身不由己，力不从心地扮演着中国当代诗坛最后一尊偶像的角色"，"当昌耀先生完全置身于一群谄媚之徒中间时，他就永远不能脱身了……他失去了自己的头脑"。

在这篇充满阴郁愤懑的文章中，作者还使用了一种阴暗的表述策略：他先是把此前昌耀评论中诸多有影响的话语抽取出来，曲意演绎为一种祸心，然后以维护昌耀的姿态告诉众人，这是一群谄媚之徒在毁灭昌耀；接着，以对昌耀诗作及昌耀本人同样的曲意演绎，再引用诸如波伏娃、萨特、艾略特、契诃夫，以及约翰·马西、罗慕洛·加列戈斯……一长串这类人物的名言或事例，进而站在权威的垫脚石上昭告众人，昌耀的诗以及昌耀本人是如何地可笑。比如对于《慈航》中这样的诗句："九十九头牦牛以精确的等距／缓步横贯茸茸的山阜，／如同一列游走的／堞堡。"此人这样嘲弄道："面对一群牦牛数到'九十九'时，不要说惯于跳跃性思维的诗人，就是庸人也会不胜其烦的，哪里还有什么诗意？车尔尼雪夫斯基早就说过：'诗歌不能允许技术细节所提出的那种解决办法。'"啊哈，这个看似深奥的人，其思维竟如此地"童真"：车尔尼老师早就说了不能这样，你却还要这样，你这不是自撞南墙吗？还好，此人在这篇文章中到底还是诚实了一回："我对昌耀先生作品的阅读和评论……或许干脆就是无知妄说。"

既然如此"无知",为什么还要执意"妄说"呢?因为他觉得昌耀的一生太"幸运"了:"昌耀先生比许多人幸运,即使在最困难的岁月里,他仍然获得了关怀、帮助,甚至获得爱情;他大难不死,最后回到了城市……在80年代初即成为一名让一般人羡慕的专业作家,他有许多职务和头衔,他按期领取政府发放的特殊津贴……"这也就是说,他从昌耀的"幸运"中,感觉到了对于自己的深刻伤害!——你已经沦陷到了社会的最底层,竟然还能获得爱情?竟然还"大难不死",成为让人羡慕的专业作家……而对世界名人,包括不太有名的人都能如数家珍的我,却居然什么都不是!(莫非他渴望成为"让人羡慕的专业作家"而不能?)那么,这显然不是昌耀伤害了他,而是老天爷不怎么喜欢他。因此,这便不应该是"昌耀的悲剧",而是他自己的悲剧了。的确,在此之后的同年11月,他在后退为第二作者,与人合写了一篇略为收敛,但仍曲意混淆事实的关于昌耀研究的小论文后,从此消失于江湖。

我之所以在此置入这个"插曲",还想说明另外一个意思,并不是所有的人都喜欢昌耀!今天如此,当年更是如此。因此,韩作荣等人之于昌耀的意义就更为重要。

…………

韩作荣的另外一重身份——就因为他是韩作荣。他是新时期以来,昌耀诗歌最早的,也是贯穿始终的编辑者、欣赏者、阐释者,是以自己的编辑职业和社会影响,不断地把昌耀及其诗歌托举出水面的人。进一步地说，他在昌耀1979年之后的诗歌生涯中所起的作用，是无人可以替代的。

大致上回顾起来，有这样一些编辑在复出之后的昌耀的写作中，起过重要作用：1979年前后的《诗刊》编辑部主任至副主编邵燕祥，继任的编辑部主任至副主编刘湛秋，编辑晓钢、雷霆、韩作荣，20世纪80年代中期往后《十月》的诗歌编辑骆一禾。在北京这类大刊物之外，则有早先任新疆《绿风》的主编，而后任四川《星星》主编的杨牧，《西藏文学》的编辑马丽华，等等（昌耀的一些重要诗作，诸如《慈航》等，就首发在《西藏文学》上）。此后，由于各种原因，上述的许多人大都淡出编辑界和诗坛，唯有韩作荣在这条线路上，呈现着线性的连贯和放大之势，他在90年代从《诗刊》调入《人民文学》，继而出任副主编、主编，并逐渐将昌耀发表诗歌刊物的重心，挪移到了《人民文学》。可谓全程陪护。

韩作荣之于昌耀的写作，的确是重要的，因为昌耀半复出状态中发表在《诗刊》上的第一首诗作《致友人》，就是韩作荣在一大堆自然来稿中发现的。此诗写于1978年8月，当时的昌耀还在新哲农场流放。虽然此诗发表时已到了1979年10月，但在当时的处境下能收到《诗刊》社的诗稿留用通知，这对昌耀在诗歌方面的自信心，对他之于自己未来前景的想象，简直就是"春雷"。当年发表诗歌的难度，与现今可谓天壤之别，也正是因为这个原因，谁若能在《诗刊》上发表一首哪怕是八行的诗作，也会在其所在的省区成为一个持续性的话题。

而这首《致友人》，它在韩作荣多少年后的记忆中是"一首短章"，在我的记忆中也如此。但最后重新查找出来一看，竟然有110行之长，并且，它还是昌耀自20世纪50年代开始写作生涯以来，其作品首次在《诗刊》这一国家级的刊物上登堂入室。

因之，《致友人》在此时之入选《诗刊》，对于昌耀实在是太重要了。它紧接着产生的又一个结果，就是由此获得了信心的昌耀，敢于把他长达500多行的《大山的囚徒》再次投寄《诗刊》，随之被召至编辑部修改诗稿，并被安排旁听同期召开的全国文代会。一个刚刚结束了"囚徒"生涯的人，就这样一步跨入中国诗坛的核心地带。而《大山的囚徒》这首长诗在1980年第1期《诗刊》上的亮相，则一举确立了昌耀在新时期诗坛上的位置。

而在20世纪90年代中期稍后，又是韩作荣，给昌耀在《人民文学》上提供了一种特殊待遇，往往以十多个页码，对昌耀积攒了一至两年的作品，实行一揽子刊发。这种建立在作品自身质量上的编辑豪举，搞得昌耀受宠若惊，继而对韩作荣写信表示，愿"士为知己者死"！

非但如此，若再推究起来，韩作荣还是昌耀的一位"财神"。1997年，《人民文学》颁发给昌耀的8000元奖金，无疑与韩作荣直接相关；2000年的此时，"首届中国诗人奖"的5000元奖金，应该与作为中国诗歌学会副会长的韩作荣，有着并不曲折的关系。这两笔加起来共13000元的人民币，对于其他人可能是一笔闲钱，对于昌耀则非同寻常。

知道昌耀一生共有多少存款吗？到1999年10月第一次住院时，共为43000元。所以，眼看着肺腺癌治愈无望，自己还要承担20%的医疗费，昌耀索性牙关一咬出院走人，听天由命。紧接着，就是对这笔财产做出剖分——40000元送给子女；3000元，留给自己。

韩作荣到来时，昌耀的5000元奖金，朱增泉转赠的5000元奖金，还有东北一刊物的3000元奖金，这总共13000元的意外之财，实际上成了对于昌耀的雪中送炭。

对由自己带去的这10000元奖金，韩作荣特意叮嘱昌耀："一定要用来治病，钱不够，朋友们再设法筹集。"他安慰昌耀，如果坚持治疗，未必不会有奇迹发生。而此时的昌耀面对小他11岁的这位朋友，则表现出儿童式的天真："死也没有关系，我不是说过'士为知己者死吗？'"他是笑着说这句话的，但眼中却泪花晶莹。

虽然昌耀已经通过新华社的电讯稿，得知朱增泉将自己的奖金转赠给了他，但当韩作荣此次又转致了朱增泉的问候时，他还是激动难抑。此时的朱增泉身为中国人民解放军总装备部副政委，军衔：中将。在非文职的现役将军中，书写新诗的可谓凤毛麟角，而朱增泉的新诗写作，则在20世纪90年代中后期的诗坛，留下了特殊的一笔，并以诸多给人印象深刻的散文而为文坛瞩目。而他本人，却与昌耀从未有过哪怕是一面之交。1998年11月,两人都参加了张家港诗会,但因朱增泉提前离会而失之交臂。一个陌不相识的将军,此时却表达了这么一番情义,情动于衷的昌耀在心潮起伏间,又联想到了自己的军旅生涯。那应是他的整个人生中,一段最为意气风发的岁月,但却被此后接连不断的磨难所封存。于是,在曾经的"囚徒"以及诗人的名分之外,他突然意识到了自己的另外一重身份——老兵。遂在回赠朱增泉《昌耀的诗》一书的扉页上,颤颤巍巍地写下了这样一封短信:"朱增泉将军:我谨将您转赠给我治病的奖金,看作是一位部队首长对一位原38军老兵的关注,而不仅看作诗人对我个人的友善之情。致以军礼!"此情此境中的昌耀是如此地苦涩而恓惶,但这"军礼"二字,却让人感觉到军中少年英气的蓦然一现。

应该说,朱增泉与昌耀这一特殊交往,也在朱增泉自己的心中拴下了一个情结。2003年8月,他利用一个公务的机会到达西宁后,专门邀请肖黛陪同,一一寻访了昌耀当年在西宁的"故居",并在此行之后书写了一篇题名为《寻找昌耀》的散文。

朱增泉在这篇散文中再次回顾了与昌耀的那一往事,并为在人民大会堂的那次颁奖大会上,"因又一次与昌耀失之交臂而增添了一份遗憾",继而进一步强调:"这也是中国新时期诗歌的一个遗憾。对昌耀的颁奖来得太迟了。"

这是一句分量颇重的话,相信这样的感慨也是众多诗界同仁的感慨。

而在韩作荣一行到来的前三天,也就是2000年春节的大年初一,昌耀还领受了一份他几乎承受不了的大情大义。这份情义,来自中央美院前副院长、著名油画家和书法家朱乃正教授。而传递这份情义的中介人,则是朱乃正与昌耀共同的朋友左良。

——春节前不久的一个拂晓,左良在家中突然接到了朱乃正从北京打来的电话:"昌耀于病中寄我新出的诗集,我随读随抄了一些篇章,想必对他能有些安慰。直接寄他恐有闪失,还是由你转交为妥,你找小录裱成册页送他留念。"

根据电话中的表述来看,就是朱乃正在阅读昌耀寄赠的《昌耀的诗》这本诗集时,心中有所触动,便一边阅读一边随手抄录了其中的一些篇章,再把它转赠给昌耀,以作为对病中昌耀的安慰。这话说得非常平淡,仿佛就是举手之劳。但朱乃正当然知道自己的字就是书法,并恐怕直接寄给昌耀会有接收上的闪失,且昌耀也无力装裱,就把这一切事宜托付给了左良代劳。

左良先向昌耀通告了这一信息,待收到朱乃正寄来的作品后,未及装裱,就赶在大年初一作为礼品转呈昌耀。

但这是一件什么样的礼品呢?从20世纪90年代初开始,中国的书画作品就身价陡涨,一些书法名家的匾额题字,一个字就是5000元,并且绝不讨价还价。而朱乃正,则属于中国顶级书画名家之列。那么,他"随读随抄"给昌耀的这些作品是一个什么样的规模呢?——他一共抄录了昌耀分行和不分行的诗作14首,分布在宣纸上长达23幅,计有2222字。先后钤盖了10方闲章和他本人的正式印章,并且,每件作品都选择了切合诗作内容气韵的书体来书写,14首诗作的书体风格各不相同。这是一套朱乃正在动笔之前,心中就有格局设计,并适合装裱成册页的书法艺术品。其首页用昌耀的诗句"昆仑摩崖,无韵之诗"作为总标题,末页又专门书写了一段跋文:

昌耀兄于病痛中寄我新版诗集,拜读再三,顿觉心神震撼,远离尘俗。常疑当下真诗人实属凤毛麟角,今始信斯人是也。盖诗心、诗思、诗情、诗音已熔铸一体,且若非西部骄子,实难达此境。如昆仑之巅,西海之深。有幸曾与昌耀兄同励(似应为"历"——燎原注)难于高原,而今虽遥隔千里而犹能情近于咫尺。世纪之交,百感集于静夜,抚诗集而长叹,无能酬答。谨借素笺录兄诗作奉报,或可小慰于榻前。二〇〇〇年元月乃正于京华悟未悟斋。

据说朱乃正好酒,善饮,且有海量。不知他书写这些作品时是否曾借酒发力,但从这篇跋文,以及整个书法手卷时而笔走龙蛇,时而枯涩顿挫的笔意中,却能感受到一种如癫如醉的酒意:歌哭、啸傲、弹铗弄剑,任才使气。2222个汉字,按14首诗作的不同气韵,或以小字简牍般连绵致密;或以大于拳头的体形，飞鹘脱兔般联翩奔突。不知这是否为朱乃正笔墨生涯中一次空前绝后的发抒，但绝对是一个艺术家一次罕见的"豪举暴施"。在朱乃正的此生此世，大约不会再有第二个人，能得到他这样的馈赠；大约也不会有第二个人，能掀动他如此浩瀚的创作激情。

是的，朱乃正用这样的方式，送给了昌耀一片大情大义，但在我看来，他还是要用这种曲折的方式，送给穷困的昌耀一笔大钱！

病榻上的昌耀在朋友们的帮助下，逐一欣赏并轻声诵读过这些书法手卷后，强忍着眼泪转过头去，然后是一句远天远地的话："生活困难的时候，朱乃正还送过我五斤全国粮票。"再回过头来，几滴浊泪已从眼角滚出。然后，他断断续续却又明确地表示：这件作品太珍贵了，我不能据为己有。它应该属于社会，应该出版发行。而这件原作——也就是朱乃正送给他的这笔巨资，则可考虑捐赠给一个合适的博物馆永久收藏。

这件作品此后以《乃正书昌耀诗》的书名，由山东画报出版社以册页装帧的版式出版。原作拟交中国现代文学馆收藏，并已由肖黛联系；继而因其他环节上的原因，捐赠给了青海省博物馆。

昌耀的确是一个"仁者"。从性质上说，这件作品完全是一个友人的私人赠予，虽然这义是两位艺术家之间具有艺术史料意义的赠予，但将它以出版的形式公诸社会后，他本人则完全可以将作品的原件作为传家之宝，留给亲属永久收藏。然而，自打见了这件令他震撼的作品第一眼起，他的心中就已风清月白——不能据为己有。

现在，昌耀的生前身后之事都已交割完毕。我对此间有关人物和事件的记述也已基本完毕。但还有一个人——也就是修篁，则需要做出重点记叙。因为她是为昌耀送上了终极关怀的人。她在这期间对于昌耀的作用，没有任何人可以替代。

1999年9月底，当昌耀对于自己突发的病情有了不祥的预感，而让孩子去找"修篁阿姨"时，其实也是一次贸然之举，因为此时的他已与修篁没有任何关系，修篁对他当然也就谈不上任何义务。然而，已经陷入绝境的他却凭直觉意识到，修篁是他此时唯一可以依托的人，而修篁也果真就二话没说地赶来了。

12月下旬，第二次住院的昌耀眼看着肺腺癌久治不见好转，更考虑到住院费的问题，便向修篁表示，要求出院"回家"。修篁问："回哪个家？"这的确是个问题。答曰："我跟你走。"修篁遂用半真半假的口气刁难道："那不行。你跟我走，咱俩又没结婚，这算什么？你还是回你自己的家吧。"

昌耀一听急了："你这是把我往绝路上推，你若送我回那里，我就跳楼！"——"跳楼"，是昌耀当时经常脱口而出的一个词。

此时，昌耀的女儿王路曼就在跟前，见两人又斗起了嘴，就恳求修篁阿姨："我爸已剃了头（因化疗脱发而剃成了光头，意思是我爸都病成这样了),为了我爸,还是去你那儿吧。"

从许多迹象看,修篁和昌耀的确是一对"冤家",两人之间真真假假地经常斗嘴,即使昌耀已陷入这样的绝症之中,斗嘴的积习仍顽强地延续了下来。但它却从相反的角度上表明,这恰恰是一种"老夫老妻"的状态。的确,昌耀都已病成这样了,嘴硬心软的修篁还真能把昌耀拒之门外?

这期间,还有这样一个极为现实的问题:修篁本人是九三学社的组织部副部长,因此,她还是一个需要上班、干工作的人,况且,她与昌耀并没有法律上的亲属关系,即便是请假也没有正当理由。所以,昌耀住院不久,修篁便提出,或者文联派人,或者昌耀的前妻杨尕三,与她轮流看护昌耀。杨尕三自然愿意,但昌耀却不愿意,想必是觉得她不如修篁里里外外料理起来顺手。而文联起先也的确派过两个人,但据修篁说,没过几天就撤了。理由是文联此前没有这样的先例,无法派人。这样,修篁就算是让昌耀给死死地"赖"上了。好在修篁的领导开明,在这种特殊情况下,对于他们的这位副部长放任自流。

于是,这期间的修篁与昌耀,便继续地一边恩爱一边斗嘴怄气。

怄气的时候委实惊心动魄。也就是韩作荣和雪汉青到西宁看望昌耀时,昌耀特地为两人准备了纪念品,让肖黛陪同一起到修篁的家中去拿。到了家里开始闲聊之后,修篁随口提到了先一天晚上,她与昌耀在病房发生的一次口角:"我气得忘了他是一个病人,用手挡了他一下,不料他顿时倒地。我赶紧俯下身去扶他,他却说不用管我,我死了算了。说完,就朝着窗口爬去,一边爬一边说:'我跳楼摔死算了。'"修篁是用平淡的语态述说这件事的,但却听得另外三个人心惊肉跳,情不自禁地交换了一下眼神。

还有一次,两人又发生了口角,修篁一气之下要一去不再回头。昌耀马上表示:"你要是走,我就从这楼上跳下去。"修篁随之妥协道:"你别跳,窗子底下都是虚土,你跳下去死不了,还要受罪。"谁也不会想到,这脱口而出的一句话,最后竟一语成谶。

而两人恩爱的时候,则几近于黏得化不开。修篁在家中做了清炖鲫鱼送到病床前,然后剔去鱼刺,用勺子送到昌耀的嘴边。昌耀嘴中吧唧吧唧地吃着鱼,眼睛却一动不动地盯着修篁的脸,一副要把修篁吸进眼中的贪婪。

而修篁这时也就甜蜜得快要融化了,接下来就对昌耀说:"我给你唱歌吧。"于是,就轻轻哼唱起她经常唱给昌耀的那首《马背上的骑手》:

> 赶着白云走哟,追着太阳走。
> 牧马的蒙古人都是好骑手,都是好骑手。
> 马背上的颠簸,冷淡了温柔哟;
> 马背上的沧桑,来不及回首。
> 马背上的歌声,蕴含着淡淡忧愁;

马背上的人生，穿越着激流。

赶着白云走哟，追着太阳走。
牧马的蒙古人都是好骑手，都是好骑手。
马背上的真诚，赢得了朋友哟；
马背上的较量，从没有对手。
马背上的风景，真是美不胜收；
马背上的蒙古人，老了也不屈服。

歌声辽远、悠长，豪迈中萦回着淡淡的忧伤。"马背上的蒙古人，老了也不屈服"，而此时下颏上胡须茬子蓬乱的老昌耀，在命运面前屈服了吗？

其实，这正是他们两人共同的歌，在20世纪60年代的祁连山腹地——那原本是蒙古人水草丰茂的牧场，一条河谷先后在下游草场上垦荒的昌耀，和高山牧场上放牧的女知青修篁的心头，注入了游牧者的流脉。如今，当年的垦荒者已经迟暮，而放牧的女工却丰韵犹存。如果把此情此景再上移到成吉思汗时代蒙古草原的时空中，这恍然就是一位红颜知己，以歌声向病榻上的老英雄回首风雨往事，并祈求长生天保佑老英雄早日康复。

的确，就在昌耀第二次住院的1999年12月，修篁曾做出过一个对她来说并不轻松的决定：从小一直信奉佛教的她，突然决定改信基督教。用她的话说，此时的她已不相信人类能救得了昌耀,而只有上帝可以。于是,便改信基督教向上帝为昌耀祈祷。以此可见,修篁在昌耀身上用情之深。

……在修篁这样轻轻哼着的时候,也尽显出她天分中良好的文化艺术慧根,尽显出她性格中的柔情与可人。这是让昌耀为之销魂而又难得常见的美质。而对于昌耀这位大半生都在与命运苦苦搏杀征战,此刻滑下马背,躺在病榻上的骑士,他在修篁的眼中应该既是一个使之心痛怜爱的孩子,又是一个挥喝万千文字夺顶扬旗的英雄。而这样的一对英雄佳人,为什么要苦苦地蹉跎岁月,不能走到一起呢?这实在没有理由。原先的一切理由,在此情此境的两人心中,都不再成为理由。

于是,在这样的哼唱与谛听中,白色的病房恍然就成了骑士时代蒙古草原夜色中的营帐,四十根牛油蜡烛随着这样的歌声而烛影摇红,而使两人醉眼迷离……

也就是在这样的时候,两人终于做出了他们本该早就做出的决定,并郑重地立下这样的文书:

关于我的婚姻现状及与此有关名分的声明

我于1999年10月身患绝症以来已历数月,考虑我已届老年且治愈的可能也比较渺茫,当此之际,我有必要将我的婚姻现状向亲友及世人做一庄重声明,即:我的现任妻子是九三学社青海省委组织部干部吴××女士。我们同居多年,是事实上的夫妻。我目前仍居住在吴女士家中并受到她的精心照料。我们曾考虑正式领取结婚证书，只因顾忌到住房分配有关规定，恐涉及一方住宅有可能被所属工作单位收回，而我们已届老龄或临近老龄，双方都有子女，为子女利益计我们未能去政府部门进行结婚登记。即便如此，并不能否认我与吴××在事实上既成的婚姻现状，即：我是吴××有权有理确认的丈夫，亦是事实上的丈夫；吴××是我有权有理确认的妻子，亦是事实上的妻子。在我或将"不久于人世"的时刻到来之前，我向亲友及世人声明，上述我俩的关系是慎重而严肃的选择，无论过去、现在或将来都应是肯定的事实，我们相互应享有作为妻子与丈夫的名分以及相关权利与义务，无论何人请均予以尊重。

声明人：王昌耀（签字）
2000年1月10日

吴××附笔：

我丈夫王昌耀先生在这困难时刻向世人发表的声明完全反映了我们婚姻的现状。借此机会我亦向世人表明我的心迹，即：我们的婚姻完全是我们双方自愿的选择。

吴××（签字）
2000年1月10日

需要说明的是，这个文书中的"吴××"，由我略去了姓氏后面的名字，它是修篁本人的真名。

在昌耀去世六天后的 2000 年 3 月 29 日，修篁与昌耀的长子王木萧捧着昌耀的骨灰盒，登上了南下的列车。然后，按照昌耀的遗愿，将他安葬在了湖南省桃源县三阳镇王家坪村其慈母吴先誉的坟墓旁。

再后来的 2001 年 4 月，面对专程回到青海的我，神色憔悴的修篁有了几许欣然："昌耀说他去世后你一定会来找我，这回真的就来了。"然后，将昌耀存放在她那里的资料复印了一份，分门别类地归整好之后转交给我，以供这部《昌耀评传》的写作。

至此，修篁算是将昌耀这位"冤家"的生前身后之事，彻底料理完毕。

4．太阳说：来，朝前走

2000 年 2 月 4 日，这一天是农历的大年三十。下午的病房一片安静。精神得到了稍许恢复的昌耀，向提着饺子前来探视的肖黛发表了这么一番谈话：

> 我总是有一种灾难感。事实上灾难也伴随了我一生。我几乎时刻都在感受着灾难就要来临的巨大压力。我的老家是湖南桃源一个叫王家坪的地方。那是一个总是下着雨的地方。我小时候晚上睡觉最怕下雨。雨天阴沉，我是怕

鬼容易在这种天气出没。我怕得要命,因为鬼会给人带来灾难。果然我一生都在灾难里煎熬。其他的灾难可以用各种力量去较量一下,可现在我一点力气都没有了。所有的力气都被癌吞食掉了。也许这一次需要我自己解决才能跨越灾难。不然,就会没完没了地一直遭受癌的折磨,直到死,连死都将死得毫无尊严。

说到这里,昌耀开始大口喘气。稍微平息后他接着说道:

> 最后,我会忍受不了这种折磨,我会跳楼……完结一切。

这是昌耀用骨头发出的声音,侠客士子式的凛然与镇定,他要以主动的方式,捍卫生命的尊严。

但是,这种"忍受不了的折磨",到底能把人折磨到什么程度呢?我无法想象。

2003年8月,我与一位供职于山东省政府的写诗的朋友相遇,他原本是一位副省长的秘书,谈及自己的工作调换时,他说起了两年前从一场大病中死里逃生的经历。他患的也是癌症,住院后因为化疗,一头密实的头发全部脱光。这倒也没有什么,最可怕的是他忍受不了那种疼痛,那是一种生不如死的疼痛。每次疼痛起来,他都有强烈的跳楼自杀冲动。

听到这里我心头忽地一凛:"所有化疗的癌症患者都是如

此吗?"对方肯定地回答道:"都是如此。所以,这种病人病房的窗子全都是密封的。"

我闻之大骇,迅速联想到了昌耀。而这位朋友,由于没有任何耽搁地得到了最好的药物医术治疗,终而幸运地躲过了这一大劫。

…………

2000年3月20日,昌耀被一口血痰堵住了呼吸。病房中顿时一片忙乱。再睁开眼时,他气恼地责问修篁:"为什么不阻止医护人员的抢救,让我迷迷糊糊不知所以地死去不就好了吗?"接着又指令修篁:"你找根绳子或电线把我勒死吧。"修篁也不含糊:"我怎么做得出这样残酷的事?"昌耀又开始了与修篁的斗嘴:"那样做不是残酷,而是人道。"

随着死亡的临近,青海各媒体对昌耀追踪性的采访报道也加大了密度。3月22日下午,为了避免你来我往的频繁干扰,众媒体对昌耀进行了一次联合采访。

采访结束之后,昌耀对身边的班果表示,从现在起,他不希望再见任何外人。

昌耀身上的能量已经近乎耗干,他要把最后的一丝力气留给自己,来结束自己的生命。

是的,从此间的众多信息中都可以感觉得出,昌耀已经为自己生命的结束方式,做出了决断。

然而,在这之前更早的时候,他就在一些诗文中表达了对于死亡的态度。

远在写于1993年的《一天》中，就有这样一行突兀的诗句——"厌恨老境的诗人请以自裁守住蓬勃英年"。这其中表达的意思，与19世纪德国诗人荷尔德林在诗剧《恩培多克勒》中演绎的观念竟完全一致，这就是"适时而纯洁的死亡"——亦即庄严地自杀。"适时死亡"的根本意义在于死亡的不可回避：生命的光华和创造力因岁月的研磨而枯萎衰败，自杀则赶在这枯萎衰败之前，使生命永远保持在英气勃勃的那一区段。这无疑是人类中那些视生命光华和创造力为至高原则的人，才持有的生命观。而著名的青年诗人海子，在很大程度上就是因此而奔赴死亡的。

1997年，昌耀在《秋之季，因亡蝶而萌生慨叹》之中，进一步地做出这样的表述："对于世间我已存几分厌倦。你瞧，那每年一度呈现于人境的寒来暑往、斗换星移只不过是古今千篇一律运作不止的套式，催人老丑而已。……死亡倒可能是一种解脱或净化。我的终点早已确定，处之坦然。"

前边是看淡了生死，这里则进一步地看透了生死。但此处隐含的更重要的意思则是：他绝不会因对人世间的"几分厌倦"，而轻易赴死；也不会在终点来临之时，不敢做出决断。

现在，他处在了应该做出决断的时候。

他已许多次地盯准了病房的窗子——准确地说，是由镶嵌着玻璃的木门连接的开放式阳台。因为这里并不是为化疗的癌症患者们设置的病房，所以，它的门窗根本就没有密封。

2000年3月23日一大早，昌耀表示要起床。他让修篁给他穿好衣服，接着又要求穿鞋。修篁说："鞋就不用穿了，我去买牛奶，回来再说。"但昌耀坚持要穿上鞋子，并让修篁把他扶下床坐在椅子上。把这一切安顿完之后，修篁像每天早上一样，下楼去为昌耀打牛奶。

3月23日的西宁，是清晨7点15分左右迎来日出的。当昌耀用自己积蓄的最后一丝气力，艰难地移动到阳台上时，鲜红的太阳已完全跃出云层，在略显寒冷的大气中，干净、热穆、瑰美，并以迷人的温馨向昌耀发出召唤：来，朝前走。

是的，早在1987年，他就听到了这声召唤——"太阳说：来，朝前走。"

昌耀随之张开双臂，纵身朝前一跃……

紧接着，与三楼这间病房垂直的二楼病房中的一位患者，就听到窗下由绿色石棉瓦搭建的自行车防雨篷上，"嗵"的一声；继而看见一个人影反弹而下，栽入防雨篷前的沙坑。这位患者看了一下表，时针指向7点30分。他随之跑上三楼，对迎面走来的护士马涵贞喊道："你们的病人掉下去了！"——他误以为是三楼的病人不慎失足坠楼。

楼下其实是一处用围墙圈起来的略显杂乱的花园，花园的栅栏铁门此时还未打开。

马涵贞与刚刚打了牛奶上楼的修篁迅速跑下楼去，让一楼的一位护士从窗口跳出去打开铁门，她们俩则绕出住院部楼门赶到昌耀跟前。

那是一种足以维护体面和尊严的状态：昌耀的皮肉上并无多少擦伤，并且更是不见一滴血迹——血液都淤积在了内脏。但他并没有立时气绝身亡。

随之，便是紧急施救。但这一次，昌耀坚定地要为自己的生命做主，他甚至连呻吟的声音也不曾发出，却用强烈的肢体语言拒绝抢救。

命运真是蹊跷至极，昌耀的这一赴死方式，与其母亲吴先誉1951年的跳楼自杀，竟然如出一辙！

2000年3月23日9点45分，昌耀心随所愿地停止了呼吸。

这个人的一生实在是太累了。现在，他算是彻底放松摆平了自己。

昌耀死了。这个世界突然愣怔了一下，接着发出铺天盖地的回声。

3月27日清晨，昌耀的遗体告别仪式在西宁殡仪馆举行。此时的他就突然成了一个大人物似的，"安卧在鲜花丛中"。旁边的花圈挽幛首先来自一个他不太熟悉的世界：中共青海省委办公厅、省委组织部、省委统战部、省委宣传部，政协青海省委办公厅……

当然，那些花圈挽幛以及唁电唁函，更来自他所熟悉的世界：中国作家协会、中国诗歌学会、常德市文联、上海市作协、江苏省作协、浙江省作协、福建省作协、四川省作协、重庆市作协、广西壮族自治区作协、云南省作协、黑龙江省作协、山西省作协、河北省作协、陕西省作协、新疆军区创作室、深圳市文联……

此外，还来自昌耀生前熟悉或不熟悉，全国著名或不太著名的中青年诗人、艺术家、文化官员。那是一个人数更为庞大的群体。

作为一种官方规格性质的礼遇，中共青海省委常委、宣传部部长田源出席了告别仪式。西宁地区的青海省文化、新闻界相关人士纷纷出动，一部分青年诗人从外省驱车赶来。

对此，青海省文联的《青海湖》月刊，以《一缕诗魂上九霄　万朵泪花落尘埃》为题，进行了长篇报道。

随之，是覆盖全国各省区的媒体和文学期刊，或以新闻，报道了昌耀逝世的消息；或组织专版、专辑，以文学的形式对昌耀进行缅怀。

以此为起点直到现今，关于昌耀的研究论文、怀念性的诗歌与文章，网络上的"昌耀论坛"，等等，成扇形地铺展开来。当然，还有一件愤懑的孤品——前边所提到的那篇《昌耀的悲剧》。

还有这样一个信息，从湖南昌耀的幺妹葛惠仙那里传来：原先把地皮卖给昌耀作墓地的人，此后见经常有人来昌耀的墓地烧香扫墓，由此认为昌耀生前是一个显赫的有钱人，所以，后悔当时没把地皮卖个高价。

也难怪，昌耀的墓碑上根本看不出他的诗人身份，只是简单地竖写着这么一行大字——"故显考王公昌耀大人之墓"。右下侧的小字依次是立碑人——昌耀的三个子女及儿媳、女婿的名字；左下侧的小字则是："孝孙　男　王汉风"——这是一个此时尚未出现在这个世界上的虚拟的小人儿。许是昌耀的长子王木萧希望自己还未出生的孩子是个男孩，便遵昌耀之嘱名之为"王汉风"，并提前把这个名字刊刻在了墓碑上。而昌耀去世的一个月零两天之后，则是女孩儿王唐仪来到了这个世界。

而在距离昌耀生前世界遥远而寂寞的王家坪山地，那些经常到他坟前烧香扫墓的，又是一些什么人呢？

而安睡在这座坟墓中的昌耀，他到底又是一个什么样的人，引发了这个世界关于他如此持久的怀想与致意？

对此，尼采的那句名言似乎可以解释一切——"我爱这样的人：他创造了比自己更伟大的东西，并因此而毁灭。"

二十二

补记

昌耀去世9年后的2009年8月8日上午,在由青海省人民政府主办的第二届青海湖国际诗歌节上,来自海内外40多个国家的200多位诗人云集于青海湖畔,参加诗歌节的"金藏羚羊国际诗歌奖"颁奖仪式。获得诗歌奖桂冠的,是南美高地上的阿根廷诗人胡安·赫尔曼。这是一位在挑战独裁专制、维护人类与诗歌的尊严中九死一生的诗人。他曾两次被军事独裁政府判处死刑,经历了漫长的流亡岁月,以致儿子和儿媳惨遭暗杀。

颁奖仪式现场,当我看到79岁的胡安·赫尔曼接过金藏羚羊奖杯,又以疲倦悒郁的神情宣读答谢辞时,眼前真切地幻现出了昌耀相同的神色。在前一天的诗歌节主题论坛上,批评家唐晓渡专题发言中的一句话,相信给许多人都留下了深刻印象——"此刻,我站在这里,想起了纯粹得像青海湖一滴晶蓝眼泪的诗人昌耀……"而这位一滴晶蓝眼泪一样让人痛惜怀念的诗人,以苍茫痛楚的博大诗篇捍卫生命与艺术尊严的诗人,在这一天的国际诗歌节上,成为又一个主题。

8日下午,诗人们从日月山以西的青海湖畔,回师至日月山以东的湟源县丹噶尔古城,共同参与并见证一个仪式——昌耀诗歌馆揭牌开馆。

湟源是"头戴荆冠"的昌耀流放生涯中的第一个驿站。他曾在湟源县境内的日月乡、哈拉库图乡,以及县城周边的山地,农业劳动、冶炼钢铁、修筑水渠。在辗转数个流放地后,又赶回日月乡,与其当年藏族房东家的女儿杨尕三成亲。他此后的诸多诗歌名篇:《慈航》《雪。土伯特女人和他的男人及三个孩子之歌》《哈拉库图》等,都与这片山乡密切相关。此外,他还曾于1981年,专门写出过一首他记忆中的《丹噶尔》:

在高岭。在从未耕犁过的冈丘,
黏土、丝帛和金粉塑造的古建筑,
原是没有泉水保障的
冒险的城关。

我太记得那些个雄视阔步的骆驼了,
哨望在客栈低矮的门楼,
时而反刍着吞自万里边关的风尘。
我记得卖货郎的玻璃匣子,
海螺壳儿和鼻烟壶

> 以同样迷幻的釉光
> 吸引着草原的老者。
> 我记得黄昏中走过去的
> 最后一头驮水的毛驴。
> 而弥漫着柴草气味的巷道口
> 对于无家可归的人
> 曾是温暖的天堂……
> 琉璃瓦的丹噶尔——
> 我因此而记住了你古老的名字!

　　这位当年"无家可归"的、因此而把丹噶尔视作天堂的被流放者,大约无论如何都不会想到,在时间跨过半个世纪后,丹噶尔却真的成了他的"天堂"。此刻,他以一座汉白玉半身雕像的形式,矗立在由一所老式四合院改造而成的、他自己诗歌馆的庭院中。身后,是一株遒劲的紫荆。

　　此前的2009年4月,我与杨廷成、董明、肖黛、宋长玥等数位青海诗人,曾专门来过这里,除赠送《昌耀评传》一书外,还应邀为展馆重写了昌耀生平简介。当然,更仔细地端详了这座雕像,觉得熟悉中略带一丝陌生。待再次调整思路后,突然觉他本该就是这副形象——一位带着浓郁书卷气的"五四"时代的文人形象。教养良好且性情内敛,骨骼中却有火粒迸溅。

　　……揭牌仪式过后,满院子的各路神仙都在参观拍照,突然听到有人用青海方言喊我"唐老师",转头一看,是杨尕三。她此时的身份，本该是昌耀的前妻，但却被诗歌节组委会，也被她自己以及我本人，都视作昌耀当然的亲属。此时的她神情激动而略带拘谨，又招来长子王木萧，要我们一起在"老王"的塑像前合个影。这一仪式完成之后，杨尕三往后退了数步，再次打量着进入了雕像中的"老王"，像是一种面对面的询问，又像是陷入往事的回忆。这一刻的时空让我有些恍惚，杨尕三仿佛又退回到了一个土伯特女人的少女时代，退回到了昌耀那首《边城》的情境中：

拜噶法，拜噶法，
你手帕上绣着什么花？

（小哥哥，我绣着鸳鸯蝴蝶花。）

大地在暮色中逐渐转暗，丹噶尔古城中灯火升起。在昌耀将民间风土与现代诗艺凝聚为绝唱的这方地域，本土百姓的青海花儿，开始了与中外诗人诗歌朗诵的唱和。这场诗与歌的回归性际会，恍若西海上空一只吹奏的白海螺，满天的繁星稍一愣怔，随之徐徐幻变为如意莲花。

    2006年12月31日23时完成首版本于威海神道口
     2015年7月26日中午完成修订本于威海蓝波湾
     2021年4月10日完成第三版修订于威海蓝波湾